Benno von Wiese
Ich erzähle mein Leben

Erinnerungen

Insel Verlag

Erste Auflage 1982

Druck: Georg Wagner, Nördlingen
Printed in Germany

Dem »Urfreund« Gerhard Herrmann
zugeeignet

INHALT

. . . alles, was uns begegnet, läßt Spuren zurück, alles trägt unmerklich zu unserer Bildung bei; doch es ist gefährlich, sich davon Rechenschaft geben zu wollen. GOETHE

Der Bildungsgang ist um so glücklicher, je mehr seine einzelnen Phasen den Charakter von Erlebnissen annehmen.

HOFMANNSTHAL

Ich wollte ja nichts als das zu leben versuchen, was von selber aus mir herauswollte. Warum war das so schwer? HESSE

VORWORT

In diesem Buch erzähle ich die Geschichte meines Lebens. Ich bemühe mich dabei um Wahrheit. Nichts darin ist frei erfunden. Die Personen sind, abgesehen von einer Ausnahme, mit ihrem richtigen Namen genannt, die Begebenheiten haben so stattgefunden. Wenn mir bei den Namens-, Orts- und Zeitangaben Irrtümer unterlaufen sind, so bitte ich das zu entschuldigen, da ich auf weiten Strecken nur auf mein Gedächtnis angewiesen war.

Es ist die Lebensgeschichte eines Literaturwissenschaftlers, der in unserem Jahrhundert meist an deutschen Universitäten als Hochschullehrer gewirkt hat. Ich erzähle als einer der Zeugen der Zeit, so wie ich sie erlebt und erfahren habe; ich erzähle also subjektiv, und auch die von mir ausgesprochenen Wertungen beanspruchen nicht, objektiv gültig zu sein. Ich weiß, daß Heinrich Heine recht hat, wenn er in den »Geständnissen« sagt: ». . . mit dem besten Willen der Treuherzigkeit kann kein Mensch über sich selbst die Wahrheit sagen.« Ich versuche es trotzdem. Ich halte es hier mit Lichtenberg: »Die Wahrheit finden wollen ist Verdienst, wenn man auch auf dem Wege irrt.« Ich erzähle jedoch nicht nur von mir und davon, wie – um eine Wendung aus Karl Immermanns »Memorabilien« aufzunehmen – die Zeit »ihren Durchzug durch mich hielt«. Ich erzähle auch von anderen, nicht nur von prominenten Zeitgenossen, sondern ebenso von solchen, die der Öffentlichkeit unbekannt geblieben sind, aber in meinem Leben eine Rolle gespielt haben. Die Charakteristiken, die ich von ihnen gebe, entspringen selbstverständlich meinen subjektiven Eindrücken; doch bemühe ich mich um Verständnis.

Dieses Buch handelt nicht nur von der deutschen Universität und dem Universitätsfach Germanistik; es handelt von allem, was mir begegnet ist und mir wichtig war. Das nur Private allerdings ist ausgeklammert; denn es hat keine zeitgeschichtliche Bedeutung.

Mit manchen Bereichen des gesellschaftlichen und politischen Lebens bin ich nie in Berührung gekommen. Sie kommen daher in diesem Buch auch nicht vor. Es kann und will kein Gemälde des 20. Jahrhunderts sein. Nur das habe ich erzählt, was Bestandteil meiner eigenen Lebens- und Bildungsgeschichte geworden ist. Insofern erzähle ich als ein Zeitgenosse meiner selbst.

Ich habe versucht, was an Naivität in meinem Wesen steckt, nicht zu unterdrücken, um es dem Erzählen zugute kommen zu lassen. Doch

wird es unterbrochen durch reflektierende Partien, die schwieriger zu lesen sind und daher weniger unterhalten. In ihnen findet der Leser Beiträge zur Geschichte der deutschen Literaturwissenschaft, Auseinandersetzungen mit Fragen der Forschung und der Lehre, der Universität und ihrer Reformen oder Reflexionen über Bücher, die ich gelesen und geschrieben habe.
Wen das weniger interessiert, der mag ruhig weiterblättern und sich zum Beispiel an die Jugendgeschichte, den Berufsweg, die Soldatenzeit, den Aufenthalt in den USA halten. Man kann in diesem Buch kreuz und quer lesen; da drängt sich keine Regel auf.

Oktober 1981 *Benno von Wiese*

I
JUGENDJAHRE

Niemand kann sich das Jahrhundert aussuchen, in dem er geboren ist. Aber gesetzt den Fall, man könnte es doch, so hätte ich mich keinesfalls für das 20. Jahrhundert entschieden. Es war mir zu laut, zu »progressiv«, zu technisch perfekt und bei alledem ein Jahrhundert der Massen, zivilisiert bis zur Grausamkeit, erfüllt von brutalen Instinkten und mörderischer Wildheit. Nein: ich hätte das 19. oder vielleicht noch mehr das 18. Jahrhundert vorgezogen. Und doch habe ich bereits über fünfundsiebzig Jahre in der Epoche des 20. gelebt.

Wie es mir dabei ergangen ist, möchte ich als einer der überlebenden Zeugen dieser Zeit erzählen. Es ist weder ein vorbildlicher noch ein abenteuerlich dramatischer Lebenslauf gewesen. Es wurde ein Leben für Literatur und Dichtung, vorwiegend solche in deutscher Sprache. Das Leben spiegelte sich mir in Büchern, und Bücher bedeuteten für mich das Leben. Von ihnen wird daher des öfteren die Rede sein, natürlich nicht von allen Büchern, die ich gelesen und selbst geschrieben habe, wohl aber von denen, die meine Auffassung von der Welt mitbestimmt haben. Doch werde ich auch sehr viel von Menschen und menschlichen Begegnungen berichten.

Wie das Jahrhundert den Einzelmenschen prägt, so auch Heimatland, Herkunft und Familie. Ich kam am 25. September 1903 in Frankfurt am Main auf die Welt. Dieser Ort war mehr ein Zufall. Die Familie gehörte dem schlesischen Uradel an und hieß mit vollem Namen von Wiese und Kaiserswaldau. In einer alten Chronik wird über meine Vorfahren berichtet: »Sie soffen und fraßen über alle Maßen.« Mein Großvater väterlicherseits war aktiver Offizier und starb frühzeitig an den Folgen einer Kriegsverletzung, kurz vor seiner Beförderung vom Hauptmann zum Major. Seine Witwe lebte noch lange Jahrzehnte in Görlitz. Meine Mutter Hanna war eine geborene von Gersdorff, auch ihren Vater habe ich nie kennengelernt. Die Großmutter »Nona«, eine geborene von Plotho, wurde sehr alt. Lange Jahre war sie Besitzerin der Pension Quisisana in Münster am Stein, verlor aber diesen Besitz während der Inflation. Sie war in der Familie eine sehr gefürchtete Person und wurde wegen ihres forcierten Preußentums und ihrer strengen moralischen Grundsätze mit dem »alten Fritz« verglichen. Eine ihrer Schwestern heiratete den Baron von Ardenne und geriet in die ebenso berühmte

wie berüchtigte Affäre, die das literarische Vorbild für Fontanes Roman »Effi Briest« geworden ist. Leider hat mir meine Großtante, die ich sehr verehrt habe, so gut wie nichts darüber erzählt.
Mein Vater Leopold wurde nach dem frühen Tod meines Großvaters aus Versorgungsgründen in ein Kadettenkorps gesteckt und hat schwer unter der militärischen Jugenderziehung gelitten, verzweifelt bis an die Grenze des Selbstmordes. Später, 1924, hat er das in seinem Buch »Kindheit« eindrucksvoll beschrieben. Er brach radikal mit der soldatischen Tradition, studierte Nationalökonomie und wurde in diesem Fach Universitätsprofessor in Köln, darüber hinaus bald der international anerkannte Begründer der wissenschaftlichen Soziologie. Der Raum, in dem ich aufwuchs, war der einer liberalen bürgerlichen Professorenfamilie. Die Stadt meiner Jugend hieß Köln. Ich hasse sie noch heute. Im 17. Lebensjahr wurde ich aus wohlerwogenen Gründen von meinem Vater nach Görlitz in Schlesien verbannt. Und diese Stadt liebe ich noch heute, obwohl ich sie später kaum wiedergesehen habe.
Mein Vater behielt von den bösen Anfängen seines Lebens eine ihn bis zur Verdüsterung überschattende Melancholie; er war eingesperrt in sich selbst, und das vermochte auch sein so erfolgreiches Leben nur wenig zu kompensieren. Ihm fehlten der Humor und die Selbstironie. Nur gelegentlich, in den glücklichen Augenblicken der Gelöstheit, fand er spontane, befreiende Kontakte, die zeigten, was alles in ihm verschüttet war. Sonst saß er viele Stunden am Schreibtisch und arbeitete mit nahezu asketischer Disziplin oder lehrte seine ihm treu ergebenen Studenten Soziologie als formale, systematisch ausgebaute Disziplin. Alles Vulgäre war seinem Wesen fremd. Er war höflich und ritterlich, besonders gegen die Frauen, ein Herr im besten Sinne des Wortes, jedoch ohne Hochmut. Aber das verdeckte zugleich seine rührende Hilflosigkeit im Umgang mit den ihm nahestehenden Menschen, von deren inneren Vorgängen er keine Ahnung hatte. Dadurch sah er sich immer wieder Situationen ausgeliefert, die ihn fassungslos machten und denen er nicht gewachsen war. Bestimmte Seiten seines Wesens meinte er als strenger Wissenschaftler unterdrücken zu müssen. Das gelang freilich nicht ganz. Zwar hatte er zu Musik und Malerei kein Verhältnis, wohl aber eine ausgesprochene Neigung zur freien literarischen Produktion, die er von der Wissenschaft streng abzutrennen suchte. So schrieb er 1923 sogar einen Roman »Nava« mit Erinnerungen an seine Weltreise, die ihn nach Indien geführt hatte. Viele hielten dieses Buch damals für pornographisch, aber es war eher frustriert. Mein Vater hatte ein

kompliziertes, von der Fantasie beherrschtes Verhältnis zu Frauen, auch eines zu Kindern, solange sie noch klein waren, kaum eines zu Heranwachsenden und zu Männern. Solange wir noch Kinder waren, hat er uns mit Geschenken überhäuft, später wurden diese spärlicher, dann blieben sie ganz aus. Mein Vater war ein Einzelgänger, dem die Freundschaft fremd war.

Da er seine geistige Anlage, nicht so sehr die Richtung seiner Interessen, auf mich vererbt hat, wurde er in meiner Jugend eine Leitfigur für mich, an der ich mich zu orientieren suchte. Auf Spaziergängen erzählte er mir frei erfundene Geschichten, die im spannendsten Moment abbrachen, so daß ich listig zu neuen Spaziergängen mit weiteren Fortsetzungen verführt wurde. Denn an sich ging ich, wie die meisten Kinder, höchst ungern spazieren. Noch tiefer hat sich mir eine andre Erinnerung eingeprägt. Mein Vater las mir Schillers Ballade »Der Taucher« vor. Ich war noch sehr jung und hörte sie zum ersten Mal. Was mich dabei erschütterte, hat nichts mit Literatur zu tun. Aber der tollkühne Knappe, der die Ritter beschämt, war eine Art Wunschtraum, zumal ich selbst eher ängstlich als mutig war. Lange Zeit träumte ich von der schönen Königstochter, die vergeblich an dem furchtbaren Wasser auf die Rückkehr jenes Jünglings wartete, den sie auf so zarte Weise geliebt hatte.

Als Kind habe ich träumerisch-unwirklich gelebt, eingesponnen in eine Welt der Fantasien, die immer neue Nahrung aus Büchern brauchten, sich aber bereits sehr früh, sobald ich überhaupt lesen und schreiben konnte, in eigene, rührend naive Produktionsversuche umsetzten. Lesen und selbst zu schreiben gehörten für mich in allen Perioden meines Lebens zusammen. Die Wirklichkeit zu entdecken und dann erst eigentlich zu finden, sollte zu einem Problem meines ganzen Lebenslaufes werden. Bücher las ich wahllos, wie sie mir in die Hände fielen, am liebsten alles, was abenteuerlich und spannend war, in erster Linie Karl May, bei dem ich die ermahnenden Reflexionen möglichst überschlug, auch Sven Hedins »Von Pol zu Pol«, Sienkiewitschs »Quo Vadis?«, Bulwers »Die letzten Tage von Pompeji«, Hauffs »Lichtenstein«, Scheffels »Ekkehart«, Victor Hugos »Der Glöckner von Nôtre Dame«, Sues »Die Geheimnisse von Paris«, die Romane von Walter Scott und zwei mir nach einer Augenoperation geschenkte Bücher, »Der Hund von Baskerville« von Conan Doyle und »Ein Kampf um Rom« von Felix Dahn. Ich suchte das Aufregende, das Dramatische, noch ehe ich das Theater kannte. Ich suchte die episch ausgebreitete Welt, von der ich nichts wußte. Noch fehlte das Gefühl für die Form, noch hatte ich keinerlei

»Geschmack«; und so geriet ich auch in das Labyrinth der Trivial- und Schundliteratur, nicht der pornographischen, aber der billigen Grusel- und Verbrechergeschichten. Allerdings muß ich gestehen, daß ich auch heute noch zur Entspannung, wenn auch nicht gerade Groschenhefte, so doch mit Vorliebe Kriminal- und Detektivgeschichten lese. Darin habe ich die Naivität des Kindes behalten, das in erster Linie sich dem Ablauf einer Handlung überläßt und kunstvolle Abschweifungen des Erzählers oder kluge Reflexionen nicht gelten läßt. Außerdem hat Literatur dieser Art einen unschätzbaren Vorteil. Man vergißt sie sofort wieder und kann die gleichen Bücher immer wieder lesen. Inzwischen gibt es eine weit ausgebaute Forschung zur Detektiv- und Kriminalgeschichte. Es hat mich nie gereizt, mich an ihr zu beteiligen, weil ich beim Lesen solcher Bücher die kritische Reflexion am liebsten auszuschalten suche. Trotzdem fesselte mich an Detektivgeschichten später auch die Freude am Experiment, am kunstvoll konstruierten unwahrscheinlichen Fall und dessen überraschender Lösung, eine Kunst, die besonders Agatha Christie meisterhaft beherrscht. Es war wohl ein ähnlicher Impuls, wenn ich als Kind so gerne schwierige Kompositionen mit Bauklötzchen fantasievoll erschuf, so daß meine Eltern schon den kommenden Architekten in mir sahen. Auch Schach habe ich relativ früh, wenn auch dilettantisch, als eine Art Denkspiel genossen.

Viele Erinnerungen an meine frühe Kindheit sind merkwürdig verschüttet, vielleicht sogar verdrängt. Ich habe das meiste völlig vergessen. Ich beneide alle Schriftsteller, für die die Kindheit der heile, geliebte Raum geblieben ist, aus dem sie immer wieder wie aus einem Urgrund schöpfen können, wie Hesse, Carossa, Stefan Andres und viele andere. Doch habe ich behalten, daß ich einen aus Stoff hergestellten Teddybären ungewöhnlich lange Jahre Nacht für Nacht in mein Bett genommen habe, auch, als er längst bedauernswert verstümmelt war. Ich nannte ihn, meinen Vornamen von hinten lesend, Onneb und verdoppelte damit sozusagen mich selbst, als ob mein Unbewußtes schon damals Angst gehabt hätte vor dem Phänomen der Person-Spaltung, das mich lange Zeit bedrohen sollte.

Meine Mutter ist mir aus jenen frühen Jahren nur als eine sanfte, schattenhafte Figur in Erinnerung geblieben. Sie versuchte vergeblich, meinen Sinn mehr auf das Praktische zu lenken, um damit einen Ausgleich gegen die allzusehr wuchernden intellektuellen Anlagen zu schaffen. Sie hatte recht. So war und blieb ich bis heute in allem Manuellen von einer fatalen Ungeschicklichkeit. Aber ich verstand

meine Mutter damals nicht. Erst später ist mir ihre menschliche Größe aufgegangen.
Aus dem eher unbewußten Zustand der Kindheit, ohne Aggressionen, mit einer in die Introversion führenden Bücherwelt haben mich zwei Begebenheiten jäh herausgerissen. Die eine war eine schwere, lang anhaltende Pubertät, die etwa vom vierzehnten bis zum sechzehnten Lebensjahr dauerte. Sie verstrickte mich in eine katastrophale Gespaltenheit mit einem Ungleichgewicht von intellektueller Frühreife und moralischer Unreife. Die zweite war die in meinem vierzehnten Lebensjahr erfolgte Ehescheidung meiner Eltern. Schon ein Jahr früher hatte die Mutter das Haus verlassen. Noch heute, wo beide Eltern, die ein hohes Alter erreichten, nicht mehr leben, fällt es mir schwer, ihnen zu verzeihen, daß sie die Entscheidung, bei wem ich weiter leben sollte, in die Hände eines unmündigen Kindes legten, das in seinem vorpubertären Traumdasein dazu gar nicht fähig war. Da ich aber nun einmal wählen mußte, entschied ich mich für den Vater, meine etwas jüngere Schwester Ursula blieb ohne Befragung bei der Mutter.
Doch geriet das Verhältnis zu meinem Vater bald in Schwierigkeiten. Nach der Ehescheidung wollte er sein eigenes Leben leben und heiratete eine sehr schöne, weit jüngere Frau. Auch diese Ehe freilich ist später geschieden worden. Der »Liberalismus« meines Vaters ging so weit, daß ihm jede direkte Einwirkung auf den Sohn als »autoritär« erschienen wäre, und diese Erziehungsform haßte er in der Erinnerung an seine Kadettenzeit. War ich nicht glücklich zu preisen? War ich nicht zu beneiden? Hatte ich nicht jene unbegrenzte Freiheit – sogar in der Wahl, ob Vater oder Mutter –, nach der die Jugend unserer Tage oft glühend verlangt? Aber Liberalität kann ein sehr zweideutiges Geschenk sein. Oft sind Grenzen und Widerstände für einen Jugendlichen sehr viel notwendiger. Ich suchte in meinem Vater die freiwillig anerkannte Autorität, die ich bei meinen verworrenen inneren Zuständen brauchte, doch eben das verweigerte er mir. Ich suchte freilich in ihm auch den Freund, mit dem ich ins Gespräch kommen wollte. Mein Vater jedoch versicherte mir schroff, der Vater könne niemals ein Freund des Sohnes sein, der Vater müsse die Welt mit ihrer Härte dem Sohn gegenüber vertreten, ob beide das nun wollten oder nicht. Das verwundete mich im Innersten. Heftig begehrte ich auf. Bei mir würde das einmal anders sein.
So sehr mein Vater für seine Studenten aufgeschlossen war, um den eigenen Sohn, der ihm auch wohl in seiner vertrackten Entwick-

lungskrise, in der Disproportion zwischen geistiger und physischer Existenz etwas lästig war, hat er sich immer weniger gekümmert. Zwar freute er sich, wenn ich einige seiner Bücher las, so vor allem die bereits 1915 erschienenen »Gedanken über Menschlichkeit«, mitten im Krieg eine mutige Mahnung gegen den Krieg. Sie dämpften meinen patriotischen Knabensinn und brachten mir einen unheldischen, aber menschlichen Pazifismus nahe, ebenso wie Berta von Suttner mit ihrem Buch »Die Waffen nieder« und wieder später einige Schriften von Friedrich Wilhelm Forster, der eine völlige Umgestaltung der Erziehung auf religiöser und pazifistischer Grundlage gefordert hat. Dennoch gelangte ich immer mehr zu der schmerzlichen Überzeugung, meinen Weg unabhängig von meinem Vater suchen und gehen zu müssen. Trotzdem blieb ich ihm in einem entscheidenden Punkt mein Leben lang treu. Es war das bedingungslose Eintreten für die Individualität, auch und gerade in allen ihren Konflikten mit der Gesellschaft. Ich habe zwar stärker als mein Vater Bindungen gesucht, aber das Recht des Einzelnen auf seine einmalige Existenz und die damit verbundene Forderung der Toleranz gegen Andersdenkende habe ich ganz in seinem Sinne in allen Phasen meiner Entwicklung durchzuhalten versucht. Gegen den Duden hat mein Vater immer das Wort »der Einzelne« mit großem Anfangsbuchstaben geschrieben, und so habe auch ich es bis heute gehalten.
Aus der Opposition gegen meinen Vater und aus dem Mangel an Wärme im Elternhaus suchte ich die Freundschaft und habe sie auch immer wieder gefunden. Freunde bedeuteten für mich eine Intensivierung des Lebens. Deshalb lockte mich von Zeit zu Zeit freilich auch das »Bündische«. Doch dieser Weg ins Kollektiv hat sich immer wieder als Irrweg oder wenigstens als Umweg herausgestellt. Zum »Genossen«, gleichgültig welcher Fraktion, war ich nicht geeignet, weil ich als Endziel die Freiheit des Ichs in allen Bindungen oder auch gegen alle Bindungen verwirklichen wollte.
Der Weg fort vom Vater führte mich zunächst in die sogenannten evangelischen »Bibelkreise«. Mein Elternhaus war aufgeklärt-liberal. Zwar wurde die evangelische Kirchensteuer bezahlt, wurden die Kinder konfirmiert, aber sonst kümmerte man sich wenig um die Kirche, und Glaubensfragen spielten keine Rolle. Ich selbst suchte über diese bürgerlich begrenzte väterliche Welt hinaus den Weg ins Universale, Grenzüberschreitende, wie es sich mir in der christlichen Religion anzubieten schien. So wurde ich zwischen dem vierzehnten und siebzehnten Lebensjahr ein überzeugter Anhänger des Bibel-

kreises, ein sogenannter BK-ler. Ich verdanke dieser Jugendepoche eine genaue Kenntnis der Bibel, freilich mehr des Neuen als des Alten Testaments. Wenn mich besonders die Bibelexegese anzog, die Auslegung des Wortes, die ich am liebsten selbst durchführen wollte, so war das vielleicht schon eine Vorform meiner späteren Neigung zur Interpretation von philosophischen und literarischen Texten. Auch als ich mich längst von der christlich orientierten Jugendbewegung gelöst hatte, wirkte das Interesse an religiösen, theologischen oder auch an mystischen Fragen weiter nach. Mehr noch als dem Christentum galt es seinen Häresien, in die ich selbst mit einer Art Privatreligion immer mehr hineingeriet. Dazu gehörten eine Zeitlang auch die indischen Upanishaden und der Taoteking des Chinesen Laotse, aber auch ein moderner Autor wie der Inder Rabindranath Tagore.

Einer der Gründe, warum ich nie ein Verhältnis zum Marxismus gewonnen habe, lag in der transzendenzlosen Eintönigkeit und Fantasielosigkeit des progressiven, rein weltlichen Fortschrittsgedankens. Ob es eine Transzendenz gibt und was sie für den Menschen bedeutet, diese Frage hat mich bis in mein Alter hinein nicht losgelassen, wenn ich auch keine für mich gültige Antwort darauf habe finden können. So näherte ich mich wieder dem Agnostizismus meines Vaters, wie er in dem Witz von den beiden mittelalterlichen Mönchen eingefangen ist: Der zuerst Gestorbene sollte dem anderen erscheinen, um ihm mitzuteilen, wie es nun eigentlich im Jenseits aussehe. Im Fall der Übereinstimmung mit ihren Vorstellungen sollte der Dahingeschiedene nur sagen: *totaliter* – ganz so; im Fall der Abweichung nur: *aliter* – anders. Er erschien auch in der Tat, und was sagte er? *Totaliter aliter!*

Aber trotz solcher Skepsis habe ich unser irdisches Leben als ein Schauspiel empfunden, hinter dem das Eigentliche, das Wesentliche erst gefunden werden muß. Oder anders ausgedrückt: alle irdischen Erscheinungen sind nicht nur sie selbst, sie bedeuten zugleich etwas, was über sie hinausgeht; sie sind symbolische Zeichen für eine unsichtbare Welt, die in und mit diesen Zeichen uns anredet. Der Zugang zu diesem un- und überwirklichen Reich schien mir in meiner Jugend viel leichter zu finden als der zum Reich der Dinge, die sich hart im Raume stoßen. Immerhin wollte ich als Schüler eine Zeitlang sogar Theologie studieren und Pfarrer werden.

Allmählich jedoch empfand ich die Bibelkreise als zu eng. Es ergab sich von selbst, daß ich mit dem radikalen Flügel sympathisierte, der sich der Bindung an das Dogma und damit auch an den Lutherischen

Katechismus entziehen wollte. Der entscheidende Durchbruch erfolgte bei mir mit siebzehn Jahren bei der großen Tagung auf Burg Gleichen in Thüringen, zu der Gruppen der Bibelkreise aus verschiedenen Landschaften Deutschlands zusammengeströmt waren. Die Losung der Jungen hieß zunächst nur: Jugendbewegung, nicht Jugendpflege. Das mochten die Pfarrer zur Not noch hinnehmen. Als jedoch die extremeren Gruppen, die aus Görlitz und Frankfurt kamen, sich zu der Ungeheuerlichkeit hinreißen ließen, zu behaupten, Jesus sei nicht Gottes Sohn gewesen, sondern nur ein gottbegnadeter großer Mensch, als sie noch dazu sich abspalteten und eine eigene malerische Sonnenwendfeier begingen, da war ein revolutionärer Bruch vollzogen, der 1920 zur Gründung des Köngener Bundes geführt hat.

Solche aufregenden Krisen im bündischen Bereich ereigneten sich außerhalb der, jedoch nicht gegen die Vaterwelt. Und wie hätte ein Liberaler nicht auch dieses tolerieren können, wenn er auch wie mein Vater vielleicht ein kühl rationales, aber bestimmt kein leidenschaftlich gefühlsbetontes Verhältnis zu Jesus als Gottessohn oder als Mensch gehabt hat. Die Bindungen, die ich damals im Glauben suchte, hatten keinen Bestand. Das pietistisch gefärbte Erweckungs- und Bekehrungserlebnis wollte sich bei mir nun einmal nicht einstellen. Ich hatte kein Talent zum Sündenbekenntnis. Als ein rechtes Sündenaas, als einen »Sündenknochen« vermochte ich meine Existenz nicht zu erleben, auch dort nicht, wo ich an mir zweifelte oder sogar verzweifelte. Offensichtlich fehlte meinem weltlich gestimmten Fühlen jede asketische Note. Warum sollten wir der menschlichen Natur nicht vertrauen dürfen? Erst sehr viel später habe ich gelernt, das Phänomen der Sünde ernst zu nehmen und damit auch besser zu begreifen. Damals, wo ich es als Heranwachsender mit juveniler Geschlechtlichkeit und ihren Abarten identifizierte, wehrten sich – und noch heute glaube ich mit Recht – meine Instinkte dagegen.

Hinzu kam, daß meine religiöse Entwicklung widerspruchsvoll gewesen ist. Mit der Revolution von 1918 erfolgte ein gewaltiger Einbruch. Als das deutsche Reich sich auflöste, machte ich als erst Fünfzehnjähriger eine sich überstürzende intellektuelle Entwicklung durch, die jedoch das moralische Defizit meiner Pubertätsjahre eher verstärkte. Eine erste enthusiastische Freundschaft mit meinem BK-Freund Otto Schmidt wurde geschlossen. Er war etwas älter als ich, aber das intellektuelle Übergewicht lag damals bei mir. Noch heute behauptet er, ich hätte mit fünfzehn Jahren bereits Vorträge im jugendlichen Kreis über die Unterschiede der englischen und der deutschen Literatur gehalten, und er verdanke mir die erste Berührung mit Schillers ästhetischen Schriften, die ich schon zu diesem frühen Zeitpunkt gelesen hätte. Wir fabrizierten gemeinsam eine für wenig Groschen privat verkaufte »Zeitschrift« mit dem tönenden Namen »Kalliope«. Dort standen dann nebulöse philosophierende Schwärmereien zu lesen oder auch Lyrismen von mir auf Otto, den Aar, der wie ein stolzer Vogel zum Himmel steigt, dabei die Anfangsbuchstaben des ganzen Namens Otto Schmidt kunstvoll in den Anfangsbuchstaben der jeweiligen Verse versteckt, so wie es früher manche Barockpoeten gehalten haben, wenn sie die Geliebte im Vers verherrlichen wollten. Was mir an Otto imponierte, war das männlich Entschiedene in seiner Haltung, das klare moralische Übergewicht, das er über mich besaß, auch seine größere Konsequenz in allen Schwierigkeiten des Glaubens. Er war zur Tat geboren. So wurde er denn auch später ein erfolgreicher christlich gesinnter Politiker, ich hingegen – kein Theologe. So verschieden unsere Naturen waren, wir liebten uns und erfuhren zum ersten Mal das Fortzeugende in der Wechselbeziehung von Ich und Du. Später kamen wir auseinander, und erst im Alter sind wir uns wieder begegnet. Der sehr konservative Vater von Otto fand, daß ich, den er, wie man heute sagen würde, für einen »Linken« hielt, nicht der geeignete Umgang für seinen Sohn sei, und erstickte durch solchen autoritären Eingriff eine Jugendfreundschaft.

Die geistige Welt meiner Jugend entwickelte sich immer mehr zum Dickicht. Da gab es nicht nur Philosophisches und Religiöses, nicht nur eine Flut von Gedichten, sondern vor allem die Faszination des Theaters. Der erste Eindruck blieb unvergeßlich, als ich von meinem Vater noch als halbes Kind nicht zum üblichen Kinder- und Weihnachtstheater, sondern zu einem richtigen Theaterstück für Erwachsene, nämlich zu Grillparzers Tragödie »Des Meeres und der Liebe Wellen« mitgenommen wurde. Natürlich fand ich damals kritiklos alle Schauspieler großartig. Ich vermochte zwischen Bühnenwirklichkeit und Realität nicht zu unterscheiden. Alles war für mich in die Atmosphäre einer unsäglich lieblichen und zugleich unsäglich traurigen Stimmung getaucht. Süße Melancholie! Die Faszination durch das Schöne als das Schreckliche war grenzenlos. Gerade die lyrische Verschwommenheit, die bereits der Titel dieses Trauerspiels suggeriert, ließ mich in einen hypnotischen Wachtraum versinken, aus dem ich am liebsten nicht wieder erwacht wäre.

Seitdem blieb das Theater meine Leidenschaft. Zahlreiche Aufführrungen habe ich auf der Kölner Bühne gesehen, oft mit einem anderen Freunde, Kurt Sauer, der dann mit mir sich in Theaterkritiken übte, am liebsten im Stil von Alfred Kerr mit möglichst vielen kleinen Absätzen, die numeriert waren, 1, 2, 3, 4 usw. Fast verehrten wir den Kerr noch mehr als Shakespeare, Ibsen und Gerhart Hauptmann, die ich bereits in jungen Jahren neben Schiller, Goethe und Kleist zu lesen anfing, am liebsten aber auf dem Theater bewunderte. Besonders eingeprägt hat sich mir die Aufführung von Hebbels »Herodes und Mariamne«. Ich fand die Wiederholung der Probe, welche die Mariamne ihrem Herodes auferlegt, ebenso grausam wie aussichtslos vergeblich. Das Gedachte und Konstruierte bei Hebbel, seine besondere Art von Dialektik führte mich bereits vom Stofflichen weg zu einer ernsteren Beschäftigung mit dem Tragischen. Wo Reflexion Anschauung wurde und Anschauung wiederum zu Reflexion führte, da verstand ich dies aus der Gespaltenheit meines eigenen Wesens. Was mich immer wieder am Theater angezogen hat, war die Möglichkeit des Menschen zur Verwandlung, die reizvolle, oft undurchschaubare Vermischung von Maske und Wesen. Hinter dem Panorama von Gestalten steckte die erregende Frage: wer bist Du? wer bin ich selbst? Im Theater siegt der Schein über die Wirklichkeit, und sogar, wo das Theater mit der Wirklichkeit konkurrieren, sie ein- und überholen will, wo es sich selbst und seinen Schein zerschlagen will, sind die Mimen am Ende nur die entzauberten Götter, die abtreten sollen und doch nicht abtreten können. Das Theater ist eine Lust, ein Fest, so erlebte ich es in meiner Jugend und so sollte es bleiben!

Noch in meiner kindlichen Phase produzierte ich eigene Theaterstücke. Bereits ihre Titel wie »Auf krummen Wegen« und »List gegen List« verraten, daß sie nicht gerade für die Unsterblichkeit bestimmt waren. Immerhin zeigte mein Vater für dieses jugendliche Produktionsbedürfnis Verständnis. Er ließ die Schauerdramen in Schreibmaschine abschreiben. Jedoch wurden mir die kostbaren Exemplare, die ich stolz mit mir herumtrug, auf dem Schulhof aus der Jacke gestohlen und mit johlendem Hohn überall herumgereicht. So gingen sie verloren. Von da an war ich auf der Schule eine komische Figur, ein hoffnungsloser Einzelgänger. (Schon damals übrigens und dann mein ganzes Leben lang wurde ich überall nur »Benno« genannt. Später hielten es auch meine Studenten so, sei es nun im freundlichen oder auch im spöttischen Sinn.)

Ein Exemplar meines Opus hatte ich meiner Kusine Inge dediziert, die ich ein wenig anbetete. Ihr Vater entdeckte es, befahl ihr, den

Unsinn zu verbrennen und den weiteren Umgang mit mir zu vermeiden. Er war offensichtlich ein autoritärer Dummkopf. Wie viel zart Aufkeimendes wird durch solche Eingriffe bei jungen Menschen unnötig zerstört!

Zu meiner Lektüre gehörten auch die deutschen und schweizerischen Novellisten. Bevorzugt habe ich dabei die dem Dramatischen verwandten tragischen Erzählungen: Storms »Aquis submersus« mit dem düsteren Vaterbild im Hintergrund, Kellers »Romeo und Julia auf dem Dorfe«, das als Tragödie der Liebenden mich an das Grillparzerstück meiner Kindheit erinnerte, und dann besonders auch Meyers »Jürg Jenatsch« mit der spannenden Dialektik seiner beiden einander entgegengesetzten extremen Gestalten. Gotthelf, Raabe und Fontane kannte ich damals noch nicht. Auch zu den sublimen und raffinierten Erzähl- und Formproblemen, die mit der Gattung Novelle verbunden sein können und die mich später zu eigenen Forschungen anregten, hatte ich damals noch keinen Zugang.

Der größte Hexenmeister meiner genialisierenden Jugendepoche aber war Friedrich Nietzsche. Wie sehr sein »Zarathustra« trotz meiner BK-Zugehörigkeit auf mich einwirkte, mag eine Anekdote verdeutlichen. Im Jahre der Revolution geriet ich in turbulente Raserei. In einem sehr gemischten, ja fragwürdigen jugendlichen Kreis in Köln-Lindenthal, es war keineswegs ein Bibelkreis, predigte ich vor höchst erstaunten Jugendlichen, Gott sei tot und ein neues Zeitalter habe begonnen. Auf Umwegen wurde das meinem Direktor auf der Humboldt-Schule hinterbracht. Er ließ mich mitten aus dem Unterricht herausholen und eröffnete dem keineswegs mutigen, sondern bleich gewordenen Knaben, der damals noch geduzt wurde: »Es ist zwar aus manchem gärenden Most noch ein guter Wein geworden, bei dir glaube ich das aber nicht.« Prompt blieb ich daraufhin sitzen und habe später sogar noch einmal eine Klasse wiederholen müssen.

Steht das nicht im schroffen Kontrast zu dem, was ich über meine Frühreife erzählt habe? Ich war in diesen Jahren ein schlechter Schüler. Ich haßte diese ganze Institution, und sogar noch, nachdem ich in Görlitz das Abitur bestanden hatte, erklärte ich recht anmaßend dem übrigens großartigen damaligen Direktor: »Das erste, was ich tun werde, wenn ich die Schule jetzt endgültig verlasse, ist, ein Buch gegen die Schule zu schreiben.« Dieses bitterböse Versprechen habe ich glücklicherweise nicht gehalten.

Die Feindschaft gegen die Schule hatte verschiedene Gründe. Der

eine lag in der extremen Einseitigkeit meiner Interessen: Religion, Philosophie, Dichtung und auch noch Geschichte – alles andere ließ ich links liegen. Der Sprachunterricht im Deutschen und auch in den Fremdsprachen von damals war öde, nur an Vokabeln und Grammatik orientiert, ohne jeden Umgang mit dem lebendigen Wort. Die naturwissenschaftlichen Fächer und auch die Mathematik erlebte ich als Greuel. Die Schule, das bedeutete tote, mechanische Außenwelt mit einem leer gewordenen Anspruch auf Autorität. Die Zeit, in der ich leben, fantasieren, lesen wollte, mußte ich in vielen Wochenstunden wie in einem Gefängnis absitzen. Die Lehrer, sehr reale, aber wenig überzeugende Figuren, waren für mein Gefühl das eigentlich Unwirkliche. Worte wie »Pflicht«, »Gehorsam«, fehlende »Reife« erschienen mir als bloße Hülsen ohne Inhalt. Die Kölner Schulen, was waren sie anderes als Institute der Unterdrückung, in denen alles das nicht vorkam, was mich damals erregte, entflammte.
Selbst der Deutschunterricht kam nirgends über Schiller und Goethe hinaus und in den mittleren Schulklassen noch nicht einmal bis zu ihnen. Die Geschichte bestand im Auswendiglernen von Daten und Dynastien. Freundschaften habe ich niemals mit Schülern meiner Klasse geschlossen. Dafür gab es dort keinen Raum. Am liebsten ließ ich mich dispensieren, wo es nur irgendwie zu machen war, so später vom Turnen und vom Zeichnen. In diesen Bereichen war ich ebenso erschreckend unterbegabt wie in anderen überentwickelt. Sport habe ich, abgesehen vom Schwimmen, viel zu wenig getrieben. Erst in Görlitz sollte mein negatives Verhältnis zur Schule ganz anders werden.
Meine wichtigste Lektüre, natürlich außerhalb der Schule, war damals die deutsche Literatur der Gegenwart, d. h. der deutsche Expressionismus. Die kleinen, preiswerten Hefte von Franz Pfemferts »Aktion« habe ich laufend bezogen. Ein von mir damals eingesandtes Gedicht »Das Menschentier« fand zu meinem Kummer keine Aufnahme. Die Anthologie »Menschheitsdämmerung«, von Kurt Pinthus herausgegeben, wurde eines meiner liebsten Bücher. »Chaos der tobenden Musik« hat Pinthus die Lyrik dieser Anthologie genannt, eine Lyrik, geboren aus Schmerz, Verzweiflung und Untergang, aber auch aus der Entschlossenheit, den utopischen Glauben »an das Gute, Zukünftige, Göttliche« sich »bewahren zu müssen«, wie er »aus den Tiefen des Menschen quillt«. »Du Chaos-Zeiten schrecklich edles Monument« –, das ist ein Vers aus dieser Sammlung.
Die starke Wirkung dieser Lyrik auf mich während meiner Schulzeit

lag in ihrer Mischung von Pathos und Schwermut, in ihrem symphonischen, fast rauschhaften Charakter, in ihrer widerspruchsvollen Situation zwischen radikaler Ablehnung der Zeit und einer sich dem reinen Geist überlassenden Utopie. Das Aufbegehren gegen die Verschüttungen, das Durchwühlen des ganzen Kosmos, um in ihm das Göttliche, das Wesentliche zu finden, das Ekstatische und manchmal auch bitter Lustige trafen genau die Seelenlage eines Jugendlichen, der in seinen Reflexionen noch verschwommen war und aus ihnen herauswollte, um »leben« zu können, der die eigene Gespaltenheit von sich aus nicht zu überwinden vermochte, aber doch glühend nach dem Selbstsein verlangte. Auch die Sehnsucht nach Verbrüderung, nach Menschwerdung überhaupt, die Vermischung des Politischen mit dem Religiösen, die paradoxen Ausschweifungen der Liebesintensität mit ihrer Fantastik des Leiblichen – das alles waren Motive, die ich als Widerspiegelungen meiner eigenen Situation empfand. Ich erlebte mich in die Schwermut der Jugend verstrickt und verlangte dennoch oder gerade deswegen so leidenschaftlich nach Freundschaft, nach Liebe, nach Verbrüderung. Ich las das alles durcheinander, ohne mich für den ästhetischen Rang der einzelnen Dichter zu interessieren. Ein Gedicht von Däubler mit dem Titel »Dämmerung« deklamierte ich besonders gern vor mich hin:

Am Himmel steht der erste Stern,
Die Wesen wähnen Gott den Herrn,
Und Boote laufen sprachlos aus,
Ein Licht erscheint bei mir zu Haus.

Die Wogen steigen weiß empor,
Es kommt mir alles heilig vor.
Was zieht in mich bedeutsam ein?
Du sollst nicht immer traurig sein.

Auch der lange Zeit verkannte Max Herrmann-Neiße, er fehlt in der Anthologie, begegnete mir schon am Rande; wirklich entdeckt habe ich ihn erst im Alter. Erwähnt sei auch das Buch »Franziskus« des bei einem Selbstmordversuch blind gewordenen Dichters Alfred von Hatzfeld, das mir vielleicht darum so wichtig war, weil ich diesen rheinischen Autor durch meinen Vater und seine zweite Frau persönlich kennengelernt habe. Er war immerhin der erste Dichter, dem ich sozusagen von Angesicht zu Angesicht gegenübergestanden

habe. Auch er gehörte zu den Expressionisten mit religiöser Einstellung.
Durch die Literatur des Expressionismus setzte auf einem Umweg erneut der Widerstand gegen den Vater ein. Die Literatur der Zeit verstärkte die latent bei mir vorhandenen Impulse gegen die Vater-Welt. Hasenclevers Drama »Der Sohn« sog ich regelrecht in mich ein. Warum eigentlich? Mein Vater war sichtlich erschrocken, als er sich für sein Buch über Strindberg meine mühsam gesammelte Expressionismus-Literatur auslieh und dort begeistert zustimmende Randbemerkungen von mir fand, wenn wieder einmal die Väter totgeschlagen werden sollten. Expressionismus und Jugendbewegung waren Revolten, die stark vom Irrationalen bestimmt waren. Die ideologischen Bekenntnisse zum »Geist« und zum »neuen Menschen« appellierten an das Subjektive. Wie die Welt eigentlich war, wie die gesellschaftlichen Voraussetzungen des Lebens aussahen, wurde dabei kaum, und wenn, dann nur mit abstraktem Pathos erörtert. Das war ein Sog, in den Jugendliche hineingeraten mußten, die sich eine Welt nach ihren Träumen wünschten. Die Väter waren die symbolischen Figuren für das Andere, für das unbestimmt Gehaßte, das sich als Ordnung, als Moral, als Widerstand verfestigt hatte. Mein Vater paßte in dieses Schema gar nicht hinein, aber die Literatur half mir, ihn in diesem Sinne umzudeuten. Eigentlich meinte ich gar nicht ihn persönlich, ich interpretierte ihn so aus den Büchern der Gegenwart, ich hatte ihn verfremdet, weil ich ihn nicht in meinen Innenraum hineinnehmen durfte, nicht einmal mehr hineinnehmen wollte.
Es ist erstaunlich, wie wenig das alles mit dem politischen Zeitgeschehen zu tun hatte. Diese bürgerliche Jugend war revolutionär, soweit es sich im Geist abspielte, und ihre Angriffsziele waren nicht die Strukturen der Gesellschaft, sondern die konkret erlebte Wirklichkeit von Schule und Elternhaus. Noch zeichnete sich nicht ab, welchen zwiespältigen und widerspruchsvollen Weg die Weimarer Republik einschlagen würde. Von Politik hatte ich damals keine Ahnung, so sehr mich die turbulente Zeitsituation emotional aufregte. Von der Arbeiterbewegung, von den politischen Parteien, von den negativen Kriegsfolgen, von den wirtschaftlichen Krisen wußte ich damals so gut wie nichts, da die Verführung durch den Geist meinen Abstand zur wirklichen Welt noch vergrößerte.
Wie sehr dieser Widerspruch in der Literatur dieser Jahre präformiert war, soll am Beispiel eines Buches gezeigt werden, das mich neben vielen anderen Schriften dieses Autors aufs eindringlichste

beeinflußt hat. Es war der Roman »Demian« von Hermann Hesse, den dieser 1919 unter dem Pseudonym Emil Sinclair herausgebracht hatte. Als ich als Abiturient die Abschiedsrede in Görlitz halten sollte, wählte ich mir als Thema das Motto des »Demian«: »Ich wollte ja nichts als das zu leben versuchen, was von selbst aus mir herauswollte. Warum war das so schwer?« Später, als ich diesen Roman nach vielen Jahrzehnten wieder las, hielt ich ihn keineswegs mehr für ein Meisterwerk. Gewiß: erzähltechnisch gekonnt war jene Kindheitsepisode, in der das Kind Sinclair nur durch ein fantastisch erfundenes, aber als wirklich ausgegebenes sittenwidriges Abenteuer in die Schlingen eines älteren, bösen Jungen gerät, der das Erzählte und Erlogene benutzt, Sinclair zu erpressen, und der ihn damit der heilen Welt seines Elternhauses gefährlich entfremdet. Die anderen Partien dieser Seelengeschichte sind überfrachtet mit Reflexionen, mit mancherlei Mystizismen und mit modernen, von Nietzsche beeinflußten Predigten, die eine Art Übermenschentum und das Entstehen einer völlig neuen Welt verkünden, die erst aus dem Chaos geboren werden soll. Die Figur des Demian, mehr ein Wunschbild als Wirklichkeit, bleibt in ihrer Mythologisierung als »Tier« und »Geist«, als schöne, kalte, steinerne Existenz, die dennoch von unerhörtem Leben ist, so unglaubhaft, daß sie als Romangestalt sich mehr oder weniger auflöst, nur noch eine Chiffre ist für Hesses Sehnsucht, sich aus eigenen Widersprüchen zu befreien. Auch die neuen Menschen mit dem Kainszeichen, die sich als Sektierer der verschiedensten Art, als Buddhisten, Tolstoijünger, Kabbalisten, Pflanzenesser, Astrologen usw. im Haus der ins Mythische stilisierten Frau Eva treffen, wirken heute eher unfreiwillig komisch und nicht als die Repräsentanten einer noch zu gebärenden Menschheit, die sich ihre eigenen Götter erschafft.

Warum habe ich dieses vom Kitsch und von der Sentimentalität des Jugendstiles keineswegs freie Buch in meiner Jugend ganz anders gelesen? Obgleich Hesse damals schon ein Vierziger war, verstand er auf geniale Weise, die Psyche der aufgeregten und irrationalen Generation der Nachkriegsjahre nach 1918 nicht nur nachzuempfinden, sondern ihr auch neue Impulse zu geben. Wie Sinclair erfuhr ich an mir selbst die Gespaltenheit von innerer Traumwelt und äußerer Wirklichkeit. Die neue, hier verkündete Gottheit Abraxas, die das Göttliche mit dem Teuflischen vereinigte und damit auch das Geschlechtliche von dem Makel befreite, Schande und Sünde zu sein, war zwar eine Häresie, aber sie sprengte die Enge der BK-Welt. Hier wurde das Recht auf die eigene Individualität zu einer sittlichen

Forderung erhoben, die allein dem Leben einen Sinn zu geben vermochte.

»Sobald die Ahnungen kommen und die Stimmen in ihrer Seele anfangen zu sprechen, dann überlassen Sie sich ihnen und fragen Sie ja nicht erst, ob das wohl auch dem Herrn Lehrer oder dem Herrn Papa oder irgendeinem lieben Gott passe oder lieb sei.« Eine solche Aufforderung habe ich damals wie ein neues, wenn auch weltliches Evangelium gelesen. Daß man sein *eigenes* Schicksal, sein sich von den Anderen, den Alltäglichen, den Normierten, den Moralischen unterscheidendes Leben auf sich nehmen müsse, wird im »Demian« bis zum Überdruß wiederholt. Aber ich konnte das gar nicht oft genug lesen. Es ging hier um ein Leben der Seele, der Fantasie, der Liebe, der aktiven Innerlichkeit mit einer schneidenden Absage an die konventionelle Gleichmacherei der Vielen, an die Vermassung der Zivilisationsmaschine. Das war zwar irrational, sprach aber meine geheimsten Wünsche aus. »Man darf nichts fürchten und nichts für verboten halten, was die Seele in uns wünscht«, gewiß ein gefährlicher Satz, aber waren nicht die individuelle Seele und ihr einmaliges Schicksal der höchste Wert, und stand nicht bereits im Evangelium, daß es dem Menschen nichts nütze, wenn er die ganze Welt gewönne und darüber Schaden an seiner Seele nähme. »Es gibt keine Wirklichkeit als die, die wir in uns haben.« Hier lagen für Hesse die Möglichkeiten zur Menschwerdung und zur revolutionären, aber dabei rein geistig aufgefaßten Ablösung einer in Schutt und Trümmern begrabenen Welt durch eine völlig neue.

»Nur das Denken, das wir leben, hat seinen Wert.« In einer solchen Maxime war für mich der Weg vorgezeichnet, der mich in den Studentenjahren zunächst in die Lebensphilosophie und später zur Existenzphilosophie führen sollte. Die Widersprüche, die diesen Roman durchziehen, z. B. zwischen pathetischer Verkündigung der Amoral und harmlosen, fast rührenden Begebenheiten oder auch zwischen der geforderten Emanzipation der Liebe und den tatsächlichen, rein platonischen Gefühlsergüssen, habe ich damals nicht bemerkt.

Hesse verstand es, sogar noch die Unmoral zu idealisieren, und selbst der zum Bösen entschlossene Eros konnte in der bloßen Anbetung der alles verstehenden Urmutter Eva seine Wunscherfüllung finden. Wir waren damals jung. Wir liebten Hesse, weil er uns den Mut gab, uns den Träumen und den verbotenen Wünschen unserer Jugend zu überlassen.

Unter seinen Romanen hat mich besonders der eine, gegen die böse

Tyrannei der Schule geschriebene angezogen: »Unterm Rad«. Hesses Wort an die deutsche Jugend »Zarathustras Wiederkehr« bleibt konsequent in seinen Forderungen. Statt Geldbeutel, Kaiser, verlorenem Vaterland, statt Weltverbesserung, Heldentum und Patriotismus, statt Macht und Kommunismus, statt Fürsten und Kapitalisten, statt Industrie und Masse – statt alledem das Reich ohne Grenzen, das Reich Gottes, wie es die Väter nannten, der Weg in die leidvolle Einsamkeit des eigenen Schicksals, in das wahre Selbstsein, aus dem allein die rettende Tat für die Gemeinschaft geboren werden kann. Auch das war freilich nur eine Utopie und nicht etwa ein realpolitisches Programm.
So problematisch eine solche Flucht nach innen heute erscheinen mag, inmitten der von Krisen aller Art geschüttelten Weimarer Republik, inmitten der inflationären Auflösung nicht nur des Geldes, sondern der Werte überhaupt, für die bürgerliche Jugend dieser Jahre war Hesses Beispiel ein Signal für eine bessere Zukunft, für *ihre* Zukunft.

Meine Kölner Jugendjahre endeten mit einem Debakel. Meine Gier nach Büchern war so groß, daß ich zusammen mit Kurt Sauer anfing, Bücher aus Buchläden zu stehlen. Meine wirtschaftlichen Mittel waren nämlich äußerst begrenzt. Bald wurden wir dabei erwischt. Jedoch der betreffende Buchhändler begnügte sich mit der Rückgabe der Bücher und erstattete keine Anzeige. Als ich jedoch anfing, selbst die silbernen Löffel, Gabeln und Messer meines Elternhauses heimlich an mich zu nehmen, um durch ihren Verkauf neue Bücher zu erwerben, da war es mit der väterlichen Toleranz vorbei. Mein Vater und seine junge Frau befürchteten damals, ich hätte das Geld zu den »Huren« getragen. Der Verdacht lag nahe, war aber falsch. Denn ich bin zwar oft mit brennenden Augen und voll wilder Fantasie ziellos durch die Gassen im Kölner Rheinviertel am Dom gelaufen. Hineingegangen in die so verlockenden, verdächtigen und unerlaubten Häuser mit dem roten Licht bin ich nicht. Aber ich romantisierte diese unbekannte, verführerische Welt; ich träumte von ihr nach literarischen Vorlagen wie Flauberts elegisch-lyrischem Roman »November«, der bei Kurt Wolff mit stimmungsvollen Lithographien herausgekommen war. Als mir mein Vater Ostern 1923 »zur Besinnung« – so stand es in der Widmung – den »wertvollen«, desillusionierenden Roman von Charles Louis Philippe »Bübü vom Montparnasse« schenkte, wollte ich diese brutale Darstellung des Zuhälter-Milieus nicht wahrhaben. Dennoch war die väterliche

Warnung unnötig; es blieb vorläufig bei den Ausschweifungen der Fantasie. Ich kaufte Bücher, immer nur Bücher.
Das Schicksal hat mich vor dem endgültigen Scheitern bewahrt. Mein Vater bürgerte mich aus. Mitten im Schuljahr wurde ich aus der zum zweitenmal durchzustehenden Untersekunda herausgenommen und auf das Reform-Realgymnasium in Görlitz verpflanzt. Dort war ich zunächst Pensionär bei dem Ehepaar Springer. Er war Religionslehrer, herzensgut, aber mürrisch und pedantisch. Die respektlosen Schüler schrieben ihm vor dem Unterricht mit Kreide auf die Tafel: »Wenn alles schläft und einer spricht, den Zustand nennt man Unterricht.« Trotzdem hatte er auf seine Weise höhere Bildungsinteressen. Ich überraschte ihn einmal bei der Lektüre des schwierigen Buches von Theodor Litt »Individuum und Gemeinschaft«, das Thema lag ganz auf der Linie meiner Interessen, aber er weigerte sich, es mir auszuleihen; ich sei noch zu jung, nicht »reif« genug dafür. In diesem Augenblick hätte ich ihn ermorden können. Wenige Jahre später habe ich in meinem ersten Semester Theodor Litts pädagogisch-soziologische Vorlesung in Leipzig gehört. Er stellte manchmal mehr rhetorisch gemeinte Fragen, auf die man eigentlich gar nicht hätte antworten sollen. Ich hatte die Unverschämtheit, mich nicht nur zu melden, sondern sogar zu widersprechen. Aber das bekam mir nicht gut. Als ich in die nächste Vorlesungsstunde, sie begann bereits um 8 Uhr morgens, als passionierter Langschläfer zu spät kam, was Litt nicht ausstehen konnte, da begrüßte er mich vor dem überfüllten Hörsaal mit den Worten: »Ah, da kommt ja mein Opponente«, und dann kanzelte er mich ab und destruierte mein schwaches Begriffsgebäude mit bissiger Ironie.
Aber damit habe ich vorgegriffen. Das Ehepaar Springer fand meine Ansichten erschreckend. Die Teilnahme an der Premiere von Wedekinds »Frühlings Erwachen« mußte ich mir geradezu ertrotzen. In solche »unsittlichen« Stücke hatte man als Jugendlicher nicht zu gehen. Am Ende wurde das ebenso rührende wie spießbürgerliche Ehepaar nicht mehr mit mir fertig; ich zog zu meiner Großmutter väterlicherseits. Sie konnte trotz sehr beschränkter wirtschaftlicher Verhältnisse vorzüglich kochen; sie war gutmütig und kritiklos genug, um sich über meine intellektuellen Provokationen nicht aufzuregen. Wir kamen friedlich miteinander aus. Ich fand hier, ohne daß es mir bewußt wurde, ein wenig »Nestwärme«.
Görlitz war eine kulturell sehr lebendige, liebenswürdige Stadt. Ich habe dort den von Haas-Berkow inszenierten »Totentanz« gesehen. Damit geriet ich zum ersten Mal mit der Anthroposophie Steiners in

Verbindung; denn Haas-Berkow kam von dorther. Er schuf eine überaus farbige, aber ganz auf das Wesentliche gerichtete Pantomime, ein von innen durchseeltes Theater, sogar ohne das Wort. Der Eindruck wird mir unvergeßlich bleiben, wie sich hier Spiel und Ernst miteinander vereinigt haben. Auch den großen Schauspieler Alfred Bassermann erlebte ich in einer Gastrolle. Er spielte den Multimillionär in Richard Dehmels Drama »Die Menschenfreunde«. Ein Satz aus diesem Schauspiel will mir in seiner Absage an leerlaufende Ideologien noch heute als gültig erscheinen: »Selbst das größte Gefühl wird klein, wenn es sich aufputzt mit großen Begriffen, ein bißchen Güte von Mensch zu Mensch ist besser als alle Liebe zur Menschheit.« Niemals wieder ist mir ein Schauspieler begegnet, der bis in die Zehenspitzen hinein sprachlich und gestisch so bruchlos mit seiner Rolle identisch war. Schlagartig hatte sich vieles für mich geändert. Zum ersten Mal fand ich, wie man heute so gern sagt, zu meiner Identität. Dem BK unter dem Pfarrer Bornkamm blieb ich zunächst noch treu, freilich nicht mehr lange. Das Wichtigste aber war, daß eine Lehrerpersönlichkeit von bedeutendem Format meinem Leben eine neue Richtung gab. Es war Arno Koselleck, ein junger Studienrat, der mich in der Untersekunda in Deutsch, später in Geschichte unterrichtete. Koselleck erkannte meine beängstigende Frühreife und durchschaute, daß ich über meine Klasse physisch und geistig längst hinausgewachsen war. Er ergriff die Initiative und veranlaßte mit Erfolg meinen Vater, mich aus der Schule herauszunehmen, damit ich mich mit Hilfe von Privatstunden unter Überspringen der Unterprima auf die Aufnahmeprüfung für die Oberprima vorbereiten sollte. Das hieß: anderthalb Jahre Schule in einem halben Jahr zu überbrücken. Aber was sollte auf der Sekunda noch ein Schüler, der sich bereits mit Max Schelers Aufsatz über das Tragische beschäftigte und den Unterschied von tragisch und traurig zu durchdenken versuchte – erste Ansätze zu meinem späteren Buch über die deutsche Tragödie von Lessing bis Hebbel!

Koselleck war mehr ein Lehrer für die Begabten. Die anderen fühlten sich seiner sublimen Ironie und seiner vornehmen kühlen Distanz nicht gewachsen. Sie verkannten die sich nach außen verschließende Güte dieses im Kern verletzbaren Mannes, der sehr aufmerksam nicht nur auf den intellektuellen, sondern auch auf den psychischen Zustand von Jugendlichen einging. Er beobachtete genau, er durchschaute, er ließ aber auch gelten. Er war der geborene Pädagoge, der mit Leidenschaft unterrichtete. Jeder Schüler brachte ihm Respekt entgegen, Rüpeleien kamen in seiner Schulstunde nicht vor. Leerlaufendes bloßes Schulwissen vermittelte er nicht; er öffnete die geistigen Horizonte, er führte jeden, sofern er das überhaupt wollte, zu sich selbst. Er gab Aufsatzthemen, die mich brennend interessierten, so z. B. in Untersekunda über die Freiheitskriege: »Die Erhebung des Vaterlandes beginnt in den Seelen der Bürger«. Das war kein billiger, phrasengeschwängerter Patriotismus, sondern ein Appell, den Zusammenhang zwischen der Einzelseele und der geschichtlichen Situation zu finden. Eigentlich war er mehr Historiker als Germanist. Dennoch gab er auch im Deutschen genau gegliederte, systematische Überblicke über die literarischen Epochen, die mir zum ersten Male beigebracht haben, in geschichtlichen Zusammenhängen und nicht bloß in Fakten und Daten zu denken.

Das gewagte Experiment, in das Koselleck sich mit mir eingelassen hatte, gelang. Ich mußte zwar hart arbeiten, aber das war gut. Mein Privatlehrer in Latein war ein pensioniertes Original, das mir nach dem Unterricht die Fugen von Bachs Wohltemperiertem Klavier vorspielte. Danach plauderten wir. »Wieschen, Wieschen«, meinte er, wenn ich mich allzu genialisch gab, »es muß viel da sein, damit wenig übrig bleibt.« Ich habe die Aufnahmeprüfung in die Oberprima geschafft, wenn ich auch viele Jahre lang nachts den schrecklichen Traum träumen mußte, ich wäre noch als längst arrivierter Dozent mit dem Schulranzen zwischen weit, weit Jüngeren auf der Unterprima, um diese übersprungene Klasse nachträglich zu durchlaufen.

Aber nicht nur Koselleck hat mir ein gänzlich neues Verhältnis zur Schule möglich gemacht, auch der Direktor des Gymnasiums Bokkelmann tat das Seine dazu. Dieser äußerst vitale, im hohen Ausmaß selbständige Mann haßte die Konventionen. Allerdings neigte er zu cholerischen Zornesausbrüchen, die ihm manche Feinde geschaffen haben. Er selbst kannte diese Gefahr in seinem Wesen. Als ihm in der Oberprima ein Schüler widersprach, gelang es ihm nur mühsam, den aufsteigenden Jähzorn zu unterdrücken. Er erklärte vor der ganzen Klasse, man solle ihm nicht widersprechen, auch wenn man glaube, im Recht zu sein, um nicht ihn und sich selbst unglücklich zu machen. Diese souveräne Selbstentblößung erhöhte jedoch nur den Respekt der Schüler vor ihrem Direktor. Ich erinnere mich, wie er zu Beginn einer Schulstunde an die Tafel schrieb: Was ist Kitsch? und damit eine Frage aufrollte, die in der deutschen Literaturwissenschaft erst sehr viel später von Walter Killy neu aufgenommen und geistreich beantwortet wurde. Ich konnte damals keine befriedigende

Antwort geben, da ich die geschichtlichen Zusammenhänge zwischen der Gesellschaft des späten 19. Jahrhunderts und dem gerade dort zur vollen Blüte gelangten Kitsch noch nicht durchschauen konnte. Aber mein Versagen verletzte meinen Stolz.
Als Lehrer im Französischen ließ uns Bockelmann in der Oberprima Aufsätze in dieser Sprache schreiben, deren Themen wir gelegentlich frei wählen durften. Das verführte mich zu der kühnen Frage: »Warum ist Molières Drama ›Der Geizige‹ eine Charakterkomödie, ohne moralisch zu sein?« Diese Idee gefiel Bockelmann so gut, daß er den Aufsatz mit sehr gut bewertete und vor der Klasse vorlesen ließ, obgleich es mit meiner Kenntnis der französischen Grammatik nicht weit her war. Aber er hatte stillschweigend einige sprachliche Fehler in meinem Manuskript verbessert. Wie gesagt, er hielt sich nicht an die Konventionen.
Ich fing an, die Schule als einen wirklichen Lebensraum zu erfahren. Auch im Lateinischen durfte ich bei einem etwas hilflosen Referendar Ovid-Verse frei ins Deutsche übersetzen, bemühte mich aber dabei um rhythmische Treue, und das alles tat ich mit dem größten Vergnügen. So etwas war freilich die Ausnahme in der endlosen und langweiligen Cäsar- und Liviuslektüre des mit Vokabeln nur so gespickten Unterrichtes. Immer mehr drängte ich zur aktiven Mitarbeit an der Schule. Kühn schlug ich dem Direktor vor, jede Woche einmal *vor* dem Unterricht eine Art weltliche Morgenandacht abzuhalten mit Musik und literarischer Rezitation. Die gewagte Idee wurde akzeptiert. Den musikalischen Teil bestritten natürlich andere, aber meine Vorliebe für Rezitation ließ mich Gedichte vorlesen, vor allem von Rilke, George, Trakl und Hofmannsthal, aber auch von Hölderlin und Goethe, die zu dieser Zeit den Enthusiasmus meiner Jugendjahre beflügelten. Es kam nur eine kleine Zahl Freiwilliger, aber diese kam immer wieder. Die Gründung einer »Literaria« gehörte ebenfalls zu meinen emanzipatorischen Tätigkeiten. Später wurde dort Edgar Neis mein Nachfolger. Einmal lud ich sogar meinen Deutschlehrer dazu ein. Das war damals nicht Koselleck. Er staunte, wie ich mit den literarisch interessierten Schülern im freien Gespräch Schillers »Wallenstein« diskutierte. Am Ende meinte er, bei meiner ausgesprochen pädagogischen Begabung müßte ich unbedingt einmal Lehrer werden.
Zu meiner Versöhnung mit der Schule trug aber am meisten das Theater bei. Wieder war Koselleck der behutsame und nie aufdringliche Anreger. Wir gründeten unter seiner Regie eine kleine Theatergruppe, die einen an sich nicht sehr bedeutenden Einakter

von Friedrich Lienhard »Der Fremde« aufführen sollte. Am aufregendsten war dabei für mich, daß mir – das war die Pointe des Stückes – am Ende eine Oberprimanerin, zwei Klassen höher als ich, um den Hals fallen und mich küssen sollte. Das wurde mehrfach geprobt. Es geschah auf überaus keusche Weise, aber es geschah, und Mieze Werner, bereits mit einem Studenten verlobt, wurde die platonische Liebe meiner letzten Schulzeit. Ich schrieb für sie Rilke nachahmende Liebesgedichte und gestand ihr auf einem Spaziergang meine Liebe. Ein einziges Mal durfte ich sie bei dieser Gelegenheit nicht nur theatralisch, sondern auch wirklich küssen. Es waren herrliche Zeiten!

»Der Fremde« blieb nicht die einzige Theateraufführung; es folgte noch Hofmannsthals »Der Tor und der Tod«, worin ich den Claudio spielte, und später sogar – ich war schon Student – noch einmal auf der Görlitzer Schule Shakespeares »Hamlet« mit mir in der Titelrolle. Ich war kein Schauspieler, ich spielte jedesmal nur mich selbst. Ich deklamierte zuviel, ich verwandelte die theatralischen Gestalten in mich hinein; es waren Wunschträume oder auch Angstbilder meines eigenen Ichs; es waren Wege, das nur Geträumte in die Wirklichkeit umzusetzen, wenn diese auch nur Bühne war. Bühne bedeutete Leben. Am meisten konnte ich mich mit Claudio identifizieren. In dem versäumten Leben, das erst in der Todesstunde seine Erfüllung finden sollte, sah ich mein eigenes Lebensproblem. Immer noch war ich in den Zwiespalt von Fantasie und Realität verwickelt. Lange Jahre hat mich Hofmannsthal begleitet. Er bedeutete mir sehr viel, mehr als George, ja sogar mehr als Rilke. Die überschwengliche Schwärmerei für Rilke, nicht nur für seine Gedichte, auch für die »Weise von Liebe und Tod des Cornets Christoph Rilke« und noch mehr für die morbiden »Aufzeichnungen des Malte Laurids Brigge« mit ihrer schwermütig schönen Aufforderung, jeder solle seinen eigenen Tod sterben, hat mir nachher den Appetit an Rilke etwas verdorben. Ich hatte ihn in jenen Jahren so sehr zum Bestandteil meiner selbst gemacht, daß ich später nicht die nötige Distanz für eine Vorlesung aufbringen konnte.

Am Ende kam die große Stunde der Befreiung. Denn trotz allem blieb die Schule für mich eine Last. Es gab dort eben nicht nur Morgenfeiern, Literaria und Theater, sondern auch anderes. Es gab nicht nur Lehrer wie Koselleck und Bockelmann, sondern auch trockene Pedanten und sogar böswillige, mit Minderwertigkeitskomplexen belastete Zwerge. Das waren die Typen, die der Direktor haßte und die ihrerseits ihn vernichten wollten. Der Mathematiker freilich ließ mich in Ruhe; er war ein vornehmer, Musik liebender, in seinem Fach vorzüglicher Mann, der genügend begabte Schüler in dieser Klasse hatte und mich meinen eigenen, meinen anderen Weg gehen ließ, soweit ihm das möglich war. Mit Herzklopfen erwartete ich die Themen für den Abiturientenaufsatz. Ich wollte unbedingt die Note sehr gut für ihn bekommen. Als ich jedoch das literarische Thema hörte: »Welche Gedanken und Empfindungen habe ich beim Anblick des Goethe-Schiller-Denkmals in Weimar?«, da fand ich es abgeschmackt. Das zweite Thema, irgendein allgemeiner Spruch, den ich vergessen habe, lag mir nicht. Ich konnte solche Gesinnungs- und Bekenntnisaufsätze nicht leiden. Es ist auch später damit nicht viel besser geworden, als man sie Besinnungsaufsätze genannt hat. Sie verführen zum Schwafeln und zum bloßen Nachbeten der vom Lehrer gewollten Ansicht. »Der deutsche Aufsatz, ein verkappter Schundliterat«, so hieß eine Broschüre, die ich damals gelesen habe. Ist diese Kritik auch heute noch berechtigt? Bereits auf der Obersekunda war es mir schlecht mit einem solchen Aufsatz ergangen. Ein gedanklicher Spruch-Vers von Geibel war das Thema: »Lorbeer ist ein bittres Blatt / Dem, der's sucht, und dem, der's hat.« Ich war entschieden anderer Meinung. Ich wollte den Ruhm verklären, ich wünschte mir ihn im geheimen für mich selbst. Ich widersprach. Das Ergebnis war ein schwaches genügend wegen mangelnder »Reife«. Schule, o Schule!

So nahm ich das dritte Thema, das Koselleck als Historiker gestellt hatte: »Die Entwicklung zum Parlamentarismus innerhalb der deutschen Reichsverfassung«. Alles, was ich darüber wußte, hatte ich bei ihm gelernt. Er verstand es, bei mir den Sinn für Verfassungsfragen, für Grundrechte des Bürgers, für das Staatliche überhaupt zu wekken; er öffnete eine Brücke aus meiner allzu »innerlichen« Welt der Poesie in die Realität der Zeitgeschichte; er hat es geschafft, daß ich noch als Student in Leipzig in meinen ersten Semestern Rechtsgeschichte gehört habe.

Für meinen Aufsatz bekam ich die Note sehr gut. Aber in der mündlichen Prüfung war die Klippe die Mathematik. Die geschickt gestellte Frage des Mathematiklehrers nach den imaginären Zahlen kam meiner philosophischen Begabung entgegen. Als jedoch der Schulrat Aufgaben aus der Stereometrie verlangte, versagte ich völlig. Darauf der mir so wohlgesinnte Bockelmann zum Schulrat: »Dem Wiese liegt eben mehr die qualitative als die quantitative Aufteilung des Weltalls.« Schlimm erging es mir auch in der Physik. In einem schriftlichen Elaborat sollten wir die elektrischen Meßapparate be-

schreiben und erläutern. Das war mir beim besten Willen nicht möglich, es gehörte zum Pensum der Unterprima, und auf der war ich nie gewesen, so daß ich die zu beschreibenden Apparate auch nie gesehen hatte. Daher gab ich denn ein leeres Blatt ab und ging nach Hause. Es sei die originellste Arbeit, die er jemals gesehen hätte, erklärte mir nach dem Abitur mein Mathematik- und Physiklehrer. Das nenne ich humoristische Toleranz.
Zwei Dinge habe ich aus meiner Schulzeit gelernt. Bei der Schule kommt es nicht so sehr auf die jetzt meist überschätzte Didaktik an, sondern auf die geborene Lehrerpersönlichkeit. Leider gibt es die nur selten, und es ist das größte Glück für einen jungen Menschen, solchen Lehrern zu begegnen wie Koselleck und Bockelmann. Lebendiger Unterricht läßt sich nicht nach ausgeklügelten Methoden und vorgeschriebenen Rezepten durchführen. Er muß aus der Spontaneität des Erziehers entspringen, und er wird um so wirksamer sein, je mehr er gar nicht vorgibt, erziehen zu wollen. Autorität gilt nur dort, wo sie freiwillig anerkannt wird, nicht, wo sie von außen aus autoritärer Gesinnung erzwungen wird.
Das zweite ist die nicht hoch genug zu bewertende Rolle, die das gemeinsame Schultheater für die Erziehung bedeuten kann. Es befreit und entkrampft. Wie ich vor allem aus Schillers philosophischen Schriften gelernt habe, ist es das Spiel, das dem Menschen die Möglichkeit gibt, ganz Mensch und damit frei zu sein. Ohne das Musische verdorrt der Mensch. Man kann zwar auch die Muse auf den Exerzierplatz abkommandieren, aber sie hört dort auf zu singen. Die schreckliche Zerrissenheit meiner Jugend habe ich auf der Görlitzer Schule wie von selbst, fast mühelos überwinden können. Da nützen keine Ermahnungen, keine theoretischen Erwägungen, keine aufgestülpten Konventionen. Was hilft und rettet, ist *der* Lehrer, der Kräfte freisetzt und Kräfte gelten läßt. Es ist aber auch das gemeinsame Spiel, das auf den Ernst gleichsam vorbereitet. Das Spiel kann Vorstufe des Ernstes sein, der Ernst jedoch niemals das Spiel nachholen. Wer nur den Ernst kennt, bleibt an eine immer auch unfreie, dem Zwang unterworfene Existenz gebunden, ohne jene Heiterkeit zu kennen, die mir mehr gilt als die starre Regel, weil allein sie den Weg zu *allen* Möglichkeiten offenhält. Es war die Tragik meines Vaters, daß er durch den tödlichen Ernst seiner Knabenzeit niemals das Spiel kennengelernt hat. Im Spiel erfährt sich das Ich in einer Gemeinschaft, die keine Zwangsanstalt ist, sondern auf der Initiative von Ich und Du und ihrer Wechselwirkung beruht. Man nennt das heute gern »kreativ«. Das ist ein schlechtes Wort

dafür. Eigentlich will man damit ja nur vermeiden, vom Schöpferischen zu sprechen. Aber darum geht es im Grunde. Schöpferisch jedoch sind die Spiele der Jugend noch nicht; sie geben aber die Chance, vielleicht später einmal wirklich etwas Eigenes hervorzubringen. Auch der Sohn des Direktors war einer der Mitspielenden.
Zum Glücksstern meiner späteren Schulzeit gehörte aber ebenso die Freundschaft mit Gerhard Herrmann, die, trotz räumlicher Trennungen, bis heute gehalten hat. Er war damals, gerade siebzehn geworden, bereits auf der Oberprima, und wir lernten uns an einem besonderen Tag kennen. Nach Mitte März 1921 hatten die Schüler verschiedener Klassen die durchreisenden Oberschlesier, die zur Abstimmung über die Zugehörigkeit ihres Gebietes fuhren, mit kleinen Erquickungen zu betreuen. Da viele Wartezeiten dazwischen waren, gerieten wir wie von selbst in ein nächtliches Gespräch, und bereits bei diesem ersten Male ergab sich eine wechselseitige Steigerung unserer Interessen, bei der der Funke immer hinüber und herüber sprang, und so ist es bis heute geblieben, daß der eine immer wieder dem anderen als Katalysator dient. Bald wanderten wir auch in den Schulpausen nebeneinander, und die sonst streng nach Klassen geschiedenen Zöglinge wunderten sich sehr, daß hier der »Klassen-Gegensatz« so unbekümmert durchbrochen wurde. Dann war ich häufiger Gast in der Wohnung seiner stillen, bescheidenen Mutter, die kurz vorher frühzeitig ihren Mann verloren hatte. Ihre Toleranz gegenüber einer manchmal doch recht verwegen übertreibenden Jugend hatte etwas Vorbildhaftes. Gerhard und ich schwärmten beide für Mieze Werner, und es ist nicht ohne Komik, daß genau einen Tag nach mir er ihr *seine* Liebeserklärung gemacht hat. Er war weit kritischer und rationaler als ich, hatte auch mit der Schule keine Schwierigkeiten. Sein Interesse galt in erster Linie der Geschichte und der Geographie, aber auch der Literatur. Dennoch war ihm Enthusiasmus nicht fremd, wir lebten im Rausch unserer möglichen Zukunft. Vor allem in der ersten Studienzeit kamen wir uns vor, als trügen wir den Marschallsstab bereits im Tornister. Es war das Selbstbewußtsein einer Jugend, die das Leben noch vor sich hatte und an ihre Zukunft glaubte. Mancherlei Widrigkeiten haben freilich später verhindert, daß Gerhard zu der vollen Entfaltung seiner ungewöhnlichen Begabung gelangte. Aber seine Fähigkeit, sich zu bilden und das so Erworbene zum Bestandteil seines eigenen Lebens zu machen, hat er sich bis heute erhalten, wenn auch mehr in aufnehmender als in produzierender Weise. Gerhard war ebenso wie

ich von Koselleck fasziniert, bei dem er Deutschunterricht hatte. Als er jedoch bei einem frei zu wählenden Aufsatzthema »Walter Flex als Vertreter des homo inversus« im Sinne Hans Blühers vorschlug, da hatten Koselleck und der Direktor doch ihre Bedenken; sie sahen wohl darin eine geheime Sympathie für die Homosexualität, ja sogar ihre Rechtfertigung. Doch war das ein Irrtum von ihnen. Allerdings gehörte die Mischung von Weiblichem und Männlichem, das romantische Ideal der »Androgyne« zu unseren bevorzugten Gesprächsthemen. Keiner von uns beiden wollte nur »männlich« sein. Wir wanderten zusammen im Riesengebirge; aber ich sparte bis zum Geizigen dabei, weil ich mir von dem verbleibenden Geld den Roman von Romain Rolland »Johann Christoph« kaufen wollte. Er hat mich damals weit mehr angezogen als Goethes »Wilhelm Meisters Lehrjahre«, die ich zur Enttäuschung von Koselleck langweilig fand. Heute würde ich anders werten. Aber der problematisierende, aufbegehrende und mit Literatur und Musik infizierte Johann Christoph stand mir damals viel näher als der Bürgersohn aus dem 18. Jahrhundert, der für mein Empfinden viel zu bürgerlich geblieben war. Daß die Gesellschaft vom Turm mit ihren nüchternen, »ökonomischen« Idealen über die freie künstlerische Entwicklung des Individuums triumphieren sollte, dafür fehlte mir zu dieser Zeit jedes Verständnis. Darin war ich mit der Kritik der Romantiker, die ich damals noch nicht kannte, bereits einig. Ich hätte wohl besser »Wilhelm Meisters theatralische Sendung« lesen sollen.
Zwei Bücher, die bei uns beiden Epoche gemacht haben, tauschten Gerhard und ich miteinander aus. Er brachte mir den ersten Band von Oswald Spenglers »Untergang des Abendlandes« und ich ihm den 1916 erschienenen dicken »Goethe« von Friedrich Gundolf. Oswald Spengler bedeutete für mich einen Durchbruch, der auch noch viele Jahre meines Studiums mitbestimmen sollte. Was begeisterte mich damals an diesem Buch? Es war nicht so sehr die pessimistische Zukunftsprognose für die abendländische Kultur mit dem Triumph der technischen Zivilisation. Denn ich wollte ja nicht untergehen, sondern erst richtig anfangen zu leben. Aber die radikale Ablehnung einer Geschichtsauffassung der Zahlen und Fakten zugunsten einer ästhetisch symbolischen Geschichtsdeutung kam meinen eigenen Bedürfnissen entgegen. Die Übertragung eines solchen Lebensgefühls auf die Universalgeschichte erfuhr ich als etwas völlig Neues, und sie hat während meines Studiums zu einer lang andauernden Beschäftigung mit Geschichtsphilosophie und mit den Problemen des Historismus geführt. Zunächst freilich überwog die

Lust am »lebendigen Denken«, wie es Spengler genannt hat, der Versuch, durch eigenes Schauen und Verstehen die Welt symbolisch aufzunehmen oder sogar, wie Spengler es wollte, so nachzugestalten. Goethes morphologische Methode war mir damals noch nicht bekannt, doch die Spenglersche Übertragung der Goetheschen Sehweise auf die Geschichte leuchtete mir trotzdem ein. Die Sympathie Spenglers für die Mythologie als Urgrund der Kulturen lag damals bereits auf der Linie meiner sich immer mehr vom BK befreienden Religiosität, ebenso wie der Anschluß an Problemstellungen, die Nietzsche aufgeworfen hat. Die Abneigung gegen das mechanische Denken zugunsten des organischen, die Vorliebe für Analogien statt für Kausalitäten mußte einem bereits philosophierenden Primaner willkommen sein, der mit den Naturwissenschaften so wenig anfangen konnte. »Wer definiert, kennt das Schicksal nicht«, ein solcher Satz öffnete zwar dem Irrationalismus in der Wissenschaft Tür und Tor, aber solche Bedenken schob ich damals schnell beiseite. Auf »Seele«, auf »Schicksal« kam es an. Das waren Lieblingsbegriffe meiner Jugend, und Spengler führte nun in die weiten Horizonte, indem er sie auf das Wachstum der verschiedenen weltgeschichtlichen Kulturen anwandte. Wenn Spengler die magische, die apollinische, die faustische Kultur mit ihren jeweils besonderen Stilformen beschrieb, wenn er eine Methode des Erfühlens, nicht des Zergliederns forderte, wenn er von den verschiedenen Moralen der Kulturen und ihrer damit gegebenen Relativität sprach, von ihren Welt-Anschauungen, die alle Gebiete des Lebens durchdrangen, so zeigte er mir den Weg, von der allzu kreisenden Selbstreflexion fortzukommen in die Welt als Geschichte, doch so, daß ich mich selbst in diesem ungeheuren Panorama noch wiederfinden konnte. Symbole statt Begriffe, Einfühlen statt Erklären; nicht schicksallose Phänomene wie Urteil, Wahrnehmung, Aufmerksamkeit zu zergliedern, sondern statt dessen »Hoffnung, Glück, Verzweiflung, Reue, Ergebenheit, Trotz«, Phänomene der »Seele« und ihres einmaligen Schicksals anschaulich zu machen, nicht abstrakte Systematik, sondern individuelle Deutung der Welt – das war die große Verführung, die von Spengler ausging, und da blieb es gänzlich belanglos, daß die Historie als Wissenschaft ihm im Tatsächlichen oft böse Schnitzer nachweisen konnte.
Aber ebenso stark, wenn nicht noch stärker, war die Wirkung des »Goethe« von Friedrich Gundolf. Mein Deutschlehrer auf der Oberprima hielt es noch mit der soliden, aber langweiligen Biographie von Bielschowsky. Das war Literaturgeschichte alten Stils, die auf der

Aneinanderreihung von Daten und Fakten beruhte. Unterscheidungen wie »Urerlebnisse« und »Bildungserlebnisse« gab es da noch nicht. So konnte ich ihn in meinem Aufsatz über die Verschiedenheit von Goethes und Schillers Balladen mit tollkühnen Formulierungen überraschen, die ich mir mehr oder weniger von Gundolf angeeignet hatte und natürlich nun meinerseits übertrieb. Er war verwundert, aber er ließ es über sich ergehen. Ich konnte damals nicht ahnen, welch wichtige Rolle Friedrich Gundolf in meinem Leben noch spielen würde. Die Wirkung seines »Goethe« reichte weit über die Schulzeit hinaus. Zum ersten Mal wurde mir klar, daß man Dichtung aus sich selbst heraus verstehen konnte. Ferner lernte ich begreifen, daß Person und Werk eine untrennbare Einheit bilden, Kunst also eine primäre Form des Lebens selbst ist. An die Stelle der Biographie als eines bloß äußeren Ablaufes trat hier die am Gleichnis der Kugel anschaulich gemachte Einheit des Dichters, die in jedem Augenblick und nach allen Seiten von einem Zentrum her ausstrahlt. Schließlich entwickelte sich an diesem Buch mein bleibendes Interesse für große Gestalten der Geistesgeschichte, die eine Wahrheit vermitteln, die mehr durch Bilder als durch Gedanken zu uns spricht. Wie wechselseitige Spiegelbilder sind mir Spengler und Gundolf erschienen. Beiden war die Abneigung gegen das systematische und theoretische Denken gemeinsam. Beide waren Eingangspforten zu jener Entwicklung der Geisteswissenschaften, der ich in Zukunft noch so viel verdanken sollte.

II
DER WEG IN DIE UNIVERSITÄT

Die Jahre meines Studiums fallen in die »goldenen« Zwanziger. Ganz so golden waren sie nicht. Bereits in den ersten Semestern wurde ich wie viele andere auch ein Opfer der Inflation. Der zwar nicht üppige, aber ausreichende »Wechsel«, den ich von meinem Vater bekam, schmolz erschreckend zusammen, die Graupensuppe in der Mensa enthielt immer weniger Backpflaumen. Hätte nicht die »Mamita« – so nannte ich meine Stiefmutter – ihrem »Igel« einige Devisen statt der immer wertloser werdenden Reichsmark verschaffen können, die ich mit erstaunlicher wirtschaftlicher Begabung im jeweils richtigen Augenblick umzuwechseln und im Eiltempo auszugeben verstand, so wäre es mir ziemlich schlimm ergangen. Aber junge Menschen sind von solchen finanziellen Nöten weit unabhängiger als ältere.

Ich ging im Frühjahr 1922 nach Leipzig, um Philosophie als Hauptfach zu studieren. Warum Leipzig? Warum Philosophie? Leipzig ergab sich, weil dort Freund Gerhard schon Nationalökonomie studierte, ein Brotstudium, zu dem er gezwungen war und bei dem er noch dazu das meiste Geld selbst als »Werkstudent« verdienen mußte; denn seine Mutter konnte ihm nicht helfen. Philosophie als Fach – auf der Schule wurde es damals noch nicht gelehrt – ergab sich aus meinem Traum von Freiheit, die Germanistik schreckte mich etwas ab durch ihren altgermanistischen Teil mit Gotik, Althochdeutsch, Mittelhochdeutsch. Ich hatte keine klare Zielvorstellung. Unbestimmt schwebte mir ein Dr. phil. vor, ich wollte – wiederum aus Opposition gegen die Vater-Welt – keinesfalls Hochschulprofessor werden. Was ich im geheimen mir wünschte, aber nicht offen zu sagen wagte, war eine Existenz als freier Schriftsteller, ja sogar noch anspruchsvoller: als Dichter und in erster Linie als Lyriker. Es waren reichlich verwegene, völlig utopische und wirklichkeitsfremde Vorstellungen.

Ganz in der Nähe des Rosentals hatte ich meine studentische Bude aufgeschlagen. Oft »lustwandelte« ich in dieser lieblichen, ein wenig prätentiösen Landschaft, aber niemals allein. Prächtig ließ es sich vorstellen, wie dort einst die barocken Schäfer und Schäferinnen ihre Zärtlichkeiten ausgetauscht hatten. In dieser Frühzeit meines Studiums nahm die Produktion von lyrischen Gedichten einen erheblichen Raum ein. Erst später, im 5. Semester, habe ich radikal damit aufgehört, weil ich erkannte, meine Gedichte bestanden nur aus Nachtönungen, aus durch Einfühlung geborenen Nachahmungen echter Poesie. Auf diesem Wege hätte ich nie mehr als Epigonales leisten können. Gelegenheitslyrik zu geselligen Zwecken habe ich später ab und an als Nebenprodukt verfaßt.

Was fand ich in Leipzig vor? Was hat mich angezogen, was stieß mich ab? Koselleck hatte mich auf den Germanisten Albert Köster und auf einen Studienfreund von ihm selbst, den Historiker Johannes Kühn hingewiesen. Bei Köster wollte ich mich denn auch gleich zu seinem Seminar anmelden. Aber da kam ich schlecht an. Erst hätte ich die Anfangsstufen der Germanistik bei den Hilfskräften zu durchlaufen; dann könne man weitersehen. Wieder einmal war ich nicht »reif« genug. Kösters Vorlesung über Goethe wirkte zwiespältig auf mich. Ich bewunderte zwar seine Kunst der Rezitation, mit der er Verse beschwingt und melodisch zu sprechen wußte, aber der Vorlesung selbst fehlte jede philosophische Ader, und die schien mir schon damals für einen Germanisten unerläßlich, wichtiger als das endlose Büffeln von Dialekten. Ohne eine kräftige Spritze Philosophie oder auch Soziologie kann die Germanistik nicht gedeihen. Köster war ein eleganter Weltmann, dessen Stärke in der anschaulichen Schilderung eines literarischen Panoramas lag. Freilich blieb alles etwas an der Oberfläche, »Probleme« gab es dabei nicht. Jedoch ist sein Buch »Die deutsche Literatur der Aufklärungszeit« mit einem Anhang über »Die allgemeinen Tendenzen der Geniebewegung« auch heute noch lesenswert durch den guten Stil und die Farbigkeit der Darstellung. Das Verspielte der Rokokodichtung und der deutschen Anakreontik herauszuholen, so etwas lag ihm, während er in die verwickelte Psyche der Empfindsamkeit weit weniger eindringen konnte. Köster fand später ein tragisches Ende. Er war homosexuell, wurde erpreßt und nahm sich das Leben.

Und wie stand es mit der Philosophie? Dafür war die Hauptfigur in Leipzig »Papa« Driesch, ein sehr liberaler Mann, der mich im Gegensatz zu Köster ohne Bedenken in sein Seminar aufnahm. Er hatte zwei Seelen in seiner Brust. Die eine steckte in seiner Neigung zu einer abstrakten »Ordnungslehre«, einer eigentlich abstrusen Erkenntnistheorie. »Ich habe bewußt Etwas«, »ich habe bewußt geordnetes Etwas«, so ging es los, ohne die geringste Ahnung, daß unser Seelenleben bestimmt nicht so anfängt, sondern weit eher ein sehr ungeordneter Bewußtseinsstrom ist, so wie ihn James Joyce in seinem »Ulysses« als inneren Monolog auf vielen Seiten fast filmartig vorüberflimmern läßt. Aber mit solcher Kritik tue ich Driesch

Unrecht. Es ging ihm ja nicht um die Wirklichkeit der Seele, sondern um eine Systematik des Bewußtseins. Diese Gedankenspiele zogen mich sogar an. Ich liebte trotz meiner ästhetischen Neigungen lange Zeit dieses Denken um seiner selbst willen, dieses Durchkonstruieren, das sich auf nichts anderes einließ und darum auch mit der Welt innen und der Welt draußen nichts zu tun haben wollte. Die »Ordnungslehre« habe ich genau durchstudiert und mit zahlreichen abstrakten Anmerkungen versehen, die aber auf der Seite 240 meines Exemplars aufhören. Die restlichen 250 Seiten habe ich wohl nicht mehr durchgelesen. Heute fehlt mir für das »ordnungshaft Gehabte« jedes Organ. Mein Weg führte mich von dieser Art abstrakter Philosophie immer mehr ins Konkrete.
Aber Driesch hatte noch eine zweite Seele. Wirklich fruchtbar war seine Philosophie des Organischen, seine Seeigelexperimente, mit denen er die mechanische Betrachtung der Natur durch eine vitalistische überbaute und jener geheimnisvollen »Entelechie« auf der Spur war, die als ganzheitliches Prinzip im Organismus wirkt. Den seltsamen Vorgang, wie aus einem zerteilten, halben Seeigel dann doch wieder ein »ganzer« wurde, wußte er sehr anschaulich und überzeugend zu beschreiben. Auch hatte er parapsychologische Neigungen, die sogar die Astrologie miteinbezogen und in seinem Oberseminar zu höchst spannenden Fragestellungen führten. In der Praxis allerdings war Driesch ganz und gar kein Psychologe. Allzu sehr war dieses Denken nur mit sich selbst und seinen Darstellungsformen beschäftigt. Darin erinnerte er mich an meinen Vater, zwar väterlich liberal, aber ahnungslos in allem, was die wirklichen Vorgänge der Seele betraf. Einfühlung lag gewiß nicht auf seiner Linie. Als er mit seiner reichlich vulgären Frau, die zu heiraten ein selbst für einen Professor ungewöhnliches Maß an Weltfremdheit voraussetzte, eine Reise nach China machte, wo er nicht allzuviel gesehen haben dürfte, da verkauften seine beiden Kinder das Mobiliar aus der Wohnung, und die Eltern standen fassungslos vor gähnender Leere, als sie nach längerer Abwesenheit zurückkamen. So etwas konnte nur Driesch passieren. Und als geradezu rührend ist mir in Erinnerung geblieben, wie er das logische Prinzip der Identität erklärte. Er ließ seinen Kneifer auf der einen Seite hinter seinem Rücken verschwinden, brachte ihn auf der anderen wieder zum Vorschein und fragte dann im Grusel erregenden Tonfall einer Gespenstergeschichte: »Ist das noch derselbe Kneifer?« Daran zweifelte allerdings niemand.
Sehr enttäuschend war für mich das Fach Geschichte. Die durch

Koselleck geweckte Neigung zur Historie wurde mir geradezu ausgetrieben. Den Historiker Brandenburg fand ich pedantisch und langweilig. Vielleicht tat ich ihm Unrecht. Aber später in Heidelberg konnte mich auch der berühmte Andreas nicht mit diesem Fach aussöhnen. Auch er trieb Geschichte ohne philosophischen Impetus. Wieviel mehr hatte mir da Koselleck gegeben! Damals gab ich das Fach endgültig auf. Ein Historiker in meinem Sinne wäre Friedrich Meinecke gewesen, aber den habe ich nur einmal in einem Vortrag gehört. Allein als Geistes- und Ideengeschichte war Geschichte für mich zugänglich. Die politischen Weltbegebenheiten mit ihren Königen, Schlachten und Feldherren waren mir mehr oder weniger gleichgültig. Ausnahmen waren freilich Alexander, Cäsar, Friedrich der Zweite (oder darf man ihn noch den Großen nennen?), Napoleon und Bismarck. Hier entdeckte ich die »Größe« als ein Urphänomen in der Geschichte und neigte keineswegs dazu, sie zu »hinterfragen« und zu entwerten. Glücklicherweise gab es aber noch Johannes Kühn, den ich auch persönlich kennenlernen durfte. Bei ihm lag das Schwergewicht auf der Religionsgeschichte, auf einer offen eingestandenen Sympathie für die Mystik, und die ins Wesentliche führenden Gespräche mit ihm bedeuteten sehr viel für mich, wenn auch das Übersinnliche dabei das Sinnliche gefährlich auszulöschen drohte. Kühn ist freilich als Historiker immer ein Outsider, fast so etwas wie ein Eremit geblieben und wurde von seinen Kollegen nicht ganz für voll genommen. Auch im Brockhaus findet man seinen Namen nicht. Dabei hat sein Buch »Toleranz und Offenbarung« Brücken geschlagen zwischen Historie und protestantischer Theologie. Vielleicht hat sich Kühn gerade dadurch *zwischen* alle Stühle gesetzt. Als ich ihm ein langes Gedicht von mir, »Klage des Dionysos«, vorlas, schwieg er zunächst und erklärte dann mit erstaunlicher Intuition: »Und Sie werden doch noch Wissenschaftler.« Schlimmeres hätte er mir damals nicht sagen können.
Ungemein anziehend fanden wir alle den Kunsthistoriker Wilhelm Pinder. Zwar bin ich durchaus kein Augenmensch, und so habe ich denn Kunstgeschichte als Fach ebenfalls später mit Recht aufgegeben. Pinder stand den »Philosophen« in seinem Seminar mit spöttischem Wohlwollen gegenüber. Was uns an ihm so faszinierte, war seine Gabe zur groß angelegten historischen Bildinterpretation. Er verstand es, die Unterschiede von Renaissance, Barock und Manierismus an den auf- und absteigenden Linien deutlich zu machen, die er durch das als Beispiel gewählte Bild hindurchzog, so daß man erst einmal richtig sehen lernte. Dabei blieb er aber nicht

formalistisch, sondern verlor den großen europäischen Bildungshorizont nie aus dem Blick. Er hat übrigens vorzügliche Schüttelreime gemacht. Der vielleicht kürzeste aller Schüttelreime: Du bist Buddhist, soll von ihm stammen. Auch Pinders Untersuchungen über den Unterschied der Generationen, Probleme, die später auch Karl Mannheim beschäftigt haben, waren für mich von höchstem Interesse. Für meine geistesgeschichtliche Sehweise ist mir neben Pinders Manierismus-Interpretation vor allem das Buch von Heinrich Wölfflin »Kunstgeschichtliche Grundbegriffe« wertvoll geworden. Mit seiner Würdigung der Form und ihrer eigengesetzlichen Entwicklung vermittelte es eine Ergänzung, die vor den Einseitigkeiten der Geistesgeschichte zu warnen vermochte und gerade dadurch auf diese anregend einwirken konnte.

Unabhängig von diesen Lehrern ging ich meinen eigenen Weg. Das Literarische trat jetzt zugunsten des Philosophischen zurück. Aber es waren damals noch nicht die großen Philosophen Kant, Fichte, Schelling, Hegel, auch noch nicht Leibniz, der mir später durch einen Freund nahegebracht wurde, auch nicht die antike Philosophie von den Vorsokratikern bis Plato und Aristoteles, die mich in ihren Bann zogen, es war die Philosophie meiner Zeit, die Lebensphilosophie, und es waren vor allem drei Autoren: Scheler, Bergson und Dilthey. Georg Simmel trat zunächst hinter ihnen zurück. Max Stirners Buch »Der Einzige und sein Eigentum« hatte ich schon als Schüler gelesen. Damals war dieser anarchische, traditionslose Individualismus genau die Philosophie, der ich allzu vorschnell begeistert zustimmte. Max Scheler kannte ich als Kollegen meines Vaters bereits von Köln her. Er war eine erstaunliche Persönlichkeit, typisch für die zwanziger Jahre, katholisch und anarchisch zugleich, ein Mann, der eine ans Dämonische grenzende Ausstrahlung hatte. Man wußte nicht, war er eine extrem amoralische Existenz oder genau umgekehrt eine von hohem Ethos. Geistige Askese hat er seiner leidenschaftlich sinnlichen Vitalität erst abzwingen müssen. Von seinem Sohn aus zweiter Ehe wurde berichtet, daß sein erstes Wort als kleines Kind »Zigarette« gelautet habe. Aber auch von Scheler selbst gab es vorzügliche Anekdoten. Er liebte das gute Essen und Trinken. Als er ganz allein in einem Gourmet-Lokal ein opulentes Mahl mit erstklassigen Weinen zu sich nahm, traf ihn dort zufällig ein etwas neidischer und verklemmter Kollege, der überaus spitz bemerkte: »Aber, Herr Scheler, das gehört sich doch nicht, daß ein geistig so hochstehender Mann wie Sie sich so hemmungslos den irdischen Genüssen überläßt.« Darauf Scheler: »Herr Kollege, sind Sie denn der Meinung, daß die angenehmen Dinge des Lebens von Gott nur für die Dummköpfe geschaffen worden sind?«

Das Buch von Scheler, das ich mir genauer vornahm, hieß: »Wesen und Formen der Sympathie« und war 1923 erschienen. Es behandelte die Sinngesetze des emotionalen Lebens. Es stand der Lebensphilosophie nahe und ging von einer Einheit allen universellen Lebens aus, einem »Einsgefühl«, aus dem die sympathetischen Funktionen der Menschenseele erst entspringen. Im Gegensatz zu Nietzsche wurden hier die Phänomene des Leidens und des Mitleidens positiv gesehen, aber auch die individuelle »seelische Liebe« gerechtfertigt. Schelers auf inhaltliche Wertgefühle sich gründende Ethik stand im schroffen Gegensatz zu der idealistisch formalen Ethik Kants des »kategorischen Imperativs« als Forderung der Vernunft. Bereits in seinem Hauptwerk »Der Formalismus in der Ethik und die materiale Wertethik« hatte Scheler den großen Gedanken Pascals von einer »logique du cœur«, einer »raison du cœur« aufgenommen und suchte nun seine eigene wesensphänomenologisch begründete Lehre von den Stufen der Entwicklung der Sympathieformen weiter auszubauen, denen er, wenn ich ihn richtig verstanden habe, einen eigenen Erkenntniswert zusprach.

Ein solches Buch konnte seine Wirkung auf mich nicht verfehlen zu einem Zeitpunkt, an dem ich selbst die Liebe zum ersten Mal leidenschaftlich erfuhr, nicht als Identifizierung mit dem eigenen Ich, sondern als ein, wenn auch oft krisenhaft schwieriges Eingehen auf das andere Ich, das Du.

Lebensphilosophie hieß für mich, über das Leben und aus dem Leben heraus zu philosophieren. Es ging mir um die Ganzheit, um das unbewußt Strömende aller Lebensvorgänge. Klare, bestimmbare Kategorien ließen sich dabei kaum finden. Dafür mußte man sich schon an Driesch halten, bei dem aber das Leben ausgeklammert blieb und nur Phänomene des Bewußtseins systematisiert wurden, abgesehen natürlich von seiner Naturphilosophie. Das »Erleben« findet im »Verstehen« sein Organ für die Aufschließung fremden Lebens. Diese irrationale Tiefe des Lebens fand ich in der Philosophie Bergsons vom élan vital, von der évolution créatrice. Dichterisches und Gedankliches konnten in einer solchen freien, geöffneten, nicht systematischen Philosophie ineinanderfließen. Das war es, was ich eigentlich suchte und was mich ein Leben lang zu Schillers philosophischen Schriften hingezogen hat. Aber mehr noch als der große Lebensschwung faszinierte mich in Bergsons Büchern »Zeit und Freiheit« und »Schöpferische Entwicklung« seine Interpretation der »Zeit«, die an die Stelle der quantitativen Auslegung eine qualitative setzte. Zeit als »innere Dauer« entzieht sich der Meßbarkeit. Auch hier ist eine abstrakt mechanische Auffassung durch eine psychisch-vitalistische überholt worden, die das Phänomen der Freiheit gegen allen Determinismus verteidigt. Mit seiner auf Intuition gegründeten Erkenntnistheorie und seiner qualitativen Auffassung der »Zeit« gab Bergson mir das Rüstzeug in die Hand, später selbst einmal Geistesgeschichte nicht von der räumlich diskontinuierlichen Materie her, sondern vom Leben, vom schöpferischen Bewußtsein aus deutend zu schreiben. Was ich mir bei Bergson angeeignet habe, fand ich, wenn auch abgewandelt, in den Heidelberger Jahren durch das Kapitel »Schnee« in Thomas Manns »Zauberberg« bestätigt.

Zunächst muß hier noch von Wilhelm Dilthey die Rede sein. Mit ihm habe ich mich besonders lange und ausführlich beschäftigt, weit über die Leipziger Zeit hinaus. Er ist mir zur geistigen Leitfigur auf meinem Weg in die Geisteswissenschaft geworden. Er hat den Positivismus in der Literaturwissenschaft entscheidend gebremst und statt dessen eine methodische Grundlegung der Geisteswissenschaften geschaffen. Daß ihre Gegenstände im »Verstehen« und nicht im »Erklären« ergriffen werden müssen, ist weithin zum leitenden Gesichtspunkt meiner eigenen Forschungen geworden, und Dilthey war es, der mit seinem Buch »Das Erlebnis und die Dichtung« bereits 1905 *interpretierende* Beispiele für das den Naturwissenschaften entgegengesetzte, verstehend beschreibende und nicht nur zergliedernde Verfahren gefunden hat. Freilich wird man zugeben müssen, daß der allzu subjektive Erlebnis-Begriff zum Verständnis dichterischer Phänomene nicht ausreicht und daß auch die Diltheysche Dreitypenlehre von »Materialismus«, »objektivem Idealismus« und »Idealismus der Freiheit« viele wichtige Phänomene sich entgehen läßt.

Das alles konnte ich damals noch nicht durchschauen. Aber den Studien über Lessing, Goethe, Novalis und Hölderlin in Diltheys Buch verdanke ich den nicht abstrakten, sondern lebendigen Umgang mit der Literatur, zu dem bereits Gundolf mit seinem »Goethe« den Grund gelegt hatte. Gewiß: wir beschreiben heute das Wesen der dichterischen Fantasie genauer und objektiver, und es gehört immer noch zu den Zukunftsaufgaben einer neuen Poetologie, ihrer Struktur auf die Spur zu kommen.

Bei soviel Philosophie mit allen ihren Abstraktionen konnte ich das musische Äquivalent nicht entbehren. Und so ging ich einmal in der

Woche in die große Leipziger Bücherei und las nur Märchen. Dies halte ich auch heute noch für ebenso wichtig wie das Spiel. Märchen liegen jenseits des bloßen Intellektes und bedeuten eine Nahrung für die Seele. Sie führen in die magische Heimat der Menschheit bis zu den »Archetypen«, wie sie C. G. Jung genannt hat. Man darf hier aber auch mit Goethe von »Urbildern« sprechen. Ich wollte diese Märchen nicht eigentlich »verstehen«; ich wollte bei den Bildern und Bildgestaltungen bleiben, die ich konkret in mich aufnahm, und ich fragte noch nicht einmal, ob diese Bilder symbolisch seien. Ich überließ mich ganz meiner Fantasie. Noch heute greife ich von Zeit zu Zeit zu der großen Sammlung der Märchen aller Völker, die bei Eugen Diederichs erschienen ist. Aber das ist nicht eine Entspannung wie beim Lesen von Krimis, sondern eher das Gegenteil. Richtiger gesagt: es ist Sammlung, es ist intensive seelische Konzentration, von der aus man allein zum Wesen der Erscheinungen vordringen kann. »Die Phänomene selbst sind die Lehre«, hat Goethe gesagt. Dies ist zur Maxime für meine eigenen Forschungen geworden, und paradoxerweise waren es gerade die Märchen, durch die ich das am stärksten erfahren konnte. Lieblingsmärchen von mir waren manche der Brüder Grimm wie »Rumpelstilzchen«, »Rapunzel« und »Dornröschen«, ebenso wie die orientalischen Märchen von Tausend und einer Nacht, besonders »Aladins Wunderlampe«. Aber fast noch mehr zogen mich die Kunstmärchen von Andersen an, vor allem das Märchen von der »Kleinen Seejungfrau«, die um der vergeblichen Liebe zum Königssohn willen zu jedem Opfer bereit ist. Sehr rührte mich die so traurig schöne Geschichte mit dem doch glücklichen Ausgang vom Reisekameraden, das von einem toten, bereits begrabenen Mann erzählt, der zum Schutzengel für seinen Bestatter, einen unschuldigen Jüngling geworden ist. Welcher Tiefsinn vor allem in den »Galoschen des Glücks«, dem Märchen der Illusionen, die dann doch alle entzaubert werden! Das waren Märchen, die sich mir eingeprägt haben.

Wichtiger aber als alle Bücher wurden für mich die neuen Freundschaften und die Liebe. Es war ein bohèmienhafter Kreis, in den ich hineingeriet. Ein feucht-fröhliches Burschenschaftsleben mit scharfen Mensuren kam für mich überhaupt nicht in Frage. Alle, die der ganz lockeren Verbindung des »Kreises« angehörten, waren etwas snobistisch-überheblich, allzu sehr in sich selbst verliebt. Dieser Snobismus lag an sich nicht in meiner Natur, imponierte mir aber sehr. Man philosophierte, man dichtete, man musizierte, man liebte und hielt sich für mehr als die gewöhnlichen banalen Zeitgenossen.

Hinzu kam die Aufgeregtheit dieser Jahre, die Tendenz zur Auflösung aller Werte. Labilität war nicht nur ein Charakteristikum der Zeit, sondern besonders eines dieser Heranwachsenden. Bei den meisten ist später nicht allzuviel dabei herausgekommen. Als sie älter wurden, sind sie verspießert und haben ihre genialische Jugend vergessen. Nicht alle Blütenträume reifen. Nur Arnold Gehlen, der lose mit einigen von uns Kontakt hatte, ist ein bedeutender Denker unseres Jahrhunderts geworden. Ich mochte ihn damals nicht sehr, kannte ihn kaum. Er war mir zu kalt, zu hochmütig versnobt. Freilich soll er auch, wie mir die Damen erzählten, ein vorzüglicher Tänzer gewesen sein. Jedenfalls präsentierte er sich als eine Mischung von klugem Skeptiker und elegantem Weltmann und nicht als ein Enthusiast wie ich, der dazu neigte, die »Materie« zu unterschätzen, und daher auch in seiner Garderobe oft nachlässig und schlampig war. Bei Gehlen war das undenkbar.

Hingegen erhob ich Gerhard Büchner zum Idol meiner Leipziger Zeit. Er war ein stattlicher, sehr gut aussehender junger Mann mit einem wohlhabenden Elternhaus im Hintergrund, zwei Jahre älter als ich. Mit seinem Studieren war es nicht weit her, er verschlief viele Stunden am Tage, bummelte und improvisierte. Auf der Musikhochschule lernte er das Klavierspielen, hinzu traten seine poetischen und philosophischen Anlagen. Dieser zweite Freund mit dem Vornamen Gerhard dichtete also. Ich bewunderte ihn und hielt seine Verse für großartig. Aber in Wahrheit waren sie wohl nur teils rokokohaft verspielt, teils Nachahmungen eines Goetheschen Altersstils. Ein Höhepunkt in unserem Leben war ein großes Fest der Universität, ich weiß nicht mehr, ob es ein Sommer- oder Winterfest war, zu dem unter der Redaktion des Altgermanisten Friedrich Neumann ein literarisches Heft mit studentischer Lyrik herausgegeben werden sollte. Bei Neumann habe ich damals nur ein kurzes Gastspiel in seiner mittelhochdeutschen Sprachvorlesung gegeben. Viel habe ich davon nicht behalten. Ich erinnere mich nur, daß alles mit atemberaubender Schnelligkeit und niemals langweilig an mir vorübergerauscht ist. Weit eindrucksvoller war für mich ein Vortrag, den er über Christian Morgensterns »Galgenlieder« gehalten hat, ich empfand ihn als überaus geistreich, voller Paradoxien, wie sie für diese Gedichte ja auch passend sind. Neumann sprudelte nur so vor Lebendigkeit, war für alles zu haben, später auch für Hitler, Charakterfestigkeit war gewiß nicht seine Stärke.

Geradezu suggestive Wirkung übte auf mich und andere Fritz Linde aus, der auch zum engsten »Kreis« gehörte. Er hat später über

Johann Schefflers »Cherubinischen Wandersmann« promoviert. So ein barocker Dichter-Stil in paradoxen Antithesen und Identitäten lag ihm besonders; er schrieb dann nebenbei ein Buch über den unglücklichen Bayernkönig Ludwig unter dem Titel »Ich, der König«, mußte später den ganzen Krieg durch lange Jahre als Soldat und Kriegsgefangener in Rußland verbringen, um schließlich in der DDR wieder aufzutauchen. Linde war ein geborener Journalist und doch weit mehr. Ich habe keinen Menschen kennengelernt, der mit Witzen und geistvollen Einfällen so funkeln konnte. Und dennoch führte sein Weg in die völlige Anonymität, ja ins Verstummen. Das hing wohl auch mit seiner äußerst sensiblen Natur, seiner scheuen Verletzbarkeit zusammen. Ehrgeiz war ihm gänzlich fremd, er war in keiner Weise ein Erfolgsmensch, aber von einer warmherzigen, ja gütigen Ausstrahlung. Wir liebten ihn alle. Auch er machte Verse, sehr originelle, wenn sie auch ein wenig Heine nachahmten. Außerdem liebte er die Musik. Keiner von uns konnte sich mit ihm messen, wir waren und blieben trotz aller Selbststilisierung brave Bürgersöhne. Fritz Linde war der einzige, der nur er selbst war, ohne Bindung an eine gesellschaftliche Klasse, einmalig, unvergeßlich. Sicher lebt er heute, wenn er noch leben sollte, in der DDR in jener merkwürdigen Verborgenheit, in jener Distanz zu sich selbst und seiner Umwelt, die niemand antasten kann.
Für das große Fest der Universität brauchte Neumann Gedichte. Büchner und ich schickten natürlich welche ein und wurden zum ersten Mal auch gedruckt, Büchner mit mehreren, ich mit nur einem Gedicht. Es ist bis heute das einzige gedruckte von mir geblieben. Das Gedicht war feierlich, eine Art Odenstil in freien Rhythmen, Hölderlin nachempfunden. Es hieß: »Wenige nur«. Wenn ich es hier noch einmal abdrucke, so nur als Zeugnis für meine damalige innere Situation. Es hat keinerlei literarischen Wert, und ich möchte ohne Überheblichkeit sagen, ich habe immerhin noch bessere Gedichte gemacht.

Wenige nur vertrauen sich ganz dem unendlichen All,
Schreiten des Wegs mit aufgehobenen segnenden Händen
Und mit weisem und gütigem Herzen.
Nichts vermag sie zu stören, sie formten das Gute und Böse
Scherzend und leicht zum kunstvoll sinnigen Spiele
Und freuen sich kindlich am köstlich gelungenen Werke.
Trägt sie die Welle empor, lockt sie die seltsame Tiefe,
Immer schauen sie groß und fordernd zum künftigen Bilde,

Und sie schaffen, was leer und was häßlich, um zur lebend'gen Gestalt.
Gesammelt im innersten Wesen begreifen sie endlich die Welt.
Doch sie leben darin und wechseln in zahllosen Formen,
Wohnen als Saat und als Wind und als Stern am schimmernden Himmel.
Niemals ruhen sie träumend, sie stürzen die eigenen Werke,
Bauen sie herrlicher dann immer von neuem empor
Und verspotten sie selig in hoher und heiterer Klarheit.
Doch zur stillsten der Stunden stehen sie einsam am Gipfel,
Wachsend schreiten sie höher, greifen gewaltig ins Weite,
Weben sich ein in das unvergängliche Leuchten.

In dem bunten Bändchen des Universitätsfestes standen auch Verse von Erich Kästner, freche, provozierende Gebrauchslyrik, »neue Sachlichkeit« nannte man das damals. Ihm gehörte die literarische Zukunft, wenn auch schlimm unterbrochen durch die Ära des Nationalsozialismus. Solche Lyrik lag auf der Linie von Tucholsky mit ihren Durchbrechungen aller Tabus und ihrer Absage an alle Rückerinnerungen an die Goethezeit. Nicht Goethe, Schiller und Hölderlin oder die Romantiker bestimmten hier Sprachstil, Duktus und Weltanschauung, sondern der so ernst gemeinte Zynismus und die Ironie Heinrich Heines. Kästners bald nachfolgende Lyrikbände im knallbunten Gewande »Herz auf Taille«, »Lärm im Spiegel« und »Ein Mann gibt Auskunft« habe ich in meiner Berliner Zeit mit dem größten Vergnügen gelesen. Glücklicherweise reizten sie mich nicht mehr zur Nachahmung. Pathetische Lyrik wie die meine, ebenso wie die Büchnerschen Spielereien und die Altersweisheiten eines Jugendlichen mußten auf der Strecke liegen bleiben. Nicht nur Erich Kästner, sondern auch Erhart Kästner hat in jenen Jahren in Leipzig studiert. Beide habe ich damals noch nicht kennengelernt.
Das alles war wichtig, aber das Wichtigste war die Liebe. Für sie war ich nun wirklich »reif« geworden. Trotzdem verlief sie turbulent und problematisch. Kennengelernt habe ich *Sie* nach einer Vorlesungsstunde des alten Johannes Volkelt über Schopenhauer, ein Kolleg, das durch den Sinn für das Diffizile und Psychologische und durch das Dozieren aus der Altersweisheit heraus ein wirklicher Gewinn war. Bereits im Vorlesungsraum hatte ich das stille, scheue Reh bewundert, das dort wenige Bänke vor mir wie ein Schneewittchen saß mit schwarzem Haar, hoher Stirn und überaus schlanker Figur. Nur fand ich nicht den rechten Mut, sie anzusprechen. Da half denn

Freund Gerhard Herrmann. Er erklärte mich für feige, wenn ich es jetzt nicht endlich täte, und das wollte ich nicht auf mir sitzen lassen. Es war der Anfang einer nicht nur platonischen Liebe. Sie, die wir Lo nannten – den richtigen Namen muß ich verschweigen, da sie noch lebt und mindestens für zehn Jahre jünger gehalten werden will, als sie ist –, war nun keineswegs ein scheues Reh, sondern eine emanzipierte Studentin, die ebenso schlagfertig wie boshaft sein konnte. Sie studierte Philosophie und dichtete. Später hat sie mit einer Arbeit über Max Scheler promoviert, und Linde pflegte zu sagen, die Lo habe auch einmal bei Scheler Staub gewischt. Es begann zwischen uns ein Wettlauf in Gedichten, bei denen jeder seine eigenen für besser hielt. Ich war da an ein zwar sehr gut aussehendes, aber auch sehr komplexes, narzißhaftes Wesen geraten, und die Geschichte dieser Liebe entwickelte sich von Komplikation zu Komplikation. Trotzdem erlebten wir vieles gemeinsam, wir gingen in die Gewandhauskonzerte; von Musik verstand sie im Gegensatz zu mir sehr viel, und sie war auch erstaunlicherweise mit der Welt der Zahlen vertraut. Wir besuchten Museen und natürlich das Theater. Musik war damals für mich weit wichtiger als heute. Ich verstand eigentlich gar nichts davon, konnte keine Noten lesen, ganz zu schweigen von meiner Unfähigkeit zu singen. Alles lief da bei mir über das Gefühl, über ein bewegtes inneres Strömen, das zu dem Denkspiel mit Begriffen und Begriffssystemen merkwürdig kontrastierte. Am liebsten mochte ich eine tragische Liebesoper wie Richard Wagners »Tristan und Isolde«. Doch ist mir die Oper als Gattung immer fremder geworden, weil das gegenseitige Ansingen im Dialog mit seinen endlosen Längen unnatürlich und gespreizt auf mich wirkte. Die Oper erschien mir als eine – freilich grandiose – Verfälschung des wirklichen Lebens. Ausgenommen davon habe ich wieder und wieder alle Mozart-Opern, die nicht hinter der Literatur zurückbleiben, sondern das Literarische durch die zugleich heitere und dämonische Sprache der Musik weit überbieten. Für das Komödiantische, das Verspielte, aber auch für das innig Süße stand mir stets Offenbach stellvertretend. »Hoffmanns Erzählungen« kann ich nicht oft genug hören.

Zu den stärksten künstlerischen Eindrücken meiner Leipziger Zeit gehörte die große Tänzerin Mary Wigman, die einen völlig neuen Stil geschaffen hat, den sie »absoluten Tanz« nannte. Ihre »Raumgesänge«, ihre »schwingende Landschaft«, ihre »Elegien« waren keine Pantomimen, sondern entwickelten sich in reiner Dynamik der Bewegung. Als sie in Leipzig vier abstrakte Themen – Wanderung,

Kreis, Dreieck, Chaos – auf ihrer Tanz- und Musikbühne vorführte, war ich so hingerissen, daß ich diese vier Themen noch einmal in vier Sonetten zu spiegeln versuchte. Mary Wigmans Tanz war für mich Lyrik und getanzte Philosophie zugleich. Die Suggestion, die von einer solchen getanzten Metaphysik auf mich ausging, war auf dieser Stufe meiner psychischen Entwicklung geradezu überwältigend.

Im Theater schwärmten wir alle für das Gretchen der Margarete Anton im »Faust«, ein intellektuelles Gretchen, von dem Fritz Linde liebevoll spottend meinte, die Anton spiele es so, als ob Gretchen einmal Privatdozentin werden wolle. Aber der eigentliche Höhepunkt war die Uraufführung von Bertolt Brechts Drama »Baal« am 8. Dezember 1923 im Alten Theater, die damals einen lärmenden Skandal entfesselte. Wir haben solche Theaterabende nur vom »Olymp« aus erlebt, denn zu besseren Plätzen reichten die Moneten nicht. Nach »Baal« gab es geradezu eine Diskussionsschlacht. So sehr mich das anarchisch Wüste des jungen Brecht, das so ganz auf der Linie meiner gefährdeten Jugendjahre von früher lag, anzog, ich hatte trotzdem auch Widerstände dagegen. Inzwischen war meine Auffassung von Dichtung stärker durch die deutsche Klassik geprägt worden. Von da aus gesehen war mir Brecht zu respektlos, zu chaotisch, zu materialistisch. Mein Verhältnis zu ihm ist auch später zwiespältig geblieben. Mit seiner »Theorie des Theaters« habe ich nicht allzuviel anfangen können und habe Lessing auf diesem Feld entschieden den Vorzug gegeben. Am meisten beschäftigte mich von Brechts Dramen das dialektisch so widerspruchsvolle »Leben des Galilei«. Zugänglich war mir Brecht weit mehr in seiner expressionistischen Frühzeit oder dort, wo, wie im »Galilei«, seine Dramatik gegen seinen Willen über den Marxismus der Lehrstücke hinausführte. Im Gegensatz zu anderen Meinungen halte ich Brecht vor allem für einen großen Lyriker, der in seiner Bedeutung selbst heute noch nicht voll entdeckt ist.

Baal wurde im »Kreis« zur kultisch mythischen Person. Der besonders vitale, zum Aufstieg geradezu prädestinierte Ernst Baer wurde von uns auf den Spitznamen »Baal« getauft. Das war aber nicht abwertend, sondern durchaus schmeichelhaft gemeint. Mit Fritz Linde war Baer besonders befreundet, aber beide Naturen waren einander extrem entgegengesetzt. Der eine existierte eigentlich immer in der Verborgenheit seines Selbst; der andere brauchte die Welt, um in ihr sich durchzusetzen. Baer hatte denn auch später eine erfolgreiche Laufbahn, zuerst in leitender Stellung in einem Leipziger Verlag, später in der DDR. Beide jedoch, Baer und Linde, wurden im »Kreis« in ihrer Verschiedenheit toleriert. Gemeinsam lasen wir auch Georg Büchners Lustspiel »Leonce und Lena« in verteilten Rollen. Der melancholisch epikureische Prinz Leonce mit seiner charmanten Langeweile blieb eine meiner poetischen Lieblingsgestalten, und noch in Heidelberg versuchte ich, wenn auch vergeblich, eine studentische Laienspielgruppe für dieses Stück zusammenzubringen.

Mein Leipziger Studium habe ich nur durch ein Semester in Wien unterbrochen. Es war ein bewußt verbummeltes Semester. Ich wollte mit der Lo dorthin, um das Leben zu genießen. Das hieß: Theater, Kunst, Musik, Liebe und Wiener Wald. Leider haben wir uns beide durch ständige Streitigkeiten das Dasein unnötig schwer gemacht. Die oft wegen Leichtsinns getadelte Jugend ist manchmal eher zu schwerblütig, zu kompliziert, zu wenig naiv. Trotzdem: ich verstand mich auf die Kunst, gute Lokale zu finden, wo man vorzüglich, aber billig essen und trinken konnte. Wien war herrlich, ein Sommer dort ein Geschenk des Himmels. Die Universität sah ich meist nur von außen und von innen lediglich zum An- und Abtestat für die Vorlesungen. Die einzige Ausnahme war das Balladenseminar von Walther Brecht, aber es kam über die Analyse eines einzigen Gedichtes nicht hinaus, und selbst diese mußte am Ende des allerdings in Wien besonders kurzen Sommersemesters noch abgebrochen werden. Solche Art von Pädagogik kann tödlich sein. Später hatte ich mehr von Walther Brecht, als ich nämlich seine Bemerkungen zu Hofmannsthals »Ad me ipsum«, vor allem aber diesen Text selbst kennenlernte. So war auch in Wien ein Höhepunkt die Aufführung von Hofmannsthals Komödie »Der Schwierige« im Josefstädter Theater mit Gustav Waldau und Helene Thimig in den Hauptrollen. Was dieses Drama für Lo und mich so anziehend machte, waren in erster Linie nicht das Theatralische und Pantomimische, sondern das kluge Arrangement der Figuren, die »Konfiguration«, aber auch die leisen Untertöne und die Schwermut, mit der hier ein ganzes Zeitalter, die österreichische Kultur der Vorkriegszeit, ihr Ende bereits diskret vorausahnte, im Grunde schon bereit, es auf sich zu nehmen. Dieses Stück gehört für mich zu den Höhepunkten der europäischen Komödie, kein Lustspiel im engeren Sinne, erst recht nicht eine Lachposse, sondern unvergleichlich in seiner melancholischen Heiterkeit, eben die, mit der auch der Clown Furlani seinen Blumentopf auf der Nase balanciert, so, daß es aussieht, als täte er es bloß aus Höflichkeit. In Wien hörte ich zum ersten Male den

schwermütig wilden Don-Kosakenchor und bewunderte die diabolische Maria Orska in Wedekinds »Erdgeist«.
Ganz ohne Lektüre ging auch dieser der Kunst und der Liebe gewidmete unvergleichliche Sommer nicht vorüber. Es war Dostojewski, dessen »Raskolnikow« (Schuld und Sühne) ich zwar schon als Schüler gelesen hatte, den ich aber erst jetzt mit den großen Romanen »Die Brüder Karamasow« und »Der Idiot« mir vertrauter machte. Lo liebte besonders den so vieldeutigen Fürsten Myschkin, der so ganz an der verwischten Grenzlinie zwischen Realität und Transzendenz steht. Ich hielt mich damals mehr an »Die Brüder Karamasow«, besonders an die dort erzählte Legende vom Großinquisitor, das eindrucksvolle Dokument der Auseinandersetzung zwischen Atheismus und Christentum. Solange der Atheismus gegen die Gottheit noch aufbegehrt, ist er selbst ein religiöses Phänomen, und als solches hat er mich stets besonders erregt. Erst wo die Religion völlig gleichgültig geworden ist, beginnt ein Atheismus ganz anderer Art, und dieser führt zur Sinnentleerung der Welt überhaupt.
Es folgte ein häßlicher, böser Winter in Leipzig. Ich litt, ich fühlte mich vereinsamt. Auch in meiner geistigen Entwicklung kam ich nicht recht weiter. Meine zauberhafte, kluge, aber auch launische und untreue Geliebte hielt sich immer mehr an die blutjungen, dekadenten, femininen, vor allem schönen Jünglinge. Ich war zwar noch jung, aber weder dekadent noch schön. Außerdem ertrug mein verwundetes Herz nur schwer den provozierenden Zynismus in den Gesprächen der Lo mit ihrer Freundin Marlen. Beide waren kapriziös und reizvoll, aber auch mit einer bösen Zunge begabt; die eine, Lo, jedoch mehr introvertiert, die andere, Marlen, für die Gerhard Herrmann mit wenig Aussicht auf Erfolg schwärmte, ausgesprochen extravertiert. Wohl mehr fantasierend genossen die beiden Freundinnen als Höhepunkt der Liebeskunst, zu gleicher Zeit bis zu fünf Männer »bei der Stange«, das hieß, in ihren Netzen zu halten. Meine Gemeinschaft mit Lo zerbrach. Ich habe sie erst sehr viel später als längst verheiratete, elegante Dame wiedergetroffen und mit ihr und ihrem lebensklugen Mann eine neue, weit weniger stürmische Freundschaft geschlossen.
Damals gab es für mich nur eines. Ich wollte fort, ich mußte fort. Aber wohin?

III
LEBENSSCHWUNG
HEIDELBERG

Von Leipzig ging ich zunächst nach Köln in die Semesterferien. Dort lernte ich durch »Mamita«, die immer viele, manchmal allzu viele Freunde hatte, den jungen Professor für Psychiatrie Kurt Schneider kennen. Als Junggeselle hauste er damals im Dienstzimmer seiner Klinik. Hier kochte er sich selbst und mir einen schweren, köstlichen türkischen Kaffee. Er war ganz introvertiert, ein fast kauzig in sich selbst versponnener Gelehrter, eigentlich mehr ein Geistes- als ein Naturwissenschaftler, ein genauer Kenner und Beobachter der menschlichen Seele auch in ihren Abwegen. Im Jahr 1923 veröffentlichte er sein Buch »Die psychopathischen Persönlichkeiten«; auch die Lebensläufe von Prostituierten hat er auf Grund eigener direkter Beobachtungen geschildert. In Heidelberg ist er später einer der führenden deutschen Psychiater geworden. Indessen Schneider verfügte noch über eine andere Seite, nämlich über ein eminent romantisches Innenleben. Seine Liebe zur Lyrik ließ ihn sein Leben lang Gedichte sammeln, für die er sich einen eigenen »Schlüssel« anlegte, eine Art Geheimbuch, in dem verzeichnet stand, welche Gedichte ihm persönlich als gültig und überdauernd galten. In der Nachfolge von Storm, Hesse und Rilke schrieb er auch selber Verse. Er beherrschte meisterhaft die künstlerischen Formen, neigte dabei zu einer verhaltenen, ins Liedhafte drängenden Melancholie, hinter der sich seine kaum eingestandene Sehnsucht nach Liebe versteckte. Neben Rilke – er verehrte ihn besonders – hatte seine zwiespältige Seele eine große Vorliebe für Ringelnatz. Die allzu spröden, mehr klassizistischen Poeten wie Platen und Meyer mochte er weit weniger.

Für mich war er damals der ideale Gesprächspartner, zu dem ich als dem weit Älteren dankbar aufschauen konnte. Er wies mich auf ein Buch hin, das ich unbedingt lesen müsse, es sei wie für mich geschrieben: Karl Jaspers' »Psychologie der Weltanschauungen«, 1919 zuerst erschienen. Wie ein Blitz schlug dieses Buch bei mir ein, und alsbald stand es fest: Nur bei diesem Professor wollte ich, ja mußte ich mein Studium fortsetzen und beenden. Bei ihm galt es, den Doktortitel in der Philosophie zu erreichen. Es war die höchste Zeit für mich, mit dem Herumvagabundieren in meinem Studium aufzuhören und für mein Leben ein klar definierbares Ziel zu suchen.

Was an diesem Buch von Jaspers – das erste, das ich von ihm las – hat mich so gepackt, ja geradezu entflammt? Grundbegriffe von ihm wie Grenzsituation, Scheitern, Gehäuse prägten sich mir so tief ein, daß sie auch künftig Leitmotive für mich blieben. Im Grunde nahm dieses Werk schon den bald nachfolgenden Durchbruch von Jaspers zur Existenzphilosophie vorweg, die ich ihn dann in meinen Heidelberger Semestern auf dem Katheder vortragen hörte. Letzte Positionen der Seele sollten hier verstanden werden, Mittel der Selbstbestimmung galt es zu finden, ohne daß der Leser eine Antwort erhielt, *wie* er zu leben habe. Aber eben solche Reflexionen über die Fragwürdigkeiten des Daseins brauchte ich zu meinem eigenen Selbstverständnis. Solchen Appell an »freie Geistigkeit des Lebens« durfte und wollte ich nicht überhören. In einer elastischen Systematik wurden hier die selbstreflektierten Einstellungen und Weltbilder erforscht, das Leben des Geistes unmittelbar vergegenwärtigt bis hinein in seine antinomischen Polaritäten oder auch in seine Verabsolutierungen, die Jaspers in ihrer Fragwürdigkeit durchschaute. Ich las und las und las. Ich glaubte, den Weg gefunden zu haben, auf dem das Selbstsein sich verwirklichen ließ.
Dieses Selbstsein darf allerdings mit dem Anspruch auf die sogenannte »Selbstverwirklichung« nicht verwechselt werden. Selbstverwirklichung braucht den Spielraum der äußeren Freiheit, doch ohne das innere Selbstsein bleibt sie gehaltlos. Selbstverwirklichung als Forderung, die sich nur an das Beliebige, nicht an das Wesentliche hält, ist nichts als eine leere Formel. Damit wird der Begriff der Existenz geradezu in sein Gegenteil verkehrt. Wo das Gleichheitsrecht mehr oder weniger ertrotzt werden soll, gerät der Mensch ins Existenzlose. Der gegen die »Masse«, gegen den Zwang der Gesellschaft protestierende Einzelmensch kann dann selbst ahnungslos in die Fangnetze dieser Masse geraten.
Ich immatrikulierte mich an der Universität Heidelberg und wohnte in der Straße mit dem ominösen Namen »Unterer fauler Pelz«. Zwei Jahre bin ich dort geblieben; sie sollten zu den wohl wichtigsten meines Lebens werden. Unvergeßlich war bereits der erste Eindruck, den Karl Jaspers auf mich machte, als ich in seinem Studierzimmer von ihm empfangen wurde. Er setzte mich in einen bequemen Sessel, wo das Licht so auf mich fiel, daß er mich bis auf den Grund »durchschauen« konnte. Er selbst blieb mehr im Schatten. Er verstand es, sehr aufmerksam zuzuhören, besaß darüber hinaus die pädagogische Gabe des Dozierens. Ein nicht nur äußerlich *großer* Mann, der zwar Respekt nicht verlangte, aber schon als bloße

Erscheinung Respekt gebietend wirkte. Ja, es war eigentlich mehr als Respekt, Jaspers schuldete man Ehrfurcht. Er ließ mich entwickeln, was »Philosophie« für mich bedeute, warum ich dieses Fach überhaupt studiere. Dann freilich machte er mir klar, daß Philosophieprofessoren durchaus noch keine Philosophen sind, er selbst sei auch nur ein Philosophieprofessor, aber da bestände ein riesengroßer Abstand zu den großen Denkern. Offensichtlich kam er gleich dahinter, daß ich diese noch kaum gelesen hatte. So war seine kleine Ansprache an mich wohl in erster Linie pädagogisch gemeint, aber so, daß mit wohlerwogener Klugheit die tiefere Absicht für mich verborgen blieb. Doch er nahm mich in sein Hauptseminar auf und ließ meinen Wunsch, bei ihm zu promovieren, zunächst in der Schwebe.

In seinen Vorlesungen wirkte Jaspers auf uns alle ungewöhnlich faszinierend. Keine Stunde wurde versäumt, auch nicht von denen, die Philosophie überhaupt nicht als Studienfach gewählt hatten. Das Kolleg von Jaspers wurde zum Treffpunkt für die geistige Elite wie einst in Leipzig das von Pinder. Jaspers dozierte sitzend, wirkte aber auch so als Erscheinung groß und bedeutend. Obgleich er wohl immer sehr genaue Aufzeichnungen hatte, trug er seine Gedanken so vor, daß der Zuhörende den Eindruck hatte, diese Philosophie entstünde gleichsam erst jetzt vor seinen Ohren. Jaspers teilte nicht etwas Fertiges und Abgerundetes mit, sondern führte einen Prozeß vor, den jeder von sich aus erst einmal nachvollziehen mußte. Das war keine weltanschauliche Predigt über Existenz und Kommunikation, sondern gelebte Philosophie, getragen von der Würde der Person, die Autorität ausstrahlte – durchaus keine private Person, sondern eine öffentliche.

Jaspers galt als todkranker Mann, der jeden Augenblick sterben konnte. Schon als Jüngling muß er sich diese schwere Erkrankung zugezogen haben. Er selbst erzählte mir später, daß er täglich mindestens eine halbe Stunde lang den Schleim aus seinem Körper aushusten mußte, wenn er am Leben bleiben wollte. Das hat er mit einer beispiellosen Disziplin geschafft. So ist er wider aller Erwartung, auch seine eigene, ein alter weiser Mann geworden, kein bloßer Philosophieprofessor, sondern einer der großen Denker unserer Zeit.

In seinen Seminaren war er freilich so dominierend, daß nur ganz wenige zu reden wagten. Man las Referate vor, ich hielt eines über die Idee der Universität bei Fichte, Humboldt und Hegel. Jaspers monologisierte dann höchst eindrucksvoll, Gespräche mit den Seminarteilnehmern oder gar Diskussionen kamen kaum auf. Eigentlich stand diese Art von Seminar durchaus im Widerspruch zu Jaspers' eigener Forderung der »Kommunikation«, ein Wort, das er ganz in »existenziellem« und nicht im pragmatischen Sinne verstand, wie es heute gebraucht wird.

Zwei seiner Seminarübungen sind mir als besonders bedeutungsvoll in Erinnerung geblieben. Die eine beschäftigte sich mit Hegels »Phänomenologie des Geistes«, einem überaus schwierigen Buch, merkwürdig schillernd zwischen Dialektik und Dithyrambik. Ich studierte es mit großer Hingabe, wenn ich auch beim Lesen immer mehr in die Gefahr geriet, es allzu »musisch« in mich aufzunehmen, und dann der Konsequenz des aus dem Widerspruch der Dialektik geborenen Gedankens nicht mehr recht folgen konnte. Trotzdem ging mir bei der Lektüre auf, wie groß nicht nur der Gewinn, sondern auch der Verlust ist, den der Geist auf seiner weltgeschichtlichen Wanderung erfahren muß.

Das zweite Seminar beschäftigte sich mit dem späten Schelling, mit seiner »Philosophie der Offenbarung«. Jaspers nahm dieses so oft als »katholisch« und als Verrat an der Philosophie geschmähte Werk ernst. Stets blieb er offen für das Gespräch zwischen Philosophie und Theologie, zumal er auch in seinem eigenen Denken immer wieder nach der Transzendenz fragte, wenn sie auch nur in »Chiffren« sich für den Denker lesen ließ. Bezeichnenderweise hat Jaspers sich später in eine wichtige Auseinandersetzung mit dem Theologen Bultmann über das Problem der Entmythologisierung eingelassen. Mich interessierte freilich damals mehr der junge Schelling, besonders seine Philosophie der Kunst mit ihrem Zusammenfallen der Gegensätze in der Identität des Schönen. Jaspers neigte dazu, der Kunst, die in seinem Denken kaum vorkommt, den existenziellen Ernst abzusprechen. So blieb ihm auch Goethe bei aller Hochachtung mehr oder weniger fremd. Auch das ist in einem Streitgespräch, diesmal mit Ernst Robert Curtius, in späteren Jahren deutlich geworden. Jaspers hat 1947 in seiner Frankfurter Rede »Unsere Zukunft und Goethe« inmitten der Goethe-Renaissance nach 1945 kritischen Einspruch gegen den Vorrang Goethes beim Wiederaufbau einer nationalen Kultur erhoben.

Es kann kein Zweifel sein, daß ihm auf dem Gebiet der Kunstphilosophie Martin Heidegger überlegen war. Bezeichnenderweise kam die antike Philosophie wenigstens zu meiner Zeit in seinem Denken gar nicht vor. Allerdings gab es dafür einen anderen Professor, bei dem ich aber nicht studiert habe. Auch über Leibniz habe ich kaum ein Wort bei ihm gehört. Für mich wurde gerade der Bereich der Ästhetik immer wichtiger und damit auch Plato, den ich leider nicht im Original lesen konnte, zwei griechische Kurse an der Universität waren dazu zu wenig. Mein Vater wollte es mir leichter machen und hatte mich darum nicht auf ein humanistisches Gymnasium geschickt. Ich habe das später sehr bedauert. Am liebsten hätte ich das Land der Griechen zu meiner zweiten Heimat gemacht. Überall, wo sich Philosophie und Kunst durchdrangen oder auch miteinander konkurrierten, fühlte ich mich in meinem Lebensnerv berührt, und hier sah ich mich von Jaspers im Stich gelassen. Die Symbiose von Denker und Dichter akzeptierte er zur Not noch bei Nietzsche. Schopenhauer und Schelling, die ihr immerhin nahe gekommen sind, mußten ihm in dieser Hinsicht mehr oder weniger fremd bleiben. Das gilt auch noch von Jaspers' Buch über Schelling. Er hat sich zwar lange Jahre mit ihm beschäftigt, wehrte sich aber zugleich gegen ihn und interpretierte seinen genialischen Zauber als »Verhängnis«; es sei ein Philosophieren zwischen Existenzerhellung und Gnosis mit der Gefahr, sich an den bloßen Wahn zu verlieren. Die Kunst spielt in diesem Buch so gut wie keine Rolle. Die Frage muß offen bleiben, ob sie für Jaspers vielleicht auch nur »ein Wahn« war.

Jaspers verdanke ich, abgesehen von seiner eigenen Philosophie, die genaue Kenntnis von Kants Kritiken, in erster Linie der »Kritik der reinen Vernunft«, die ich unter seiner Leitung sehr sorgfältig durchstudiert habe. Noch in meinem Doktorexamen hat er mich über die Widerlegung des Idealismus bei Kant geprüft. Dort konnte ich mit genauen Kenntnissen aufwarten. Die Anstrengung des Denkens bei der Lektüre Kants ist zwar eine harte, aber vorzügliche Schulung für alle, die erfahren wollen, was Denken eigentlich bedeutet. Das war nicht mehr ein Denkspiel, wie es Driesch durchgeführt hatte, sondern ich geriet bei Kant in eine Bewegung des Denkens, bei der das Denken sich erst einmal selbst entdeckt und sich seiner eigenen Voraussetzungen vergewissert.

Jaspers hatte auch seine Grenzen. Humor und Selbstironie fehlten ihm durchaus. Bei einem Kostümfest, das er einmal in seiner Wohnung in der Plöck gegeben hat – ich war nicht dabei –, muß er sich sehr gequält auf das karnevaleske Spiel eingelassen haben. Es lag ihm durchaus nicht, er blieb auch dort unfreiwillig eine feierliche Figur wie auf andere, allerdings gewollte Weise Stefan George in seinen Dante-Verkleidungen auf Schwabinger Festen.

Ich verschwieg Jaspers damals meine poetischen Ambitionen. Mit diesem Kapitel meines Lebens hatte ich abgeschlossen. Existenz, das hieß für Jaspers nie die Unbehaustheit des Künstlers, es bedeutete Scheitern an der Grenze der Transzendenz oder auch Gelingen in einem Selbstsein, das durch die Reflexion hindurchgegangen war. Wo Literatur und bildende Kunst bei ihm eine Rolle spielten, da entsprang dies seinem psychiatrischen Interesse wie in seiner Studie über van Gogh und Strindberg, oder der Weg zur Kunst mußte über den »philosophischen Glauben« erfolgen. Nach seiner eigenen Aussage hat Jaspers nie ein persönliches Verhältnis zu Kafka finden können. Wo eine dichterische Welt in ihrer Bildlichkeit blieb, also nur eidetisch wahrgenommen werden konnte, entzog sie sich den Abstraktionen des Jaspersschen Philosophierens. Jaspers fehlte jede Naivität, jede Kindlichkeit. Er dominierte als der entkörperte Geist, der einer schwer verletzten Physis abgerungen wurde. Im Sinne Schillers repräsentierte Jaspers »Würde«, aber nicht »Anmut«. Er war Ethiker, kein Gourmet, kein Epikureer, nicht vom Schönen hingerissen und darin durchaus verschieden von mir. Jedoch war es nicht eine Ethik, die dem lebendigen Menschen die Tafeln eines sittlichen Gesetzes entgegenstellte. So wie er in offenen Horizonten philosophierte und bewegliche Systeme des Denkens erschuf, so waren auch seine Forderungen an sich und andere auf intimer Kenntnis der Menschenseele gegründet und daher nicht im strengen Sinne des Wortes »idealistisch«, mochte auch Kant sein moralisches Denken mitbestimmt haben. Bei Jaspers ging es um eine »existenzielle« Ethik, die den im Werden befindlichen Menschen meinte, der in der Unruhe des Prozesses in die Gefahr geraten kann, sich vorzeitig in sterilen »Gehäusen« abzusichern oder aber in einem wurzellosen Nihilismus existenzlos zu werden. Ethik hieß für ihn, den eigenen Ursprung zu entdecken und von dort aus gegen alle Ableitungen ins Allgemeine, gegen alle Illusionen, alle Verdinglichungen, alle Verabsolutierungen zu leben. Ethik war die Aufforderung zur Wahrhaftigkeit im Tun wie im Denken. Jaspers machte klar, wie schwer es ist, den eigenen Daseinsgrund sich hell und durchsichtig zu machen, wieviel Risiko das verlangt bis an die Grenze des Scheiterns und wie es dazu über das Irrationale hinaus des zur Vernunft entschlossenen Bewußtseins bedarf. Nur wer so lebt, verwirklicht Humanität im höchsten Sinne des Wortes. Nach schweren Schicksalsbedrohungen wurde Jaspers in seiner Spätzeit die Rolle des praeceptor Germaniae, des öffentlichen Gewissens zugeteilt, die er auch bereitwillig übernahm. Allerdings brachte ihn das in die Gefahr, sich gelegentlich ins Rhetorische, in die bloße Glaubenspredigt zu verlieren.

Solche Kritik lag mir damals noch ganz fern. Jaspers war die neue geistige Vaterfigur, der ich mich bedingungslos anvertraute. Mit meinem richtigen Vater hatte er die Liberalität des Geltenlassens und Zuhörens gemeinsam. Darüber hinaus besaß er die Gabe der pädagogischen Menschenführung und vor allem eine nicht nur theoretische Kenntnis der Menschenseele mit allen ihren Widersprüchen und Krankheiten. Nur im Bereich der Vitalsphäre, der Sexualität und Erotik war er ahnungslos. Er verstand es einfach nicht, daß die Turbulenz des Trieblebens mehr bedeuten kann als geistige Begegnung.

Die Heidelberger Universität erlebte damals ihre Spätblüte, bis diese durch die Barbarei des Nationalsozialismus radikal vernichtet wurde. Sie war eine Ansammlung von ausgesprochenen Individualisten, die sich trotz ihrer Verschiedenheit meist gegenseitig gelten ließen, kaum eine Institution. Neben Jaspers lehrte noch ein so bedeutender Gelehrter wie Rickert. Alfred Weber, der Bruder des großen Soziologen Max Weber, trieb eine Soziologie, die sich von der »formalen« meines Vaters erheblich unterschied, jedoch als Kultursoziologie und als, wenn auch versteckte, Geschichtsphilosophie mich stärker anzog, so daß ich jetzt Soziologie endgültig als drittes Nebenfach für die Doktorprüfung wählte.

Eine ganze Galerie von bedeutenden Köpfen hatte diese philosophische Fakultät zu bieten. Da gab es den Archäologen Ludwig Curtius, der die Anmut einer griechischen Vase im Wort nachzugestalten verstand. Es gehörte in Heidelberg einfach dazu, daß jeder Student der philosophischen Fakultät, der etwas auf sich hielt, wenigstens einmal während seines Studiums sich eine Vorlesung dieses mit dem Sinn für *alle* Formen begabten Mannes anhörte, auch wenn das eigentliche Fachstudium nichts damit zu tun hatte. »Paradoxe Eleganz«, mit diesem Wort hat sein Schüler Otto F. Brendel ihn charakterisiert. In der Tat: dieser Gelehrte, der ganz unkonventionell war und doch auch wieder an gebräuchlichen Formen der menschlichen Gesellschaft festhielt, war voller Widersprüche, und dennoch wie aus einem Guß. In seinen Vorlesungen hielt er es mit dem von ihm gerne zitierten Heinrich Brunn: »Der liebe Gott ist im Detail.« Dennoch hat sein 1938 erschienenes Werk über die griechische Kunst in einer nicht formalen, sondern inhaltlich beschreibenden Weise den Gesamtcharakter dieser griechischen Kunst nicht aus den Augen verloren. Auch mich hat der Charme dieses Gelehrten bezaubert.

In einer ganz anderen Weise, sehr viel rationaler, sehr viel kritischer wirkte seit 1924 auch sein Namensvetter Ernst Robert Curtius in Heidelberg. In seiner kühlen Reserviertheit konnte man ihn manchmal fast für einen Chinesen halten. Später errang er einen hohen wissenschaftlichen Ruf. Seine meisterhaft geschriebene, essayhafte Sammlung »Französischer Geist und neues Europa« kannte ich um diese Zeit noch nicht. Erst später ist mir Ernst Robert Curtius als Wegbereiter der französischen Literatur zum Begriff geworden. Autoren wie Gide, Proust, Valéry oder auch andere Europäer wie Ortega y Gasset und T. S. Eliot sind durch ihn in Deutschland zum ersten Male erschlossen worden. Sein großes gelehrtes Werk »Europäische Literatur und lateinisches Mittelalter« sollte noch die gesamte deutsche Germanistik beeinflussen.

Was Rickert betrifft, so galt er als entschiedener Widersacher von Jaspers. Beide mochten sich durchaus nicht. Trotzdem studierte ich auch bei Rickert und hielt in seinem Seminar sogar ein wohlwollend beurteiltes Referat über Kants Ideenlehre. Hier lernte man Philosophie im streng systematischen Sinne, wiederum das Denken um seiner selbst willen, das Jaspers für ein bloß abgekapseltes Gehäuse hielt; denn Denken mußte und sollte über die bloße Rationalität hinausführen, ohne sie aber ganz aufzugeben. Rickert, der über die Grenzen der naturwissenschaftlichen Begriffsbildung geschrieben hatte und die Naturwissenschaften mit den Geisteswissenschaften konfrontierte, der sich kritisch mit der Lebensphilosophie auseinandersetzte, war keineswegs, wie die Anhänger Jaspers' vorschnell urteilten, ein Banause, sondern ein Denker, bei dem sich Philosophie als *Fach* weit besser lernen ließ als bei seinem Antipoden Jaspers. Rickerts Buch über »Faust«, das nicht den Form-, sondern den Weltanschauungsproblemen nachging, fand mit Recht in der Literaturwissenschaft bleibende Beachtung. Er war im Neukantianismus verwurzelt und versuchte von dort eine bestimmte, von Scheler allerdings weit entfernte Wertphilosophie zu entwickeln.

Sein Assistent Faust – er hieß tatsächlich so, wenn er auch eher mit dem Famulus Wagner Ähnlichkeit hatte – stand freilich hinter ihm erheblich zurück und wirkte ein wenig wie eine Karikatur seines von Platzangst gequälten Meisters. Es war nicht ohne Komik, wenn er als getreuer Rickertianer mit den Jaspers-Schülern haderte: »Was, ihr glaubt nicht an das Absolute? Bei uns zu Hause glauben *sogar* die Frauen an das Absolute.« Was freilich dieses »Absolute« eigentlich sein sollte, darüber konnten weder die Anhänger Rickerts noch die Jaspers' die richtige Auskunft geben.

Junge Doktoren oder Doktorenanwärter begegneten sich auf der

Straße und stellten dann die stereotype Frage: »Und wann gedenken Sie sich zu habilitieren?« Gewiß, man hatte, wie der berühmte Schlager von damals es besang, sein Herz in Heidelberg in einer lauen Sommernacht verloren – wie konnte es anders sein in dieser verzauberten und bezaubernden Neckarlandschaft –, aber der »Geist« ging über alles, ob er nun durch Jaspers oder Rickert oder andere aus einer Vielfalt ohnegleichen repräsentiert wurde. Nüchtern ausgedrückt bedeutete Geist Habilitation, Karriere als Universitätsprofessor. Schließlich mußte ja auch der Geist auf zwei Beinen stehen. Dem erlag auch ich. Nun wollte ich nicht mehr ein berühmter Schriftsteller werden, ich begrub meine Illusionen und erkannte jetzt die Universität ebenso an wie vordem die Schule. Den großen Vorbildern in Heidelberg nachzustreben und so zu werden wie sie, schien mir ein Ziel, das zu erreichen es wert war, die genialischen Träume zu opfern.

Den stärksten Eindruck machte mir Gundolf. Er war zwar nicht wie Rickert ein Antipode zu Jaspers, aber er war völlig anders, so daß der Vergleich zwischen beiden schwerfällt. Jaspers verkörperte das Leben als Geist, Gundolf den Geist als Leben. So grundverschieden beide waren, sie brachten sich ein hohes Maß nicht nur an Verständnis, sondern auch an Hochachtung entgegen. Das letzte große Shakespearewerk von Gundolf faßte Jaspers als eine Philosophie der *ganzen* Welt auf, wenn auch spezialisiert als Interpretation Shakespeares. Gundolf selbst hatte dieses Buch ein »Portrait der lebendigen Welt« genannt. In seinem Glückwunschbrief zu Gundolfs 50. Geburtstag wünschte ihm Jaspers, Gundolf solle der Deuter des deutschen Geistes bleiben und fortfahren, »an diesen Geist zu glauben, standhaft trotz des Abfalls der Meisten«. Gundolf wiederum hat am 23. Juni 1930 an Jaspers geschrieben, dieser habe ihm immer als »heimlicher Richter« vor Augen gestanden, vor ihm habe er stets als »sauber und echt« erscheinen wollen. »Von allen Lebenswünschen den Menschen gegenüber war immer der dringlichste und der welcher mir die schwersten Leiden erregte: daß da, wo ich liebe und verehre, auch die ›Gerechtigkeit‹ walte, und niemand hat mir dieses Verlangen reiner erfüllt als Sie.«

Durch einen Heidelberger Freund, Hans Menck, einen sarkastischen Liebhaber der schönen Literatur, der meinen Enthusiasmus mit heilsamem Spott dämpfte und der das Glück gehabt hat, als einer der wenigen bei Gundolf promovieren zu dürfen, lernte ich den unvergleichlichen Mann kennen, den man lieben mußte, während man Jaspers nur verehren konnte. Heute, bereits hundert Jahre nach

Gundolfs Geburt, ist seine Verherrlichung der großen Gestalten problematisch geworden und die Erinnerung an diesen bedeutenden Germanisten bei den Jüngeren fast geschwunden. Dichtung soll aus den sozialen und ökonomischen Bedingungen ihres Umfeldes hergeleitet werden. Weit wichtiger als »Personen« oder gar »Gestalten« sind die an das Publikum gebundenen Voraussetzungen ihrer »Rezeption« geworden.
Vor allem aber ist in einer auf strenge Wissenschaft bedachten Forschung, z. B. in der heutigen über den Barock, der Gegensatz von Groß und Klein unerheblich: die »Kleinen« haben allmählich die »Großen« verdrängt, und es kommt nur auf den historischen Platz an, den sie einnehmen. In einer mehr oder weniger »chemisch« gereinigten, keim- und wertfreien Forschung kann und darf der eine durch den anderen ersetzt werden. Die überquellende, aus unmittelbarer Anteilnahme geborene Sprache, wie sie Gundolf auszeichnete, gilt nunmehr, und noch nicht einmal ganz zu Unrecht, als unsachlich, als Vermischung von Wissenschaft und Poesie. Vom Literaturwissenschaftler wird der objektivierende, alles Persönliche auslöschende Stil verlangt. Gundolf freilich hätte dies alles als »systematische Besudelung der großen Dinge durch die Wissenschaft« bezeichnet. Ehrfurcht hielt er für ebenso nötig wie Kritik, wenn nicht für noch nötiger.
Bereits bei Lebzeiten wurde er berühmt; er erreichte mit seinen Büchern »Shakespeare und der deutsche Geist«, seiner bahnbrechenden Habilitationsschrift, seinem sehr umfangreichen »Goethe«, der einen ganz neuen Stil der Biographie erschuf, seinem programmatischen Bekenntnis zu »Stefan George« und zu dem von ihm ein Leben lang bewunderten »Cäsar«, später noch mit dem zweibändigen, bis heute noch zu wenig gewürdigten Werk über Shakespeare, zuletzt mit den beiden Bänden über die »Romantiker« meist hohe Auflagen. In der damaligen »Fachwissenschaft« stand er trotzdem oder gerade deswegen isoliert da.
Worin bestand Gundolfs weiterführende Bedeutung für die Geschichte der Germanistik? Sein Marburger Kollege Harry Maync warf ihm 1927 die Vermischung von Dichtung und Wissenschaft und damit den Mangel an exakter Objektivität vor. Mit Recht hat sich Gundolf dagegen gewehrt. Seine Bücher hätten mit »Schau« oder »bewußter Mythologie« oder »Bekenntnis« gar nichts zu tun. In der Tat bestand nach den steril gewordenen Untersuchungen der positivistischen Literaturwissenschaft mit ihrem Vorherrschen bloßer Namen, Gattungen und Titel Gundolfs große Leistung in dem

Aufdecken der geschichtlichen Substanzen und Kräfte. Das geschah bereits in seiner Habilitationsschrift. Ein historisches Werk bedeutete jetzt nicht mehr bloß Kunde von literarischen Zeugnissen und überlieferten Stoffen, sondern Kunde vom Leben, von der Geschichte, von der Welt überhaupt.

Gundolf verband das mit der Suche nach Maßstäben, an denen die Fülle, die Weite und Dichte der Sprache gewordenen Welt zu messen sind. Neue Methoden auszubilden war ebensowenig seine Sache wie eine ausgetüftelte Fachterminologie. Für ihn stand immer der empfangende und gestaltende Mensch im Mittelpunkt, durch den allein die Weltkräfte oder auch die »Ideen« wirksam und sichtbar geworden sind. Das ist mehr als bloße »Geistesgeschichte«. Gundolfs Grenze liegt weit eher in der eigenen, allzu wortgewaltigen und manchmal zum Manierismus neigenden Sprachgestaltung, vielleicht auch in dem allzu strengen Festhalten an der durch George vorgegebenen Norm. Für seine Spätzeit nach dem Bruch mit George, in der ich ihn kennenlernte, galt auch dies nicht mehr. In dem großen Shakespearebuch, das er in meinen Heidelberger Semestern auf dem Katheder vortrug, ist das »Gestalt«-Ideal bereits aufgehoben. Hier zeigt sich Gundolf offen für die »vor- und nachgestaltlichen Übergänge«. Seine Sprache freilich grenzte weiterhin ans Dichterische.

Heute stehen viele Gundolf nicht mehr so bewundernd gegenüber. Statt von »Dichtern« spricht man lieber von »Textproduzenten«, das »Schöpferische« halten manche Autoren von heute für einen »Talmibegriff« und reduzieren es daher auf das »Kreative«. Vor allem hält man wenig von »Helden« und kann sie nur dort gebrauchen, wo sie als Exempel für deren Entzauberung dienen. Was soll man schon mit einem Autor anfangen, der 1921 in seinen Vorträgen »Dichter und Helden« über das Schöne und Große bekannt hat: »Daß es noch zeugt, dadurch leben wir.«

Man kann das freilich auch umkehren. Die negative Wirkungsgeschichte Gundolfs ist eine Geschichte unserer Verluste. Wo berühmte Regisseure noch berühmter werden wollen, indem sie ihre Einfälle ins Absurde steigern und diese ihnen weit mehr gelten als die dramatischen Werke selbst, wo Lyrik nicht mehr der Form gewordene Gehalt einer Seele ist, sondern zur Prosa des gesellschaftlichen Alltags herabsinkt, wo der Mensch nicht mehr das Maß der Zeit, sondern die Zeit das Maß des Menschen geworden ist – da leben wir nicht nur in einer heilsam ernüchterten, sondern auch in einer technisch zweckgebundenen, rein rationalen Welt, die über

den ausgeklügelten Theorien und den zu Zwangsjacken gewordenen Systemen jeden Zugang zum »lebendigen Geist« verloren hat.
»Dem lebendigen Geist«, so lautete die Inschrift, die Gundolf für das Portal der neuen Universität in Heidelberg gefunden hat, und damit war der nicht nur formale, nicht nur logische, nicht nur abstrakte Geist gemeint. Bereits zwei Jahre nach seinem frühen Tode wurde diese als »jüdisch« verpönte Inschrift durch »Dem deutschen Geist« ersetzt. Sie bedeutete aber nur Chauvinismus und Rassenwahn.
Die Überlebenden und die Nachlebenden, die oft nur mit Mißbehagen in Gundolfs Büchern geblättert haben, ohne sie ernst zu nehmen, hatten und haben meist eine völlig falsche Vorstellung von ihm als Person: ein steifer, rhetorischer Prediger, ein autoritärer Universitätsprofessor, ein kultisch verklemmter »Georgianer«. Gundolf war anders, völlig anders. Gewiß – Stefan George hat ihn entscheidend geprägt. Dieser blieb unter den lebenden Dichtern für ihn der alleinige Hüter eines heiligen Feuers, das in der Sprache die Essenz des Menschentumes als eine kosmische Grundkraft bewahrte. Bis zu seinem Tod hielt er ihm auf seine Weise die Treue. Aber erst in der Loslösung von ihm wurde Gundolf ganz er selbst. Zwar hatte der »Meister« selbst sie erzwungen, weil ihm die Eheschließung Gundolfs mit Elisabeth Salomon – sie fand am 4. November 1926 in Heidelberg statt – von Grund auf zuwider war. Später ging er beim zufälligen Zusammentreffen in Heidelberg ohne Gruß an dem einst so geliebten Jünger vorbei.
Bereits im »Stern des Bundes« war die Mahnung Georges zu lesen: »Mit den frauen fremder ordnung / Sollt ihr nicht den leib beflecken«. Daß »Elli« zu diesen gehörte, kann man in dem Schlüsselroman von Albrecht Schaeffer »Elli und die Sieben Treppen« nachlesen, einem freilich kolportagehaften Produkt, das das Herabsinken einer Studentin zu einer Prostituierten schildert. Aber Gundolf wollte, wie es in seinem letzten Brief an George vom 21. Juni 1926 heißt, lieber mit ihr »in die Hölle« als ohne sie »in den Himmel«. Als er 1927 schwer erkrankte, wußten wir alle, die wir ihm nahestanden, daß Elli wenig Lust hatte, ihn zu pflegen, und lieber mit jungen Männern in den Europäischen Hof zum Tanzen ging, aber auch das gehörte noch zu ihren naturhaften, amoralischen Reizen. In Gundolfs Briefen steht zwar, daß sie sich rührend um ihn gekümmert habe. Mag sein! Sie war völlig anders als Frau Jaspers, von der immer etwas Asketisches, fast Nonnenhaftes ausging. Ein denkwürdiges Gespräch der beiden Frauen ist überliefert, das schlagartig ein

Licht auf ihre Gegensätze wirft. Frau Jaspers fragt Elli, was sie abends so mit ihrem Mann triebe, sie und Karl läsen sich dann immer aus wertvollen Büchern etwas vor. Darauf Elli mit entwaffnendem Freimut: »Und wir, wir knutschen uns.«

Ein »Professor« wie Gundolf war damals so nur in Heidelberg möglich. Gundolf sicherte sich seine persönliche Freiheit, soweit das nur irgend möglich war. Er hielt keine Staatsprüfungen ab und nahm auch nur ganz selten Doktoranden an. Soweit ich unterrichtet bin, hatte er nicht das geringste Bedürfnis, in der philosophischen Fakultät eine Rolle zu spielen. Sozialer Ehrgeiz war ihm fremd. Er lebte ganz für sein schriftstellerisches Werk, hatte aber dabei als Persönlichkeit eine so suggestive Ausstrahlung, daß eigentlich keiner sich ihr entziehen konnte. Obwohl er ein ungewöhnlich schöner, jugendlich elastischer Mann war, beinahe wie ein nachgeborener Grieche, zeigte er keine Spur von Eitelkeit und im Umgang auch nichts von Feierlichkeit. Seine Beziehungen zu Freunden, Studenten, Amtskollegen standen gleichsam außerhalb des üblichen sozialen Spielraums, nur von seiner Menschlichkeit getragen. Alles Gespreizte, Aufgeblasene, Verlogene und Unnatürliche konnte er nicht leiden. Trotz verborgen gehaltener Melancholie liebte er das Leben, und dazu gehörten nicht zuletzt so manche junge, kluge und hübsche Studentinnen, über die er manchmal witzig und amüsant seine Aphorismen hören ließ.

Bei aller Abgeschlossenheit in sich selbst konnte er ganz unprofessoral aufgeschlossen und heiter gesellig sein, wenn auch immer auf eine geistvolle und niemals grobe Weise. Ulrike Brünauer, Ulu genannt, eine Halbjüdin aus Österreich, war eine ungewöhnlich schöne, allgemein bewunderte, freilich auch etwas spröde Studentin der Soziologie. Sie war Gundolf nicht unbekannt, und er überraschte uns mit dem Ausspruch: »Jetzt gang ich zum Brünnauerle, trink aber net.« Oder beim Seminarfest der Germanisten, eine halbe Flasche Wein und eine halbe Flasche Apollinaris neben sich: »Jetzt bin ich halb dionysisch und halb apollinarisch.« Sein Schüttelreim über den Grafen Keyserling, der in Darmstadt die »Schule der Weisheit« leitete und dessen angeberisches Sektierertum Gundolf nicht mochte, wurde so berühmt, daß man den Erfinder darüber vergaß: »Als Gottes Atem leiser ging, / Schuf er den Grafen Keyserling.« Dieser rächte sich, wenn auch nicht so glanzvoll, und schlug zurück: »Und als sein Atem noch geringer, / Schuf er den Herren Gundelfinger.« Es gab noch andere. Zum Beispiel: Gundolf steht mit Tankmar, dem Neffen von Börries von Münchhausen, vor einer

Heidelberger Buchhandlung, in der die Werke des Onkels ausgestellt waren. Darauf Gundolf: »Es tut dem guten Tankomar / Sich seines Onkels Manko dar.« Die Freude am Witz konnte bis zur Bosheit gehen. Gundolf war es, der die Soziologie eine »jüdische Sekte« genannt hat, und er konnte sich das nur leisten, weil er selbst ein Jude war, allerdings ein kulturell durchaus assimilierter.
Diese Ungebundenheit, das schweifend Romantische und Verspielte Gundolfs war freilich auch eine Gefahr, der gerade George mit seinen unerbittlichen erzieherischen Forderungen entgegengetreten ist. In Gundolfs Schriften über die Romantiker, die weniger aus einem Bedürfnis nach Verehrung, sondern aus dem nach kritischer Abgrenzung hervorgegangen sind, finden sich Urteile über Kleist und Friedrich Schlegel von fast grotesker Ungerechtigkeit. Wahrscheinlich hat er in diesen Autoren noch die Bedrohungen durch die sinnlich-seelischen Ausschweifungen der Fantasie gespürt, die ihm selbst nicht fremd waren. Vor ihnen hat ihn nicht nur George geschützt, sondern auch die beispiellose Lauterkeit und Güte seines eigenen Wesens.
Wo es zu helfen galt, griff er ein, meist auf anonyme Weise. Zum Geld hatte er kaum eine Beziehung, es sei denn, er verwendete es für andere oder er konnte damit seine Bibliothek vergrößern. Er genoß es, verborgene Bücherschätze aufzuspüren und diese besonders billig zu erwerben. Er war ein Gelehrter und ein Dichter zugleich; doch das führte nicht zu einer schizoiden Spaltung seiner Person, sondern zu jener Einheit, die eben Friedrich Gundolf hieß – den Nachnamen Gundolf statt Gundelfinger hatte ihm George gegeben – und die unwiederholbar blieb. Soweit er sich für Menschen interessierte, mußten diese eine eigene Individualität haben, und die ließ er dann auch gelten. Solche Eigenwesen waren ihm wichtiger als Ideen; er relativierte sie nicht, hielt aber an einer Rangordnung der in Personen verkörperten geistigen Werte fest.
Er schmeichelte niemals, konnte aber liebevoll urteilen – gleichgültig ob es um einen Anfänger oder um einen bereits Anerkannten ging. In beiden Fällen wies er aber auch energisch zurück, wenn er sich bloßer Mache, bloßem Theoriengeschwätz, bloßer steril gewordener Brotgelehrsamkeit, bloß »ästhetischem« Geschmäcklertum gegenübersah und nichts von dem »lebendigen Geist« spürte, mit dem für ihn erst der Adel des Menschen begann. Stets behielt er den Mut zum eigenen wertenden Urteil, dabei sowohl liebenswürdig wie auch schonungslos wahrhaftig. Er machte sich und anderen nichts vor, kannte im Umgang keine »Absichten«, sondern nur das freie, aufge-

schlossene, intensive Gespräch. Die Nachahmung seiner selbst, das »Gundolfisieren«, mochte er durchaus nicht.

Wie war Gundolf als Lehrer? Seine Vorlesungen bestanden im einfachen Ablesen seiner meist noch nicht gedruckten Bücher. Das geschah nicht ohne Eintönigkeit. Aber wir saßen trotzdem gespannt lauschend zu seinen Füßen. Denn das unbeschreiblich Faszinierende, das von ihm ausging, erfüllte auch noch seine Bilder- und Gleichnissprache mit geheimem Leben. Lernen für den Hausgebrauch konnte man bei ihm freilich nicht. Das Handwerkliche, das er selber virtuos beherrschte, aber nicht vorzeigte, mußte man sich woanders erwerben.

In seinen Übungen ließ er die Referate der Studenten vorlesen, bewertete sie jedoch nur meist mit den Einheitsprädikaten »fleißig« oder »sehr fleißig«. Diskussionen habe ich bei ihm nicht erlebt. Aber manchmal, wenn ihn irgendein Gegenstand besonders interessierte, begann er anschließend zu improvisieren: hinreißend witzig, Einfälle nur so heraussprudelnd, oft auch tollkühne Bosheiten. Luther, so hörten wir dort nach einer vorausgegangenen meisterhaften Charakteristik, sei ein Elefant, riesengroß wie Elefanten. Aber er könne nun einmal Elefanten nicht riechen. Gundolf war dankbar für die Empfänglichkeit seiner Zuhörer, aber er wußte wohl auch, daß es von dort bis zur aktiven Gestaltung noch ein weiter Weg war.

Ich war kein Gundolf-Schüler – an sich schon ein unmöglicher Begriff –, auch kein »Georgianer«; ich promovierte bei dem Philosophen Jaspers. Aber ich bin noch heute stolz darauf, daß in Gundolfs Gästebuch von 1930 – es befindet sich im Londoner Gundolf-Archiv – auch mein Name steht.

Nach Gundolfs Tod am 12. Juli 1931 – der 12. Juli war der Geburtstag Georges – schrieb ich einen Nachruf. Darin stand: Das Erkennen wird bei Gundolf »zu einem Sehen und Verstehen, das sich mit einem bildnerischen und richterlichen Willen verbindet, um den geltenden Sinn der historischen Erscheinung innerhalb der geschichtlichen Welt zu bestimmen.« Heute ist mir die Person Gundolf, seine ganz unkonfessionelle Frömmigkeit, sein geistiger Wille zur Verehrung, dem alles Wissen und Forschen zu dienen hatten, fast noch wichtiger geworden. Etwas vom Zauber seiner Persönlichkeit spiegelt sich in seinen Briefen.

Gewiß: in der Hingabe an den lebendigen Geist, die in Heidelberg auch exaltiert getrieben wurde, lag die Gefahr, daß hier allzu bindungslose Intellektuelle nicht mehr die soziale und politische Welt mit allen ihren Schranken und Härten zu sehen vermochten. Gun-

dolf, ein Glückskind, ein Beschwingter mit der verborgenen, aber tief sitzenden Melancholie, ihm war es vergönnt, früh genug zu sterben. Denn in dem Deutschland seit 1933 hätte er nicht leben können. Aber als Emigrant wäre er nur ein Heimatloser, ein Entwurzelter geworden. Zwar umspannte sein Geist nicht nur die deutsche, sondern auch die antik-europäische Bildungswelt, aber die Wurzeln seiner Kraft lagen im süddeutschen Raum und in der Kulturlandschaft von Heidelberg. Vielleicht war diese Stadt für ihn damals so etwas wie das Weimar von einst.
Verse aus einem Gedichtheft von Gundolf vom 15. Dezember 1929, also bereits in Todesnähe geschrieben, sollen die Erinnerungen an diese von mir so verehrte, ja geliebte, heute schon historisch gewordene Person beschließen:

Meine Jugend war gelenkt
Dumpf, dann willig von dem Meister,
Bis ein Stärkerer mich entschränkt:
Wahrer schreit ich, als verwaister,
Ohne Stab, Geleis und Strang
Wissend nur noch Gott und Liebe
Durch das schütternde Geschiebe
Den vom Tod gewiesnen Gang.

Durch Gundolf wurde mein Wechsel von der Philosophie zur Literaturwissenschaft vorbereitet. Großen Einfluß in dieser Richtung übte aber auch das Werk »Geist der Goethezeit« von August Hermann Korff auf mich aus, dessen erster Teil 1923 erschienen war. Was hier als Versuch einer »ideellen Entwicklung der klassisch-romantischen Literaturgeschichte« angeboten wurde, bedeutete damals völliges Neuland. Endlich lernte ich eine Verschmelzung von Philosophie und Literaturgeschichte kennen, die genau das versuchte, was mir selbst, wenn auch noch sehr unbestimmt, als möglicher Weg vorschwebte. Für Durchbrüche dieser Art war die Zeit reif geworden. Auch Rudolf Unger mit seiner programmatisch gemeinten »Problemgeschichte« hat Ähnliches versucht. Korffs Stärke lag in seiner systematischen Begabung, darin war er ganz verschieden von Gundolf. Die geistigen Strömungen von »Naturidealismus« und »Vernunftidealismus« wußte er in ihren Antithesen und Symbiosen genau auszubalancieren. Freilich waren es nur die großen Erscheinungen des 18. Jahrhunderts: Lessing, Herder, Goethe, Schiller, Kant, die hier in einem ästhetisch durchkonstruierten literarischen Baukasten ihren jeweiligen Stellenwert erhielten. Die geschichtlichen Hintergründe des Zeitalters traten dabei zurück; gesellschaftliche Fragestellungen fehlten fast ganz. Anders als bei Gundolf verschwanden die Menschen hinter den Ideen und Ideenzusammenhängen, so wie es auf ganz andere Weise Herbert Cysarz in seinem Buch »Von Schiller zu Nietzsche« fortgesetzt hat. Statt den Gestalten wandte sich Cysarz den »Kräften« zu, so daß die Personen nur Wegweiser, nicht aber die Wege selbst sind. Gundolf sympathisierte in seiner Spätzeit mit diesem jungen Gelehrten und soll ihn sich als Nachfolger auf seinem Lehrstuhl gewünscht haben. Trotz der radikalen Verschiedenheit im Vorgehen glaubte er dort eine ihm verwandte Gesinnung zu finden, »gleich an Glauben und Eifer vor den Weltkräften und Göttern«, wie er in einem Brief an ihn geschrieben hat. Auch in den Wertungen wußte er sich mit ihm einig, und es ist nicht ohne Tragik, daß Cysarz' spätere Entwicklung gewiß nicht in Gundolfs Sinn gewesen wäre.

Während Cysarz das geistesgeschichtliche Pathos ins nahezu Überschwengliche getrieben hat, ein typischer Wahlverwandter des Expressionismus, war Korff sehr viel nüchterner, damit auch klarer, wenn auch das Eigentümliche, das Suggestive der Dichtung in dieser Ideenkombinatorik sich zu verlieren drohte. Was nicht in das »System« hineinpaßte, fiel gleichsam durch die Maschen. Einzelwerke dienten immer nur als Beispiele für das von Korff offensichtlich genossene Ganze seines »Glasperlenspiels«, um den hier wohl angebrachten Titel des späteren Romans von Hermann Hesse darauf anzuwenden. Das Arrangement mit den so vorzüglich geordneten Ideen ließ sich freilich für die Zeit der Klassik weit besser durchführen als in den späteren Bänden über die sich weit ausbreitende romantische Bewegung, in der es auf »Ideen« gar nicht mehr in erster Linie ankam.

Besonders bestechend fand ich damals, wie sehr hier der »Irrationalismus« des Sturm und Drang gegen die negativ gesehene Aufklärung herausgearbeitet wurde. Heute sehe ich darin eher die Grenzen des Korffschen Werkes. Eine rein ideengeschichtliche Betrachtungsweise reicht nicht mehr aus, um die Spannungen und Widersprüche dieses Zeitalters angemessen zu verstehen. Viele Zusammenhänge lassen sich nur im europäischen Kontext und nicht in der Isolierung auf eine deutsche »Nationalliteratur« zutreffend charakterisieren. Korffs Auffassung von der angeblich ungeschichtlichen und in ihrem »Rationalismus« fragwürdigen Aufklärung, die erst mit Hamann und Herder durch einen neuen befreienden Irrationalismus abgelöst wurde und dann in dem imponierenden Gebäude der Weimarer Klassik gipfelte, bedarf dringend der Korrektur. Die Verknüpfungen des Jahrhunderts weisen ebenso zurück wie nach vorne, ohne daß das eine als »regressiv«, das andere als »progressiv« bezeichnet werden darf. Neben der illustren Vorstellung von »Dichterfürsten« und Geistesheroen tritt nunmehr die ganze Breite des 18. Jahrhunderts stärker in unser Gesichtsfeld. Zum Verständnis dieser Literatur gehören nicht nur die erlesenen Kunstschöpfungen, sondern auch die Trivialliteratur, ferner das Verhältnis zum Publikum und die jeweilige Rezeption eines Autors, die sein Schaffen und seine historische Bedeutung mitbeeinflußt haben.

Als junger Dozent lernte ich Korff persönlich kennen. Als ich ihn das erste Mal besuchte, empfing er mich in einem himmelblauen Zimmer mit blauen Möbeln und Vorhängen und in einem raffiniert auf den Raum abgestimmten Anzug. Er war ein Ästhet vom Scheitel bis zur Sohle. Das genießerisch Sublime gehörte zu seinem Lebensstil. Jedoch verband es sich mit der auf Ideengeschichte gerichteten philosophischen Begabung. In der Deutschen Demokratischen Republik der Nachkriegsepoche mußte er wie ein Fremdkörper wirken. Es gelang ihm nicht mehr herauszukommen, er war wohl schon zu alt dazu. Ein Versuch – ich habe selbst dabei mitgewirkt –, ihn nach Saarbrücken zu holen, scheiterte. Trotz seiner enormen Eitelkeit – welcher deutsche Professor ist völlig frei davon? – war Korff eine liebenswerte und anregende Persönlichkeit. Zwar hat er in seinen Prüfungen mit Vorliebe bis ins Wörtliche hinein Passagen aus seinem eigenen Werk abgefragt, aber seine so konsequent zu Ende geführte Lebensleistung hat eine bestimmte Phase der Literaturwissenschaft geprägt und dieser eine neue Richtung gewiesen, die sich lange Jahre fruchtbar ausgewirkt hat. Heute freilich ist Korff bereits »historisch« geworden. Allzu bitter haben wir erfahren müssen, daß »Ideen« nicht im luftleeren Raume – und sei es auch im Raum des Schönen – schweben, sondern sehr standortgebunden sich in der Wirklichkeit zu behaupten haben. Bezeichnenderweise ist Korff in allen politischen Fragen des 20. Jahrhunderts mehr oder weniger naiv, ja hilflos geblieben.

Im Schatten Gundolfs wurden die anderen Germanisten Heidelbergs fast übersehen. Der Altgermanist Panzer galt jedoch als verdienstvoller Gelehrter. Ich habe niemals bei ihm studiert. Zu fremd war mir inzwischen dieser Teil der Germanistik geworden. Dann gab es noch Max Freiherrn von Waldberg. Er war wie Gundolf Jude. Die Universität in Heidelberg hat ihn miserabel behandelt. Er konnte noch nicht einmal Ordinarius werden; dabei war er es, der alle Arbeit übernehmen mußte: Doktorandenbetreuung, Staatsexamen usw. In der Erforschung der deutschen Literatur der Renaissance hat er Erhebliches geleistet. Er besaß – von Haus aus zunächst ein wohlhabender Mann, später verarmte er durch die Inflation – eine große Privatbibliothek mit Erotika der Weltliteratur. Nur in Ausnahmefällen durften besonders Bevorzugte Einblick in sie nehmen. Ich gehörte nicht zu ihnen. Ich habe lediglich ein Seminar über Romantik bei ihm mitgemacht und ein Referat über die Unterschiede von Molières und Kleists Amphitryon gehalten. Waldberg war ein Genießer, ein Liebhaber des Exquisiten, ein stiller Gelehrter. Beim Doktorexamen hat er mich im Nebenfach über die Romantik, mein Wahlgebiet, geprüft. Es war mehr ein Abfragen und nicht ein geistiges Gespräch, wie es mir eher gelegen hätte. Aber ich kam mit dem wohlwollenden Mann, der ohne jede Bosheit war, gut zurecht. Nur eine Frage, eine für ihn recht bezeichnende, konnte ich nicht beantworten, nämlich die, wo das Gedicht von Tieck »Mondbeglänzte Zaubernacht« nun eigentlich stünde.

Weit erregender als Waldberg wirkte auf mich Alfred Weber. Seine Leidenschaft zum Geist hatte etwas Glühendes, als bräche ein Vulkan aus ihm hervor. Alfred Webers Soziologie war angewandte Geschichtsphilosophie, Kultursoziologie, wie er es nannte. Statt klarer Systematik bevorzugte er die enthusiastischen Schwünge und die allzu kühnen Deutungen. Das zog mich an, obwohl oder vielleicht gerade weil ich sie nicht nachprüfen konnte. Aber bei aller Kritik, die sich an dem Irrationalismus dieser explosiven Seele üben läßt, sein 1943 erschienenes Werk »Das Tragische und die Geschichte« ist ein großartiger Wurf. Er zeigt, wie tief die tragische Sicht in die Geschichte eingebettet ist, wo und wie vor allem bei den Griechen das Tragische seinen metaphysischen Platz hat. Gewiß: da ist sehr viel Spekulation im Spiel, zugleich jedoch ein Reichtum an Perspektiven, mit denen weltgeschichtliche Kulturen erschlossen werden: die griechische, aber auch die untragische Chinas und die indische mit ihrer Verwandlung des Tragischen. Es ist sehr schade, daß Alfred Weber ein so schlechter Stilist war; seine verknäulte Schreibweise mit ihrem hemmungslosen Herausschleudern von Wortballungen ist schwer erträglich und zerstört die Wirkung seines so einfallsreichen Werkes.

In der Doktorprüfung war ich eigentlich bei ihm am schlechtesten vorbereitet. In erster Linie kannte ich nur seine eigenen Schriften, dazu ergänzend noch etwas Wissenssoziologie und einiges von

seinem großen Bruder Max. Aber wir unterhielten uns im freien, großzügigen Gespräch nur über seine eigene Kultursoziologie. Weber, ein Enthusiast, war enthusiasmiert davon, wie der junge angehende Doktor ihn verwegen interpretierte. Kühn erklärte ich: »Sie stellen, Herr Professor, an die Geschichte eine Frage, auf die Sie jedoch jede Antwort zu hören bereit sind.« Das war geschwafelt. Trotzdem hörte es der so liebenswert emotionale Soziologe mit Vergnügen. Wie ich nachher von Jaspers erfuhr, war er es, der bei der Diskussion über meine Note für die beste: summa cum laude, plädierte. Ich bekam sie. Seitdem riet ich meinen eigenen Studenten immer, in erster Linie die Schriften ihrer Prüfer zu lesen und sie, die Prüfer nämlich, geschickt auf dieses Gebiet zu lenken. Was in den meisten Fällen gelingen dürfte!
Der große Bruder Max Weber, den Jaspers als Vaterfigur so sehr verehrt hat, lebte damals nicht mehr. Das Haus seiner Frau Marianne aber blieb ein Treffpunkt für die geistige Elite. Ich habe damals zwei Bücher von ihm gelesen, sein grundlegendes religionssoziologisches Werk »Die protestantische Ethik und der Geist des Kapitalismus« und seine kleine Schrift »Wissenschaft als Beruf«. Die Soziologie Max Webers konfrontierte mich, ehe ich etwas von Karl Marx gelesen hatte, mit der zentralen Frage von Überbau und Unterbau. Ist es die ökonomische Basis, die uns primär bestimmt, so daß die davon abhängige Ideenwelt des Geistes stets nur »Ideologie« sein kann, oder sind es geistige Prozesse, die auch auf unsere materielle Existenz einwirken und sie mitbestimmen? Weber entschied im zweiten Sinne oder wenigstens im Sinn einer Wechselwirkung, indem er die protestantische und die calvinistische Ethik, vor allem den Glauben an Prädestination als die große Antriebskraft aufzeigte, die zu den wirtschaftlichen Höchstleistungen des kapitalistischen Systems führen sollte. Karl Marx hat solche Zusammenhänge genau umgekehrt gesehen.
Erzieherisch besonders wichtig wurde für mich das zweite Buch, die oben genannte Studie, die so unerbittlich deutlich macht, daß Wissenschaft nur aus der strengen Askese getrieben werden kann. Hier wurde bereits ein Damm gegen manche metaphysischen Überschwenglichkeiten der Geistesgeschichte errichtet. Max Webers Begriff der »Wertfreiheit«, seine Zuwendung zur »Empirie«, ohne dabei in den Positivismus zurück zu fallen, seine Ablehnung einer Schau des Ganzen zugunsten des niemals abgeschlossenen, verläßlichen Wissens – das waren Motive, die mir zum ersten Mal klar machten: man kann nicht immer gleich zum Kern und Wesen der

Dinge vordringen. Der Forscher muß auf Distanz, auf die Objektivität im Wißbaren, auf Klarheit und rationale Erhellung bedacht sein, wenn er sich nicht im Uferlosen verlieren will. Doch es war ein langer Weg, bis ich diese Gegenkräfte zu Subjektivität und Irrationalismus im eigenen Forschen zur Geltung bringen konnte. Die Gefahren der damaligen Geisteswissenschaften lagen im Zuviel an Spekulation, in der oft fehlenden Präzision der Begriffe, in der fatalen Neigung, sich ins Nebulöse, allzu Wortreiche zu verlieren. Das alles hatte Max Weber bereits klar erkannt und seine Warnungen ausgesprochen. Dennoch hat Wissenschaft für mich immer noch einen anderen Sinn gehabt. Sie ist gewiß nicht ohne den Ernst wissenschaftlicher Askese möglich; aber ist sie nicht auch ein geistiges Spiel, mit dem sich der Spielende von so mancher Last seines Daseins zu befreien vermag? Dieses Spiel trägt seinen Sinn und Lohn in sich selbst.

Ich muß noch einmal zu Jaspers zurückkehren und die Vorgeschichte meiner Promotion erzählen. Bereits nach dem Abschluß des fünften Semesters ging ich zu ihm und legte ihm meinen Plan vor, über das Wesen des Verstehens im Gegensatz zum bloßen Erklären und Begreifen zu promovieren. Jaspers stimmte zu. Ich reiste in die Ferien zu meiner Tante mütterlicherseits auf ihr schönes Landgut bei Aquileja (Friaul). Versorgt mit gutem Wein und gutem Essen schrieb ich in etwa sechs Wochen, sozusagen aus dem Handgelenk, meine »Dissertation« mit sehr geringer Benutzung von sekundärem Schrifttum. Zu Beginn des sechsten Semesters legte ich sie Karl Jaspers vor. Es war ein freies, unsystematisches Philosophieren, wie ich es bei ihm gelernt zu haben glaubte. Doch ich erfuhr die vernichtendste Niederlage meines Lebens. Jaspers lehnte die Arbeit ab, stellte mir allerdings frei, damit bei jemand anderem zu promovieren. »Ja«, sagte er, »wenn Sie der junge Schelling wären, aber ich befürchte, der sind Sie denn doch nicht.« Das alles sei sehr begabt, aber es sei multa, nicht multum. Er könne es nicht verantworten, mich mit dieser Schrift zum Dr. phil. zu machen. Ich fühlte mich zerstört, erniedrigt, vernichtet. Trotzdem blieb ich konsequent. Und so erklärte ich, ich hätte mir nun einmal vorgenommen, bei ihm zu promovieren, und das würde ich auch tun. Jaspers schlug andere, viel zu anspruchsvolle Themen vor, z. B. Kants Systematik, oder Kant und Kierkegaard. Daran wollte ich mich nicht wagen. So kam ich bald mit einem neuen eigenen Vorschlag wieder, den er gelten ließ. Aber das ist eine Geschichte für sich, die auch in diesem Kapitel erzählt werden wird. Später hat Jaspers mir gesagt, er hätte mich nur

ungern abwandern sehen und mir hoch angerechnet, daß ich bei ihm durchgehalten hätte.
Wieder einmal war ein Genie-Traum, diesmal der vom philosophischen Genie, geplatzt. Ich mußte erst lernen, den richtigen Weg in die Wissenschaft zu finden. Wie es dazu kam und was dem noch vorausging, das wird verständlicher, wenn ich nicht nur von den Lehrern, sondern auch von den Freunden berichte. Die beiden Jahre in Heidelberg, wohl die fruchtbarsten meines Lebens, waren zugleich die der lebenslänglich geschlossenen großen Freundschaften. Hier sind die Fundamente gelegt worden, auf denen ich mein späteres Wirken aufbauen konnte. Ohne den großen Lebensschwung von Heidelberg hätte ich nie, was als Anlage in mir steckte, auch wirklich entwickeln können.
Zunächst seien die Namen derer genannt, die meinen Weg in die Zukunft begleitet und mitbestimmt haben: Richard Alewyn, Hugo Friedrich, Paul Wiedeburg und seine Frau Olly, Hugo F. Königsgarten, den wir Bosco getauft haben, und Hannah Arendt. Heute leben diese Freunde, abgesehen von Olly, alle nicht mehr, und ich muß damit rechnen, daß ich ihnen bald nachfolgen werde. Um so wichtiger ist es mir, die Erinnerung an diese in Heidelberg 1925 und 1926 geschlossenen Freundschaften hier festzuhalten. Hans Menck, der auch zu diesem Kreis gehörte, habe ich bereits erwähnt; die Zeit der Kommunikation mit ihm reichte nicht über Heidelberg hinaus. Das war in den anderen Fällen nicht so, wenn auch die Lebenswege später auseinandergingen. Jeder von den Freunden ist durch das Heidelberg von damals, seinen Geist der Freiheit, seinen Reichtum an Bildung, seine Intensität und sein philosophisches Klima mitgeprägt worden. Jeder von ihnen hat im Laufe seines Lebens einen eigenen Beitrag zur Signatur dieser, unserer Epoche geleistet. Freilich nur drei von ihnen sind der breiteren Öffentlichkeit bekannt geworden: Richard Alewyn durch sein Emigrantenschicksal und durch sein bedeutendes, auf weiten Strecken essayistisches literarhistorisches Schaffen, Hugo Friedrich als führender Romanist seiner Generation, dem die Ehre des Ordens pour le mérite der Friedensklasse zuteil wurde, Hannah Arendt, die als jüdische Emigrantin Weltruhm errang. Solche Zukunft konnten wir damals nicht voraussehen. Wir waren Studenten und weiter nichts. Aber die wechselseitige Anziehungskraft, wenn auch nicht in allen Fällen gleich stark, war wie ein Urphänomen, das man nur dankbar hinnehmen, nicht aber erklären konnte.
Es war der 25. April 1925, der Tag, an dem der Feldmarschall von

Hindenburg zum Reichspräsidenten der Weimarer Republik gewählt wurde. Das Semester hatte gerade erst begonnen; ich stand an einem öffentlichen Platz, wo die Wahlresultate bekanntgegeben wurden, neben mir stand ein gutaussehender junger Mann, dem ich schon flüchtig auf der großen Bibelkreis-Tagung auf Burg Gleichen begegnet war. Er hieß Richard Alewyn. Dieser Tag wurde der Anfang einer jahrzehntelangen Freundschaft, einer tragischen Freundschaft, die schließlich in Scherben ging und in beiderseitiger Resignation endete. Ich wählte damals den Feldmarschall, was falsch war, während Alewyn dem Gegenkandidaten (er hieß, wenn ich mich recht erinnere, Marx) seine Stimme gab. Auch der Psychologe und Politiker Willy Hellpach kandidierte, wenn auch vergeblich, für das Amt des Reichspräsidenten. Als er 1926 Professor in Heidelberg wurde, neckte ihn der Jurist Gradewitz: »Wie gut, daß Sie nicht Reichspräsident geworden sind, sonst hätten wir hier das Hindenburgle als Privatdozent.« Alewyn und ich haben uns bei dem Anlaß dieser wichtigen Wahl überhaupt nicht über politische Fragen unterhalten. Wir kamen zwanglos in ein literarisch orientiertes Gespräch. Richard war eine seltsame Mischung von einem Asphalt-Literaten im positiven Sinn und einem jungen, sehr aufgeschlossenen Wissenschaftler. Begeisterungsfähig wie ich, besaß er darüber hinaus eine starke Distanz zu sich und seiner Umwelt, an kritischer Besonnenheit und kluger Skepsis war er mir eindeutig überlegen. Zur Philosophie hatte er allerdings kaum ein Verhältnis. Wenn es um Abstraktes ging, war ich ihm voraus. Aber seine sinnliche Vorstellungskraft, seine Sorgfalt im Stil, seine Bindung ans Konkrete wirkten auf mich erzieherisch. Unsere Interessen trafen sich in der Zuwendung zur »Historie« als einer nicht so sehr politischen, sondern als einer die Seele des Menschen formenden Bildungsmacht. In der Sensibilität für alles Künstlerische zeigte Richard eine erstaunliche Fähigkeit der Einfühlung, die ihn liebenswürdig machte. Sein Charme konnte hinreißend sein. Aber das war nur die eine Seite. Als strenger Wissenschaftler wurde er zum vorzüglichen Philologen. In relativ kurzer Zeit promovierte er bei dem Freiherrn von Waldberg mit einer Arbeit über die Antigone-Übersetzung des Martin Opitz. Eigentlich hätte ihm Gundolf, den er bewunderte, näher gelegen, aber dieser nahm damals keine Doktoranden mehr an. Die in wenigen Wochen produzierte Arbeit wurde ein kleines Meisterwerk, das ihn als wissenschaftliches »Wunderkind« frühzeitig ins Gerede brachte und Erwartungen weckte, die er *so* nicht einlösen konnte. Darunter hat er stillschweigend sein ganzes Leben lang gelitten. Das verschärfte sich noch durch seinen grandiosen Aufstieg. Nachdem er Johann Beer als barocken Autor entdeckt und sich mit einer Arbeit über ihn bei Julius Petersen in Berlin habilitiert hatte – er nannte sie in der Widmung an mich »eine Spottgeburt aus Dreck und Feuer« –, wurde er fast unmittelbar danach auf den berühmten Lehrstuhl Friedrich Gundolfs in Heidelberg berufen. Dann aber folgte wiederum in kürzester Frist der schreckliche Sturz der von den Nazis erzwungenen Entlassung. Fünfundzwanzig Prozent »nicht arischen Blutes«, so nannte man das damals, genügten bei dieser bereits durch den Vorgänger als »jüdisch« verdächtigen Professur, um ihn auf Grund eines Gesetzes, das sich zynisch »Gesetz zur Wiederherstellung des Berufsbeamtentumes« nannte, zu entfernen und in die Emigration zu treiben. Richards Leben nahm von diesem Zeitpunkt an für lange Jahre eine völlig andere Richtung als meines.

Was uns im Literarischen verband, war nicht nur das gemeinsame Interesse an Herder, sondern auch das an Hofmannsthal. Alewyns in langen Jahren herangereifte Studien über diesen Dichter sind vielleicht das Beste, was Literarhistoriker über ihn bisher geschrieben haben. Die große Gesamtdarstellung, die man daraufhin mit Spannung erwartete, ist er freilich schuldig geblieben, so wie auch seine Barockstudien niemals von ihm in einer umfassenden Schau vereinigt wurden. Hofmannsthals Vornehmheit, sein diskreter Stil, seine Urbanität, seine leise Art, nie etwas direkt, sondern immer erst auf Umwegen zu sagen; das alles war für Alewyn wohl auch ein Wunschbild seiner selbst. Denn bereits vor dem grausamen Eingriff in sein Schicksal war er schwierig, sich selbst versteckend, nur gelegentlich sich frei und gelöst öffnend, eine komplizierte Vereinigung von Kontaktarmut und Kontaktsehnsucht. Er wollte mehr geliebt werden als selbst lieben, seine scheue Verletzbarkeit ließ sich nur ungern mit dem Leben ein und schreckte vor allem Direkten, allem Lauten zurück. Ehrgeiz schien ihm fremd zu sein; aber diese Bescheidenheit täuschte. Sein spontan aufflammender Enthusiasmus stand immer in der Gefahr, in Kälte zu erfrieren, sobald die Welt von draußen ihm die Entfaltung versperrte. Und eben das ist geschehen. Seine empfindliche Sensibilität wurde mit der nervösen Labilität eines schwankenden Arbeitsrhythmus bezahlt. Noch vierzehn Tage vor der mit Spannung erwarteten Antrittsvorlesung des Gundolf-Nachfolgers über Herder hatte er kein Wort darüber niedergeschrieben, und der große Tag muß beinahe wie eine Katastrophe abgelaufen sein. Ich habe diese Rede damals nicht gehört.

In einem kleinen Essay hat Richard später selbst über seine Jugend berichtet. Lieber wäre er, so bekennt er dort, nicht der Schillersche »Brotgelehrte« geworden, sondern statt dessen an das Theater, an die Zeitung oder an einen Verlag gegangen. In der Tat: Mitten im Feuerwerk der zwanziger Jahre hatte er die Anlage zum Literaten. Wir brauchten uns damals gegenseitig. Ich vermochte ihn zu lockern, im Gespräch zu lösen; er hingegen blieb unerbittlich, wenn ich es mit der mir etwas langweiligen Philologie und auch mit der Schreibweise nicht genau genug nahm.

Paul Wiedeburg war ebenso wie ich mit Olly Michelis befreundet, und sie wollte uns beide unbedingt zusammenbringen. Aber da bestanden von beiden Seiten starke Hindernisse. Was sollte ich mit einem Burschenschaftler, zumal mir das ganze studentische Verbindungswesen, noch dazu bei schlagenden Verbindungen, verdächtig und unsympathisch war? Was sollte er mit einem so bindungslosen Intellektuellen, dem er keine moralischen Qualitäten zutraute? Olly setzte sich durch, und wir trafen uns zum ersten Mal im Café Scheu, in dem extrem voneinander verschiedene Gruppen, fast feindlich, an verschiedenen Tischen saßen. Schlagartig kam ein intensives Gespräch über Kant in Gang. Es bleibt mir unvergeßlich, wie Paul anhand von Streichholzschachteln oder auch Streichhölzern »das Ding an sich« zu demonstrieren suchte. Ich hörte gespannt zu oder widersprach von Zeit zu Zeit. Paul Wiedeburg war indes kein Philosoph, sondern Mediziner, den sein Vater, ein sehr autoritärer Mann, gezwungen hatte, dieses Studium zu wählen, damit er das vom Vater aus eigener Kraft aufgebaute Sanatorium im thüringischen Schwarzeck in Zukunft übernehmen konnte. Doch das Schicksal hat manchmal ironische Pointen. Eben dies stellte sich nach dem zweiten Weltkrieg als unmöglich heraus, das Sanatorium »Schwarzeck« wurde von den Russen zu ganz anderen Zwecken beschlagnahmt und ging der Familie endgültig verloren. Zu seinem Unglück war Paul so vielseitig begabt, daß er auch Mediziner werden konnte, nicht gerade Chirurg, wohl aber Psychiater und Psychotherapeut. Er konnte einfach alles, vorzüglich schießen, fechten, Auto, ja sogar Autorennen fahren, beherrschte meisterhaft die Rhetorik des freien Vortrages und hatte ein phänomenales Gedächtnis, so daß wir ihn scherzhaft »den kleinen Knaur« genannt haben. Aber sein eigentliches, sein leidenschaftliches Interesse galt nur *einem* Mann, nämlich dem Philosophen Gottfried Wilhelm Leibniz. Ihn zu erforschen und sich besonders mit seinem politischen Denken zu befassen wurde Sinn und Zweck von Pauls Leben. Und was zunächst wie ein Spleen erscheinen mochte, setzte eine konsequente Energie am Ende in ein bedeutendes wissenschaftliches Werk um: »Der junge Leibniz, das Reich und Europa«; den Abschluß des dritten Bandes verhinderte der Tod.

Warum war einer solchen universalen Begabung doch nicht die Erfüllung vergönnt, die ihr angemessen gewesen wäre? Die unverzeihbare Schuld dafür lag beim Vater, der Pauls ganzes Leben in eine falsche Richtung gedrängt hat. Niemals sollten Väter von ihren Söhnen einen vorher festgelegten Beruf erzwingen. Paul war zum Historiker geboren, den aufgenötigten Mediziner hat er stets als Belastung empfunden. Sein Lebensweg geriet in eine bohemienhafte Zickzackbewegung. Das bedeutete umständliche, verzögernde Umwege, nach dem Dr. med. der Dr. phil. und dann der Dr. phil. habil., wie er damals hieß. Trotzdem kam es nicht mehr zu der ersehnten Habilitation in Geschichte. Dozentur und Professur blieben Paul versagt. Die turbulent gewordene Zeitsituation durchkreuzte alle Pläne. Nachher war es zu spät, und so verlief sein Leben in der nahezu schizoiden Spaltung von ärztlicher Kunst als Psychotherapeut auf der einen und von brotloser Existenz als Privatgelehrter auf der anderen Seite. Ohne die glückliche Ehe mit Olly, die nicht nur fünf Kinder, alle Mädchen, zu erziehen, sondern überdies noch in einer Privatschule bei Heidelberg als Lehrerin für den Unterhalt mitzusorgen hatte, wäre dieses Doppelleben nicht möglich gewesen. Sie war und blieb bis heute eine großartige Frau. Denn Paul, der ungefähr alles konnte, versagte in einem Punkt völlig. Er besaß, um es gelinde auszudrücken, nicht das geringste wirtschaftliche Talent.

Das also war Pauls Leben, das Leben eines Outsiders, der sich auch politisch zwischen sämtliche Stühle gesetzt hat, ein Opfer des Zeitalters wie manche andere auch. Ein Gelehrter von Rang, ein Historiker mit universalem Wissen ist hier der deutschen Universität verloren gegangen. Leibniz blieb lebenslang sein Leit- und Wunschbild. Er bedeutete für ihn die Symbiose von Politik und Philosophie, der größte Repräsentant deutschen Denkens, gestellt zwischen die beiden Pole Reich und Europa. Er war verwandt mit Pauls eigener Geistesart, die in der Vielheit immer wieder die Einheit gesucht hat, freilich im Gegensatz zu Leibniz dabei auch von der Gefahr heimgesucht wurde, immer wieder in das Allzuviele hineinzugeraten.

Warum hat mir dieser Freund soviel bedeutet, daß ich von ihm ausführlich berichten muß? Als Widmung an mich schrieb er später in ein Exemplar seines »Leibniz«: »Benno zum Dank für Freundschaft des Herzens und Gemeinschaft des Geistes«. Das enthielt die Quintessenz unserer »Wahlverwandtschaft«. Was mich bei ihm anzog, war nicht nur die Fülle des Wissens, die mich ebenso belehrte wie erfreute, da sie Brücken über die Fachgrenzen zu schlagen verstand, nicht nur seine leidenschaftliche, freilich pathetische rednerische Begabung, die sich mit der für ihn viel zu engen Welt der Burschenschaft begnügen mußte. Mehr noch bedeutete mir seine psychologische Fähigkeit, mit humaner Einfühlung und gütiger Skepsis die verschiedenartigsten Individualitäten zu begreifen und zu beurteilen (als Arzt war er auch ein vorzüglicher Diagnostiker). Das kam dem Psychotherapeuten ebenso wie dem Historiker zugute. In unseren Meinungen stimmten wir oft nicht überein, wir sprangen gleichsam von Streitgespräch zu Streitgespräch, und wo er Ordnungen suchte und anerkannte, war ich weit mehr zur Auflehnung gegen Bindungen geneigt. Doch Paul war kein intoleranter Fanatiker; er war jenseits der Ideologien ein Mensch mit einer Wärme des Herzens und einer zur Freundschaft begabten Offenheit, die sich mit meiner Fähigkeit zum Enthusiasmus, meiner Liebe zu allem Großen, meiner Hingabe an das Werdende und Produktive in aller Geschichte verbinden konnte.

Der vielleicht liebenswürdigste Zug in Pauls Wesen war ein aus dem Herzen quellender Humor, der sich wie von selbst mit seiner trinkfesten und trinkfreudigen Begabung zur Geselligkeit und zur Kameraderie verband. Im Alter, als ihn sein lebenslanges Übel, das Asthma, immer schlimmer plagte und er bis zum Selbsthaß entweder sich abkapselte oder in hemmungslose Wutausbrüche hineingeriet, tief enttäuscht von seinem, wie er glaubte, verfehlten Leben, hat sich das geändert. Damals hingegen war er zu jedem mutwilligen, niemals zu einem bösartigen Streich bereit; wir liebten solchen Unsinn, solche jugendlichen Blödeleien, vielleicht unbewußt als Ausgleich gegen den »existenziellen« Ernst der Jaspersschen Philosophie, dem wir uns nicht immer gewachsen fühlten.

Aber da sprach noch anderes mit. Stets habe ich eine Vorliebe gehabt für Menschen, die über Humor und Selbstironie verfügen. Gegen die Steifen, Pedantischen, Selbstgerechten, allzu Feierlichen konnte ich leicht ungerecht werden. Diejenigen, die mit der Würde ihrer Sittlichkeit prahlten, waren mir verdächtig. Geradezu gehaßt habe ich von jeher die Fanatiker und die Intoleranten. Gegen diese Eigenschaften wurde ich aufsässig, auch, wenn sie mir in Ansätzen bei meinen Freunden begegneten. Eigentlich sollte jede Weltanschauung die Probe des Humors bestehen können. Das gilt auch und sogar vom Christentum.

Gewiß: Paul hatte seine ideologischen, vor allem vaterländischen Bindungen. Vor Unduldsamkeit schützte ihn jedoch sein skeptisch liebevolles Sich-Einlassen mit dem Leben. Was Goethe einmal über Jugendfreundschaften gesagt hat, galt auch von uns: »Dieses erste Hingeben steht viel höher als das von leidenschaftlich Liebenden am Altare ausgesprochene Bündnis, denn es ist ganz rein, von keiner Begierde, deren Befriedigung einen Rückschritt befürchten läßt, gesteigert; und daher erscheint es unmöglich, einen in der Jugend geschlossenen Freundschaftsbund aufzugeben, wenn auch die hervortretenden Differenzen mehr als einmal ihn zu zerreißen bedrohlich obwalten.«

An solchen Differenzen fehlte es zwischen Paul und mir durchaus nicht. Er war weit stärker in familiären und geschichtlichen Traditionen verankert als ich. Seine von der Burschenschaft übernommene Forderung, die »Reinheit« des Leibes vor der Eheschließung bewahren zu müssen, erschien mir absurd. Sein stark von Arthur Moeller van den Bruck beeinflußter Konservativismus und sein Schwärmen für die Idee des »Reiches« waren mir zunächst recht fremd. Doch allmählich näherten wir uns einander. Er wurde skeptischer gegen seine eigenen Grundsätze; ich wollte vom bindungslosen Intellektuellen fort, statt dessen hinein in die Wirklichkeit von Staat und Geschichte. Zum ersten Male begriff ich, daß wir nicht im luftleeren Raum leben können. Während mir bisher alles Politische sehr fern lag, begann ich unter Pauls Einfluß zu ahnen, daß die Politik unser Schicksal sein kann. In dieser Zeit waren aber solche Gedanken noch sehr unbestimmt. Doch trafen Paul und ich uns in der Vorliebe für das Weltbild eines Leibniz. Nicht nur der Einzelne, der Mikrokosmos, diente uns jetzt als Richtschnur, sondern auch das große Ganze, der Makrokosmos, den jede Individualität auf ihre Weise widerspiegelt. Die »Monade« Mensch ist nicht nur ein spontan aktives Wesen, sondern ebenso das reflektierende Glied eines Umfassenden und Gültigen. Das galt es zu begreifen und zu leben. Paul hielt an sittlichen Maßstäben fest, die er in den immer deutlicher hervortretenden Krisen der Weimarer Republik nicht mehr genügend zu finden glaubte. Auch bei mir wuchsen die Zweifel. Unser Weg ging damals nach rechts, nicht nach links. Allerdings hat der Lauf der Geschichte manche solcher Illusionen zerstört. Und dennoch: das Gleichgewicht von Ordnung und Dynamik, von altem Wahren und Durchbruch zum Neuen sollte auch heute noch und in der Zukunft bewahrt werden. Paul öffnete mir die Augen, daß in einem beweglich bleibenden gesellschaftlichen Ganzen die sittlichen Impulse nicht entbehrt werden können. Was freilich das genaue Wesen dieses »Sittlichen« sei und wie es gerade im Politischen teuflisch in sein Gegenteil verkehrt werden kann, davon hatten wir beide damals noch nicht die geringste Ahnung.

Ernsthaften geistigen Streit zwischen uns gab es besonders über Thomas Manns »Zauberberg«, den wir bald nach seinem Erscheinen in Heidelberg gelesen hatten. Paul mochte diesen Roman nicht, es war ihm zuviel von Krankheit, von Morbidität die Rede; diese Sanatoriumsatmosphäre in ihrer Negativität kannte er allzu genau von Schwarzeck. Ich hingegen war schon nach dem ersten Lesen hingerissen. Nicht nur, daß mir die weltanschaulichen Gegensätze in den Gesprächen von Naphta und Settembrini Fragen über Fragen aufgaben, mehr noch genoß ich die beispiellose Darstellungskunst in den genialen spannenden Verzögerungen dieses Romans, die ja schon in den »Buddenbrooks« zur späten, sehr späten Aufdeckung des ebenso komischen wie fatalen, aber eigentlich gar nicht so schlimmen Satzes führen, den die nicht allzu intelligente Toni in ihrer zweiten Ehe mit dem Bayern Permaneder zu hören bekommen hat: »Sauluder, dreckats!« Daraufhin gibt es für sie nur den Reißaus. Im »Zauberberg« ist es ein ganz anderer Satz: »N'oubliez pas de me rendre mon crayon.« Raffinierter ließ sich die Aufforderung der Madame Chauchat zu einem nächtlichen Besuch des jungen Hans Castorp nicht ausdrücken. Schließlich Mynheer Peeperkorn – ich habe nie verstanden, warum Gerhart Hauptmann, wenigstens zunächst, dieses Portrait seiner selbst so übel aufgenommen hat. Es ist doch eigentlich eine Huldigung, wenn auch eine ironisch distanzierte. Dieser Holländer erschien mir so überdimensional, fast wie ein Gott, überwältigend und komisch zugleich in seiner gewaltigen Rede am Wasserfall, die die Geräusche der Natur nicht übertönen kann und daher auch von niemandem verstanden wird. Das war ja auch nicht nötig. Der Schwung, die Geste, die Person – das alles genügt. Solche ästhetische Betrachtungsweise lag Paul aber fern; er sah alle dichterischen Mitteilungen unter politischen und kulturpolitischen Aspekten. So hatte er denn auch zur Lyrik kaum ein Verhältnis.

Er mochte ihn nicht, diesen Thomas Mann, auch später nicht, weil er fand, daß er immer nur sich selbst zum Mittelpunkt des politischen Geschehens gemacht habe und überall dort zur positiven Beurteilung neigte, wo ihm am meisten gehuldigt wurde. Mag daran auch einiges richtig sein, Thomas Manns späteres konsequentes Eintreten für die

Demokratie darf in seinem politischen Ethos nicht unterschätzt werden. Ihm bleibt das Verdienst, zu den wenigen gehört zu haben, die der ungeliebten Weimarer Republik die Treue hielten.

Ganz anders als mit Paul verlief die Freundschaft mit Hugo F. Königsgarten. Er war ein österreichischer Jude, der sich stets mehr als Österreicher denn als Jude gefühlt hat, auch nach seiner erzwungenen Emigration nach England. Er studierte bei Alfred Weber Soziologie, und nie wäre es ihm in den Sinn gekommen, später einmal Lehrer zu werden, und doch hat sein Lebensweg eben dazu geführt. In seinem Asyl in London hat er an einer sehr angesehenen Schule Unterricht in Deutsch gegeben. Er war eine durch und durch schwärmerische und liebende Natur, weit mehr noch als ich, freilich dadurch oft auch unkritisch, zu wenig distanziert von seinen Gegenständen. Seine genießende Vorliebe für gutes Essen und Trinken stimmte mit meinen eigenen Neigungen überein. Bosco liebte das Leben, die Literatur, die Kunst und die Frauen. Er war, ohne es sein zu wollen, der geborene Verführer, ein Don Juan wider Willen. Die Frauen erlagen, gewollt oder ungewollt, seinem Charme, mit dem er seine Bescheidenheit und seine Güte überspielte. Ein Liebender blieb er ebenso in seinem Verhältnis zu den Dichtern. Später ist er wiederholt der intime Vertraute von Dichter-Witwen geworden. Zumal die Witwe von Georg Kaiser hat er unter seine Fittiche genommen. Jeder hätte ihm eine Laufbahn als Journalist und Literat prophezeit. Dabei war er ohne Ehrgeiz, neigte zur Verspieltheit, auch im Bereich der Literatur ein Genießer, nicht ein Forscher. Ganz ohne Produktion ist sein Leben nicht geblieben. Er schrieb schon sehr früh eine Broschüre über Georg Kaiser, ferner ein Opernlibretto, später eine populäre Schrift in englischer Sprache über das deutsche Drama der Gegenwart und einiges über den von ihm besonders verehrten Gerhart Hauptmann.

In dieser Vorliebe für den großen schlesischen Dramatiker waren wir uns durchaus einig. Bereits als Schüler hatte ich in Breslau eine Hauptmann-Woche im Theater erlebt, die bleibenden Eindruck bei mir hinterlassen hat. Hauptmann ist für mich stets mehr gewesen als ein bloß volkstümlicher Stückeschreiber. Was mich besonders an ihm anzog, war die Verknüpfung seiner plastischen Menschengestaltung mit einer metaphysischen Perspektive. Besonders seine Tragikomödie »Die Ratten« faszinierte mich später durch ihre hintergründige dramatische Ironie. Ich habe sie wiederholt auf dem Theater gesehen und war immer wieder erstaunt, wie verschiedenartig die Interpretation aussehen konnte, die Regisseure von Rang ihr zu geben vermochten. Vielleicht hing es auch mit meiner Liebe zu Schlesien zusammen, daß ich Gerhart Hauptmann stets bewundert habe. Denn nicht das Rheinland, auch nicht Frankfurt am Main, wo ich zufällig geboren wurde, habe ich als Heimat erlebt, wohl aber Schlesien.

Es war freilich mehr der junge als der späte Hauptmann, der mich so sehr angezogen hat. Trotzdem entdeckten Bosco und ich das Epos aus seiner Spätzeit vom Landfahrer »Till Eulenspiegel« für uns und lasen uns gegenseitig ganze Gesänge daraus vor. Heute stehe ich zu diesem orgelnden und auch bombastischen Spätwerk, das wie in Nebelschwaden dahinzieht, weit kritischer. Damals verführten uns das Pathos und die Fülle der Fantasie, das magisch Suggestive dieses Stils, wir tauchten darin unter wie selige Schwimmer in einem großen Strom. Bosco hatte in dieser Zeit seine große, aber unerfüllte Liebe zu Ulu. Auch ich umwarb sie etwas, und Gundolf, der uns alle drei kannte, amüsierte sich darüber auf witzige Weise: »Was nützet mir ein Königsgarten, wenn Wiese drin spazieren geht.« In London hat Bosco seinen Nachnamen aus Gründen der besseren Verständlichkeit in »Garten« umgewandelt. Erstaunlicherweise hat er sich dem fremden Land so sehr angepaßt, daß ihn die dortigen Germanisten für einen etwas steifen korrekten Engländer hielten. Als wir uns später in London und dann noch kurz vor seinem Tod in München wiedergesehen haben, war er ganz der alte von früher, nichts, aber auch gar nichts vom assimilierten Engländer konnte ich bei ihm entdecken. Wir waren die gleichen Freunde wie einst. Theater – das war das Zauberwort für Bosco und mich. Das blieb auch so in meiner Berliner Zeit, in der ich Richard und ihn wieder getroffen habe. Heidelberg bot dafür nicht allzu viel. Jedoch die Freilichtaufführung von Shakespeares »Sommernachtstraum« vor dem Heidelberger Schloß mit der märchenhaften Naturkulisse war ein großes Theaterereignis. Heinrich George in der Rolle des Oberon war ein überdimensionales Untier als Waldgott, der Kraft und Schrecken ausströmt. Nicht als souveränen Geisterfürsten hat George den Oberon gespielt, überwältigend in seiner Vitalität bis ins Grunzen, Toben, Rasen hinein.

Doch auch ein junger Dramatiker von damals, Carl Zuckmayer, muß hier erwähnt werden. Sein »Fröhlicher Weinberg«, der nach der Berliner Aufführung im Dezember 1925 Skandale über Skandale in der Provinz entfesselte, feierte in unserem Kreis nur Triumphe: wir liebten den Wein, wir liebten die jungen Mädchen, wir liebten die Heiterkeit. Die politischen Attacken, die Zuckmayer gegen das

Verbindungsstudententum führte, interessierten uns wenig. Ob Paul sich darüber entsetzt hat, ist mir nicht in Erinnerung geblieben. »Der fröhliche Weinberg« war ein liebenswürdiges Gegengewicht zum Pathos des Geistes. Der ausgelassene Spott von »Zuck«, wie ihn seine Freunde genannt haben, vergnügte uns, und solche von Wein und Liebe beschwingten lustvollen Nächte wie in diesem süddeutschen Lustspiel paßten genau in das Klima von Heidelberg. Mochte uns der »Geist« noch so viel bedeuten, die Freundlichkeit des Lebens sollte und durfte bei jungen Menschen darüber nicht zu kurz kommen.

Wann und wo ich Hugo Friedrich kennengelernt habe, weiß ich nicht mehr genau. Ich vermute, es war im Seminar von Waldberg, jedenfalls auch schon 1925. Was ihn damals in erster Linie charakterisierte, war eine kaum mehr zu bändigende Intensität. Er war ebenso Enthusiast wie Skeptiker, ebenso Künstler wie Wissenschaftler, ebenso dogmatisch wie auch tolerant aufgeschlossen, ein Bohèmien, der seinem angestammten Bürgertum dennoch nicht entlaufen konnte. Boshaft hat ihn Hannah Arendt einmal eine Mischung von Figaro und Voltaire genannt. Schon rein äußerlich mit den tiefschwarzen Augen und ebenso schwarzem Haar mußte er auffallen, er sah mehr wie ein geistreich eitler Franzose aus als wie ein Deutscher. Das war das Erbe seiner beiden romanischen Urgroßeltern. Vater und Mutter hatte er frühzeitig verloren und mußte sich den eigenen mühevollen Weg Schritt für Schritt erkämpfen. Das gab seinem Wesen Härte und Widerstandskraft. Er konnte in der Vorbereitung zum Staatsexamen mit verbissener Energie eine Woche lang das Pensum absolvieren, wie er es sich selbst vorgeschrieben hatte, um sich dann am Sonntag bis zur Besinnungslosigkeit zu betrinken. Nach solchen nicht ungefährlichen, die Gesundheit ruinierenden Exzessen erinnerte er sich am nächsten Tag an nichts mehr, so daß wir ihm glaubhaft vormachten, er sei auf allen Vieren herumgekrochen. Was aber nicht stimmte!

Er spielte damals hinreißend Geige, und eine Laufbahn als Violinist wäre durchaus vorstellbar gewesen. Später gab er diese allzuviel Zeit erfordernde Tätigkeit radikal und endgültig auf. Doch das Künstlerische wirkte weiter, im Sinn für die poetischen Formen, in der virtuosen Fähigkeit, lyrische Texte aus fremden Sprachen ins Deutsche zu übertragen. Davon legt noch das spätere gelehrte Werk »Die Epochen italienischer Lyrik« Zeugnis ab. Im Laufe seines Studiums hat er sich die wichtigsten romanischen Sprachen, das Französische, das Italienische und das Spanische, souverän angeeignet, auch das Lateinische beherrschte er mühelos, nur im Griechischen und Englischen fand er seine Grenzen. Sein populärstes, brillant geschriebenes Buch »Die Struktur der modernen Lyrik« hat auch auf die Germanistik großen Einfluß gehabt, wenn auch die deutsche Lyrik darin zu kurz kam.

Jedoch war er keineswegs ein gelehrter Polyhistor. Dazu war er viel zu genialisch. In den Tiefen und Untiefen seines Unterbewußtseins brodelte es beständig. Er war nicht so nervös bis zur Zerfahrenheit wie Richard, weit mehr vital und auch zum Derben geneigt. Seine Begabung zum schlagfertigen Witz, zum zugespitzten satirischen Aperçu, seine ungewöhnlichen stilistischen Fähigkeiten – Hugo war sein Leben lang ein Briefschreiber aus Passion –, alles das fand Nahrung bei den französischen Moralisten oder auch bei dem von ihm besonders geliebten und als wahlverwandt empfundenen Montaigne. Das Amt des Literarhistorikers hat er immer so aufgefaßt, ein Zeitgenosse *aller* Zeiten zu sein. »Die Geschichtlichkeit und Vielgestalt des Geistes«, so schrieb er einmal, ist »zu reich . . . als daß er sich in *einer* Gegenwart erschöpfen könnte«.

In Hugos jugendlicher Phase war die Neigung zu dogmatischen Urteilen, von denen er sich dann nichts abhandeln ließ, noch nicht so entwickelt. Er hauste draußen in der Nähe des Neckars mit mehreren Katzen, die er zärtlich liebte und koste, aber auch manchmal quälte. Ebenso hielt er es mit den Menschen, zumal mit den Frauen, die dem schönen Zigeuner mit der Geige nur allzu gern nachliefen. So überströmend geöffnet, so warmherzig seine Natur war, zumal in seinen Jugendjahren, die Möglichkeit zum Bösen lag immer auf der Lauer. Auch das gehörte zu den Widersprüchen dieser Natur: er war – simpel gesagt – ein durchaus treuer Freund, aber er konnte trotzdem den anderen in bestimmten Augenblicken verraten. Hintergründige Konflikte mit diesem überaus komplizierten Charakter sind mir im Verlauf meines Lebens nicht erspart geblieben; jedoch im Endresultat siegte die Freundschaft.

Damals zogen wir weinselig durch Heidelberg und improvisierten singend aus eigener Erfindung: »Der Weltgeist, der Weltgeist, er hat uns verlassen, / Der Hegel, der Hegel, er ließ uns im Stich.« Das war jene Mischung von Unsinn und Tiefsinn, in der Hugo stets ein Meister war. Als wir gemeinsam mit Paul und Olly – sie waren damals jung verheiratet – in der griechischen Weinstube in Neckargemünd reichlich zechten, erhob sich Hugo plötzlich vom Stuhle und erklärte mit donnerndem, komischem Pathos: »Paul, ich liebe Dein Weib.« Das glaubte er im Augenblick wirklich, aber niemand von uns nahm es ernst.

Wir haben in der Folgezeit so gut wie alle unsere Schriften miteinander ausgetauscht und uns wechselseitig kritisiert. Darin war Hugo unbestechlich, er schmeichelte niemals, urteilte streng, stellte auch an sich selbst die höchsten wissenschaftlichen Ansprüche. Auch von seinen Schülern wurde er später ebenso gefürchtet wie bewundert, sicher von einigen auch geliebt. Wenn er lobte, wog das mehr, als wenn andere es taten; denn er ging sehr sparsam mit seinem Lob um. In allem wissenschaftlichen Schaffen ging es ihm um die Norm der wirklich produktiven und bis ins Einzelne durchgeformten Leistung. Wo man davon abwich oder wo es ihm auch nur so schien, wurde er unduldsam. Bloßer Bienenfleiß imponierte ihm überhaupt nicht.

Welche Leidenschaft, welche Glut, aber auch welche Askese, welche unwiederholbare Individualität hinter diesem Schaffen standen und es zu den höchsten Leistungen antrieben, läßt sich für die Spätergeborenen kaum mehr beschreiben. Obwohl dieser Lebensweg steil nach oben mit vielen internationalen Auszeichnungen und Preisen – darunter auch ein besonders berechtigter für die beste wissenschaftliche Prosa – geführt hat, war er ein tragischer. Die erste junge Frau verlor er ganz unerwartet; die zweite längere Ehe mit einer musizierenden, wohlerzogenen Professorentochter aus Freiburg wurde geschieden, die dritte mit einer sehr klugen, selbständigen und dadurch auch emanzipierten Geschäftsfrau verlief in stürmischen Bahnen. Vor allem aber trieb Hugo einen viel zu großen Raubbau mit seiner Physis. Diese hat sich gerächt. Schwere Kreislaufstörungen und Zuckerkrankheit waren die Folge. Sein rechtes Bein mußte amputiert werden, Niere, Leber und Herz waren beschädigt. Doch er lebte noch lange weiter mit ungeheurer Willensanspannung. Denn er liebte das Leben, wenn auch mit Trotz, mit Maßlosigkeit und mit Zweifel an dessen Wert. Es ist erstaunlich, daß er die Siebzig noch erreicht hat. Keiner seiner Ärzte hätte das für möglich gehalten. Die letzten Lebensjahre waren durch das Leiden der Krankheit, auch durch Einsamkeit gezeichnet. Dann vergaß er nicht nur die anderen, sondern auch sich selbst.

Die Arbeit ging ihm über alles, auch über Freundschaft, Liebe und Familie. Darin konnte er von erschreckender Härte sein. Die Erinnerung an seine Person kann ich hier nur andeuten: er war ebenso großzügig wie pedantisch, ebenso geizig wie verschwenderisch, ein Vagant, ein Lebensgenießer, der seine kleinbürgerliche Herkunft loswerden wollte und niemals ganz loswerden konnte, später dann ein Arrivierter, darum bemüht, seine schwer errungene großbürgerliche soziale Position zu behaupten. Trotzdem: Niemals identifizierte er sich voll mit seiner jeweiligen sozialen Situation. Immer blieb er der einmalige Hugo, war nie ein Spießer, nie trivial, nie mittelmäßig. Auch wo er sich Konventionen unterordnete, behauptete er seine innere Freiheit. Er sicherte sie sich durch die Skepsis seiner Menschenbeurteilung und seine Neigung zum Zynismus, den er brauchte, um gegen die eigene Sentimentalität zu kämpfen, sie rechtzeitig zu verspotten. Selbst in der Zeit der politischen Katastrophe ist er erstaunlich gut, ohne Beschädigung seines sonst so widerspruchsvollen und sogar zweideutigen Charakters über alle Runden gekommen. Solche Vereinigung von Menschlichkeit und Rang als Gelehrter ist sehr selten. Denn allzu oft verkümmert beim Gelehrten durch das Übergewicht des Intellektuellen die emotionale Ausstrahlung. Oder diejenigen, die wir als Menschen lieben dürfen, verfügen nicht über die geistige Begabung, ohne die sich ein europäischer Bildungshorizont nicht erreichen läßt. Hugo hatte beides. Von ihm, der so viele Bücher geschrieben hat, gilt der Vers Conrad Ferdinand Meyers: »Ich bin kein ausgeklügelt Buch, / Ich bin ein Mensch mit seinem Widerspruch.«

Und dann kam die große Hannah. Das war sie freilich damals noch gar nicht. Sie hatte in Marburg Philosophie bei Heidegger studiert und wollte dieses Studium nun bei Jaspers beenden. Griechisch und protestantische Theologie waren ihre Nebenfächer. Jaspers fand das viel solider als meine aparten Luxusartikel deutsche Literaturgeschichte und Soziologie. Ich lernte Hannah bei einem Nachmittagstee bei Clara Tichauer kennen, die später, wenn auch nur vorübergehend, mit meinem Freund Menck verheiratet war. Beide jungen Frauen waren schon damals sehr bemerkenswert. Clara Tichauer hat unter dem Namen Menck in späterer Zeit eine eindrucksvolle Laufbahn als Journalistin gemacht.

Schon bei der ersten Begegnung strahlte Hannah eine außerordentliche Wirkung auf mich aus. Sie war nicht etwa eine »Emanzipierte«, auch nicht vom Ehrgeiz besessen, sondern eher von stiller, jedoch stolzer Bescheidenheit. Sie war weder »hübsch« noch »schön«. Ihre finanziellen Mittel waren damals sehr bescheiden, ihre Kleidung entsprechend einfach und damals nicht besonders geschmackvoll. Das Auffallendste an ihr war die suggestive Kraft, die von ihren Augen ausging. Man tauchte in ihnen geradezu unter und mußte fürchten, nicht mehr nach oben zu kommen. Sie verstand es, genau zuzuhören, konnte aber ebenso mit einem präzisen Verstand formulieren, der durchaus nichts Weibliches an sich hatte. »Akzentuiertes Ungeheuer« habe ich sie später mit freundlichem Spott genannt. Sie verkörperte, ohne es selbst zu wollen, soviel »Persönlichkeit«, daß ich immer mehr erkannte: hier war ich der klügsten und bedeutendsten Frau meines Lebens begegnet. Ihre eigentliche Leidenschaft war das Denken. Schon in jugendlichem Alter hat sie Kants »Kritik der reinen Vernunft« durchstudiert und hat als alt gewordene Frau mit ihrer so genau interpretierenden Vernunft den schwierigen Duns Scotus sich angeeignet. Philosophische Texte aus dem Lateinischen und Griechischen las sie stets im Original. Das Französische hatte ihr ihre Mutter beigebracht, indem sie bald damit anfing, gemeinsam mit Hannah Prousts großen schwierigen Roman »A la recherche du temps perdu« zu lesen. Aber diese grandiose Sprachbegabung, die ihr es später ermöglichte, ihre eigenen Bücher in Deutsch und Englisch zu verfassen, sagt noch nichts über die menschliche Substanz aus, die dahinterstand. Hannah war ein innerlich unabhängiger Mensch, nahezu frei von Eitelkeit, wenn sie auch später die Bewunderung, die man ihr entgegenbrachte, sehr wohl zu genießen verstand, ebenso wie den relativen Wohlstand nach langen Jahren der Armut.

Damals, als ich sie kennenlernte, war sie noch ein junges Mädchen, das keineswegs Suffragette sein wollte. Sie besaß eine durchaus weibliche Seele mit der Gabe zur Anpassung und zur Einfühlung. Ja, sie geriet sogar zuweilen in eine fast schulmädchenhafte Sentimentalität. Triebhaft war sie nicht, wohl aber schwärmerisch. So groß und so reich dieses weibliche Gefühlssensorium auch war, die völlige Hingabe an das männliche Du konnte ihr trotzdem nicht gelingen, weil sie, gegen ihren Willen, stets dominieren mußte. So weckte sie bei den intellektuellen Männern, die enger mit ihr verbunden waren, ein Bewußtsein der Unterlegenheit. Auch ich mußte dauernd dagegen ankämpfen.

Bezeichnenderweise konnte sie besonders gut mit einfachen, nicht so sehr reflektierenden Menschen auskommen, freilich nur dann, wenn sie deren menschliche Qualitäten bejahte. So verstand sie sich später vorzüglich mit meiner Mutter, die, von Beruf Malerin, ganz aus dem Gefühl und aus der Fülle ihres liebenden Herzens lebte.

Hannah besaß eine große psychologische Begabung in der Beurteilung von Menschen, aber sie konnte sich trotzdem dort irren, wo zwar nicht ihr Geist, aber ihr Instinkt versagte. Diese Naturfremdheit mag wohl einer der Gründe gewesen sein, warum unsere Verbindung nicht zur Ehe geführt hat. Jaspers und seine jüdische Frau hätten gerne in uns beiden das zweite, jüngere Paar einer »existenziellen Kommunikation« gesehen. Aber ich war dazu nicht »geistig« genug und Hannahs »moralischen« Ansprüchen nicht

gewachsen. Freilich, Moralismus im üblichen Sinne lag ihr gänzlich fern. Doch stellte sie an sich und an andere die höchsten sittlichen, nicht etwa wissenschaftlichen Ansprüche. Neben der Kraft ihres Geistes war ihr großartigster Wesenszug ihr Mut. Trotz aller Möglichkeit zum Schwärmen lebte sie ohne Illusionen, kritisch und richtend, streng gegen sich selbst und gegen andere, wenigstens dort, wo Ansprüche des Geistes erhoben wurden. Zwar liebte sie den Ausgleich, war keineswegs ungesellig, verfügte auch über ausgesprochen pädagogische, ja diplomatische Fähigkeiten, aber das alles hatte zurückzutreten, wenn es die Wahrhaftigkeit verlangte. Zynismus und Obszönitäten konnte sie nicht leiden. Worte wie »Echtheit«, »Wahrheit«, »Existenz«, die in Heidelberg durch allzu häufigen Gebrauch entwertet zu werden drohten, erfüllte sie durch ihr eigenes Dasein als Person mit Leben und entschied sich damit für den »Ernst«, nicht für das »Spiel«, zu dem sie weit weniger Zugang hatte. Das geschah nie selbstgerecht, sondern immer mit dem Schwung einer großzügigen Seele. Wenn sie »richtete«, so doch niemals nach engen moralistischen Maßstäben. Es ging um das Versagen oder Nicht-Versagen vor dem Richterstuhl einer sittlich verstandenen Humanität. Darin stand sie Jaspers näher als ich. So verband sie denn auch mit dem Ehepaar Jaspers eine lebenslange Freundschaft.
Später, als ihr Schicksal als Jüdin sie zur Politisierung zwang, war es der Richterstuhl des Weltgewissens in einem demoralisierten Zeitalter, dessen entschiedene Sprecherin sie geworden ist. Bei Völkermord und Massenvernichtung blieb sie unerbittlich. Da gab es für sie keine Vergebung.
Worin war ich anders? Wogegen mußte ich mich wehren? In meiner Natur überwogen weit stärker Instinkte und Triebe, Liebe zu den Tieren und zu den Kindern, hedonistisches Genießen und künstlerisches Vagabundieren. Meine Neigung zum vermittelnden Ausgleich, zum Brückenschlagen wehrte sich gegen Hannahs Rigorismus. Denn noch ging es dabei nur um Fragen der persönlichen Existenz, noch nicht um eine radikale geschichtliche Situation. Ich war skeptisch gegen alle »absoluten« Forderungen, hierin sogar skeptischer als die sonst so skeptische Hannah. Ich liebte das Leben, auch noch in seinen Relativitäten. Für diese »kleinen« Dinge, für die Süßigkeit des Daseins hatte Hannah nur wenig Sinn. Als Meister Ekkehart einmal gefragt wurde, was eigentlich der Sinn des Lebens sei, antwortete er: »Ich weiß es nicht, aber ich lebe gern.« So hätte auch ich antworten können. Hannah hingegen stellte immer die Sinnfrage, und darin lag ihre Grenze. So fehlte es ihr ebenso wie

Jaspers an Humor, an Naivität. Sie übersprang gleichsam weite Bereiche der Vitalsphäre und widmete sich statt dessen mit bewundernswürdiger Energie und sehr direkt dem Denken als Prozeß und seinen sittlichen Resultaten. Nicht, daß sie zur Kunst keine Beziehung gehabt hätte! In ihrer späteren Wohnung in New York besaß sie vorzügliche Gemälde der abstrakten Malerei. Viele Gedichte, besonders von Heinrich Heine, den sie sehr liebte, aber auch von Goethe und Brecht wußte sie auswendig, und zu Franz Kafka hatte sie eine besonders enge Beziehung. Damals war Kafka noch kaum bekannt. Trotzdem haben wir ihn in unserem Freundeskreis sehr früh entdeckt. Hugo, Hannah und ich wetteiferten in kleinen Aufsätzen über ihn, die wir uns gemeinsam vorlasen. Es war noch nicht die gesellschaftliche Perspektive, die uns damals beschäftigte, dafür aber die religiöse. »Chiffren« für die »Transzendenz« suchte die Jaspersssche Philosophie. Eben die entdeckten wir bei Kafka.
Inzwischen hat das Schrifttum über ihn eine immense Ausbreitung erfahren, nicht nur in Deutschland, auch im übrigen Europa und auch in den USA. Mehr und mehr hat man erkannt, wie sehr diese ganz konkrete und zugleich zeichenhafte Bildersprache verwickelte Denkprozesse in sich verbirgt, mit denen bereits die Katastrophen des 20. Jahrhunderts vorweggenommen sind. Ein großer Teil unserer Gegenwartsliteratur wäre ohne dieses Erbe nicht möglich gewesen. Auch die Literaturwissenschaft konnte und wollte sich ihm nicht entziehen. Das ging bis zur Kafka-Besessenheit, am deutlichsten in dem umfangreichen Buch von Wilhelm Emrich, der in manchen seiner Schriften dazu neigte, Wesenszüge Kafkas geradezu in andere deutsche Dichter zu projizieren. Allerdings hat man lange Zeit Kafkas, wenn auch widerspruchsvolle, Verankerung im Judentum übersehen.
Die Vielfältigkeit des Phänomens Kafka war damals in den zwanziger Jahren unserem kleinen Kreis noch nicht bewußt, auch Hannah nicht, so sehr ihr später Kafka zu einer stellvertretenden Gestalt des jüdischen Schicksals geworden ist. Jedoch hatte der ans Magische grenzende Zauber, mit dem dieser große Zeitgenosse auf uns wirkte, sicher in einer geheimen Wahlverwandtschaft seine Wurzel; wie Kafka sah sich auch meine Generation mit allen Frag-Würdigkeiten des »Nihilismus« konfrontiert. So lasen wir ihn, spürten jedoch, daß seine Dichtung noch weit mehr enthielt.
Hannah promovierte bei Jaspers mit einer Arbeit über die Auffassung der Liebe bei Augustin. Damals neigte sie noch zur freischwebenden geistigen Existenz. Dennoch hat sie sehr früh und hellsichtig

die entsetzlichen Gefahren durchschaut, die von den barbarischen braunen Horden ausgingen. Sie emigrierte rechtzeitig und nahm bewußt ihr Schicksal als Jüdin auf sich. Sie emigrierte zunächst nach Frankreich, konnte aber trotz des Einmarsches der Deutschen auf abenteuerliche Weise noch nach Amerika gelangen. Bereits ihr Buch über die Rahel, das das Leiden dieser bedeutenden Frau an ihrem Judentum schildert, noch vor ihrer Emigration entstanden, war ein verstecktes Selbstbekenntnis gewesen. Hannah, zunächst so ganz an die deutsche Kultur assimiliert, wollte jetzt nicht bloß Opfer sein. Sie aktivierte mit Stolz und Entschiedenheit ihre Existenz als Jüdin, ganz anders als Bosco, der dem immer ausgewichen ist. Sie machte aus dem Leiden – mit Schiller zu sprechen – eine Willenshandlung, und das gab ihr »Würde«. Es war nur konsequent, daß sie, die an sich zur Philosophin geboren war, nunmehr der Soziologie und der Politik als Wissenschaft sich zuwandte. Ihr umfangreiches, in der französischen Emigration entstandenes Werk »Elemente und Ursprünge totaler Herrschaft«, zunächst in englischer Sprache in den USA, dann 1955 in deutscher Fassung erschienen, untersuchte die Geschichte des Antisemitismus, seine Wurzeln und seine Ausbreitung, darüber hinaus die soziologischen Formen totaler Herrschaft überhaupt. Es ist ein ebenso leidenschaftliches wie kühl distanziertes Buch. Es ist ein Buch, wie es nur Hannah schreiben konnte. Das Jaspers entnommene Motto spiegelt die Entscheidung, die sie gegen jeden bloß relativierenden Historismus getroffen hatte: »Weder dem Vergangenen anheimfallen noch dem Zukünftigen. Es kommt darauf an, ganz gegenwärtig zu sein.« Nach dieser Maxime hat sie bis zu ihrem Tod gelebt. Wie weit das ging, verriet die in der ganzen Welt Aufsehen erregende Artikelserie über den Eichmann-Prozeß, den sie in Jerusalem genau beobachtet hat. Zuerst ist sie in der Wochenzeitschrift »The New Yorker« erschienen und hat eine Kontroverse ausgelöst, in der die mutige Autorin von allen Seiten, auch von Juden, angegriffen wurde.

Am Ende ihres Lebens wurde Hannah Arendt wieder zur Philosophin. Das Werk über »The Mind« – das Wort ist eigentlich unübersetzbar, jedenfalls darf man nicht »Geist« dafür sagen – konnte nicht mehr abgeschlossen werden. Sie starb noch vor ihrem 70. Geburtstag.

Freundschaftliche Beziehungen entwickelten sich damals auch zu dem Heidelberger Dozenten Erich Rothacker, der im Schatten von Jaspers und Rickert noch ziemlich unbeachtet blieb und dankbar für die wenigen jungen »Philosophen« war, die sich zu ihm verirrten und

sich für sein temperamentvolles Denken interessierten. Mir hat er zu dieser Zeit weitere Anregungen für mein Nachdenken über den Begriff des »Verstehens« gegeben und darüber hinaus wichtige Einblicke in den Konservativismus der »Historischen Schule«, besonders bei Savigny und Ranke, verschafft. Einblicke, die Rothacker zuerst in seinem bereits 1920 erschienenen Werk »Einleitung in die Geisteswissenschaften« niedergelegt hat. Er diskutierte gern und hatte eine Fülle von Büchern gelesen.
Noch größeren Einfluß auf mich gewann in Heidelberg der aus Ungarn stammende Jude Karl Mannheim. Wenn ich mich recht erinnere, habe ich ihn im Jaspers-Kolleg kennengelernt. Er stand damals zwischen Dr. phil. und Habilitation, die bei Alfred Weber in Soziologie erfolgen sollte. 1926 entstand seine Habilitationsschrift »Ideologie und Utopie«. Es war ein großes Glück, sich näher mit ihm zu befreunden, soweit man dieses Wort bei diesem Altersunterschied noch gebrauchen darf. Denn Mannheim war immerhin zehn Jahre älter als ich. Große Teile seines damals entstehenden Buches hat er mir vorgelesen, und wir haben uns eingehend darüber unterhalten. Mannheim brauchte das Gespräch; er war, darin sehr unterschieden von Jaspers und Gundolf, eine durchaus dialogische Natur. Er liebte die Diskussion bis zur kämpferischen Auseinandersetzung. Auf ihn paßte wie auf kaum einen anderen der Ausdruck »lebendiges Denken«. Er dachte niemals starr, sondern stets fließend, aber trotzdem klar, weit klarer als Alfred Weber. Geistige Prozesse wußte er in Relation zu ihrer gesellschaftlichen Funktion zu bringen, ohne dabei ein Marxist zu sein. Bei aller Kritik an hypostasierten, absoluten, politisch-weltanschaulichen Positionen war er doch weit entfernt vom bloßen Positivismus. Er erspürte die in der Geschichte wirkenden Kräfte und Gegenkräfte und durchschaute das Wechselspiel von realen und geistigen Potenzen. Sein Blick für die Gegenwart wie für die Zukunft hatte etwas nahezu Divinatorisches. Darin war er Jaspers durchaus überlegen. Das sieht man heute deutlich, wenn man den 1930 erschienenen kleinen Göschen-Band von Jaspers »Die geistige Situation der Zeit« mit Mannheims Analysen in »Ideologie und Utopie« vergleicht. Jaspers suchte in philosophischen Abstraktionen das Widerspruchsvolle der geistig verstandenen »Existenz« am Ausgang der zwanziger Jahre zu bestimmen, jedoch ohne auch nur mit einem einzigen Satz das kommende politische Verhängnis vorauszuahnen und anzudeuten. Mannheim hingegen wußte schon damals sehr genau, was »Faschismus« seinem Wesen nach war und wie in der irrationalen Explosivität entscheidende Gefahren für die

politische Zukunft lagen. Seine Darstellungsweise verstand es, selbst noch abstrakte Begriffsbildungen ins Dramatische umzusetzen. Er war geradezu besessen von seinen Neuentdeckungen, und das mit Recht.

Ich habe aus Anlaß dieser Lebenserinnerungen sein Buch, das heute über fünfzig Jahre alt ist, noch einmal gelesen und finde es genauso originell, aufregend und bahnbrechend wie damals. Nichts daran scheint mir veraltet, ich höre noch den Tonfall seiner Stimme beim Vorlesen. Es war hinreißend, wie er seine abstrakten Gegenstände ins Schmelzen und Schwingen zu bringen vermochte. Ich habe diesen Mann geliebt und bin noch heute untröstlich darüber, daß ich ihn später nie wiedergesehen und auch nie wieder etwas von ihm gehört habe.

Mannheim war es, der mir das Thema vorschlug, mit dem ich bei Jaspers promovieren sollte. Er dachte an eine Arbeit über den jungen Friedrich Schlegel, dessen Geistesverwandtheit mit mir er mit seinem Spürsinn für intellektuelle Menschen erfühlt haben muß, und die Fragestellung der geplanten Dissertation war eine für Mannheim sehr charakteristische. Es ging darum zu erforschen, was diesen zunächst so bindungslosen Geist dazu bewogen hat, zum Katholizismus überzutreten. Für Jaspers mochte das mehr ein auch ihn interessierendes psychologisches Problem gewesen sein, für Mannheim war es darüber hinaus ein soziologisches. Meine Arbeit bewegte sich bezeichnenderweise zwischen beiden Polen. Jaspers hat damals diesen Vorschlag akzeptiert, und diesmal glückte der Weg zum Dr. phil.

Wiederholt habe ich in diesem Kapitel die freischwebenden Intellektuellen von Heidelberg erwähnt. Für Alfred Weber und Mannheim war das eine soziologische Kategorie. Mannheim hat in seiner Wissenssoziologie das Standortgebundene in den verschiedenen Formen des menschlichen Denkens verfolgt und ist dabei zu dem Resultat gelangt, daß durch die wechselseitige Relativierung der jeweiligen politischen »Weltanschauung« alle Ideengebäude zu Ideologien werden, weil jeder den »Gegner« auf diese Weise diskriminieren, ja sogar entwerten will. Er nahm jedoch eine fast klassenlose Schicht davon aus, nämlich die Intellektuellen. Sie sah er so, wie er selbst war, dynamisch, elastisch, mit Problemen belastet, stets in der Umwälzung begriffen. Das Verfahren, die Idee als bloße Ideologie zu depravieren, wie es zuerst die Marxisten gefordert haben, schlägt gleichsam zurück, wenn es nunmehr auch vom Gegner auf sie selbst angewandt wird. Sobald es den Intellektuellen gelingt, diesen Vorgang der Ideologiebildung zu durchschauen, machen sie sich selbst weitgehend davon frei. Mannheim meint mit dieser Gruppe eine Schicht, die im sozialen Raum nicht allzu fest gelagert ist. Manchmal nennt er sie auch »die Geistigen«, das ist dann unmißverständlich positiv gemeint. Heute wird man zugeben müssen, daß er zu ihrer Überschätzung neigte und ihre Machtlosigkeit zu wenig gesehen hat. Allerdings hat gerade Heidelberg diesen Menschentypus besonders begünstigt, und Mannheim selbst war einer der Klügsten, der sogar die sozialen Bedingungen dieser Geistigen zu analysieren verstand. Auch ließen sich von hier aus Parallelen und Analogien zur Situation der Frühromantik finden, und eben diesen bin ich unter Mannheims Einfluß in meiner Dissertation nachgegangen.

Die wissenschaftliche Beschäftigung mit dem frühromantischen Kreis und viele Gespräche darüber mit den bereits von mir charakterisierten Freunden führten mich zum ersten Mal aktiv in die mir so wichtig gewordene geistesgeschichtliche Welt hinein. In Friedrich Schlegels Zwiespältigkeit, seiner schwierigen belasteten Jugendgeschichte, in seiner Hamlet-Natur, seiner oszillierenden Bewegung zwischen Aphorismus und System, in seiner dialektischen Paradoxie zwischen Enthusiasmus und Ironie glaubte ich manche Züge meines eigenen Wesens wiederzufinden. Darüber hinaus bewunderte ich die Frühromantik aus der bereits erwähnten Parallele zum »Geist« von Heidelberg. Schlegel stand mir aber auch durch seine Verknüpfung von Philosophie, Ästhetik, Historie und Dichtung besonders nahe. Ich wußte freilich auch, daß ich niemals einen solchen europäischen Bildungshorizont und eine solche virtuose Begabung für fremde Sprachen erreichen konnte.

Daß Friedrich Schlegel sich später im »Gehäuse« des Katholizismus absicherte und damit seinen »Trieb zum Unendlichen« preisgab, im Existenziellen also scheiterte, war eine These, die dem so völlig unkatholischen Jaspers wohl willkommen gewesen ist. Aber eben sie halte ich heute für falsch. Erst in der persönlichen Begegnung mit eindrucksvollen Katholiken wurde mir in den kommenden Jahren klar, daß ich es mir hier zu leicht gemacht hatte. Um so höher muß ich es dem sehr angesehenen Schlegel-Forscher Josef Körner anrechnen, der als ein zum Katholizismus konvertierter Jude und als ein kenntnisreicher Romantik-Forscher diese Schwächen damals bereits durchschaut hat, daß er meine Dissertation, die inzwischen in den von Jaspers herausgegebenen »Philosophischen Forschungen« erschienen war, so wohlwollend besprochen und mir damit den Weg in meine Zukunft gebahnt hat.

Die Friedrich Schlegel-Forschung hat nach damaligen Anfängen lange Jahrzehnte stagniert und ist erst sehr viel später auf einer weit gewichtigeren Stufe wieder in Gang gekommen. In erster Linie war dies das Verdienst von Ernst Behler mit seiner großen historisch-kritischen Ausgabe. Hans Eichner hat neue, bisher unbekannte Quellen erschlossen. Mein späterer Bonner Kollege Karl Konrad Polheim und mein Münsteraner Schüler Franz Norbert Mennemeier haben neue Gesichtspunkte für die Interpretation des jungen Schlegel entwickelt. Das Interesse galt jetzt in erster Linie seiner kritischen und poetologischen Leistung. Der alte Friedrich Schlegel ist freilich bis heute vernachlässigt geblieben. Vorurteile wie das meinige über Schlegels Konversion sind inzwischen gründlich widerlegt worden.

Ich promovierte Anfang Mai 1927. Im benachbarten Schwetzingen wurde das mit einigen meiner Freunde bei Spargel, Schinken und Wein gefeiert. Es war ein herrlicher Maitag, und ich war glücklich. Der Weg in die wissenschaftliche Laufbahn hatte begonnen. Mannheim schenkte mir damals ein Buch, in das er frei nach Wilhelm Busch hineinschrieb: »Doktor werden ist nicht schwer / Doktor sein dagegen sehr.« Die Zukunft war ungewiß. Wovon sollte ich leben? Denn von meinem Vater wollte ich finanziell so wenig wie möglich abhängig bleiben. Ein Staatsexamen gedachte ich auf keinen Fall zu machen; denn selbst als Ausweg kam die Schule für mich nicht in Frage. Wie Friedrich Schlegel blieb ich zu diesem Zeitpunkt noch der freischwebende Intellektuelle. Ich machte mir trotz der immer bedrohlicher werdenden Zeitverhältnisse keine Sorgen. Ich war glücklich über das Erreichte, und so reiste ich erst einmal im August 1927 mit Hannah an den Bodensee, in diese von mir immer so geliebte Landschaft an der Drei-Länder-Ecke, der Mörike in seiner »Idylle vom Bodensee« das schönste dichterische Denkmal gesetzt hat.

IV
VERWIRRENDES BERLIN

Das Ziel, das ich erreichen wollte, stand fest. Es hieß: Habilitation an einer deutschen Universität. Aber an welcher Universität und für welches Fach? Natürlich sprach ich erst einmal mit Jaspers darüber. Er meinte, er sähe jetzt deutlicher, wohin mein wissenschaftlicher Weg führe. Ich solle doch Historiker der Philosophie werden. Einer späteren Habilitation bei ihm war er nicht abgeneigt. Dafür sei jedoch das Nachholen des Graecum unerläßlich. Das war ein mir zu umständlicher, zu zeitraubender Weg. Woher sollte ich das Geld nehmen, um so lange noch durchzuhalten? Statt dessen schien es mir sinnvoller, mich auf Grund meiner Dissertation über Friedrich Schlegel um ein Forschungsstipendium bei der »Notgemeinschaft deutscher Wissenschaft« – so hieß sie damals – zu bewerben, und diesmal wußte ich bereits das Thema, das ich zusammen mit einer kurzen Planskizze einzureichen bereit war. »Herder und die Entstehung der geschichtlichen Weltanschauung«, so sollte es etwas anspruchsvoll lauten. Denn das Interesse an dem Problem des »Historismus« und an seiner Genese im 18. Jahrhundert hatte sich inzwischen immer deutlicher bei mir herauskristallisiert. Jaspers, von Waldberg und Gundolf schrieben mir für diesen Antrag die empfehlenden Gutachten. Gundolf meinte zwar, sein Eintreten für mich könne mir bei den Fachgermanisten eher schaden als nützen, aber dieses Risiko nahm ich auf mich.
Damit hatte ich mich für die Literaturwissenschaft und gegen die Philosophie entschieden. Meine einstige Freude an abstrakten Denkspielen erlosch nach und nach. Ich brauchte die deutsche Literatur und die konkrete Vielfalt ihrer geschichtlichen Formen und Gestalten. Der Impetus blieb freilich ein philosophischer. Es ging mir um das Wesen der literarischen Erscheinungen, nicht um ihre bloße Beschreibung. Im jungen Herder fand ich dafür eine mich besonders anziehende Gestalt: In der Symbiose von Dichter, Literaturkritiker und Denker wurde dieser zum Philosophen auf dem Schiffe, der auf der Meerreise von Riga nach Nantes aus der lebendigen Situation heraus philosophierte, ein umfassender enzyklopädischer Geist, der im Schattenhaften der Geschichte seine eigene, nicht gelebte Jugend noch einmal beschwören und nachholen wollte, ein Genie, das die von Erstarrung bedrohte europäische Welt der Aufklärung ins Fließen gebracht hat. Hier galt es, den Quellpunkt, den Ursprung zu

finden, von dem *alle* Geisteswissenschaften in Deutschland ihren Ausgangspunkt genommen haben.
Ich bekam das Stipendium. Erst später erfuhr ich, daß diese Angelegenheit beinahe gescheitert wäre. Beziehungen zur Germanistik außerhalb Heidelbergs hatte ich damals noch keine. Jedoch wußte ich, daß mein Onkel, Wolf von Gersdorff, der Bruder meiner Mutter, in früheren Jahren gemeinsam mit Julius Petersen studiert und auch der gleichen studentischen Verbindung angehört hatte. Petersen, der allmächtige Groß-Germanist von damals, Ordinarius in Berlin, und der Altgermanist Edward Schröder in Göttingen hatten über die Vergabe solcher Stipendien in ihrem Fachbereich ihr Votum abzugeben. Der Altgermanist muß Bedenken geäußert haben. Man könne die deutschen Lehrstühle im Fach der Germanistik nicht mit »Spezialisten für den Irrationalismus« besetzen. Das etwa waren seine Zweifel, vielleicht auch ein wenig die von Petersen. Wie immer, wenn zwei sich streiten, sollte ein dritter entscheiden, und so wurde damals zusätzlich Oskar Walzel aus Bonn um Stellungnahme gebeten. Er entschied positiv.
Es ergab sich aus der Logik der Situation, daß ich im Winter 1927–28 nach Berlin ging, um dort im Oberseminar Petersens näheren Kontakt mit ihm und der neueren Germanistik zu bekommen. Die Aussichten für eine Habilitation in Berlin waren allerdings äußerst ungünstig. Alewyn, der bereits dort war, hatte auf jeden Fall den Vorrang. Außerdem hielt man in Berlin auf Grund von Traditionen, die auf Erich Schmidt und mehr noch auf Roethe zurückgingen, an der Einheit des Faches Germanistik fest, und darum forderte man von jedem Bewerber, daß er neben seiner Habilitationsschrift auch eine Veröffentlichung aus der Altgermanistik vorlegte. Alewyn hat sich damals damit geholfen, daß er den »Naturalismus« bei Neidhard von Reuental zu seinem Gegenstand machte. Naturalismus faßte er nicht als eine geschichtliche, sondern als eine Stilkategorie auf. *So* ließ er sich nicht nur am Ende des 19. Jahrhunderts, sondern auch im späten Mittelalter, auch im Barock bei Grimmelshausen entdekken.
Wer war Julius Petersen? Wie wirkte er auf mich? Ein »Gundolf« war er gewiß nicht. Er sah aus wie ein wohlsituierter Bankdirektor und repräsentierte ein vaterländisches, preußisch gesinntes Großbürgertum. Seine Vorlesung, in die ich nur flüchtig hineinschaute, handelte von allem anderen, nur nicht von ihrem Gegenstand. Er las damals über Goethes »Faust«. Sehr ausführlich wurde die ganze Vorgeschichte zum »Faust« behandelt, Stoffe, Motive der Volkssage

und des Volksmythos. Außerdem diktierte Petersen endlose Listen der Sekundärliteratur und bot sie den Studenten für diese Vorlesung an. Doch von der Dichtung selbst war höchstens am Rande die Rede. Es war eben jener »Positivismus« der Berliner Schule, den ich von Grund aus verabscheute und den ich grauenhaft langweilig fand. Hätte ich nicht Heidelberg bereits hinter mir gehabt, so wäre mir hier das Gefühl für Dichtung und die Liebe zu ihr geradezu ausgetrieben worden. Alles war nach überlieferten Handwerksbräuchen geregelt, künstlerische und gedankliche Werte blieben außerhalb der Betrachtung. Hingegen machte ein einstündiges Kolleg von Romano Guardini über Pascal sehr großen Eindruck auf mich. Diese subtile philosophisch-theologische Interpretationskunst habe ich später auch in seinen Büchern über Hölderlin und über Rilkes »Duineser Elegien« bewundert. Oft ist das Beste für die Literaturwissenschaft von Outsidern geleistet worden.

Petersen war der geborene Vermittler. In seinem Buch »Die Wesensbestimmung der deutschen Romantik« hat er die verschiedenartigsten Tendenzen der Romantik und die Meinungen der Forscher darüber gegen Ende in einer sogenannten Gesamtdefinition zusammengefaßt, und die war nun in der Tat ein zusammenaddiertes Monstrum sondergleichen. Petersen war ein erfolgreicher Philologe, ohne einen Funken von Genie. Sein Wesen strahlte nicht Würde aus, wohl aber Bonhomie, liberale Urbanität, jedoch ohne Wärme, ohne Verbindlichkeit. Er und seine sehr repräsentative, wohlhabende Frau führten ein Haus im großen Stil. Wenn einem die Ehre zuteil wurde, dort eingeladen zu werden, verhielt sich Petersen mit wohlwollender Distanz, stets darauf bedacht, keine Vertraulichkeit aufkommen zu lassen.

Trotzdem hatte Petersen seine Verdienste. In der quellenmäßigen Beherrschung der Literaturgeschichte stand er obenan. Als Mitherausgeber der Welt-Goetheausgabe, der Lessing-Ausgabe, der Schiller-Säkularausgabe, als Anreger der Fontane-Forschung hat er für die Textbewahrung und die Texterklärung mit einem bewundernswerten Fleiß gewirkt. In der Reihe der Berliner Germanisten von Wilhelm Scherer über Erich Schmidt und Gustav Roethe mit ihrer berühmt gewordenen »Germanisten-Kneipe« hat er seinen eigenen, heute freilich bereits historischen Platz behauptet. Mit manchen, vorwiegend konservativen deutschen Dichtern wie Wolfgang Goetz, Jakob Schaffner, Hans Carossa und Walter von Molo stand Petersen in engen Beziehungen. Nachdrücklich hat er sich für die Theaterwissenschaft eingesetzt und auch Eigenes, zuweilen sogar Feinsinniges auf diesem Felde geleistet. Hohes Ansehen erwarb er sich als Präsident der Goethe-Gesellschaft und als Mitglied der Akademie der Wissenschaften in Berlin. Sein allzu trockenes großes Buch »Die Wissenschaft von der Dichtung« ist allerdings ohne weitere Wirkung geblieben. In der quellenmäßigen Beherrschung der Literaturgeschichte durch die Jahrhunderte, in der Reinhaltung der Texte und ihrer Einordnung in größere Zusammenhänge blieb er souverän. In seiner preußisch deutschnationalen Gesinnung hingegen zeigte er manche Beschränktheiten. Am schlimmsten spiegelt sich das in der 1934 erschienenen Schrift »Die Sehnsucht nach dem Dritten Reich in deutscher Sage und Dichtung«, in der Petersen allzu willig seinen Tribut an den Zeitgeist gezahlt hat.

Dennoch ließ er im Oberseminar jeden zu seinem Recht kommen, alle durften ihre gelehrten wissenschaftlichen Referate halten; er selbst hielt sich zurück, konnte freilich auf diese Weise auch seine durch mancherlei Neben- und Verwaltungstätigkeiten in Anspruch genommenen Kräfte schonen. Das Seminar war eines über den literarischen Barock. Die Gunst der Stunde wollte es, daß eben dieses Gebiet in den zwanziger Jahren von der Literaturwissenschaft ganz neu entdeckt wurde und daß hier, in Petersens Seminar, sich eine Reihe von Doktoren und älteren Studenten zusammengefunden hatten, die in nicht allzu ferner Zukunft die deutschen Lehrstühle für neuere Germanistik bevölkern sollten.

Da waren nicht nur Alewyn und ich, da saßen im gleichen Seminar Erich Trunz, Friedrich Wilhelm Wentzlaff-Eggebert, Hans Pyritz und Wolfgang Kayser. Jeder wetteiferte, das bessere Referat zu halten; nur Alewyn hielt keines. Einige dieser Arbeiten erschienen im Druck wie das von Trunz über die deutschen Übersetzungen des Hugenotten-Psalters und meines über die Antithetik in den Alexandrinern des Angelus Silesius. Der Ehrgeiz dieser Petersen-Zöglinge hatte etwas Verbissenes, und das beträchtliche Maß an wissenschaftlicher Begabung wurde mit einem Mangel an Menschlichkeit bezahlt. Diese Kommenden drohten Gelehrte zu werden und weiter nichts. Die Atmosphäre der Freundschaft konnte dort nicht aufkommen, weil jeder den anderen als Konkurrenten sah und glaubte, gegen ihn ankämpfen zu müssen. Richard und ich waren dagegen einigermaßen gefeit, als bereits Promovierte hatten wir einen Vorsprung. Vor allem brachten wir noch den großen Lebensschwung von Heidelberg mit, und diese Vergangenheit konnten wir nicht vergessen. Gemeinsam haben wir uns manchmal über dieses später berühmt gewordene Seminar amüsiert, ja waren sogar zu Streichen aufgelegt. So haben wir und noch einige andere den besonders ehrgeizigen Erich Trunz in einem fingierten Telefongespräch auf die Schippe genommen. Wir gaben uns für einen berühmten holländischen Germanisten aus, der angeblich gerade den Trunzschen Aufsatz zum Barock gelesen hatte und ihn mit süßem Lob nur so überschüttete, das begierig und mit Wonne vom Telefonpartner eingesogen wurde. Boshaft, wie wir waren, schüttelten wir uns vor Lachen.

Wentzlaff-Eggebert, den wir wegen seiner Naivität »das Kind« titulierten, war weit weniger anspruchsvoll; er war arglos und ohne jede Bosheit. Er schrieb eine solide Dissertation über »Das Problem des Todes in der deutschen Lyrik des 17. Jahrhunderts«, wandte sich später mehr der mittelalterlichen Literatur und der Goethe-Schiller-Forschung zu. Schließlich regierte er als wohlwollender Ordinarius in Mainz, ein liebenswerter, aber auch nicht allzu aufregender Kollege.

Hans Pyritz zeigte schon damals eine sehr scharfsinnige, kritische Begabung, kühl bis ans Herz hinan. In seinem Wesen war er freilich unduldsam, später autoritär, so daß er seine Assistentin, so wurde wenigstens erzählt, sogar mitten in der Nacht zu sich befahl – aber nur zum Diktieren! Als Ordinarius in Hamburg wurde er ein sehr gefürchteter Mann. Er schrieb glänzende, geschliffene Gutachten über seine Promovenden, deren Veröffentlichung nach seinem frühen Tod, kaum über 50, immerhin geplant war. Er konnte von ätzender Schärfe sein. Sein weit liebenswürdigerer Nachfolger, Karl Ludwig Schneider, hat als Assistent noch schwer unter ihm gelitten. Pyritz' Dissertation über den Lyriker Paul Fleming war eine bahnbrechende Leistung, die für die Erforschung des sogenannten »Petrarkismus« in der deutschen Literatur Wesentliches gebracht hat. Aber schwer erträglich war er trotzdem.

Wolfgang Kayser gab sich als ein schöner und eleganter Mann, und er wußte auch, daß er das tatsächlich war. Gegen Konkurrenzneid sicherte er sich ab, weil er ein ungestörtes Selbstbewußtsein besaß und sich stets für noch schöner, noch erfolgreicher, noch begabter als die anderen hielt, nicht nur in der Wissenschaft, auch im Schachspiel, auch in der Liebe. Wieweit er damit recht hatte, wage ich nicht zu entscheiden. Seine späteren Schriften gingen über seine Barockstudien weit hinaus. Mein eigener Beitrag zur Barockliteratur blieb ohne weitere Fortsetzung.

Es wird nicht sehr häufig vorkommen, daß ein einziges Seminar so viele künftige Gelehrte in sich vereinigt. Petersens Verdienst dafür soll nicht geschmälert werden. Er tolerierte, er ließ diese sehr verschiedenartigen Begabungen sich frei und ungestört entfalten.

Die Erforschung des literarischen Barock erlebte in den zwanziger Jahren eine Renaissance. Sogar Gundolf, der in seinen Briefen vor einer Überschätzung der Barockdichtung gewarnt hat, leistete in den Studien über Martin Opitz, über Grimmelshausen und über Andreas Gryphius seinen Beitrag. Zunächst wurde der Barock in seiner zeitgeschichtlichen Verwandtschaft mit dem Expressionismus entdeckt. Geistesgeschichtliche Übertreibungen blieben dabei nicht aus, wenn man neben einem »gotischen«, einem »faustischen« nun auch einen »barocken« Menschen entdeckte, und diese alle mit völlig unkritischen Prädikaten wie »heroisch«, »dynamisch«, »mystisch« und »innerlich« überhäufte. Mit Recht hat Alewyn auf die Zeitparallelen hingewiesen, die zwischen einer durch Krieg, Revolution, Hunger und Verarmung aufgewühlten Gegenwart und der Kriegsnot und Weltklage, der philosophischen Grübelei und dem religiösen Schwärmertum des 17. Jahrhunderts bestanden.

Aber mehr und mehr gewann die Forschung auch Abstand zur Barockliteratur und würdigte ihre besonderen Eigenarten. Strukturen der Sprache, der Dichtung und der Weltauffassung wurden näher erschlossen. Die artistischen Aspekte der Barockdichtung traten ins Blickfeld, Will-Erich Peuckert erforschte das unterirdische Weiterwirken eines erregten Protestantismus in der Pansophie und Mystik des 16. und 17. Jahrhunderts abseits der Kirchen; auch der gesellschaftliche Raum barocker Kultur wurde im Vergleich zur höfischen durch Günther Müller genauer abgegrenzt, und Alewyn schrieb einen seiner glänzendsten Essays über das barocke Theater und die barocken Feste. Große Gesamtdarstellungen wie die von Paul Hankamer, Günther Müller und Herbert Cysarz behandelten die Epoche als Ganzes. Auch überpersönliche, über die nationalen Grenzen hinausreichende Traditionen und Konventionen beschäftigten jetzt die geisteswissenschaftliche Forschung, Günther Müller fand die Kategorie der »Distanzhaltung« im Gegensatz zur späteren Erlebnisdichtung, der Anteil der Rhetorik wurde näher bestimmt und den Mustern, Regeln, Gattungen und Formeln besondere Aufmerksamkeit gewidmet. Es ist unmöglich, dieses Pandämonium hier auch nur in Umrissen zu beschreiben.

Petersen und sein Barockseminar spielten sich zwar in Berlin ab, hatten aber mit dem damaligen Berlin kaum etwas zu tun. Es war wie eine Insel außerhalb der Zeit. Berlin hingegen tanzte bereits auf einem Vulkan. Der Ausgang der zwanziger Jahre kündigte den kommenden Umsturz schon an, wenn er auch nicht wahrgenommen wurde. Ein Herder-Forscher wirkte in diesem unruhvollen, ja hektischen Treiben wie eine bedauernswerte Rarität. Auf der einen Seite nahmen Armut und Arbeitslosigkeit, soziale Unruhen beängstigend zu, auf der anderen Seite feierte man, wo es nur eben ging, gierte nach literarischen Tagessensationen, stürzte sich ebenso in obskure Bars wie in überfüllte Theater. Um in Berlin mitzumachen, brauchte man Geld, viel Geld. Das hatte ich nicht. An sich hätten die 200 Reichsmark Stipendium und ein kleiner Zuschuß von meinem Vater reichen sollen. Aber die Wohnungen, vor allem die besonders beliebten »sturmfreien Buden« wurden immer teurer. Bei Aschinger konnte man sich damals noch billig sattessen, mit Vorliebe leerte ich den Inhalt von Zuckerdosen und bekam auch einige Brötchen umsonst. Lockender freilich waren die exquisiten Lokale oder auch die verdächtigen kleinen, schummrigen am Alexanderplatz, wo berückende junge Frauen, mochten sie nun Nutten sein oder keine, so hingegeben tanzten. Für einen Stipendiaten blieben sie unerreichbar. Ich führte ein sonderbares Einzeldasein, tagsüber in der Berliner Staatsbibliothek unter Büchern vergraben, besessen von der auf andere verrückt wirkenden Absicht, an meinem »Herder« zu arbeiten, gelegentlich noch in losem Kontakt mit den alten Freunden, die alle, wenn auch manche nur vorübergehend, in der Metropole auftauchten. Zwar verlockte mich dieses nervöse, literarische Treiben, so ganz und nur auf die Gegenwart bezogen, aber aktiv konnte ich mich daran nicht beteiligen. Dafür fehlten mir auch die notwendigen Verbindungen. Alles vibrierte, alles erregte sich, ich spürte die Dämonie der Zeit, die sich unaufhaltsam auf einer schiefen Ebene bewegte. In Berlin konnte man damals in einen Strudel von Verführungen hineingeraten. Das zog mich an, aber es stieß mich auch ab. Ich kam mir vor wie Parzival, der reine Tor, der sich vergeblich zum Gral aufgemacht hatte.

Einen besonderen Zauber übten auf mich damals der Film und das Theater aus. Für viele heimliche Wünsche boten sie eine Art Ersatzfunktion an. In Berlin erlebte ich die junge Paula Wessely als Rose Bernd, hinreißend in ihrer Ursprünglichkeit, ihrer Vitalität und in der Exzentrik ihrer Verzweiflung. Tschechows »Drei Schwestern« mit Angela Sallocker und zwei anderen bedeutenden Schauspielerinnen, deren Namen ich leider vergessen habe, sah ich, an Grippe erkrankt, im fiebrigen Zustand. Doch das Fieber meiner mitgehenden Fantasie paralysierte den physischen Schaden. Zum ersten Mal wurde mir das Umschlagen einer zunächst komödiantischen Situa-

tion ins Tragische bewußt, worin das klassische Tragödienpathos sowohl relativiert wie überboten wurde. Und dann Elisabeth Bergner! Sie war nicht nur ein Typus der Zeit, sie war auch *mein* Typus: knabenhaft in der Erscheinung, federnd in ihren Bewegungen, Hexe und Kind zugleich, von einer perversen Jungfräulichkeit, besonders in ihrem Film »Ariane«. Der verwirrende Zauber, der damals für viele von ihr ausging, läßt sich kaum beschreiben. Ähnlich ging es uns mit Max Pallenberg und seiner Frau, der Fritzi Massary. Seine Improvisationen zwischen Tiefsinn und Unsinn, seine Wortakrobatik, sein Balancieren zwischen Tragik und Komik, das alles hatte nicht seinesgleichen und ist auch später nie wieder erreicht worden. Wenn die Massary so überzeugend frech auf der Bühne sang: »Warum soll eine Frau kein Verhältnis haben«, dann war auch meine arglose Mutter hingerissen, die diesen beherzigenswerten Rat in ihrem Leben bestimmt nie befolgt hat.
Zum zweiten Mal erlebte ich eine Uraufführung von Brecht, diesmal die der »Dreigroschenoper« am 31. August 1928 im »Theater am Schiffbauerdamm«. Damals hörten wir die suggestive Musik von Kurt Weill mit den ebenso einhämmernden wie einlullenden Songs von Brecht zum ersten Mal. Im Parkett saßen eben jene mit Schmuck behangenen Damen der Bourgeoisie und klatschten begeistert Beifall, die Brecht so entschieden haßte und auf der Bühne verspottete. Das Stück besteht, wenn man es näher analysiert, aus lauter Widersprüchen. Der Asoziale wird zum Kleinbürger, der Bürger wiederum kokettiert vergeblich mit der Freiheit des Bohèmien. Doch eben diese Widersprüchlichkeit spiegelte die in sich gespaltene, vom ständigen Wertverlust bedrohte Situation der Zeit. »Nur wer im Wohlstand lebt, lebt angenehm« – das war mit teuflischer Ironie gesagt. Leider stimmte es haargenau. Oder: »Erst kommt das Fressen, dann kommt die Moral.« Das war unmißverständlicher Zynismus. Er traf jedoch den Nerv der Situation, in der sich das sogenannte »Ideale« immer mehr als bloße Täuschung herausstellte. Den Kontrast dieser Position zur Goethezeit, in die ich mich so intensiv versenkte, empfand ich geradezu als physische Pein. Hinter der glitzernden Oberfläche der Gegenwart schwelten Angst, Not und Verzweiflung. »Die Zeit ist aus den Fugen«, sagt Prinz Hamlet bei Shakespeare. Sie war es auch damals in Berlin. Jedoch eben darin entfaltete sie ihre betörenden, einschmeichelnden, unverschämten Reize. Die Blüten, die in der Auflösung gedeihen, duften verführerischer, narkotischer als andere. Im Jahre 1927 erschien Brechts »Hauspostille«. Sie wurde eines meiner Lieblingsbücher. Diese Ly-

rik auf den Spuren des Vaganten François Villon mit ihrer Erneuerung der Ballade in Gestalt des Chansons, diese Mahagonny-Gesänge mit ihren Amerikanismen, Figuren wie der sentimentale Elternmörder Apfelböck und die bedauernswerte Kindesmörderin Marie Farrar haben sich mir unauslöschlich eingeprägt. Nur aus einem gebrochenen Lebensgefühl, aus einer Mischung von Skepsis und Güte, von Ironie und Enthusiasmus, von volkstümlichen Traditionen und zugleich deren Verspottung durch die Parodie konnten solche lyrischen, Heine bereits überholenden Schöpfungen entstehen.

Und dann der Film! Damals erreichte der Stummfilm seine extravaganten Höhepunkte. Wieviel unausgesprochene »Philosophie« darin enthalten war, blieb mir nicht verborgen. Paul Wegener hatte schon 1913 und 1915 in seinen Filmen »Der Student von Prag« und »Der Golem« den Film zur Symbolik des Seelischen und Geistigen verwendet. Robert Wienes brachte dann mit dem unvergeßlichen Conrad Veidt im »Kabinett des Doktor Caligari« den Durchbruch zum expressionistischen Filmwerk. Regisseure wie Stiller, Murnau, Lang, Lubitsch schufen in den zwanziger Jahren eine neue Filmkunst, die ich mit wachsender Spannung verfolgt habe. Zu den stärksten Eindrücken gehörte Eisensteins »Panzerkreuzer Potemkin«, geradezu das überzeugendste Beispiel eines revolutionären Films. Schon damals war Charlie Chaplin, besonders mit seinem »Goldrausch«, der Größte von allen. Was er bot, war philosophische Pantomime, Existenzdarstellung in der Situation des Ausgestoßenen, Verwahrlosten, Asozialen, der, umgeben von einer ihm feindlich gesinnten, in Kälte und Bosheit erstarrten Umwelt, in hilfloser Güte das eigentliche Menschsein als den in Wahrheit höchsten Wert verkörperte: Humanität in den Verwandlungen eines Clowns, der nur mit den Füßen und den Händen und mit seinem Attribut, dem Stöckchen, agierte. Fast stärker noch als die Bergner hat Maria Falconetti in dem Film über das Schicksal der Jungfrau von Orleans von Dreyer auf mich gewirkt. Hier wurde die Technik der Großaufnahme bereits so meisterhaft beherrscht, daß man die Galerie der von Bosheit und Haß erfüllten Gegenspieler unmittelbar anschaulich vor sich sah und mitten darin die tragische, fast überdimensionale Figur der von ihrem Glauben und ihrem Schicksal gezeichneten Jungfrau.

Es ist schmerzlich, daran zu denken, welche Verluste die deutsche Literatur, das deutsche Theater und der deutsche Film durch die gewaltsame Vertreibung der Juden erlitten haben. Die ironische

Komödie eines Lubitsch, der betörende Charme von Conny (so nannten wir damals Conrad Veidt) und die intime Darstellungskunst einer Elisabeth Bergner – das alles ging verloren und ist bis heute noch nicht wieder erreicht worden. Im Berlin von damals war es noch präsent und gehörte zur Signatur einer zum Sterben verurteilten Epoche.

Merkwürdig gespalten war ich im verwirrenden Zwischenspiel dieses Berliner Jahres, verlockt vom Strudel der Zeit und deren künstlerischen Paradoxien, dennoch zugleich abgekapselt in meiner Leidenschaft zur Historie und zur Geisteswissenschaft. Auch die menschlichen Beziehungen, besonders die zu den Frauen, verstrickten mich ins Verworrene, Verspielte, Zweideutige. Selbstbewahrung konnte ich nur finden in der Hingabe an meine Aufgabe, deren praktische Verwirklichung, sozial gesehen, noch völlig im Dunkel blieb.

Die Beschäftigung mit dem Sinn oder Unsinn der Geschichte reichte bei mir weit zurück. Bereits im jugendlichen Alter hatte ich durch meinen Vater Theodor Lessings sehr eigenwilliges, aber auch etwas abstruses Buch »Geschichte als Sinngebung des Sinnlosen« kennengelernt. In Heidelberg diskutierten wir lebhaft über Friedrich Nietzsches zweite unzeitgemäße Betrachtung »Vom Nutzen und Nachteil der Historie für das Leben«. Später waren es Autoren wie Erich Rothacker, Ernst Troeltsch, Jacob Burckhardt, Friedrich Meinecke und Franz Schnabel mit seiner weit ausholenden, die gesamte Geistesgeschichte miteinbeziehenden »Deutsche Geschichte des 19. Jahrhunderts«, die mich in die weit verzweigte Problematik des »Historismus« wie in ein Labyrinth hineingezogen haben.

Die radikale Skepsis von Theodor Lessing, daß hinter »den historischen Idealen nie etwas anderes als die aufsummierte Selbstsucht und die aufsummierte Dummheit vieler Einzelner steht«, Geschichte also eigentlich nur etwas Zufälliges und Anarchisches sein kann, in das der Betrachter erst nachträglich einen Sinn hineinlegt, fand ich zwar in meiner frühen Jugend aufregend, auf die Dauer gesehen blieb sie mir aber fremd. Ich neigte eher zu einer Verklärung der Geschichte, und bis heute zitiere ich gern die Goethesche Maxime: »Das Beste, was wir von der Geschichte haben, ist der Enthusiasmus, den sie erregt.« Aber könnte man nicht, müßte man nicht ebenso das Gegenteil behaupten, Geschichte bestehe nur aus Zeugnissen des Furchtbaren, Grauenhaften, Verabscheuungswürdigen, sie sei nur eine einzige Kette des Schreckens und der Verzweiflung, von Unterdrückung, Mord und Vernichtung ganzer Völker? Wo ist da noch

Platz für Enthusiasmus? Wäre nicht Ekel das richtigere Wort? Bereits Schiller hat Geschichte als Unheil erlebt: »Stirne gegen Stirn zeige sich uns das böse Verhängnis.« Doch wußte er ebenso um die Gegenkraft des Erhabenen, um den reinen sittlichen Dämon im Menschen, der auch »der alles zerstörenden und wiedererschaffenden und wieder zerstörenden Veränderung« der Geschichte noch Pathos verleiht und sie so vor der bloßen Zufälligkeit, vor der Sinnlosigkeit bewahrt.

Durch diese sowohl realistische wie transzendierende Optik Schillers betrachtete ich die Geschichte damals nicht. Geschichte bedeutete für mich einen Bildungs-, Seelen- und Geistesraum, der die eigene Existenz mannigfaltig bereicherte. Eine Möglichkeit bestand darin, daß die Individualität sich selbst in die Geschichte projizieren konnte, um dort ihr eigenes Wesen in fremden Gestalten wiederzuerkennen. Noch eine zweite bot sich an, nämlich Geschichte als ein Spektrum zu erfahren, worin dem Zuschauer das ganz Andere, das Fremde, das jedesmal Einzigartige entgegentrat. In der wechselseitigen Spiegelung von Mikrokosmos und Makrokosmos, von Ich und Welt, bedeutete Geschichte eine ungeheure Erweiterung des Geistes und der Seele und damit Bildung im höchsten Sinne des Wortes. Leitmotivisch dafür wurde für mich der Vers Goethes aus dem »West-östlichen Divan«:

Wer nicht von dreitausend Jahren
Sich weiß Rechenschaft zu geben,
Bleib' im Dunkeln unerfahren,
Mag von Tag zu Tage leben.

Aus der Beschäftigung mit dem Problem des Historismus ergab sich als Resultat: Mag auch beim Naturwesen Mensch sich vieles wiederholen und ihn für alle Zeiten als den stets Gleichen charakterisieren – sobald er in die Geschichte eintritt, geht er durch immer neue und immer wieder andere Metamorphosen hindurch, nicht nur im Wechsel der Völker und Kulturen, nicht nur im Widerstreit der Weltanschauungen, sondern auch in der Weise seines Fühlens und Empfindens. Daß es auch eine Historie der Psyche des Menschen gibt und nicht nur eine seiner Ideen, davon war auch Freund Richard so sehr überzeugt, daß ihm der Mensch als Träger abstrakter Ideen darüber nahezu gleichgültig wurde.

Den häufig vorgebrachten Einwand, der »Historismus« führe in den »Relativismus«, wollte ich nicht gelten lassen. In der unermeßlichen

Vielfalt verschiedener Bezüge hatte nicht nur jede Existenzform ihren eigenen historischen Wert, sondern standen alle in sinnvollen Relationen zueinander, die es zu erforschen und zu verstehen galt. Die jeweils andersartigen Formen und Strukturen des historischen Menschseins relativieren sich nicht gegenseitig, sondern zeigen nur die verschiedenen, sich wechselseitig ergänzenden, ja sogar sich gegenseitig steigernden Möglichkeiten der menschlichen Existenz. Darüber hatte bereits Herder Entscheidendes gesagt, und hier wollte ich anknüpfen. Zwei seiner Gesichtspunkte hatten für mich weiterführende Bedeutung. Beide waren schon in seiner genialen Jugendschrift »Auch eine Philosophie zur Geschichte der Bildung der Menschheit« niedergelegt. Der eine hieß: Alle menschliche Vollkommenheit ist jeweils säkular und individuell; der zweite hieß: Jede Kulturstufe der Menschheit bedeutet im Ablauf der Geschichte – von den Ursprüngen abgesehen – Verlust und Gewinn: Verlust, weil sie manches opfern oder auch umschmelzen muß, was die vorausgehende Stufe noch besaß; Gewinn, weil sie zu einem neuen Auftritt, zu einer neuen Gestalt des Menschseins in der Weltgeschichte angetreten ist.

Die Anziehungskraft, die das geistesgeschichtliche Denken für meine Generation gehabt hat, beruhte in der Faszination durch eine primär ästhetische, nicht eigentlich politische Betrachtungsweise. Ästhetisch war diese Weltsicht, weil sie, wie bereits bei Herder, den Vergleich zwischen Geschichte und dramatischem Schauspiel nahelegte. Der junge Herder hatte das am Beispiel Shakespeare durchgeführt.

Ich wollte in seiner Nachfolge die Brücke finden, die von der im Ansatz ungeschichtlichen Existenzphilosophie zu der Welt als Geschichte führte. Indem ich Existenz als jeweils historisch interpretierbare aufzufassen suchte, entdeckte ich die Möglichkeit, das Selbstsein nicht nur als Freisetzung des eigenen Ursprungs zu deuten, sondern auch als zugeteilte Rolle, als Spielfigur in einem größeren geschichtlich-dramatischen Schauspiel.

Noch waren mir die Gefahren nicht bewußt, die mit diesem intensiven Durchleben und Genießen der Mannigfaltigkeit des geschichtlichen Ganzen verbunden waren. Allzu sehr wurde damit die Entscheidung zum Handeln beiseite geschoben. »Der Handelnde ist immer gewissenlos«, heißt es bei Goethe. Dieses Diktum verführt dazu, einer rein kontemplativen und eben damit ästhetischen Weltbetrachtung den Vorzug zu geben. Ein solches Verhalten führt sehr schnell ins Unpolitische. Die nachfolgenden Jahre sollten mich

jedoch darüber belehren, daß in einer zum Handeln verdammten Welt dieses Sich-Freihalten von der Entscheidung undurchführbar ist.
Bereits Nietzsche hat vor der bloßen Kontemplation gewarnt. Jedoch war sein Begriff des »Lebens«, den er als Inbegriff von Instinkten und vitalen Kräften einem Übermaß an Historie gegenüberstellte, allzu unbestimmt, allzu irrational, als daß er sich nicht jederzeit für jene von Karl Mannheim skizzierte chiliastische Utopie des explosiv Revolutionären mißbrauchen ließ. Nicht die Warnung vor einem Zuviel an Historie, das die unmittelbaren Lebenskräfte zu lähmen droht, zog mich an Nietzsches Schrift damals so an. Für mich war das Vergangene kein Totengräber des Gegenwärtigen, vielmehr genau das Gegenteil davon, eine Wieder- und Neubelebung der Gegenwart durch eine an Reichtum und Vielfältigkeit ihr überlegene Vergangenheit.
Nietzsche hat drei Formen der Geschichtsbetrachtung unterschieden: die monumentalische, die antiquarische und die kritische Aneignung der Geschichte. Jede von ihnen ist mit Vorzügen ausgezeichnet, aber auch mit Gefahren belastet. Am meisten bewunderte ich die monumentalische Geschichtsauffassung; sie lag ja auf der Linie von Friedrich Gundolfs Kult der großen Gestalten: Geschichte als Raum der Größe, nicht so sehr der politischen, wohl aber der geistigen. Nietzsche bekennt: »Daß die großen Momente im Kampfe der Einzelnen eine Kette bilden, daß in ihnen ein Höhenzug der Menschheit durch Jahrtausende hin sich verbinde, daß für mich das Höchste eines solchen längst vergangenen Momentes noch lebendig, hell und groß sei – das ist der Grundgedanke im Glauben an die Humanität, der sich in der Forderung einer *monumentalischen* Historie ausspricht.« Hier war deutlich der Punkt angezeigt, an dem sich der Enthusiasmus für die Geschichte entzünden konnte. Wie sehr freilich diese Bewunderung für die Größe in das genaue Gegenteil umschlagen kann, in seine Verkleinerung, ja in seine Depravierung, in ein kritisches »Hinterfragen«, das hat die inzwischen erfolgte Abwendung von aller Mythisierung der »Größe« nur allzu deutlich gezeigt. Auch Ernst Bertrams Buch »Nietzsche«, das in seiner Auffassung der Geschichte als Legende dem George-Kreis nahestand, konnte den Gegenschlag gegen einen verdächtig gewordenen »Heroismus« nicht überdauern, zumal der Autor selbst nach 1933 die »Größe« auch dort noch zu finden glaubte, wo sie nur ihre ins Böse verzerrte Karikatur war.

Wo sich das Verbrechen oder die Trivialität als »Größe« maskieren, muß unvermeidlich die nachfolgende Entzauberung in eine Kritik *aller* Größe münden. Wenn das jedoch allzu pauschal geschieht, dann wird zugleich das Versagen dieser Art von Kritik sichtbar.

Geschichte kann auch ein Gegenstand der Pietät, der Verehrung, der Bewahrung sein. Hier setzt jene Art der Geschichtsbetrachtung ein, die Nietzsche die antiquarische genannt hat. »Das wundersame Weiterklingen des uralten Saitenspiels« nannte es Jacob Burckhardt, als er die Wiederaufnahme der Antike in der Renaissance beschrieb. Treue zur Vorzeit, Versenkung in das geschichtliche Sein, Anerkennung des Gewordenen, auf dem unsere gegenwärtige Existenz ruht – solche konservativen Aspekte der Geschichtsbetrachtung waren mir durch Rankes »Politisches Gespräch« vertraut und lieb geworden. Bei meinen Herder-Studien fand ich noch manche weiteren Hinweise.

Schließlich sei noch ein Wort über die dritte Form, die kritische Geschichtsbetrachtung gesagt. Die Art und Weise, wie hier eine angebliche »Gerechtigkeit« über das Vergangene richtet, ja es sogar durch Vergessen zu vernichten versucht, wollte mir am wenigsten gefallen. Heute freilich würde ich zugeben, daß allzu viele Erinnerung auch zu schwächen vermag und daß Kritik an vergangener Geschichte manchmal (nicht immer) den Weg frei machen kann für die Hervorbringung des Neuen. Allerdings scheint mir dies nur dann sinnvoll, wenn, mit Goethe zu sprechen, das »alte Wahre« nicht aus dem Blick verloren wird.

Nietzsche analysiert bereits die Situation einer späten Menschheitsstunde. Sie kann den Handelnden lähmen. Spätlinge leben in einer ironisch-skeptischen, in einer gebrochenen, vital geschwächten Existenzform, die sich in Abstraktionen zu verlieren droht. Dadurch geraten sie in Versuchung, die nackte Gewalt anzubeten, die dann über sie verfügt. Sie enden sehr schnell in einer »Fabrik der allgemeinen Utilitäten«. Damit ist inmitten des Massendaseins und inmitten eines Übermaßes an Historie die Gefahr verbunden, daß die Person des Einzelnen ausgelöscht wird und Menschen nur noch als Schatten existieren. Das Unheil, das ein allzu kunstreiches mechanisches Uhrwerk der Gesellschaft für den Einzelnen bringt, hat bereits Schiller im sechsten Brief seiner Schrift »Über die ästhetische Erziehung des Menschen« am Ende des 18. Jahrhunderts vor dem Hintergrund der Französischen Revolution durchschaut: »Ewig nur an ein einzelnes kleines Bruchstück des Ganzen gefesselt, bildet sich

der Mensch selbst nur als Bruchstück aus; ewig nur das eintönige Geräusch des Rades, das er umtreibt, im Ohre, entwickelt er nie die Harmonie seines Wesens, und anstatt die Menschheit in seiner Natur auszuprägen, wird er bloß zu einem Abdruck seines Geschäfts, seiner Wissenschaft.« Schärfer, fast überdeutlich formulierte Nietzsche gegen Ende des 19. Jahrhunderts: »Wir sind Alle durch die Historie verdorben.« Darüber darf freilich der andere ergänzende Satz nicht überhört werden: »Nur aus der höchsten Kraft der Gegenwart dürft ihr das Vergangne deuten.« Eben das wollten die Besten meiner Generation tun. Historie war für sie nicht abgetrennt vom Leben, sondern Inbegriff des Lebens selbst, nicht Überalterung, sondern Verjüngung, Vergangenheit hieß nicht Abspaltung von der Gegenwart oder sogar Flucht von ihr, sondern sollte Kraftquelle für alles Daseiende bedeuten, auch für das Zukünftige.
Historie in diesem Sinne ging noch über die Wissenschaft hinaus und wurde dadurch zur Kunst. Auch dafür gab Nietzsche den Impuls: »Nur wenn die Historie es erträgt, zum Kunstwerk umgebildet, also reines Kunstgebilde zu werden, kann sie vielleicht Instinkte erhalten oder sogar wecken.« Damit hatte Nietzsche die Auflehnung gegen die analytischen und unkünstlerischen Züge des wissenschaftlichen Zeitalters proklamiert. Freilich steckte darin die Verführung zum bloßen »Glasperlenspiel«. Der als Protest gegen den Positivismus gemeinte Vorgang vollzog sich auf weiten Strecken des geisteswissenschaftlichen Denkens zwar mit großer Kühnheit, oft aber ging der Verdacht gegen das bloße Sachwissen auch zu weit. Schon für Nietzsche waren die Apologeten des Tatsächlichen Advokaten des Teufels oder wenigstens des reinen, empirisch fundierten Erfolgsdenkens. Statt dessen verherrlichte er die Republik der Genialen, wo ein Riese mit dem anderen über öde Zwischenräume hinweg das »hohe Geistergespräch« fortsetzt. Alles Geschehen, das sich in den Massen vollzieht, schob er verächtlich beiseite. Das waren nur Herdendasein und Herdeninstinkte. Auch mir fehlte das Gespür für die revolutionären Umwälzungen, die sich gerade durch die Massen vollziehen.
Hingegen sah ich es nunmehr als die große, nie abzuschließende Lebensaufgabe an, an einem solchen Geistergespräch über die Zeiten hinweg mitteilzunehmen, wenn auch nur als rezipierender und interpretierender Zuhörer. So suchte ich Herder zu lesen. Die Versenkung in einen Großen bedeutete für mich den Versuch, an seiner Existenz und an seinen Gedanken mich selbst fortzuentwickeln. Ich hielt mich an den Satz des jungen Goethe, als ihm

Shakespeare in seiner Größe aufging: »Von Verdiensten, die wir zu schätzen wissen, haben wir den Keim in uns.« Das war in meinem Fall sicher nicht ganz ohne Hochmut gedacht, es bedeutete aber ebenso Demut und Bereitschaft zum Verstehen.

V
DOZENT IN BONN

In Berlin konnte ich nicht länger bleiben. Zwar war mein Stipendium um ein weiteres Jahr verlängert worden; aber es galt einen Ort zu finden, an dem die Dozentur für mich nicht eine bloße fata morgana war wie in Berlin. Dafür bot sich Bonn an, weil es dort keinen jüngeren Germanisten gab. Um Kontakt mit Oskar Walzel zu bekommen, sandte ich ihm meinen »Friedrich Schlegel« und fragte höflich an, ob ich ihn nicht einmal besuchen dürfe. Immerhin hatte ich soviel Welterfahrung, daß ich ihm meine Habilitationspläne zunächst verschwieg. Die Antwort lautete freundlich. Walzel lud mich ein, an einem Abendessen teilzunehmen, das er im Weinhaus Schwarz am Ende des Wintersemesters für einige seiner Freunde veranstaltete. Am Tage danach wolle er allerdings in die Ferien reisen.

Und nun ereignete sich eine so beispiellose Verkettung von Zufällen – oder soll ich es schicksalhafte Fügungen nennen? –, wie ich sie in meinem Leben so kaum wieder erfahren habe. Einige Wochen vorher war ich bei meiner Mutter in Kassel zu Gast; sie betreute meine Schwester Ursula, die dort endlich ein Engagement als Schauspielerin gefunden hatte. Als ich von meinen Habilitationsplänen erzählte, meinte sie: »Bonn! Dort muß doch ein Professor Schirmer an der Universität tätig sein.« Meine Mutter, seit ihrer Scheidung ohne jede Beziehung zu deutschen Universitäten, hatte ebenso wie ich nicht die geringste Ahnung, wer dieser Herr Schirmer war und in welcher Fakultät er seine Tätigkeit ausübte. Sie kannte nur seinen Schwiegervater, weil sie vor etlichen Jahren auf der Überfahrt nach den USA – dort hatte sie vergeblich versucht, sich eine neue Existenz aufzubauen – auf dem Schiff, wie sie es lächelnd ausdrückte, ein wenig mit ihm geflirtet hatte. Gleich wollte sie diesem einen Brief schreiben, damit er sich bei seinem Schwiegersohn für mich verwende. Ich hielt das für völlig unsinnig und vergaß es sofort.

Mit einem schlecht sitzenden Smoking bekleidet, machte ich mich zum angegebenen Termin Ende März 1929 in das mir damals noch so gut wie unbekannte Bonn auf, um als Gast von Walzel in einem luxuriösen Weinhaus zu tafeln. Doch da erlebte ich eine böse Überraschung. An Ort und Stelle war weit und breit keine Abendgesellschaft zu sehen. Erst nach einiger Zeit bekam ich zu hören, die Veranstaltung habe bereits am Abend vorher stattgefunden. Man habe sich bei dieser Gelegenheit nach einem hoch aufgeschossenen, überaus schlanken Jüngling mit Brille erkundigt, der aber nicht erschienen sei. Das konnte nur ich sein. So hatte ich mich Walzel beschrieben. Was sollte ich tun? Ich las noch einmal die Einladungskarte. *Mein* Termin stimmte. Bekümmert, aber doch entschlossen machte ich mich auf den endlos langen, mir unbekannten Weg bis zu Walzels Haus in der Reuterstraße. Es war dunkel, ich fror, ich hatte Hunger. Es wurde spät, bis ich vor der Pforte stand, viel zu spät für einen solchen Besuch. Ich klingelte trotzdem. Es öffnete mir ein alter Mann im bunten Schlafrock und mit weichen Filzpantoffeln. Erschrockner, verwunderter als ich kann auch der junge Goethe nicht vor dem Greis Gottsched gestanden haben.

Die Sache klärte sich auf, Walzel hatte sich einfach im Datum geirrt. Nun blieb ihm freilich nichts anderes übrig, als mich herein zu bitten. Er bewirtete mich mit vorzüglichen, wenn auch allzu kleinen Kuchenteilchen und mit gutem Rotwein; mein Magen knurrte trotzdem weiter.

Doch diese Situation war das Beste, was mir widerfahren konnte. Denn der menschenscheue und ängstliche Walzel hatte jetzt keinen Ort, wo er sich vor einem zielbewußten Jüngling, dem es um seine Zukunft ging, verkriechen konnte. Sogleich brachte ich das *Eine* mit viel Schwung und Überredungskunst zur Sprache. Mir saß ein zwar zaudernder, im Kern seines Wesens jedoch weicher und gütiger Mensch gegenüber. Nein durfte und wollte er nicht sagen, zumal er mir ein exzellentes Abendessen schuldig geblieben war. Für ein Ja wiederum war es zu früh. Solche direkt zupackende Entscheidung durfte man nicht von einem Mann erwarten, der von Natur aus mit einer Schwäche seines Willens zu kämpfen hatte; bezeichnend genug, daß er in seinem langen erfolgreichen Leben auch nicht einen seiner Schüler habilitiert hat. So wich er denn aus, sprach vom fortberufenen Altgermanisten Frings, der für die Habilitation in der Germanistik das bereits bestandene Staatsexamen gefordert habe, erwähnte den soeben neu berufenen Philosophen Rothacker, dessen Votum erst abgewartet werden müsse. Dann freilich schränkte er seine Bedenken wieder ein, ich hätte ja im Kollegen Schirmer, der auf der gestrigen Abendgesellschaft dabeigewesen sei, einen warmherzigen Fürsprecher, allerdings hätten gerade der und einige andere Kollegen ihm vor einiger Zeit eine andere Habilitation verdorben. Geistesgegenwärtig genug verriet ich mit keinem Wort, daß ich ahnungslos war, um wen es sich bei diesem unbekannten Gönner überhaupt handeln könne. Es stellte sich heraus, Schirmer war Ordinarius für

Anglistik, zur Zeit Leiter der philosophischen Sektion in der Fakultät, der zusammen mit dem Dekan, dem schon damals berühmten Orientalisten Kahle, den entscheidenden Einfluß bei Habilitationen ausübte, freilich nur noch im kommenden Semester, da er einen Ruf nach Tübingen angenommen hatte.
Das Ergebnis des Gesprächs war ein Vielleicht, für mich schon soviel wie ein Ja. So schnell wie möglich wollte ich nach Bonn übersiedeln, um den Kontakt dieser nächtlichen Stunde weiter auszubauen. Ein Besuch bei Herrn und Frau Schirmer war der nächste Schritt. Ich erschien mit einem riesigen Blumenstrauß für die Dame des Hauses, deren Vater mit meiner Mutter geflirtet hatte. Es stellte sich heraus, daß wir uns auf eine natürliche und unkonventionelle Weise verstanden. Schirmer schleppte mich noch am gleichen Nachmittag zum Dekan, und auch dieser meinte: »Natürlich habilitieren wir Sie, wir brauchen dringend einen jungen begabten Neugermanisten. Voraussetzung dafür ist freilich, daß Walzel Ihre Habilitationsschrift über Herder akzeptiert.« Dann ging alles in einem verblüffenden Tempo, Rothacker, dem ich bereits von Heidelberg freundschaftlich verbunden war, unterstützte mich gern. Ein bestandenes Staatsexamen war nicht notwendig. Mit Walzel bekam ich in seinem Oberseminar guten Kontakt. Dort hielt ich ein Referat über die Kritik am eigenen Zeitalter von Herder bis zur Romantik. Vor allem gewann ich sein Herz, als ich auf einem Spaziergang dem mit der Angst vor dem Sterben gequälten Mann nachdrücklich, wenn auch nicht gerade glaubhaft, versicherte: »Sie, Herr Geheimrat, werden bestimmt hundert Jahre alt.« Instinktiv verhielt ich mich richtig ihm gegenüber. Es kam darauf an, ihm über seine Hemmungen hinwegzuhelfen, dann war er zu allem bereit.
Nach wenigen Bonner Wochen fragte er mich unvermutet, ob ich meine Arbeit nicht einreichen könne, da zum gleichen Termin der Studienrat Wilhelm Schneider, ein Spezialist für Stilfragen, von den Studenten meist nur der Stil-Schneider genannt, habilitiert werden sollte. Ich war mit meiner Arbeit noch gar nicht fertig, doch ich wußte, diesen günstigen Augenblick durfte ich nicht vorübergehen lassen. So reichte ich in jugendlicher Unbekümmertheit ein Fragment ein. Glücklicherweise scheint es niemand gemerkt zu haben. Walzel war über diese Habilitation fast erschrocken. »Ich weiß gar nicht«, soll er gesagt haben, »wie das mit dem von Wiese war. Er kam an, und schon war er habilitiert.« Ganz so einfach lief es freilich nicht ab. Bei der entscheidenden Fakultätssitzung täuschte Walzel Krankheit vor, wiederum war er zu ängstlich, was da nicht alles geschehen

könne. Aber Schirmer, Kahle, Rothacker erklärten: »Wenn er nicht da ist, so machen wir es eben ohne ihn.« Und so geschah es.
Die Nachricht von der angenommenen Habilitationsschrift und die Einladung zur Probevorlesung vor der Fakultät erreichten mich in Paris. Dorthin war ich für kurze Zeit mit einem Freund geflohen, um all den Aufregungen zu entgehen. Die Mitteilung lief über französische Telefone, und ich hielt sie zunächst für eine Mystifikation, für einen etwas fatalen Scherz meines Freundes. Doch sie stimmte. Eilends kehrte ich nach Bonn zurück. Dann sprach ich am 16. Juli 1929 vor der Hohen Fakultät über das Thema »Der ästhetische Immoralismus in Heinses ›Ardinghello‹«. Süffisant meinte Rothakker nachher im privaten Kreis, ich hätte mich nicht für Literaturgeschichte, sondern für höhere Erotik habilitiert. Gefahren befürchtete ich in erster Linie von der Altgermanistik, von der ich nur sehr geringe Ahnung hatte. Voll Sorge fragte ich bei Richard Alewyn in Berlin an, wie denn der Altgermanist bei einem solchen »unmoralischen« Thema auf *sein* Fachgebiet überleiten könne.
Die Antwort kam postwendend. Wo gibt es ästhetischen Immoralismus im Mittelalter? Die Auswahl dafür sei freilich klein, Gottfried von Straßburgs »Tristan und Isolde« und die mittelalterliche Vagantenpoesie böten sich dafür an, Richard nannte außerdem zwei schmale Bändchen über dieses Thema. Noch in der Nacht vor der Habilitation las ich sie durch, wenn auch ohne die Kenntnis der Quellen. Es geschah, wie es geschehen sollte. Der Altgermanist Meixner, ein knorriger, zugleich aber auch künstlerisch sensibler Mann stellte genau diese Frage. Ich schnurrte das in der Nacht Eingepaukte herunter, mußte freilich auf ein weiteres Nachfragen über neue Forschungen auf diesem Gebiet die Antwort schuldig bleiben. Meixner reagierte mit wohlwollender Ironie: »Da werden auch Sie, Herr Doktor, noch etwas zu lernen haben.« Richard, der den guten Rat gegeben hatte, ist es in eigener Sache weit schlimmer gegangen. Er mußte nämlich die berüchtigten Lautverschiebungen, mit denen man in germanistischen Proseminaren traktiert wird, der Reihe nach aufsagen und wäre darüber fast durchgefallen. Das war Berliner Stil. In Bonn ging es menschlicher zu, jedenfalls damals. Walzel begnügte sich mit einigen Fragen über den Sturm und Drang, über die Romantik, über Heine und über Freud und seine Psychoanalyse. Die anderen hörten fast alle nur zu und setzten bedeutungsvolle Mienen auf.
Ende Oktober hielt ich im geliehenen Frack und mit lateinischer Anrede meine Antrittsvorlesung »Die Idee des Schönen in Schillers

ästhetischen Schriften«. Es war ein kleines gesellschaftliches Ereignis, der Hörsaal überfüllt. Walzel meinte nachher erfreut, es sei ja ein Andrang wie bei Schillers berühmter Antrittsvorlesung »Was heißt und zu welchem Ende studiert man Universalgeschichte?« gewesen. Er hoffe nur, es würde mir nicht weiter wie ihm, Schiller, gehen, dem die Hörer dann immer mehr weggeblieben seien. Das Thema, das mich noch durch ein ganzes Leben begleiten sollte, galt dem Philosophieren des Dichters Schiller, das ich gegen das des Philosophen Kant in seiner besonderen Eigenart verteidigen wollte.
So wurde ich Dozent in Bonn, gerade erst 26 Jahre alt. Wenige Jahre später hätte ich wie Hugo Friedrich in SA-Uniform durch die berüchtigten Dozentenlager hindurchgehen müssen, wo das *politische* Gutachten entschied, ob man für das wissenschaftliche Examen überhaupt zugelassen wurde.
Oskar Walzel hatte damals den Zenit seines Ruhmes schon überschritten. Seit 1921 lehrte und wirkte er in Bonn als Nachfolger von Berthold Litzmann. Während sein Vorgänger es vorzog, individuelle künstlerische Erlebnisse nachgenießend zu deuten, war Walzel mehr Historiker, der immer in Beziehungen dachte und begriffliche Synthesen zu gewinnen versuchte. Walzel schlug von der Germanistik Brücken zu anderen Geisteswissenschaften, zur Philosophie, zur Ästhetik und zur Kunstgeschichte. Die bloß stofflich biographische Betrachtungsweise war ihm zu einseitig. Statt dessen betonte er stärker das Allgemeine, Geistige, Überpersönliche. Damit ließ er die Tradition des Positivismus weit hinter sich. Von kleineren Arbeiten wie »Das Prometheus-Symbol von Shaftesbury zu Goethe«, »Lessings Begriff des Tragischen«, »Tragik nach Schopenhauer und von heute« habe ich viel für meine eigenen Studien gelernt. Besonders der Nachweis des Einflusses von Shaftesbury auf Schiller motivierte mich zum weiteren Nachdenken über die ungewöhnliche Bedeutung dieses englischen Philosophen für das deutsche Geistesleben des 18. Jahrhunderts, der mir schon aus meinen Herderstudien vertraut war. Berühmt wurde Walzel in erster Linie als Romantik-Forscher, aber auch seine mehr methodischen Schriften zeigen seine erstaunliche Vielseitigkeit, sein impressionistisches Gespür für Form- und Strukturfragen, für einen morphologischen Idealismus, zu dem ihn besonders Hermann Friedmann mit seinem bahnbrechenden Werk »Die Welt der Formen« angeregt hatte.
Allerdings war klare Systematik oder sichere profilierte Führung nicht Walzels Stärke. Es geriet ihm alles zum Kompendium oder blieb skizziert. Zudem wurde seine Produktion auf liebenswürdige

Weise unverbindlich. Es fehlte ihr an Verdichtung. Selbst auf den Nenner Geistesgeschichte läßt sich dieses von Anregungen, Reizen und Kombinationen bestimmte Schaffen nicht bringen. Dennoch wurde er zum Wegbereiter für viele Strömungen der nachfolgenden Literaturwissenschaft.

Sein letztes Jahrzehnt von 1934 bis 1944 war vom Unglück gezeichnet. Sogar die Entziehung der venia legendi blieb ihm nicht erspart. Er vereinsamte. Sein Nachfolger Karl Justus Obenauer, der in SS-Uniform seine Antrittsvorlesung hielt, weigerte sich, auch nur einen Höflichkeitsbesuch bei ihm zu machen. Als Walzel achtzig Jahre alt wurde, gratulierte ich ihm von Erlangen aus. Er schrieb mir eine Karte, die ich nie vergessen werde: »Mein achtzigster Geburtstag war ein dies nefas. An diesem Tage haben sie meine Frau fortgeholt . . . Es sehnt sich nach einem Ende aus diesem Jammertal. Ihr Oskar Walzel.« Wenige Wochen später war er tot. Er verbrannte bei dem großen Angriff auf Bonn in der Nacht vom 28. zum 29. Dezember 1944 in seinem Bett. Seine Frau ist, wie man erst später erfuhr, nach Theresienstadt verschleppt worden und war dort bereits am 21. November gestorben.

Die Bonner Universität zeichnete sich zu meiner Zeit durch einen liberal-humanistischen Geist aus, der sich harmonisch mit einem kultivierten gesellschaftlichen Klima verband. Dieser gesellschaftliche Charakter unterschied sie deutlich von Heidelberg. Hervorragende Gelehrte gab es an der Universität Bonn auch in der philosophischen Fakultät, zum Beispiel den Kunsthistoriker Clemen und seinen Bruder, den Religionswissenschaftler. Den Orientalisten Kahle, der nach 1933 emigrieren mußte, habe ich schon erwähnt, Ernst Robert Curtius war gerade berufen worden. Die piekfeinen Korps sah man bei festlichen Gelegenheiten im vollen Wichs und mit Fahnen durch die Straßen ziehen. Bonn hielt an der überlieferten Hierarchie und an den Traditionen des universitären Lebens stärker fest als Heidelberg. Dieser Stil war so selbstverständlich, daß er nicht ausdrücklich proklamiert oder hochmütig zur Schau gestellt werden mußte. So blieb bei aller stillschweigenden Einhaltung der Spielregeln noch genügend Raum, um auch junge, aufstrebende Kräfte zu integrieren. Der in manchen Bonner Familien vorhandene wirtschaftliche Wohlstand gestattete es, die Bildung zu lieben und zu fördern. Die schon von Walzels Vorgänger Litzmann gegründete Literarhistorische Gesellschaft blühte in diesen Jahren, und ihre Veranstaltungen waren gut besucht. Der sehr angesehene Bibliotheksdirektor von Rath konnte es sich leisten, zu seinen vorzüglichen Diners junge, fast mittellose Gelehrte mit ihren Frauen einzuladen, er tat es gern, weil sie ihm mehr Anregungen gaben als die längst Etablierten. Ein Privatdozent zählte mit, gleichgültig, ob er arm oder reich war, sein geistiger Status durfte den noch fehlenden sozialen ersetzen. Für das Geistige interessierte Frauen wie Gabriele von Joest, deren Mann ein Gut in Urfeld bei Wesseling besaß und verwaltete, liebten die Diskussionen über Bildungsfragen aller Art, und eine Dame wie Agnes Prym in sozial gesicherter Position entfaltete in ihrem Haus einen kultivierten Lebensstil, der von ihrer ungewöhnlichen Persönlichkeit geprägt war. Das war gar nicht so einfach für sie, weil sie mit einem kauzigen, schwierigen und ungeselligen Professor der Medizin verheiratet war, der sich am liebsten in sein Kellerzimmer verkroch, in das niemand sonst hineindurfte, noch nicht einmal die Putzfrau. Seine sehr schöne Frau Agnes verfügte über natürlichen Takt und künstlerische Aufgeschlossenheit. Sie beteiligte sich aber auch temperamentvoll an religiösen Auseinandersetzungen, denn sie gehörte zum evangelischen Teil der konfessionell gespaltenen großen Familie und neigte dazu, ihren anti-katholischen Affekt manchmal zu übertreiben. Auf der einen Seite hatte sie puritanische, fast asketische Züge, auf der anderen eine Einfühlung in alle Zwischentöne, ein Sensorium für psychische Unwägbarkeiten, auch für die widerspruchsvolle Zeitproblematik von damals. Das Interesse ihrer Töchter für Rudolf Steiners Anthroposophie, für die Waldorfschule und ihre Pädagogik paßte gut in die sinnlich-sittliche Atmosphäre dieses Hauses. Und von dort führten so manche Wege zu Goethe und zur Goethe-Verehrung. Dieses Haus war stets von Frau Agnes mit Blumen geschmückt, und sie gediehen unter ihren Händen wie von selbst. Die Vereinigung von Schönheit, Intelligenz und Wohlstand gab ihr eine so dominierende Stellung, daß sie mich ein wenig an die romantischen Salons von einst erinnerte.

Damit habe ich bereits die Familien genannt, denen wir damals so viel verdankten. Auch Walzel mit seiner rührend bescheidenen und liebevollen Frau paßte in diesen gehobenen und doch freien Lebensstil. Alle vier Wochen hielt er »open house«. Ohne Anmeldung konnte dann kommen, wer wollte, und wurde reichlich bewirtet. Diese liebenswürdige Gestaltung des gesellschaftlichen Lebens, immer in Verbindung mit literarisch-ästhetischen oder auch philosophisch-theologischen, weniger mit politischen Interessen, dieses Klima einer gehobenen bürgerlichen Humanität machte die Universität Bonn für einen jungen Dozenten liebenswert und anziehend.

Wo anders als hier wäre die Großzügigkeit möglich gewesen, mit der Walzel seinen Privatdozenten behandelte! Gewiß, sie mochte auch noch mit den Schwächen seines Wesens, seinem laissez-faire, laissez-aller zusammenhängen, mit seiner österreichisch-passiven Nonchalance. Doch im Kern entsprang sie einer Bescheidenheit, die niemals den »Ordinarius« hervorkehrte. Er ließ mir jede Freiheit. Selbst ein kleines Oberseminar durfte ich mir heranbilden. Walzels eigene Vorlesungen waren zu diesem Zeitpunkt von einer beginnenden Senilität geschwächt. Er sprach ganz frei, geriet aber immer häufiger in wahllose Assoziationen, redete überdies so leise, daß er akustisch nur in den ersten Reihen zu verstehen war. Das verschaffte mir sehr bald den größeren Zulauf. Nicht einen Augenblick hat Walzel mir das verübelt. Alles Kleinliche, Neidische lag ihm fern. Eher glaubte er sich verfolgt, und rückblickend würde ich sagen, daß er im Unterbewußtsein schon eine Ahnung von seinem schrecklichen Lebensende gehabt haben muß.

Zur Fröhlichkeit Bonns trug nicht zuletzt auch der rheinische Katholizismus mit seinem Humor und seiner Lebensfreude bei. Er verhinderte, daß im Widerstreit der Konfessionen und der Meinungen Unfreiheit und Intoleranz aufkamen. Die positiven Seiten des Katholizismus sind mir erst damals aufgegangen, nicht zuletzt durch persönliche Begegnungen mit Katholiken, von denen ich noch berichten werde.

Zu gleicher Zeit, zu der ich mich habilitierte, lernte ich meine Frau, Ilse von Gavel, kennen. Sie kam damals von England. Dort hatte sie nach dem Abitur zwei kleine Kinder betreut, und wollte auf der Durchreise ihre neun Jahre ältere Freundin besuchen, mit der sie seit der Schulzeit eng verbunden war. Diese, Margarete Braun, hatte mit Elan und Energie ein Medizinstudium hinter sich gebracht. Ich lernte sie und ihren Freund Fritz Scheid bereits zu Beginn dieses ersten Semesters in Bonn kennen. Beide waren damals in Liebeskrisen verwickelt, die bald nachfolgende freiwillige Trennung bahnte sich schon an. Fritz Scheid, drei Jahre jünger als ich, stand im medizinischen Staatsexamen. Er war ein hochbegabter Mediziner, vor allem aber ein geborener Wissenschaftler. Schon bald nach seinem Examen machte er sich in der Staublungenforschung einen Namen, wechselte trotzdem in das ganz andere Gebiet der Psychiatrie und wurde Assistent bei Kurt Schneider in München. Im Abitur und dann im Staatsexamen hatte er fast alle Fächer mit der Note sehr gut absolviert. Die Kehrseite dazu war freilich eine fast monomanische Besessenheit. Er neigte zum Extremen und Radikalen, und seine

Leidenschaft zu wissenschaftlichen Entdeckungen war so kompromißlos, daß er alles andere darüber vernachlässigte. Das führte dann zu Kontaktstörungen, vor allem mit Frauen, von denen er, sehr im Gegensatz zu seinem gleichfalls hochbegabten jüngeren Bruder Werner – auch mit ihm und seiner Frau Li haben wir uns später eng befreundet –, so gut wie gar nichts verstand.
Als ich Fritz kennenlernte, studierte er gerade Kants »Kritik der reinen Vernunft«. Noch einmal wurde ein langes Gespräch über diese Philosophie der Beginn einer Freundschaft. Bis tief in die Nacht hinein diskutierten wir den schwierigen Begriff der »transzendentalen Apperzeption«, über die Bedingungen der Möglichkeit, daß die Vernunft ihre eigenen Voraussetzungen auf transzendentalem Wege zu erkennen vermag. Heute erinnert mich dieser Denkprozeß ein wenig an Münchhausen, der sich selber an den Haaren aus dem Sumpf herauszieht, in den er geraten ist. Dieses Gespräch, so behauptete Fritz, sei schuld daran gewesen, daß er, übermüdet, am nächsten Tag sein Staatsexamen in einem Nebenfach »nur« mit der Note gut bestanden habe.
Mit Fritz Scheid zusammen war ich nach Paris gereist. In einer Wikingerbar tanzte ein anmutiges Mädchen. Es bezauberte mein so leicht ansprechbares Herz. »Sei vorsichtig«, meinte Fritz, »das ist genau der gleiche Typus wie Ilse von Gavel, die uns in wenigen Tagen besuchen wird.« Er kannte sie bereits von früher. Margarete und er ermahnten mich zu einer gewissen Zurückhaltung. Diese junge Dame sei nämlich noch niemals geküßt worden. Dann müsse sie ja schrecklich häßlich sein, erwiderte ich. Das wurde verneint, und ich verstieg mich zu einer kühnen Prophezeiung: es sei offensichtlich die höchste Zeit, diesen Zustand zu ändern, und dafür würde ich sorgen. Ich habe Wort gehalten, wenn ich auch nicht ahnen konnte, auf was ich mich damit einließ.
Sie kam also an, die angekündigte ungeküßte junge Dame. Es war die Woche meiner Habilitation. Noch verlief alles leise und behutsam zwischen uns. Wir machten gemeinsam einen Spaziergang auf den Venusberg und unterhielten uns über Katzen, die wir beide besonders liebten. Nach ihrer baldigen Abreise traf ich sie im August des gleichen Jahres in Berlin wieder. Ein kurzer Briefwechsel war vorausgegangen. Am Abend sahen wir Max Reinhardts hinreißende Inszenierung von Johann Strauß' Operette »Die Fledermaus«, ein Theaterabend wie ein Fest, voller Farben und Klänge. Noch in der gleichen Nacht löste ich mein Versprechen zum ersten Male ein. Bald siedelte sie nach Bonn über, völlig mittellos, da ihre Eltern als

Auslandsdeutsche auf der Flucht aus dem revolutionären Rußland ihren ganzen Besitz verloren hatten. Sie bekam ein kleines Stipendium zum Studium der Nationalökonomie und gab außerdem Nachhilfestunden. Ich selbst erhielt ein Privatdozentenstipendium von 110 Reichsmark, später aus Spargründen auf 90 Reichsmark herabgesetzt, und ich schlug mich mit Vorlesungshonoraren und Auftragsarbeit durch. Wir waren arm wie die Kirchenmäuse. Allmählich fanden die liberalen Bonner unser Arm in Arm-Herumschlendern anstößig. Als wir uns aber offiziell mit Karten verlobten, war alles wieder in Ordnung. Es gehörte zum gesellschaftlichen Stil der damaligen Zeit, eine gewisse Toleranz in den Beziehungen der Geschlechter walten zu lassen, doch es gab dafür auch Grenzen. Die Individualitäten hatten sich einzuordnen in die human gesinnte großbürgerliche Gesellschaft. Allzu schwer ist uns das nicht gefallen. Die jugendlichen Tage der anarchischen Auflehnung waren vorüber.

Nichtsdestoweniger war es ein sehr merkwürdiger Kreis von Menschen, mit dem wir damals nähere Kontakte hatten. Dort ging es noch sehr unbürgerlich zu. Paul Landsberg, ursprünglich ein Schüler von Scheler, den ich schon aus meiner Kölner Jugendzeit kannte, war der Sohn eines erst vor kurzem gestorbenen, in Bonn sehr angesehenen jüdischen Professors für Rechtsgeschichte. Landsberg habilitierte sich gerade bei Rothacker für Philosophie. Er galt als eine Art Wunderknabe, da er bereits in sehr jungen Jahren sein erstes Buch »Das Mittelalter und wir« konzipiert hatte. Seine katholisierenden Neigungen waren unverkennbar, ebenso unverkennbar wie seine auf das gleiche Geschlecht gerichtete Veranlagung. Trotz seines beträchtlichen geistigen Hochmutes strahlte er das Suggestive einer starken Persönlichkeit aus. Mir fehlte es zwar auch nicht an Selbstbewußtsein, doch neben ihm kam ich mir klein und unbedeutend vor. Als er einmal diktatorisch in einem Gespräch erklärte, Stefan George sei Rilke turmhoch überlegen, wagte ich nur zögernd zu widersprechen. George lebte damals noch, Rilke war schon 1926 gestorben. Als Dichter der »Duineser Elegien« und der »Sonette an Orpheus« stand er bei mir seit meiner Leipziger Studienzeit im höchsten Ansehen, mir schien sein Rang unbestreitbar. Ich durchschaute nicht, daß Landsbergs schroffe Ablehnung Rilkes mit jenem »homoerotischen« Kult des George-Kreises zusammenhing, den bis heute seine Anhänger ebenso wortreich wie unbestimmt in einem diffusen Nebel verschwimmen lassen. Landsberg ging tragisch zugrunde. Er flüchtete vor den Nationalsozialisten nach Frankreich

und soll dort nach der Besetzung unter fremdem Namen in einem Konzentrationslager umgekommen sein. Seine Mutter beging Selbstmord, indem sie sich vor einen Zug warf. Das war das Ende einer der angesehensten Bonner Professorenfamilien.
Kein größerer Kontrast läßt sich denken als der zwischen Landsberg und Werner Becker. Dieser hatte erfolgreich als ein Lieblingsschüler des berühmten Spezialisten für Staatsrecht Carl Schmitt promoviert; eine große Laufbahn stand ihm offen. Trotzdem studierte er noch einmal, diesmal Theologie, um katholischer Priester werden zu können. Wir vermuteten damals alle, er werde es mindestens zum Bischof, vielleicht sogar zum Kardinal bringen. Er wählte jedoch den Weg der selbstlosen Hingabe an jüngere Menschen und wurde später Studentenpfarrer in Leipzig in der DDR, trat mit Nachdruck für die irenische Bewegung und damit für die Versöhnung der Konfessionen ein. Zahllosen Menschen hat er, ohne davon ein Aufsehen zu machen, in ihren psychischen und physischen Nöten beigestanden. Er ist der überzeugendste Christ, der mir je begegnet ist, dabei keineswegs ein finsterer Papist, sondern gesellig, heiter, voll rheinischen Humors. Er kannte jedermann, war auch mit Frau Prym verwandt, die es an Kritik ihm gegenüber nicht fehlen ließ, jedoch gegen seine lächelnde Gelassenheit nicht ankam. Seine Begabung zur Freundschaft hatte nur den einen Nachteil, daß er niemals *einen* bevorzugte, sondern daß seine sehr konkret verwirklichte Menschenliebe eben *allen* im gleichen Maß galt und daher von Fall zu Fall mit diplomatischem Geschick dosiert werden mußte. Aus der Fassung geriet er nur einmal, als ihm nämlich Landsberg die verfängliche Frage stellte, ob Ehe nicht auch zwischen Personen des gleichen Geschlechtes möglich sei.
Katholisches trat auch mit dem sehr ungewöhnlichen protestantischen Theologen Erik Peterson an mich heran; denn dieser stand damals dicht vor dem ungewöhnlichen Schritt, als evangelischer Theologe zum Katholizismus überzutreten. Das bedeutete natürlich sein Ausscheiden aus der evangelisch-theologischen Fakultät. Bald darauf ging er nach Rom, soll eine sehr schöne Italienerin geheiratet haben und arbeitete am päpstlichen Archäologischen Institut. Gelegentlich trafen wir uns in einer Bar in der Nähe des Bahnhofs, wo wir gerne tanzten und die Schlager von damals hörten, zum Beispiel den über den treuen Husaren, der sein Mädchen länger als ein Jahr geliebt hat. Auch im Bürgerkeller saßen wir zusammen, wo Peterson uns, die wir so wenig besaßen, großzügig zum Wein eingeladen hatte. Seine Vorlesungen müssen eine sehr starke Wirkung gehabt

haben; er ließ sie allerdings immer wieder ausfallen, weil er ein bohèmehaftes Leben führte. Wenn er trotzdem unerwartet wieder einmal erschien, waren die Hörer immer noch da.
In seiner kleinen Schrift »Was ist Theologie?« hat sich Peterson sehr scharf gegen die dialektische Theologie seines Kollegen Barth, aber auch gegen die von Bultmann gewandt. Petersons Nähe zum Katholizismus ist darin schon unverkennbar. Die Radikalität seiner Auffassung vom Fleisch gewordenen Logos und vom davon abhängigen kirchlichen Dogma war von imponierender Einfachheit. Sie verlangte an Stelle allen Redens »über« Gott oder »von« Gott den konkreten Gehorsam zur Offenbarung und zur Kirche als ihrer sichtbaren Fortsetzung. Den Abstraktionen der Theologie stellte er immer wieder sein Lieblingswort »konkret« gegenüber. Schon Barth und Kierkegaard warf er ein falsches, eben nur dialektisches und damit nur scheinbares Ernstnehmen vor, aber seine Absage an die gesamte Bildungswelt war noch vernichtender. »Erst durch das Dogma wird die Theologie aus ihrer Verbindung mit den zweifelhaftesten aller Wissenschaften, den sogenannten Geisteswissenschaften gelöst, aus dieser Umgebung von Weltgeschichte, Literaturgeschichte, Kunstgeschichte, Lebensphilosophie und wie das alles heißt, befreit. Erst durch das Dogma wird sie in eine Sphäre erhoben, in der ein *Mann* leben kann.« Sätze wie diese waren die äußerste Herausforderung an meine eigene geistige Existenz und sind es heute noch. Solche Spannungen und Widersprüche gaben dieser Zeit *vor* dem Nationalsozialismus ihre Vielfältigkeit, ihren geistigen Rang. Der gleiche Peterson konnte sich auch wieder mit einigen von uns, die, wie ich, ganz anders dachten, in einer gemeinsamen, gleichsam außergesellschaftlichen Lebensweise zusammenfinden. Ein Moralist war er durchaus nicht, intolerant nur dort, wo es um die theologische Interpretation des Glaubens ging.
Noch großzügiger in allen diesen Fragen war Johannes Kirschweng, ein im Saarland geborener katholischer Priester und Dichter, der Ilse und mir besonders nahe stand. Für Katholiken dieser Art war eine ständige Gefährdung ihrer persönlichen Existenz charakteristisch, die ihrem Gehorsam im Glauben erst die überzeugende Substanz verlieh. Oder genauer gesagt: nur das Trotzdem dieses Glaubens vermochte die Existenzbedrohung in Schranken zu halten. Werner Becker hatte als einziger davon nichts in seinem Wesen. Er war völlig frei von Zweideutigkeit oder geheimer Fragwürdigkeit. Bei Kirschweng hingegen wußte man nie, wo der Lyriker begann und der Priester aufhörte oder wo der Priester dem Dichter Fesseln anlegte.

Er liebte den Wein und auf seine Weise auch die Frauen, ohne sich an sie zu verlieren. Auf seinem Nachttisch lagen stets die Bibel und Baudelaires »Fleurs du mal«. Durch diesen Widerspruch wußte er sich auf seine sanfte, stille, aber höchst eindringliche Weise hindurchzukämpfen. Dem liebenswürdigen Charme, der Bezauberung, die von ihm ausging, konnte sich niemand entziehen. Als Kaplan in Bad Neuenahr umgab ihn ein lyrisch geselliges, auch humoristisches Fluidum, das wohltuend und tröstend war. Oft las er bei sinkender Sonne im Idyll seines Gartens zwanglos seine Gedichte vor. In seiner zarten Wirklichkeit und sublimen Frömmigkeit verkörperte er weit mehr, als seine Bücher, seine Gedichte, seine Erzählungen, seine Kleinstadt- und Heimatdichtung auch nur ahnen lassen. Er war einer der liebenswertesten Menschen, die wir in jenen Jahren kennengelernt haben.
Der ausgefallenste von allen war Waldemar Gurian. Fritz Scheid und Margarete kannten ihn von einem gemeinsamen Semester in Paris. Gurian war ein katholischer Publizist mit einer ungewöhnlichen Belesenheit. Er wußte über die entlegensten Bücher Bescheid, Neuerscheinungen schien er gelesen zu haben, noch ehe sie gedruckt waren. Er war ein zum Katholizismus konvertierter Jude, stammte irgendwo aus der russischen Steppe, und es war schwer vorstellbar, daß er überhaupt Eltern hatte wie gewöhnliche Menschen. Er kannte sich in sämtlichen Skandalgeschichten aus und verbreitete sie überall mit genüßlichem Zynismus. Unversehens erschien er bei den unpassendsten Gelegenheiten, immer dann, wenn man ihn gerade nicht dabeihaben wollte. Einige behaupteten in allem Ernst, er sei zu gleicher Zeit an zwei verschiedenen Orten gesehen worden. So wie er aussah, hätte man ihn für einen Golem halten können, für eine Figur, der man jede, auch nicht bloß vorgegaukelte Zauberei zutraute. Seine russische Vitalität sprengte alle Maßstäbe. Er war gefräßig, nicht nur im Verschlingen von Büchern, er verspeiste auch ein deutsches Beefsteak in einem einzigen Bissen. Appetitlich freilich sah das nicht aus. Da er immer Zeit hatte, in allen Kaffeehäusern auftauchte und wieder verschwand, muß er die vielen Bücher nachts gelesen haben. Aber wann schlief er? Wann schrieb er seine eigenen Werke? Wir wußten es nicht. Er beschäftigte sich intensiv mit politischen und soziologischen Problemen. Sein Buch »Die politischen und sozialen Ideen des französischen Katholizismus 1788–1914« handelte in erster Linie von Hugues Lamennais, einem französischen Schriftsteller und Priester, der zum Vorkämpfer des Sozialismus wurde, zunächst aber den von der Kirche gehüteten Offenbarungsglauben gegen den

Indifferentismus verteidigt hatte. Solche Zwielichtigkeit mochte Gurian besonders angezogen haben. Später emigrierte er in die USA. Hannah Arendt hat mir erzählt, er habe vor seinem Tod echte Angst vor der Hölle gehabt, mit der er wegen seiner »sexuellen Schweinereien« wohl zu rechnen habe. Hannah tröstete ihn und meinte, der liebe Gott habe Wichtigeres zu tun, als sich um solche Bagatellen zu kümmern. Lieben konnte man diesen Mann nicht, höchstens seine einfache, ihm so rührend ergebene, alles tolerierende Frau war dazu fähig. Im Gegenteil: wir alle fürchteten ihn. Doch diese Vereinigung ungewöhnlich hoher Intelligenz, primitiver Scheußlichkeit und fast kindlicher Naivität war völlig einmalig und dadurch anziehend. Es war für mich eine ganz neue Erfahrung, wie viele, so verschiedene Gesichter das Gesamtphänomen Katholizismus haben konnte.

Der stärkste Eindruck meiner Bonner Jahre ging von dem evangelischen Theologen Karl Barth aus. Erst 1930 war er nach Bonn gekommen. Er nahm mich in einen kleinen, ausgewählten Kreis auf, der über Eberhard Griesbachs Buch »Gegenwart. Eine Kritische Ethik« diskutierte. Im Gegensatz zu Walzel mit seiner nervösen Unentschlossenheit gingen von ihm nur konzentrierte Kraft und Entschiedenheit im Glauben aus. Dabei war er keineswegs ein Asket und war auch weltlichen Problemen gegenüber aufgeschlossen. Charakteristisch dafür ist der freundschaftliche Briefwechsel, den er im Alter mit Carl Zuckmayer geführt hat. Dennoch gehörte es zum Wesen der dialektischen Theologie, alles Diesseitige unter das Kreuz zu stellen und es vor dieser letzten Instanz zu werten. Ich habe leidenschaftlich mit ihm gestritten, da ich meine eigene Bildungswelt vor diesem Zugriff zu retten versuchte. Aber er verlangte »den Sprung in den Glauben«. Ich versuchte, ihm klar zu machen, warum ich nicht »springen« könne. Es war das alte Bibel-Kreis-Problem, das mir hier wieder, nur zwingender, überwältigender begegnete. In dieser Zeit beschäftigte ich mich intensiv mit dem Verhältnis von Idealismus und Christentum, schrieb auch zwei Aufsätze darüber, einen sogar für Barths Zeitschrift »Zwischen den Zeiten«. Manchmal erlag ich fast der ungeheuren Stärke und moralischen Kraft dieses ungewöhnlichen Menschen. Doch ich wußte mich immer wieder von ihm zu befreien, weil mir meiner Wesensanlage nach ein anderer Weg vorgezeichnet schien. Trotzdem bewundere ich noch heute, wo er längst tot ist, den Verfasser der Exegese des »Römerbriefs«.

Damals lernte ich auch den nicht planmäßigen Professor für Theologie, Fritz Lieb, kennen, Schweizer ebenso wie Barth. Er hatte eine wohlhabende Frau geheiratet, besaß eine imponierende Bibliothek,

war aber seinem Wesen nach ein völlig unbürgerlicher Bohèmien. Gemeinsam mit Hugo Friedrich schlossen wir uns freundschaftlich zu einem etwas merkwürdigen Dreibund zusammen. Eine Reise führte mich zum zweiten Mal in das stets von mir so geliebte Paris. Wieder war Fritz Scheid dabei, aber diesmal auch Fritz Lieb. Da Lieb viel Geld hatte und sehr freigiebig war, lernten wir dort die merkwürdigsten Lokale kennen und genossen einige exzentrische Tage und Nächte. Ich erinnere mich an eine Anekdote, die er mir von seinen Schweizer Erfahrungen erzählte. Er wollte eine reiche Dame aus Basel dafür gewinnen, einen jungen, mittellosen Maler mit zu unterstützen. Sie zögerte und erkundigte sich, ob er denn wirklich so arm sei. Er sei es. Darauf kam die so nur in der Schweiz mögliche Antwort: »Ja, dann wird er sich wohl entschließen müssen, vom Kapital zu leben.« Fritz Lieb lebte längst vom Kapital, soweit seine puritanisch strenge und sparsame Frau das zuließ. Geld war ihm eigentlich gleichgültig, es sei denn, man kaufte dafür Bücher, möglichst aus der östlichen Welt. Er war ein überzeugter Christ und ein ebenso überzeugter Sozialist. Für ihn waren das keine Gegensätze. Das Nazi-Regime haßte er von Anfang an wie die Pest. Sein besonderes Interesse galt dem Osten, Byzanz und ebenso Rußland. Als Mitherausgeber der Zeitschrift »Orient und Occident« war er in seinem Element. Die slawischen Sprachen muß er gut beherrscht haben. Besonders zogen ihn die Outsider an, die christlichen Revolutionäre, auch die Häretiker. Stundenlang konnte er auf enthusiastisch kindliche Weise von Dostojewski und Solowjew schwärmen. Er schrieb Bücher über Franz Baader und Johann Georg Hamann, beschäftigte sich auch mit dem schwäbischen Pietisten Oetinger, bezeichnenderweise alles Einzelgänger. Das Christentum erlebte er als explosive Existenzform, besonders in Rußland.
Er war ein erstaunlich mutiger, selbständiger, sehr eigenwilliger, auch burschikoser Gelehrter mit politischer Leidenschaft und extravaganten Lebensformen. Im Gespräch wurde er oft allzu handfest, blieb stets streitbar, wo es um politische oder geistige Entscheidungen ging, selbst vor derber Grobheit schreckte er dann nicht zurück. Leider habe ich ihn später nur noch selten wiedergesehen.
Erst gegen Ende meiner Bonner Zeit lernte ich den Psychologen Hans Bender kennen, der bei Rothacker promovierte. Er brachte mir, wie bereits Hans Driesch, parapsychologische und astrologische Fragestellungen näher. Später ist er seinen Weg konsequent weitergegangen und war lange Leiter des Instituts für Parapsychologie in Freiburg. Seine lebhafte Art, allem Ungewöhnlichen, noch nicht

Etablierten nachzugehen, ohne dabei in Mystizismus hineinzugeraten, zog mich an. Ich habe dann auch in den kommenden Jahren im Studium der Bücher von H. Freiherr von Klöckner und Thomas Ring die Astrologie weiter als Hobby betrieben. Ein endgültiges Urteil über sie maße ich mir nicht an. Ich bin auf diesem Gebiet ebenso ein Dilettant wie im Schachspielen. Doch finde ich diese typisierenden psychologischen Kombinationen, die hier auf das Bild des Kosmos projiziert werden, reiz- und fantasievoll, ganz unabhängig von ihrem Wahrheitswert. Symboldeutung ist für den Literaturwissenschaftler unerläßlich. Bender, der damals mein Horoskop gestellt hatte, meinte: Eines sei sicher; ich würde niemals geistig erstarren, niemals bloßer Dogmatiker werden.

Meine Vorlesungen und Übungen nahmen mich, der ich ja als Dozent noch Anfänger war, so sehr in Anspruch, daß nur wenig Zeit für Lektüre außerhalb des notwendigen »Fachwissens« blieb. Nur zwei Romane habe ich damals intensiver gelesen, ohne daß ich sie für meine wissenschaftliche Tätigkeit direkt »gebraucht« hätte. Der eine war der sehr umfangreiche Roman von Meredith »Der Egoist«, der andere war Jean Pauls »Titan«. Von der englischen Literatur kannte ich, abgesehen von Shakespeare und Shaw, aus direkter Lektüre so gut wie nichts. Dickens war mir auf der Schule durch endloses Vokabel-Nachschlagen verleidet worden. Meredith las ich jetzt in deutscher Übersetzung. Man konnte die Thematik des Romans für langweilig halten, er beschrieb in gewollt gedehnter Form den sich über lange Jahre hinziehenden Kampf eines jungen, tapferen, bürgerlichen Mädchens um die Auflösung ihrer Verlobung mit einem vornehmen Lord, die dieser aus gesellschaftlichen Prestigegründen mit allen Mitteln aufrechterhalten wollte. Für mich war dieses Buch dennoch von knisternder Spannung, einer Spannung der Seele freilich, die hier gegen alle Konventionen um ihre Freiheit ringt. Es war das entlarvendste Buch, das je ein Mann gegen sein eigenes Geschlecht geschrieben hatte, eine schrittweise Demaskierung der männlichen Eitelkeit, des männlichen Egoismus; es war ein ganzes Kompendium konkreter Psychologie.

Jean Pauls »Titan« gehörte in mein Fachgebiet hinein. Damals las ich ihn jedoch nur, um mich von dem Allzuviel an europäischer Aufklärung zu erholen, in das ich durch meine literaturwissenschaftlichen Studien und Vorlesungen immer mehr hineingeraten war. Ich habe freilich zu Jean Paul nie ein persönliches Verhältnis gefunden. Es ist mir mit ihm ein wenig so wie Schiller gegangen, der an Goethe schrieb, Jean Paul komme ihm vor wie einer, »der aus dem Mond gefallen ist«, zwar bereit, »die Dinge außer sich zu sehen, nur nicht mit dem Organ, womit man sieht«.

Was zog mich trotzdem am »Titan« an? Weniger die »hohen Menschen«, schon eher die lyrisch phantasmagorischen Schilderungen, am meisten jedoch die Gestalt des intellektuellen Bösewichtes Roquairol, dem später Walther Rehm einen seiner besten Essays gewidmet hat, die »Studie zur Geschichte des Bösen«. Im »Doppelgänger« Roquairol führten Fantasiebegabung und schauspielerischer Trieb, Leidenschaft zur Verwandlung und zur zersetzenden Reflexion in ein Spiel von Lüge und Tod; das ging mich besonders an, weil ich darin bisher noch verborgene Gefahren meiner selbst zu ahnen glaubte. Auf dem Umweg über diesen Roman Jean Pauls ist mir zum ersten Male das Böse in seiner verhängnisvollen psychologischen Wirklichkeit begegnet.

Warum habe ich mich in der ersten Dozentenzeit so viel mit der Aufklärung beschäftigt? War nicht eigentlich Herder mein Gegenstand, und wurde nicht gerade dieser meist als Gegenspieler der Aufklärung gesehen? Der Grund dafür lag in einem am 22. Januar 1929, dem 200. Geburtstag Lessings, vom Reichspräsidenten von Hindenburg ausgeschriebenen Wettstreit »zur Förderung geisteswissenschaftlicher Arbeit« um den besten Beitrag über Lessings Weltanschauung. Die Abhandlungen wurden anonym unter einem Stichwort eingereicht, und der Preis betrug 5000 Reichsmark, damals eine gewaltige Summe. Im Preisrichterkollegium saßen angesehene Gelehrte wie Eduard Spranger, Rudolf Unger und Julius Petersen. Diesen Preis wollte ich, mußte ich gewinnen. Er sollte mir die finanzielle Voraussetzung zur Eheschließung geben. Daher ließ ich Herder liegen und widmete mich ganz Lessing. Um es vorwegzunehmen: ich habe den Preis nicht gewonnen, ich erhielt nur eine lobende Urkunde mit der Unterschrift Hindenburgs, weil meine Arbeit zur »engsten Wahl« gestanden habe. Es sollen immerhin 21 Manuskripte eingegangen sein. Den Preis erhielt hingegen der Jenaer Ordinarius für Philosophie, Hans Leisegang, und seine Schrift ist 1931 unter dem Titel »Lessings Weltanschauung« erschienen. Da mit einem Male den Verlegern so viele Lessing-Bücher angeboten wurden, war es auch für mich sehr schwierig, einen zu finden. Doch nahm sich Paul Hinneberg meiner an, und so erschien, ebenfalls im Jahr 1931, mein Buch bei Quelle und Meyer unter dem Titel »Lessing. Dichtung, Ästhetik und Philosophie«, wenn auch mit dem Verzicht auf jedes Honorar. Das Buch von Leisegang hatte eine bestechende These; es suchte die Weltanschauung Lessings aus der

Tradition und dem Geist der deutschen Mystik zu verstehen und beschränkte sich dabei fast ganz auf seine Philosophie und Theologie. Es ist eigentlich erstaunlich, daß es so schnell vergessen wurde; vielleicht liegt der Grund darin, daß diese zugespitzte These sich auf die Dauer nicht behaupten konnte. Mein eigener Entwurf wollte vor allem zeigen, daß Weltanschauung nicht nur eine Sache des Denkens, sondern auch des Dichtens ist. Mein leitender Gesichtspunkt war die Umformung der überlieferten aufgeklärten Kultur in einen neuen sittlichen Subjektivismus. Lessings Weltanschauung betrachtete ich als eine Struktur, die in *allen* Phasen seiner Entwicklung gegenwärtig ist und als solche systematisch herausgearbeitet werden mußte. Dieses zweite Buch von mir stand deutlich unter dem Einfluß der philosophischen Forschung über Typen und Formen der Weltanschauung. Darin zeigte ich mich weiter als Schüler von Jaspers. Aber auch Gundolfs Erbe war unverkennbar, wenn ich an Stelle einer linearen Betrachtungsweise nach der Einheit der Gestalt Lessings fragte, die das Ganze ihres Wesens immer schon in jedem zeitlichen Augenblick repräsentiert. Solche mir durch Jaspers und Gundolf übermittelten Fragestellungen suchte ich auf das Einmalige einer nur geschichtlich verstehbaren Situation anzuwenden. Schon hierin verriet sich mein künftiges Interesse an einer sowohl individualisierenden wie historisierenden Interpretation. Dabei wollte ich auf die Dichtung Lessings, selbst bei einem mehr philosophisch gemeinten Thema, keinesfalls verzichten. Ich habe die Kategorie des Sittlichen in ihren Mittelpunkt gerückt und diese unter den Blickpunkten der »Sentimentalität«, des Tragischen, des Widerspruches zur gesellschaftlichen Welt und der Versöhnung mit ihr, schließlich der Ungeschichtlichkeit der Humanitätsidee näher zu bestimmen versucht.
Über die Aufklärung schrieb ich auch einen größeren Aufsatz in dem von Vierkandt herausgegebenen »Handwörterbuch für Soziologie«. Das war für einen Anfänger etwas gewagt; denn ich ging dabei über die deutschen Grenzen erheblich hinaus. Später, während des Krieges, im Jahr 1940, bin ich auf das relativ neutrale Gebiet der Aufklärung ausgewichen, als die nicht oder noch nicht eingezogenen Germanisten wenigstens ihren »geistigen« Tribut zum Kriegsgeschehen in einem literarhistorischen Sammelwerk zur deutschen Dichtungsgeschichte leisten sollten, leisten mußten. Es hieß: »Von deutscher Art in Sprache und Dichtung«. Bereits der Titel zeigt die Tendenz an, Aufklärung durfte diesmal nur eine deutsche Sache sein. Oder, richtiger gesagt: nur soweit sie deutsch war, hatte sie ihre bedeutungsvollen Höhepunkte.

Ilse von Gavel und ich heirateten, auch ohne einen gewonnenen Preis. Mein Vater war aus wirtschaftlichen Gründen dagegen. Er fürchtete wohl eigene Belastung. Er meinte, nie würden wir in der Lage sein, uns selbst Möbel zu kaufen. Seit der Eheschließung habe ich niemals auch nur einen Pfennig von ihm gefordert oder erhalten. Er war inzwischen zum dritten Mal verheiratet und hatte genügend eigene wirtschaftliche Schwierigkeiten. Kirchlich trauen lassen wollten wir uns nicht, aber festlich sollte es dennoch sein. Es wurde eine »Liebesgabenhochzeit« – so nannten es scherzend unsere Freunde – mit manchen sehr nützlichen Geschenken. Wiedeburgs, die damals vorübergehend in guten Verhältnissen in Beuel bei Bonn lebten, richteten weitgehend auf ihre Kosten den Festschmaus, meine Mutter und Frau Prym kamen als wohlgesinnte Gäste, Paul hielt eine herzerwärmende, Fritz eine mehr pessimistische Rede, die Frau Prym durch ihren »Nihilismus« erschreckte, Hugo spielte noch einmal Geige, und Werner Becker improvisierte auf dem Klavier. Das war der 7. März 1931. Seitdem sind fünfzig Jahre vergangen, und die goldene Hochzeit hat inzwischen auch stattgefunden.
Als Auftragsarbeit übernahm ich in Bonn noch eine größere Studie über die »Politische Dichtung in Deutschland«. Auch sie erschien 1931, und zwar im Verlag Junker und Dünnhaupt. Ich hatte sie den Freunden: Richard Alewyn, Hugo Friedrich, Friedrich Scheid und Paul Wiedeburg zugeeignet, ohne zu ahnen, wie sehr deren Wege bald auseinandergehen würden. Das Buch ist eine viel zu rasch entstandene und dadurch problematische Untersuchung, in erster Linie um des Gelderwerbs willen geschrieben. Das zunehmende Interesse am Politischen gehörte zur Signatur des aufgeregten Zeitgeistes. Positiv würde ich zu dieser Untersuchung sagen, daß sie bereits zu diesem frühen Zeitpunkt zu einer systematischen, nicht abwertend gemeinten Unterscheidung von »absoluter« und »politischer« Dichtung gelangte. Sie wandte sich gegen die wahllose Vermischung der beiden Typen und trat auch einer Entwertung der politischen Dichtung entgegen. Ich verstand und rechtfertigte diesen Typus als Zweck- und Gebrauchsform, die ihre eigene Gattungsgesetzlichkeit hat und daher nicht an den absoluten Maßstäben der Poesie gemessen werden darf.
Später in den sechziger und siebziger Jahren ist meine damalige Problemstellung geradezu in ihr Gegenteil verkehrt worden. Jetzt mußte nicht mehr die politische Dichtung gegenüber anderen Formen der Poesie um ihr Eigenrecht kämpfen; die Poesie selbst war fragwürdig geworden, soweit sie nicht in den Bereich der Tagespo-

litik mit eingeht. Die maßlose Überschätzung der Politik im Verhältnis zur Literatur führte in diesen Jahrzehnten bis zur radikalen Entwertung der Literatur durch die Literaten selbst. Solche Tendenzen im deutschen Schrifttum der Gegenwart waren glücklicherweise nur vorübergehend und schlugen dann um in eine erneute Rechtfertigung der dichterischen Subjektivität, ja sogar der Innerlichkeit. Trotzdem behält die Frage nach dem Verhältnis von Politik und Dichtung, wie sie mich in meiner Jugend und dann wieder in meiner Spätzeit beschäftigt hat, nach wie vor ihre Brisanz.
Mein Buch von 1931 versuchte einen historischen Überblick über die verschiedenen Strömungen der politischen Dichtung zu vermitteln. Dahinter stand damals eine vorwiegend konservative geistesgeschichtliche Position. Die Frage, die sich mir aus der Zeitsituation aufdrängte, hieß: Wie läßt sich die universale, von der Klassik geschaffene Kulturidee mit der Besonderheit von Stamm, Volk, Land und Nation verbinden? Die Kluft, die zwischen der Welt der europäisch Gebildeten und der Welt der deutschen Bürger besteht, sollte überwunden werden. Das Nachdenken über Kultur und Zivilisation ließ sich – so glaubte ich damals – von der Besinnung auf Nation und Staat nicht länger trennen. Diese Meinung stand im Gegensatz zur marxistischen Auffassung vom Klassenkampf. Im Schatten des Weltkrieges habe »die Besinnung auf Weg und Wesen der Deutschen neu begonnen«. Ich kritisierte die Auflösung der geistig religiösen Bindung des Nationalen durch eine kapitalistisch machtpolitische und forderte als Resultat meiner Untersuchung: »Die Kultur wieder politisch zu nehmen, als eine Angelegenheit auch von Volk und Nation, die Nation wiederum auch vom geistigen und kulturellen Lebenszusammenhang aus zu bestimmen, das scheint mir eine der zukünftigen Aufgaben, wie sie aus dem Erbe der Geschichte entspringt.« Damit setzte ich mich 1931 zwischen sämtliche politischen Stühle. Ich erkannte nicht, daß eine solche Forderung nicht realistisch, sondern rein utopisch war. Ich sah nicht voraus, in welchem Ausmaß eine solche konservative Position von den extremen Strömungen eines angeblich revolutionären Nationalismus ausgebeutet werden konnte.
In Bonn hatte ich mir in der Zeit von 1929 bis 1932 schon einen eigenen Schülerkreis herangebildet. Oft kamen die Studenten in unsere möblierte Wohnung in der Weberstraße, und es gab dann zahlreiche ungezwungene Diskussionen bei bescheidener, aber herzlicher Bewirtung. Auch Shakespeares »Hamlet« lasen wir mit verteilten Rollen; ich selbst übernahm den Hamlet. In den Vorlesun-

gen war ich den Kenntnissen meiner Studenten, von denen manche ja nur wenige Jahre jünger waren als ich, oft nur um ein oder zwei Vorlesungsstunden voraus. Große Gebiete mußte ich mir völlig neu erarbeiten, wählte aber trotz dieser Schwierigkeit Kollektivthemen über ganze Jahrhunderte, weil sie mir die große Hörerzahl einbrachten, die ich bei meinen schmalen Geldmitteln dringend brauchte. In den Seminaren ging es ganz ungezwungen zu mit offenen, freien Gesprächen.

So war damals alles im besten Fluß und versprach weiteres Gelingen. Aber es sollte anders kommen. Am 1. April 1932 erreichte mich plötzlich und unerwartet die Anfrage des Germanisten Friedrich Maurer, der gerade das Ordinariat in Erlangen übernommen hatte, ob ich nicht bereit sei, mich nach dort umzuhabilitieren, um die neuere Germanistik selbständig zu vertreten. Das Angebot lockte mit weiteren Versprechungen. Ein zweiter Lehrstuhl sollte, sobald wie möglich, für mich eingerichtet werden. Der Professortitel wurde mir für das nächste Semester versprochen. Vor allem bot man mir ab sofort das weit höhere, gesicherte bayrische Dozentenstipendium von 300 R-Mark und einen zusätzlichen Lehrauftrag von 150 R-Mark an, also eine, wenn auch keineswegs üppige Sicherung meiner wirtschaftlichen Existenz. Das abzulehnen war für mich, der gerade eine Familie gegründet hatte und Nachwuchs erwartete, unmöglich, und auch Walzel, der mich nur ungern fortgehen ließ, konnte für mich in Bonn kein Äquivalent erreichen. So sagte ich, wenn auch zögernd, zu, und die Übersiedlung vollzog sich nach einigen Vorbesprechungen und Abschiedsfeiern sehr schnell am 15. April 1932. Einige Schüler waren sogar bereit, das weltoffene Bonn mit dem tristen Erlangen zu vertauschen, um bei mir zu promovieren. Ich ahnte nicht, was mir bevorstand. Ich konnte nicht wissen, daß ich über zehn Jahre dort würde bleiben müssen, während der Zeit, in der die Herrschaft des Nationalsozialismus begann und sich erschreckend schnell ausbreitete.

VI

DIE TEUFLISCHE IDYLLE
ERLANGEN

Der berühmte Kunsthistoriker Max Dehio beschreibt in seinem kleinen Reiseführer Erlangen als »die Stadt der freundlichen Langeweile«. Man hörte fatale Gerüchte über diese kleine Universitätsstadt; man könne dort, so wurde gemunkelt, zwischen zwei Schnellzügen promovieren. Die ersten Eindrücke waren trostlos. Zu dieser Zeit fand sich dort nur eine kleine, billige, miese Pension, in der wir absteigen mußten. Ununterbrochen regnete es. Worauf hatten wir uns eingelassen? Immerhin gelang es uns bald, uns in einer bescheidenen Wohnung auf dem landschaftlich sehr schön gelegenen Burgberg einzumieten. Mühsam wurden die ersten Möbel zusammengekauft, die Betten ruhten auf primitiven Eisengestellen. Am 22. Mai 1932 hielt ich meine Antrittsvorlesung »Die Humanitätsidee in der deutschen Klassik« und interpretierte diese am Beispiel von Lessings »Nathan«, Schillers »Don Carlos« und Goethes »Iphigenie«. Nach und nach trafen meine ersten Promovenden ein, im ganzen waren es sieben, offensichtlich eine Glückszahl. An alle kann ich mich jetzt nicht mehr erinnern, aber mit zweien von ihnen, mit Lili Simon und Hedwig Vogel, bin ich noch heute befreundet, obwohl lange Zeiten dazwischen lagen, in denen wir uns überhaupt nicht gesehen haben. Beide promovierten mit der besten Note »summa cum laude«. Lili Simon war eine Kämpferin für Karl Barth und schrieb eine sehr durchdachte und vom Ernst der sittlich-religiösen Problemstellung inspirierte Dissertation über »Schuld und Verantwortung in Goethes Prosa«. Sie war die erste Schülerin, die ich Anfang 1932 zur Promotion führte. Da Lilis Stammbaum nicht ganz so war, wie die neuen Machthaber es forderten, emigrierte sie noch 1933, machte zusätzlich in Basel bei Karl Barth das theologische Fakultätsexamen und gelangte schließlich nach Umwegen über Paris, London und Bukarest (1936-1941) nach Israel. Obgleich sie ihrer Herkunft nach gar keine Jüdin war, identifizierte sie sich mit dem Schicksal des jüdischen Volkes und zwar nicht etwa theoretisch, sondern praktisch, indem sie beim Aufbau des Staates Israel tatkräftig mithalf. Nach dem Krieg kehrte sie 1952 nach Deutschland zurück und unterrichtete an der evangelischen Jugend-Akademie zu Radevormwald bei Wuppertal. Kompromißlos trat sie ebenso für das Christentum wie für den Sozialismus ein. Ihre enthusiastische Aufgeschlossenheit, ihr Optimismus, unzerstörbar durch Krankheit und schwierige Lebenslagen, ihre spontane Teilnahme für alle Bedrängten und Verfolgten haben sie zu einer Persönlichkeit geprägt, die mit ihrer starken Gefühlskraft sogar sehr entgegengesetzte Menschen zusammenzubringen versteht. Die Liebe zur Literatur, besonders zur Lyrik, und ihr evangelischer Glaube vereinigten sich in ihrem Wesen auf eine vielleicht etwas schwärmerische, immer aber liebenswerte Weise. Stets dachte sie zunächst an andere Menschen und dann erst an sich selbst. Diese uneigennützige Kraft zu lieben hat ihr sehr viele Freunde geschaffen, die ihr ein Leben lang die Treue hielten. Freilich mußte sie auch manche Enttäuschungen erleben, da die Menschen leider in vielen Fällen nicht so gut und so edel waren, wie sie sich diese oft vorstellte. Zur Menschenverachtung besitzt sie kein Talent. Die von ihr inspirierten und geleiteten Tagungen an der Evangelischen Akademie verdanken ihrer fröhlichen Klugheit vielleicht weniger »intellektuellen« Gewinn als – was wichtiger sein kann – ein Wachstum an psychischer und emotionaler Substanz. Voraussetzung dafür ist der Sinn für freundschaftliche Gemeinsamkeit in einem an Religion und Bildung in gleichem Maß interessierten Kreis. Intoleranz hat hier nichts zu suchen. Ich habe in meiner Spätzeit auch an Tagungen dieser Akademie mit einem »Plädoyer für Lyrik« und Interpretationen zu Mörikes Gedichten mitgewirkt und bin jedesmal in glücklicher Stimmung wieder nach Hause gefahren. Es ist erstaunlich, wie weit wohlgesinnte Laien mitgehen, wenn man ihnen dieses Mitgehen zutraut und ihnen freien Spielraum dafür läßt.

Ganz anders, aber in ihrer Art ebenso eindrucksvoll, war Hedwig Vogel. Ich entdeckte schon in Bonn bei Gelegenheit eines Referates von ihr über Hamerling ihre ungewöhnliche Begabung und setzte ein Stipendium für die mittellose Studentin durch. Sie kam von der anthroposophischen Waldorfschule; ihr Vater, ursprünglich evangelischer Pfarrer, war aus der Kirche ausgetreten und dadurch mit seiner kinderreichen Familie in große wirtschaftliche Bedrängnis geraten. Heddi-Heddi, wie sie später meine beiden Kinder genannt haben, verfügte über die Leichtigkeit, aber auch über die Spannkraft eines Vogels – und Vogel hieß sie ja auch. Es wird nicht oft vorkommen, daß ein so zartes Geschöpf die Willenskraft aufbringt, nach dem Staatsexamen in der Referendarzeit noch eine so gewichtige Dissertation wie die ihre zu schreiben: »Goethes Menschheitsidee in Naturschau und Dichtung, dargestellt an ›Faust II‹«. Ihre Einfühlung in alles Künstlerische, in Farben, Töne, Bewegungen, die sie als natürliche Gabe mitbrachte, verbunden mit einem an Rudolf Steiner und an Goethe geschulten Fragen nach dem urbildlichen Menschenwesen in der Zusammenschau von Natur und Geist, ließ sie auf erstaunliche Weise in die Faustdichtung »als Gestaltwerdung des Menschen im urtypischen Sinne« eindringen. Dennoch ist sie ebenso wie Lili Simon den Weg der wissenschaftlichen Forschung nicht weitergegangen. Sie ist der Anthroposophie treu geblieben und wirkt, zusammen mit ihrem Mann Wolfgang Greiner, seit Jahrzehnten in Dornach.

Am wichtigsten für mich wurde in Erlangen der Altgermanist Friedrich Maurer. Er war nur fünf Jahre älter als ich, aber das wirkte damals auf uns wie der Unterschied einer Generation. Von Anfang an war er rührend bemüht, mir und Ilse das Einleben zu erleichtern. Zwar gingen unsere Interessengebiete sehr auseinander. Maurer war in erster Linie Sprachforscher und Volkskundler; erst später, als er nach Freiburg wechselte, hat er sein Forschungsgebiet auf den gesamten Umkreis der mittelalterlichen Literatur erweitert. Durch seine großzügige Toleranz war er bei den Studenten sehr beliebt. Von Anfang an faßte er unser Verhältnis als gleichberechtigt auf. Das war keineswegs selbstverständlich. In das kleine Amtszimmer, eigentlich war es nur für den *einen* »Ordinarius« gedacht, ließ er sofort einen zweiten Schreibtisch stellen, so daß wir Seite an Seite unsere Amtsgeschäfte abwickeln konnten. Konflikte haben wir niemals miteinander gehabt. Es ging eher allzu idyllisch, allzu gemütlich zu. So fand ich ihn zunächst etwas hausbacken, bürgerlich in seiner hessischen Heimat verwurzelt. Erst bei vielen Spaziergängen in der schönen Umgebung von Erlangen korrigierte ich dieses Vorurteil. Hinter dieser so brav anmutenden Lebensform stand ein hohes Maß nicht nur an Loyalität, sondern auch an spontaner Menschlichkeit.

Bereits 1937 wurde er nach Freiburg fortberufen. Sein Nachfolger, Friedrich Stoh, ein ausgesprochener Linguist, hatte nicht sein Format. Doch bin ich auch mit ihm gut ausgekommen, zumal ich seine Empfindlichkeiten zu schonen wußte. Später ist er wegen schwerer Erkrankung frühzeitig aus dem Amt ausgeschieden. Seine letzten Lebensjahre verliefen in tragischer Isolierung.

Trotz dieser erfreulichen Verbindungen war die Enge von Erlangen, der kleinbürgerliche Stil dieser Universität, in der es so viel Mittelmäßigkeit gab, schwer erträglich. Die philosophische Fakultät war hoffnungslos überaltert. Nur bei den evangelischen Theologen hatten Professoren wie Althaus und Elert einen über Erlangen hinausreichenden Namen, aber mit ihnen kam ich kaum zusammen. Ein Gespräch über die Fakultäten hinweg war in Erlangen nicht üblich. Es gab mancherlei Abendeinladungen, fast alle in einem sowohl spießigen wie übertreibenden Stil mit der immer gleichen stadtbekannten Kochfrau, von der man schon im voraus erfahren konnte, was man da und dort zu essen und trinken bekommen würde. Geist durfte man in allen diesen Fällen nicht erwarten. Hingegen hatte man, so wollte es die gesellschaftliche Vorschrift, bei der gesamten Fakultät öde Antrittsbesuche zu machen. Als ein Ehepaar bei uns »erwiderte«, wir jedoch nicht anwesend waren und statt unserer ihnen ein Unbekannter – es war Freund Fritz – öffnete und höflich auf unsere Abwesenheit hinwies, erklärte die professorale Dame pikiert: »Aber da hängt doch sein Hut.« Als ob man nicht ohne Hut spazierengehen dürfte! Solche Spießigkeit war kein isoliertes Phänomen. Als wir unseren Bäcker baten, auf ein bestimmtes, uns unangenehmes Gewürz in seinen Broten zu verzichten, antwortete er lapidar, das sei unmöglich, denn der Geheimrat von nebenan wünsche es so schon seit Jahrzehnten, und so müsse es auch weiterhin bleiben.

Selbst der Dekan Moeller, Nationalökonom wie sein Kollege Stukken, der Historiker Otto Brand, der Philosoph Herrigel – alle schmorten, ohne es recht zu merken, in dieser »Idylle«, die geradezu die ideale Voraussetzung dafür abgab, alsbald zu einer der kleinbürgerlichen Brutstätten des Nationalsozialismus zu werden. Herrigel, der viele Jahre in Japan gelebt und sich selbst auch physiognomisch nahezu in einen Japaner verwandelt hatte, und seine Frau, die weiterhin mit Fleiß das exotische Blumenstecken betrieb, waren am ungewöhnlichsten und damit auch am anziehendsten. Leider waren beide ziemlich eigenbrötlerisch, nicht gerade gesellig. Die mit Abstand imponierendste Gestalt war der Althistoriker Schulten, ein Grandseigneur alten Stils, ein Causeur, der direkt aus einem Buch von Fontane zu stammen schien. Bei ihm eingeladen zu sein war in der Tat ein Genuß; er verstand es, überaus amüsant von seinen Erinnerungen an Kaiser Wilhelm II., den er noch auf Schloß Doorn in Holland besucht hatte, zu plaudern. Aber auch er war bereits ein alter Mann.

Das erste Jahr halfen wir uns über die nicht immer nur freundliche Langeweile mit alten Freunden hinweg, die uns gern besuchten, oder auch mit gelegentlicher Flucht in die Großstadt, nach Berlin. Dort habe ich dann Richard, Bosco und Hannah wiedergesehen und auch den witzigen und geistvollen Günther Stern kennengelernt, der später seinen Namen in Günther Anders geändert und die pessimistischste aller Prognosen über unsere künftige, von Vernichtung bedrohte Welt gestellt hat. Vielleicht behält er damit Recht.

Nach Hitlers Machtergreifung war es mit der »freundlichen Langeweile« schlagartig vorbei. Erlangen blieb zwar ein Idyll, im Kriege völlig unzerstört, aber das Idyll nahm im Gau von Julius Streicher teuflische Züge an. Eine Lebensgeschichte zu schreiben sollte immer auch heißen, Gerichtstag über sich selbst zu halten. Dem darf und will auch ich mich nicht entziehen. Im Frühjahr 1933 besuchte mich mein Freund Fritz Scheid. Er erlebte den Umbruch der Zeit mit der Radikalität, die zu seinem Wesen und seinem Denken gehörte. Eindringlich suchte er mir klarzumachen, daß wir nicht draußen bleiben dürften, daß wir verpflichtet seien, »Schlimmes oder noch Schlimmeres zu verhüten«. »Draußen« nämlich seien wir erst wirklich machtlos. Um das zu verhindern, müßten wir noch rechtzeitig in die NSDAP eintreten. Und so geschah es im April 1933. Wir schrieben sogleich zusammen törichte Thesen zur Reform deutscher Hochschulen nieder, die glücklicherweise niemand ernst genommen hat. Mein Vater allerdings war zum ersten Mal wirklich wütend auf mich. Mit Recht.

Wie heißt es in Kafkas Erzählung »Der Landarzt«? »Einmal dem Fehlläuten der Nachtglocke gefolgt – es ist niemals gutzumachen.« Ich habe nichts in meinem Leben so bereut wie diese, meinem ganzen Wesen widersprechende Handlung. Zwar ließen sich Gründe dafür anführen. Die Lasten des Versailler Vertrages, die Notverordnungen Brünings, die riesenhafte Zahl der Arbeitslosen, das offensichtliche Versagen der Weimarer Republik –, das alles waren geschichtliche Voraussetzungen, ohne die der endgültige Sieg Hitlers wohl kaum eingetreten wäre. Ich redete mir ein, daß Hitler nur die Konsequenz einer nationalen Revolution war, zumal der von mir verehrte Reichspräsident, der mein Lessing-Diplom unterschrieben hatte, ihn, wenn auch mehr oder weniger unfreiwillig, selbst zum Kanzler ernannt hatte. Warum sollte ich diesem Bündnis der Rechten nicht Sympathie entgegenbringen? Dabei hatte ich »Mein Kampf« überhaupt nicht gelesen und las es auch später nicht. Vom Parteiprogramm wußte ich nur vom Hörensagen. Einen deutschen Staat, der verbrecherisch handeln würde, vermochte ich mir zu diesem Zeitpunkt nicht vorzustellen. Gewiß: ich wußte, daß es Dschingis-Khan und Nero einmal in grauer historischer Vorzeit gegeben hatte, aber derartiges in deutschen Landen, in Preußen oder Bayern, als geschichtliche Wirklichkeit zu erleben, da versagte meine Vorstel-

lungskraft. Ein kommendes »Holocaust«, das konnten wir drei, Fritz, meine Frau und ich, damals weder für möglich halten noch gar uns ausmalen.
Aber dieser Parteieintritt war ein Verrat an meinen jüdischen Freunden. Das hätte ich schon damals erkennen müssen. Er war nicht so sehr eine »politische« Schuld – das ist immer eine problematische Kategorie –, wohl aber eine »moralische«. Gewiß versagten damals viele, doch das spricht den Einzelnen nicht frei. Ich habe nicht über die anderen zu urteilen, die der gleichen Versuchung zum gleichen Zeitpunkt erlegen sind, wie Rothacker, Heidegger und Gottfried Benn. Auch diese vollzogen bald danach die Umkehr, aber auch von ihnen gilt, daß ein »heiteres Darüberschweben« nur eine Selbsttäuschung sein konnte. Nach dem Krieg führte ich lange Gespräche mit jüdischen Freunden, in erster Linie mit Hannah Arendt, um ihnen meine damalige Situation und mein Verhalten in der Folgezeit verständlicher zu machen. Die Versöhnung ist in allen diesen Fällen möglich gewesen, auch mit Richard Alewyn, mit dem sie am schwierigsten war.
Noch anderes kam hinzu. Meine »ökonomische« Situation war völlig in der Schwebe. Die planmäßige Professur hatte ich erst noch zu bekommen. In der damaligen Situation zerschlug sich das zunächst und gelang erst 1936. Inzwischen war mein Sohn Peter am 26. Juni 1932 in Erlangen zur Welt gekommen. Lili Simon und Hedwig Vogel versorgten mich auf rührende Weise, während ich aufgeregt wartete, wie es meiner Frau in der Klinik gehen würde. Die Sorge um die Existenz meiner Familie bedrängte mich. Das war um so mehr der Fall, als hier eine Schwäche meiner Natur mit im Spiel war, der Mangel an Tapferkeit. Seit meiner Kindheit hat in meinem Unbewußten die Lebensangst gelauert. Es war nicht nur die Lebensangst der bereits durch die Inflation hindurchgegangenen Generation, es waren Eindrücke meiner Jugendjahre, Erinnerungen zumal an jene Augenblicke, in denen mein zur Melancholie neigender Vater bei Tisch verdüstert ausbrach, um wieder einmal das Gespenst der Verarmung der ganzen Familie an die Wand zu malen. Das stimmte zwar durchaus nicht, aber bei solchen Affektstürmen redete er es sich und leider damit auch mir ein. Diese Lebensangst ist wohl das für mich selbst am wenigsten durchschaubare Motiv dafür, daß ich in eine Partei eintrat, die sowohl als »Nationalismus« wie als »Sozialismus«, vor allem aber in der Verbindung von beiden, genau das unterdrücken wollte, was mir das Wichtigste war: die Freiheit des Individuums.

Wie verworren und zwiespältig die Situation noch im Frühjahr 1933 gewesen ist, zeigte sich auch bei einigen Begegnungen am Bodensee. Der junge Ordinarius aus Gießen, Karl Viëtor, hielt sich damals in den Ferien mit seiner jüdischen Frau dort auf und bemühte sich in dieser Zeit noch um Kompromisse. Einträchtig ging das Ehepaar Viëtor mit dem Ehepaar Krieck spazieren. Dabei ist Viëtor sehr bald nach den USA emigriert; er gehörte zu den wenigen, die dort eine angesehene Professur – an der Harvard Universität – erhalten haben; Krieck hingegen wurde zum prominenten Vorkämpfer des Nationalsozialismus an der völlig umgewandelten Universität Heidelberg. Mit Karl Viëtor, der sich vor 1933 gerne des jungen Nachwuchses angenommen hat – auch mich suchte er zu fördern –, verlor die deutsche Universität einen vielseitigen und aufgeschlossenen Germanisten von Rang, wenn auch seine späteren, elegant geschriebenen Bücher »Goethe« und »Georg Büchner« nicht die volle Ausstrahlung erreicht haben, die sie verdient hätten. Sein Verhältnis zu Deutschland blieb kühl und distanziert. Das galt auch für mich, obwohl wir in der Nachkriegszeit noch einige Briefe gewechselt haben.
Am Bodensee trafen sich im gleichen Frühjahr Rothacker, Günther Müller, Hans Naumann, der neue, viel bewunderte Altgermanist aus Bonn, und ich, um im privaten Zirkel den radikalen Wechsel in der politischen Situation zu besprechen. Günther Müller war ziemlich hilflos, Rothacker allzu ehrgeizig, er wäre am liebsten Kultusminister in dem neuen Staat geworden, Naumann, stets ein germanisch-romantischer Träumer, schwärmte kritiklos vom »Führer«, und ich selbst hatte nicht die Reife, das kommende Unheil zu durchschauen.
Ich bemühe mich, von den damaligen Geschehnissen nichts zu verdrängen. Der Generation der »Väter« hat man immer wieder, vor allem in der Nachkriegszeit, Virtuosität im Verdrängen vorgeworfen. Diese hat freilich ihre geschichtlichen Gründe. Selbst heute noch, fast fünfzig Jahre später, fällt es mir schwer, diese Zeilen zu schreiben. Allzu groß ist das Schuldkonto, das ein ganzes Volk auf sich geladen hat. Wäre es nicht anders gekommen, wenn man den Anfängen gewehrt hätte? So fragen oft die Spätergeborenen. Daß es nicht geschehen ist, hat jeder, der damals als Erwachsener gelebt hat, mit zu verantworten. Ich kann hier nur meinen eigenen Fall schildern und wie ich mich in den nachfolgenden Jahren verhalten habe. Ich war kein Widerstandskämpfer, aber ich war gewiß auch kein Nazi.

Wie paradox die politische Situation damals tatsächlich gewesen ist, mag ein Blick auf Fritz Scheids weiteres Schicksal verdeutlichen. Sehr bald durchschauten wir beide das Perfide dieser brutalen Herrschaft, die vor keiner Niederträchtigkeit zurückschreckte. Aus Mitläufern wurden wir rasch zu Gegnern des Regimes, bereits nach dem Röhm-Putsch am 30. Juni 1934 und nicht erst nach der als »Volkszorn« organisierten Kristallnacht vom November 1938. Fritz, jetzt ebenso radikal in der Ablehnung wie vorher in der überstürzten Zuwendung, agierte in seiner Funktion als Militärarzt gegen die Schreckensherrschaft, wo er nur konnte. Die Sterilisationen »unwerten« Lebens, die Vorboten der Euthanasie, zu denen er gezwungen war, wandte er, wenn irgend möglich, bereitwillig bei SS-Offizieren an, während er die geheimen Gegner des Nationalsozialismus mit Attesten zu schützen suchte. Als am Ende des Krieges die Amerikaner sein Lazarett in Rottach-Egern beinahe zusammengeschossen hätten, weil eine SS-Truppe immer noch Widerstand leistete, kroch er mit der weißen Fahne zum »Feind« hinüber und wurde hinterrücks von der SS angeschossen. Dennoch brachte er es als Schwerverwundeter noch fertig, die Fahne zu übergeben und das Lazarett auf diese Weise zu retten. Eine sofort von den Amerikanern durchgeführte Bauchoperation nützte nichts mehr. Er starb als »Held«, und heute ist in München nach dem ehemaligen Pg ein Platz in der Nähe des Schwabinger Krankenhauses benannt.

Bei mir verlief das Spätere nicht so eindeutig. Meine 1933 erschienene kleine Schrift »Dichtung und Volkstum« war ein Kompromiß. Der Name Hitler wird darin nirgends genannt. Es war ein deutschtümelndes Produkt, welches das Ideengut Herders und der Romantik zu aktualisieren suchte. Damalige Lieblingsvokabeln wie »völkisch« sind mir freilich inzwischen ein Greuel geworden. Das vorangestellte Zitat aus einem Drama Dietrich Eckarts hat man mir später übelgenommen. An sich ist es harmlos. Paul Wiedeburg, der mit Eckart verwandt war, hatte mich auf die Stelle aufmerksam gemacht, und so kam sie als ein falsches Zugeständnis an die Zeit in die Abhandlung hinein.

Das war die eine Seite. Die andere trat nach außen nicht in Erscheinung. Als die Burschenschaften mich gleich nach der Machtübernahme aufforderten, eine große öffentliche Rede über den negativen Einfluß des Judentums auf die deutsche Literatur zu halten, lehnte ich ab. Das war mir einfach unmöglich. Zugleich wurde mir klar, daß die Vorstellungen von Fritz und mir über irgendein Einwirken auf die NSDAP völlig illusorisch waren. Bei der

Bücherverbrennung in Erlangen konnte ich es vermeiden, zu erscheinen oder gar aktiv daran teilzunehmen. Zwar kannte ich damals den Satz von Heine nicht, daß dort, wo Bücher verbrannt werden, sehr bald die Verbrennungen von Menschen folgen, aber für mich, der ich von Jugend an Bücher liebte, war ihre gewaltsame Vernichtung aus politischer Motivierung schwer verständlich. Doch die Zwiespältigkeiten, in die man in den nachfolgenden Jahren unfreiwillig hineingeriet, führten zu einer fast schizoiden Spaltung der Person, wie ich sie schon von meiner Jugendzeit her kannte. Damals war sie aus einer Pubertätskrise erwachsen; jetzt wurde die Spaltung des Ichs durch seine Stellung im geschichtlichen Ganzen erzwungen. Beide Male bedeutete das einen Verlust an Realität. Ich verstehe die oft vorgebrachte Entschuldigung, man sei Pg nur im »formalen« Sinne gewesen. Doch dies ersparte einem keineswegs die Konflikte. Das private und das öffentliche Ich lagen in einem ständigen Widerstreit miteinander. Das Parteiabzeichen trugen so manche, so auch ich, verborgen in der Hosentasche. Man schämte sich, es öffentlich vorzuzeigen. Trotzdem gab es Gelegenheiten, wo sich das nicht vermeiden ließ.
Es war eine Art schweigender Opposition, in der wir uns in diesen Jahren unablässig zu üben suchten. Wir hängten zum Beispiel keine Hakenkreuzfahnen aus dem Fenster, auch nicht, wenn das von uns erwartet wurde. Es gab kein Hitlerbild in unserer Wohnung. Natürlich merkten das nicht nur die Nachbarn, sondern auch die Blockwarte der NSDAP – einer wohnte direkt neben uns. Was sollte man auf die Frage antworten, warum bei uns kein Hitlerbild hänge? Meine Frau wich geschickt aus, wir hätten nun einmal wegen der vielen Bücher keinen Platz für Bilder. Als sie mit Nachdruck aufgefordert wurde, wenigstens in die NS-Frauenschaft einzutreten, tat sie es nicht, schützte Krankheit vor und blieb allen Veranstaltungen fern. Damit geriet die Familie allmählich in den Verdacht politischer Unzuverlässigkeit. Ohne ständiges Lavieren konnte man in dieser vergifteten Atmosphäre nicht weiterleben. Wohl war mir inzwischen klargeworden, daß es eine Macht des Bösen gibt, doch immer noch hatte ich keine Ahnung, daß es auch eine *Wirklichkeit* des Bösen gibt und wie diese aussieht. Als die bombastischen Parteitage in Nürnberg stattfanden, reisten einige wenige aus stillschweigendem Protest in die entgegengesetzte Richtung, in die fränkische Schweiz. Das taten auch wir; es gab dann mit einigen Unbekannten, aber Gleichgesinnten vorsichtig tastende Gespräche, die etwa so begannen: »Sie sind wohl auch ein Parteitagsflüchtling?«

Es kam aber auch vor, daß ich unerwartet zur Parteistelle »gebeten« wurde, um mich dem Vorwurf zu stellen, ich hätte einem Pg den deutschen Gruß verweigert. Ich wußte nichts davon, hatte wohl unbewußt reagiert. Solche Vorfälle waren charakteristisch für das Klima in einer Kleinstadt, wo jeder jeden belauerte, jeder jedem mißtraute, jeder jeden kannte und alle um ihre eigene Sicherheit besorgt waren. Verstecken konnte man sich nicht, auswandern war praktisch kaum möglich und wurde immer unmöglicher, je mehr die Nazizeit fortschritt. So pendelte man zwischen Wut und Lüge hin und her.

Inmitten dieser sich immer weiter ausbreitenden nationalsozialistischen Bewegung erschien 1935 der Roman von Werner Bergengruen »Der Großtyrann und das Gericht«. Was für eine Geschichte wurde da erzählt? Die Handlung spielt in der Abgeschlossenheit des frei erfundenen italienischen Stadtstaates Cassano, in einer unbestimmten, jedoch bereits vergangenen Zeit früherer Jahrhunderte. Das Historische ist allerdings nur Hintergrund und Kulisse. Davor wird die zeitlich-überzeitliche Frage aufgerollt nach der Fehl- und Verführbarkeit menschlicher Herzen im geschlossenen Kreis einer uneingeschränkten, durch den Großtyrannen – eine Person ohne Namen – repräsentierten Herrschaft. Das Erzählte folgt dem Schema des Kriminalromans. Ein Mord an einem gesichtslos bleibenden, zwielichtigen Pater ist begangen worden. Es gilt, den Mörder in drei Tagen zu finden und vor Gericht zu stellen. So verlangt es der Befehl des Herrschers an den Leiter seines Geheimdienstes. In Wahrheit verfolgt der Herrscher damit den Zweck, die Gesinnungen und die Fehlbarkeit seiner Untertanen zu prüfen und zu durchschauen. Dieser Vorgang hat etwas gespenstisch Imaginäres. Erst ganz am Schluß erfahren wir, daß der Großtyrann selbst den Mord begangen hat, um sich eines Verräters, den er für politische Zwecke gebraucht hat, zu entledigen. Indem der Großtyrann als Versucher auftritt und die Hauptgestalten des Buches in Lüge und Vergehen der verschiedensten Art verstrickt, versündigt er sich an sich selbst und maßt sich den Rang eines gottgleichen Wesens an. Erst das, nicht etwa der begangene Mord, ist seine eigentliche Schuld.

Jedes einzelne Buch des auf verschiedene Gestalten verteilten Romans verstärkt unter einem neuen Blickpunkt die Spannung in der Suche nach dem Täter, schafft damit aber auch erneute, eigentlich sinnlose und leerlaufende, qualvoll erlebte Verwicklungen. Erst am Ende stellt das Gericht des Großtyrannen die Ruhe und Ordnung im Staatsganzen wieder her.

Ist der Roman ein getarntes Zeitdokument, eines der Beispiele der sogenannten »inneren Emigration«? Das Buch wurde damals von den Nazis nicht verboten. Das geschah erst mit Bergengruens zweitem Roman »Am Himmel wie auf Erden«, wenn auch mit einjähriger Verspätung. Der Autor konvertierte 1936 zur katholischen Kirche und wurde 1937 aus der Reichsschrifttumskammer ausgeschlossen. Ein am 17. Juni 1940 bei der NSDAP eingegangenes geheimes Schreiben bezeichnet ihn als »politisch nicht zuverlässig«. Unter anderem wurde dafür angeführt, er und seine judenfreundliche Familie vermieden den »deutschen Gruß, wenn er auch ab und zu die Hand ein wenig erhebt«.
Auch andere meiner Generation haben das Buch damals durchaus als eine getarnt kritische, für uns jedoch unmißverständliche Auseinandersetzung mit dem herrschenden Regime gelesen. Den Späteren erscheint das heute nicht mehr so selbstverständlich. Warum aber fanden wir in den Jahren um 1935 Bücher wie dieses oder auch Reinhold Schneiders »Las Casas vor Karl V.« und Ernst Jüngers »Auf den Marmorklippen« so brisant, so politisch faszinierend, daß wir sie mit Herzklopfen und Flüsterpropaganda weiterreichten? Zwar läßt sich nicht leugnen, daß der »Völkische Beobachter« den »Großtyrann« als einen »Führerroman aus der Renaissancezeit« gewürdigt hat; vielleicht war es ein gewolltes Mißverständnis. Doch hat es Bergengruen vorübergehend eine Art Alibi verschafft und dürfte ihm zum Schutz seiner Person nicht unwillkommen gewesen sein. Noch brauchte das Regime solche »bürgerlichen« Schriftsteller wie Bergengruen, Carossa, Wiechert zur eigenen Entlastung, wenn auch die Fallen für sie bereits vorbereitet wurden.
Die Vorstellung, deutsche Schriftsteller des Inlands hätten damals offen zum Widerstand auffordern sollen, ist so grenzenlos naiv, daß sich ihre Widerlegung erübrigt. Wer das Unglück gehabt hat, in einem totalitären System leben zu müssen, weiß, was jener physische und »moralische« Druck der sogenannten »Gleichschaltung« bedeutete, der bereits in den ersten Jahren der Herrschaft des Nationalsozialismus das gesamte öffentliche und private Leben verseuchte. Jeder Abweichende, Andersdenkende, der auch nur leise seine Meinung zu äußern versuchte, wurde diffamiert und als unerwünschte Person disqualifiziert: als Kulturbolschewist, Nihilist, als judenhörig, als vaterlandsloser Geselle usw. Die öffentlichen Bücherverbrennungen der »artfremden« Autoren setzten das erste, unübersehbare Zeichen. Da aber Menschen nicht vollkommene, sondern unvollkommene Wesen sind – das steht schon im Motto des »Großtyran-

nen« zu lesen –, entwickelten sie jene Spaltungserscheinungen, die ich bereits beschrieben habe. Manche, die sich privat abkapselten und im »engsten« Kreise das neue System verfluchten, sahen sich vor der Öffentlichkeit zu Kompromissen und Zweideutigkeiten gezwungen, um ihr Leben einigermaßen ungefährdet weiterführen zu können. Wo Bespitzelung, Mißtrauen und versteckte Kontrollen am Werke sind, zugleich aber der herrschende Zustand mit großen, pathetischen Worten zur Staatsreligion verklärt wird, da sind Angst und Lüge die Signaturen der Zeit. Bergengruen hat das 1946 in seinem Gedichtband »Dies irae« in aller Deutlichkeit ausgesprochen. Im Jahr 1935 konnte er es nur sehr indirekt sagen. Nicht um einen Umsturz des Systems ging es damals – der war nach Lage der Dinge unmöglich – und Bergengruen war gewiß kein Täter –, sondern um seine Entlarvung mit den Mitteln des Schriftstellers. Freilich ist es nicht ohne Tragik, daß dieser Wille zur Wahrheit durch die indirekte Art seiner Mitteilung, durch das Spielen mit sechs Bällen, wie es Elisabeth Langgässer einmal genannt hat, selbst ins zwiespältig Widerspruchsvolle geriet. Dennoch verstanden die meisten Leser von damals das von Bergengruen beschriebene »Klima«, in dem die vor die Versuchung gestellten Figuren des Romans leben mußten, das Klima verruchter »Gleichschaltung«, sie verstanden, wie »Verdacht und Verrat, Lüge und Meineid« die Leiber und Seelen verderben können; sie verstanden das zugleich Heimliche und Öffentliche in dieser heimtückischen Verflechtung, sie verstanden Bergengruens so genau artikulierte Naturmetapher zu Beginn des zweiten Buches von dem schwülen morgenländischen Wind, »dem Beförderer alles Bösen«. Der Appell an das eigene Gewissen blieb für viele der mehr oder weniger Mitverstrickten nicht ohne Wirkung. Die Herrschenden konnte Bergengruen in diesem Roman nicht erreichen. Aber er erreichte die Ohnmächtigen, die Unsicheren, die der Lüge Preisgegebenen; er weckte die Instinkte des *inneren* Widerstandes, er zerstörte Illusionen; er bekämpfte den Hitler in uns selbst, und das bedeutete zu dieser Zeit sehr viel.

Der harmonisierende Abschluß des Romans konnte freilich nicht genügen. Wenn das Erzählte in einer Apologie der Vergebung ausklang, so war das keine Lösung für die ungeheuerlichen Massenverbrechen, die noch bevorstanden. Allzu harmlos waren die Spürhunde und »Menschenfischer« des politischen Geheimdienstes in diesem Roman, so daß die möglichen Parallelen zu den Schergen des »Dritten Reiches« recht blaß bleiben mußten.

Gewiß, als Kunstwerk gesehen ist »Der Großtyrann« ein eher

altmodischer, dem Erzählstil des 19. Jahrhunderts, z. B. Conrad Ferdinand Meyers, verpflichteter Roman, eigentlich eine ausgebaute Novelle, in der Sprache etwas getragen, manchmal feierlich, manchmal aber auch spröde. In der unklaren Vermengung religiöser und politischer Problematik zeigte sich Bergengruens Grenze. Dennoch hat die Frage nach dem Verhältnis von Macht und Gerechtigkeit, von Verführbarkeit, Schuld und Gewissen bis heute nichts von ihrer Aktualität verloren, weil wir nach wie vor auch unter veränderten, nicht mehr dem Bösen ausgelieferten politischen Bedingungen nach einer Antwort darauf suchen müssen, die zugleich eine Antwort auf jede Art von Intoleranz und Terror sein müßte. Daher behält dieser Roman eines mutigen und integren Autors und virtuosen Erzählers auch heute noch seinen Wert.

In unserer Nachbarschaft, wenn auch im Abseits, hinter dichten Bäumen verborgen, stand ein kleines, unscheinbares Häuschen. Wir nannten es das Hexenhäuschen, und eine Hexe hat tatsächlich darin gewohnt. Aber das stellte sich erst später heraus. Schon zu Beginn meiner Erlanger Jahre lernte ich den Studienrat Oskar Dischner und seine Frau kennen, die sich beide dort eingemietet hatten. Lange Jahre sind wir dort ein- und ausgegangen. Er war Musiklehrer an einer höheren Schule, spielte Geige und Klavier, die Schüler hatten ihn auf den Namen »Singvogel« getauft; er komponierte auch selbst, doch habe ich nie eines seiner sorgfältig geheimgehaltenen Musikstücke kennengelernt. Immerhin wurden einige davon auch einmal öffentlich aufgeführt. Als ein Mann von umfassenden kulturellen und spekulierenden Interessen liebte er das temperamentvolle Streitgespräch. Akademische Grade imponierten ihm überhaupt nicht. Diese Zunft hat er eher verachtet. Ich habe in meinem Leben niemanden kennengelernt, der so frei, zornig und unabhängig und zugleich so anonym und ehrgeizlos gelebt hat wie er. Dabei kannte er keine Kompromisse, scheute nicht davor zurück, den Gesprächspartner rücksichtslos zu vernichten, wenn er ihn zu lau und zu unentschieden fand. Er war ein typischer Bayer, nicht etwa ein Franke. Von Anfang an haßte er den Nationalsozialismus, und in der Verborgenheit seines Hauses konnte man ungestört, vor allem während des Krieges, die ausländischen Sender abhören, was damals streng verboten war. Da Dischner aus seinem Herzen keine Mördergrube machte und jedermann wissen ließ, wie er das Regime verabscheute, ist es fast ein Wunder, daß er nicht denunziert worden ist. Vielleicht schützte ihn eine Art Narrenfreiheit, denn er galt als ein

extremer Sonderling, den die sogenannten Normalen nicht ernst nahmen. Mutig möchte ich ihn eigentlich nicht nennen. Es war mehr ein naiver Leichtsinn, dem er sich hemmungslos überließ. Doch besaß er zugleich einen untrüglichen Instinkt, der ihn nur Menschen in sein Haus holen ließ, die in Sachen der Politik gleicher Meinung mit ihm waren. Man traf sich dort am unbeobachteten Ort, immer streng unter sich. Wer sollte sich schon für einen mehr oder weniger als verrückt geltenden »Künstler« interessieren? Die Menschen, die bei ihm verkehrten, gehörten zu keiner bestimmten Klasse; die Skala reichte vom ehemaligen kommunistischen Arbeiter bis zu mehr oder weniger ausgefallenen »Intellekutellen«. Man wurde dort stets freundlich bewirtet. Ein einfacher schmackhafter Rotwein und einige Plätzchen genügten. Mahlzeiten sollten dort nicht verzehrt werden. Im Mittelpunkt der Abende standen stets die Gespräche.
Worum gingen sie? Die Vielseitigkeit dieses Mannes erstreckte sich auf zahllose, jedoch immer auf unkonventionelle Themen. Neben der Anthroposophie, der Theologie, der Naturphilosophie beschäftigte ihn die Astrologie. Auf der Basis großer kulturhistorischer Überblicke spekulierte er gern über die offenen Horizonte der Zukunft mit einer manchmal unheimlichen divinatorischen Begabung. Langweilig war er niemals. Das Schicksal des »Dritten Reiches« hat er genau vorausgesehen, sich nur gelegentlich in Terminen geirrt. Noch wichtiger aber war ihm die kommende Situation Europas, ja der ganzen Welt. Oswald Spengler wurde gern und häufig diskutiert. Außerdem tauschten wir Eindrücke über neue Bücher aus, besprachen selbstverständlich auch Fragen der Kunst und der Ästhetik. Die Auswahl in diesem Jahrzehnt war begrenzt. Doch erinnere ich mich an intensive Gespräche über Jochen Kleppers Roman »Der Vater«, über Jüngers »Auf den Marmorklippen«, über die Romane von Gertrud von Le Fort, darunter auch über ihre meisterhafte Novelle »Die Letzte am Schafott«, und über Bergengruen. Auch Hans Carossa wurde von uns viel gelesen, allerdings etwas kritischer. »Filzpantoffelatmosphäre« – ich glaube, es war Dischner, der dieses Wort für »Das Jahr der schönen Täuschungen« geprägt hat. Ebenso gehörte »Fremdländisches«, soweit es sich auftreiben ließ, in Dischners reichhaltiges Lesepensum hinein, darunter zum Beispiel der Bestseller der Margaret Mitchell »Vom Winde verweht«, den wir beide mit Vergnügen verschlungen haben.
Seine Frau, die er »Es« nannte, war ihm in keiner Weise gewachsen – sie hatte den Mund zu halten. Das tat sie denn auch. Meine

heranwachsenden Kinder mochten sie, weil sie oft kleine Geschenke von ihr bekamen. Sie gab sich loyal, wirkte dabei aber wie ein Wind-und-Wetter-Weib, und wir tauften sie scherzhaft »Old Shatterhand«. Das Burschikose und Verwitterte ihrer Erscheinung verlieh ihr eine ausgeprägte Originalität, die allerdings der ihres Mannes nicht ebenbürtig war. Ich möchte sie eine negative Originalität nennen. Im Kern ihres Wesens war sie frustriert und verbittert. Mehrere Fehlgeburten hatten das verschuldet, sie blieb ohne Kinder, die sie sich wohl in ihrer Jugend besonders gewünscht hatte. Für ihren Mann war sie nicht eine Person oder gar ein Partner, sondern eben nur ein »Es«. Diese Negativität äußerte sich in einer unglaublichen Fähigkeit zu lügen. Sie konnte, ohne mit der Wimper zu zucken, einen so ins Gesicht hinein anlügen, daß man überhaupt nicht auf den Gedanken kam, sie hätte die Unwahrheit gesagt. Fatalerweise sagte sie oft dem einen Gesprächspartner das genaue Gegenteil von dem, was sie dem anderen anvertraute. Wie verhängnisvoll sich eine solche »Begabung« in so turbulenten, zerstörerischen Zeiten wie damals auszuwirken vermochte, läßt sich leicht vorstellen. »Es« war die geborene Intrigantin. Ihre Großzügigkeit entpuppte sich bei näherem Hinsehen als gespielt, als bloß vordergründige Schau. Dahinter lauerte der Wille zur Destruktion. Sie erinnert mich, wenn ich heute zurückblicke, an die Romanfigur »Tante Lisbeth« von Balzac, die eine ganze Familie zu korrumpieren verstand. Ihr Mann wollte vernichten um der Wahrheit willen, sie hingegen wollte vernichten um der Lüge willen. Sie war, um es endlich zu sagen, die Hexe, die im hübschen Knusperhäuschen lebte. Das wußten wir damals freilich nicht – Hexen können ihre Existenz hinter Freundlichkeit verstecken.

Wie entwickelte sich meine Situation als akademischer Lehrer? Die aus Bonn mitgebrachten Schüler und Schülerinnen wirkten zunächst wie Fremdkörper, man mochte sie nicht allzu sehr, weil sie den braven Franken an Intelligenz weit überlegen waren. Trotzdem hat sich im Lauf der Jahre auch in Erlangen ein neuer Schülerkreis herangebildet, ganz abseits vom politischen Ungeist der Zeit. Zunächst freilich gab es Schwierigkeiten. Saran, Maurers Vorgänger, hatte die Germanistik noch als ungeteiltes Fach vertreten. Er gehörte zu einer Generation, die dem positivistischen Wahn huldigte, die Exaktheit einer literarischen Analyse ließe sich auf einen Grad bringen, der etwa dem einer mathematischen Formel entspricht. Seine Doktoranden beschäftigten sich meist mit »Baukästen« zum Drama. Das waren mit Hilfe eines Zettelkastens gesammelte Belege,

in denen jeweils ein dramatisches Werk in seine Bestandteile zerlegt wurde. Diese Zettel bildeten dann, wiederum zu einer Art Tabelle zusammengefügt, ein sogenanntes »Fadengeflecht« – ein ellenlanges, gefaltetes Gebilde, das wie eine Strickleiter niederfallen konnte. Noch in meinen letzten Wochen in Bonn hatten meine Studenten und ich beim geselligen Zusammensein uns über dieses Unding aus der Schule Sarans mit schallendem Gelächter amüsiert und die Entrollung des »Fadengeflechts« von Hauptmanns Drama »Die Weber« zur allgemeinen Gaudi demonstriert.
Nun kamen einige vaterlos gewordene Saran-Schüler und wollten bei mir promovieren. Ob sie mir ihren »Zettelkasten« bringen dürften, ob ich ihr »Fadengeflecht« begutachten würde. Welten trennten uns. Ich durfte sie nicht abweisen. Doch ging die Sache gut aus. Keiner von ihnen blieb auf die Dauer; sehr bald verschwanden sie in aller Stille einer nach dem andern. Sie konnten ebensowenig mit mir anfangen wie ich mit ihnen.
Schwieriger war es mit Sarans Habilitanden Dr. Riemann. Dieser zeigte sich, wenn auch etwas gehemmt, mehr und mehr als kenntnisreicher Gelehrter. Zwar war er bereits zwei Jahre älter als ich, doch ich war gern bereit, ihm zu helfen, zumal er in seiner sehr gründlichen, wenn auch etwas trockenen Art mir in mancher Hinsicht sogar überlegen war. Seine geplante Habilitationsschrift über Goethes Naturanschauung, von der ich große Teile gelesen habe, verriet vorzügliche geisteswissenschaftliche Kenntnisse. Ich weiß heute nicht mehr, warum sich die Sache trotzdem zerschlagen hat. Wahrscheinlich haben politische Querelen störend eingegriffen. Riemann, der eine lateinische Programmschrift des Ästhetikers Baumgart übersetzt hat, ist später Oberstudiendirektor in Nürnberg geworden. Eine Begabung von Rang ist hier der Universität verloren gegangen.
Durch Riemann lernte ich, wenn auch nur sehr kurz, den jungen, aufstrebenden Clemens Lugowski in Nürnberg kennen; ein überzeugter Nationalsozialist und dennoch zugleich ein begabter, origineller Kopf. Seine Studien über die Form der Individualität im Roman des 16. Jahrhunderts hatten bereits 1932 einiges Aufsehen gemacht. Stärker galt das noch von seinem eigenwilligen Buch »Wirklichkeit und Dichtung. Untersuchungen zur Wirklichkeitsauffassung Kleists«, das diesen Tragiker im Rückgriff auf germanische Vorstellungen interpretierte. Heute sind diese Schriften weitgehend vergessen. Nach Kriegsausbruch wurde er eingezogen, ist aber sehr bald als Soldat des »Führers« gefallen.

Zu den von Hitler Überzeugten gehörte auch Gerhard Fricke, den ich gelegentlich bei Tagungen getroffen habe. Er stieg fast meteorhaft auf und wurde schon 1934 Professor in Berlin, dann Ordinarius in Kiel, später in Straßburg. Seine protestantisch-theologische Bindung mit dem Willen zum Unbedingten und Absoluten schlug rasch in nationalsozialistische Begeisterung um. Er hat allerdings nie gegen andere intrigiert oder gar jemanden denunziert. Seine »flammende« Rede bei der Bücherverbrennung freilich war später nicht wieder gut zu machen.
Mit seinem bereits 1929 entstandenen Buch »Gefühl und Schicksal bei Heinrich von Kleist« hat er der literarhistorischen Forschung neue, lange Zeit sehr beachtete Wege gewiesen. Dann allerdings vermochte sich seine Produktivität nie wieder von seiner radikalen, wenn auch nur vorübergehenden Glaubensbindung an den Zeitgeist zu erholen. Er rettete sich zwar nach dem Zusammenbruch in die Türkei, konnte später sogar noch Ordinarius in Köln werden, blieb aber ein innerlich gebrochener Mann, der den Zwiespalt in seiner Brust mit sich selbst austragen mußte, und war bis zu seinem Tod ständig mehr oder weniger verfemt. Sein Schicksal spiegelt die verhängnisvolle Mischung von eigener Schuld und Belastung durch eine Zeit, mit der fertig zu werden nicht jedem gegeben war. Doch hier muß auch verzeichnet werden, daß er für seinen Schüler Klaus Ziegler, den späteren Ordinarius in Tübingen, der als Sozialist, ja sogar als Kommunist galt, immer eingetreten ist. Solche Widersprüche sind für manche Lebensläufe in dieser Epoche charakteristisch gewesen.
Auch ich blieb auf meine Weise vor das Problem gestellt, gegen den Zeitgeist leben zu wollen und ihm doch auf Schritt und Tritt ausgesetzt zu sein. Spätergeborene können nur selten ermessen, wie schwierig das war, zumal dann, wenn diese von der übrigen Welt so isolierte deutsche Gegenwart einen Totalitätsanspruch erhob, der nichts anderes neben sich gelten ließ. Die Jahre unter dem Hakenkreuz waren lange Zeit verlorene Jahre meines Lebens, und damit so etwas wie eine Epoche ohne Epoche. Glücklicherweise hatte ich nur wenige überzeugte Nationalsozialisten in meinen Seminaren. Sie waren nicht bösartig, aber von ahnungsloser Beschränktheit. Als ich Goethes »Iphigenie« besprach, meinte einer: Er könne ja das mit der »Humanität« zur Not verstehen. Aber er begriffe doch nicht, warum Iphigenie nicht den Thoas geheiratet habe, um von ihm möglichst viele Kinder zu bekommen. Was sollte ich auf solchen primitiven Biologismus antworten? Die Lektüre dieser Generation blieb dürf-

tig. Sie beschränkte sich, abgesehen vom Lehrpensum, mit Vorliebe auf einige Schriften von Kolbenheyer.
Alles in allem jedoch verlief der sogenannte »Lehrbetrieb« ungestört. Wahrscheinlich haben gelegentlich auch »Spitzel« in meinen Vorlesungen gesessen. Gemerkt habe ich davon nichts. Die Nazis hatten damals noch nicht genügend Zeit, sich eingehender mit den Universitäten zu befassen. Ich hielt im Winter 1932/33 meine Vorlesung über das deutsche Drama der Gegenwart mit dem Schwerpunkt auf den polaren Gegensätzen von Gerhart Hauptmann und Hugo von Hofmannsthal. In den späteren Seminaren bevorzugte ich besonders Kleist und beschäftigte mich mehrere Jahre mit dem empfindsamen Zeitalter und dem Biedermeier. In großen Überblikken über das 19. Jahrhundert suchte ich mit Hilfe von Schnabels Geschichtsdarstellung die verschiedenen Positionen einer politischen Ideengeschichte zu analysieren. Meine Habilitationsschrift über Herder blieb liegen und ist nie gedruckt worden. Ausgespart wurden alle jüdischen Autoren. Über sie durfte man nur mit dem abwertenden Kennzeichen »Jude« reden oder gar nicht.
Das hat seine Folgen besonders für die Wirkungsgeschichte Heinrich Heines gehabt. Ich selbst lernte ihn erst nach dem Krieg näher kennen und fühlte mich so von ihm angezogen, daß ich ihn am liebsten zum Gegenstand meiner eigenen Forschungen gemacht hätte. Aber der fatale Gedanke, man könne mir das als nachträgliches »Alibi«, als eine billige Anpassung an den neuen Zeitgeist auslegen, hielt mich zunächst davon ab. Immer wieder haben die Deutschen ihre Schwierigkeiten mit Heine gehabt. Sein Radikalismus bis zum Zynischen stieß sie oft ab, zog sie aber auch wieder an. In den sechziger und siebziger Jahren wurde er zum Tummelplatz für sich wechselseitig bekämpfende Ideologien. Mit einem Mal war er »unser« Heine. Aber darunter verstand man oft nur Heine als Aushängeschild für alle Absagen an das heutige »Establishment«. Wo blieb dabei der Dichter Heine? Seine Klugheit, sein paradoxer Witz, die Eleganz seines Stiles und seine gelebten Widersprüche faszinierten mich. Wie weit war das alles noch in seinem Judentum verankert? So schrieb ich im Alter doch noch einige Heine-Studien unter dem Titel »Signaturen«. Das Buch führte ein einsames Dasein *zwischen* den Links- und Rechtsströmungen, da es Heine nicht für politische Propaganda mißbrauchen, sondern nur »verstehen« wollte. Damals unter der Nazi-Herrschaft wurde Heine ebenso totgeschwiegen wie er später oft in übertriebener Weise verherrlicht wurde.

Aber auch ohne Bekenntnisse zu Heine galt ich im wachsenden Maße als politisch unzuverlässig. Das stellte sich spürbar bei zwei späteren Gelegenheiten heraus. Der einflußreichste Ordinarius und Exponent des Systems in diesen Jahren war der von Wien nach Berlin berufene Franz Koch, der dort auch Julius Petersen das Leben verbittert haben soll. Den Brief, den er am 30. Mai 1939 an mich geschrieben hat und den ich mir als Zeitdokument aufgehoben habe, gebe ich hier ohne Kürzung und ohne Kommentar wieder:

Sehr geehrter Herr Kollege
immer wieder und von den verschiedensten Seiten, Partei und Wissenschaft laufen bei mir Anfragen und Ersuchen um Gutachten ein, die mich nicht nur materiell, sondern auch ideell und seelisch sehr belasten, da ich mich bemühe diesen Wünschen so sachlich wie irgend möglich gerecht zu werden. Zugleich ist mir in solchen Fällen völlige Offenheit ein selbstverständliches Bedürfnis. Ich bitte Sie daher, mir eine ganz offene Aussprache zu gestatten, für die ich vielleicht ein gewisses Recht aus dem Umstande ableiten darf, daß ich bereits bei mehreren Gelegenheiten für Sie eingetreten bin.
Daß wir eine neue Front von Wissenschaftlern aufzubauen im Begriffe sind, ist kein Geheimnis. Zwei Bedingungen sind dafür Voraussetzungen: wirkliche Wissenschaftlichkeit und unbedingte Verläßlichkeit, soweit sie sich als Zusammengehörigkeitsgefühl offenbart, das auch das gelegentliche offene Bekenntnis zum Nationalsozialismus nicht scheut. Man muß schließlich auch an der wissenschaftlichen Haltung des Forschers erkennen können, wo er steht. Es ist mir nun aufgefallen, daß Sie in Ihren Forschungsberichten zur Romantik, die selbst für eine Erscheinung wie Otto Mann, über die wir uns wohl heute ganz im klaren sind, soviel Objektivität aufbringen, die Arbeiten Gundolfs und Körners vor allem ausführlich würdigen, kein Wort für meine »Deutsche Kultur des Idealismus« übrig haben, obwohl Sie bis aufs Jahr 1932 zurückgreifen, auch nicht versäumen, auf Walzel einzugehen und mir, wie ich mich erinnere, Ihre Zustimmung mündlich sehr lebhaft ausgedrückt haben. Ich wäre nicht darauf zurückgekommen, wenn Sie sich nicht neuerdings im »Literaturblatt« für den Juden Körner einsetzten, obwohl, ganz abgesehen von seinem Judentum gerade seine »Krisenjahre« ganz gewiß an sich eine sehr kritische Sonde vertrügen. Das nimmt man Ihnen denn auch sehr übel, denn nicht gewußt zu haben, daß Körner Jude ist, wird heute, und wie mir scheint mit Recht, niemand als Entschuldigung gelten lassen. Auch ist jeder Fachge-

nosse über den Staub, den seine Habilitationssache einst aufgewirbelt hat, im Bilde. Ich weiß andererseits, daß Sie es abgelehnt haben, die beiden Bände meines »Stadion« zu besprechen (Sie glauben nicht, wie sehr wir beobachtet werden!).
Sie begreifen, daß ich mich angesichts dieser Tatsachen zu einer Prüfung meines Standpunktes gedrängt fühle, da ich verantworten muß, was ich vertrete. Ebensowenig möchte ich natürlich mich persönlich immer wieder für jemanden einsetzen, wenn ich nicht einer gewissen Übereinstimmung in wichtigen Punkten sicher bin. Auch von uns verlangt die Zeit eindeutige Entscheidungen. Wer das nicht will oder kann, den läßt sie fallen.
Seien Sie mir nicht böse, ich spreche aus Erfahrung und aus einem ziemlichen Einblick und möchte Sie bitten, meinen Brief als das aufzufassen, was er ist: als persönliche Bekundung eines, der Ihnen sachlich wie menschlich verbunden ist. Heil Hitler!

Koch

Handschriftlich wurde noch hinzugefügt: »Ich fühle mich, den Brief überlesend, gezwungen hinzuzusetzen: Fassen Sie bitte dieses Schreiben doch nicht so auf, als wollte ich Sie indirekt damit zu einer Besprechung meiner erwähnten Publikationen nötigen. Ich bitte Sie dringend in aller Form, es dabei bewenden zu lassen! Mir geht es um ganz anderes, Ihnen fühlbar zu machen, wie man Ihr Verhalten sieht und sehen kann.«
Als mich im gleichen Jahr die Nachricht erreichte, ich solle als korrespondierendes Mitglied in die Bayerische Akademie der Wissenschaften aufgenommen werden, schlug mein Herz höher. Die Freude war von kurzer Dauer. Der damalige Dozentenbundsführer Otto Seel hatte mir mitzuteilen, daß ich politisch »untragbar« sei und daher meine Ernennung in die Akademie nicht stattfinden könne. Der Instinkt der schnüffelnden Funktionäre spürte das Richtige heraus. Leider war ich inkonsequent genug, trotzdem wütend zu sein und gegen den Ausschluß, wenn auch vergeblich, zu protestieren. Ich war zu jung und zu ehrgeizig, mich auf ein bewußtes Schweigen zurückzuziehen. Zudem war ich ja keine anonyme, sondern eine öffentliche Person. Als zum Reichsgründungstag am 30. Januar 1938 die Festrede gehalten werden mußte, bat mich der Rektor, eine allgemein interessierende wissenschaftliche Rede vorzutragen, damit eine rein politische vermieden werden konnte. Das abzulehnen war praktisch unmöglich. So wählte ich als Thema »Volk und Dichtung von Herder bis zur Romantik«. Damit war ich

vertraut. Aber ganz ohne politisches Zugeständnis ließ sich dieser Vortrag an einem so eminent politischen Tage nicht durchführen. Ich suchte mir zu helfen, indem ich am Schluß einen kurzen, freundlichen Vergleich zwischen der Auffassung von Tanz, Lied und Spiel in dem von mir behandelten Zeitraum und dem Wiederaufleben von alten Landsknechtsgesängen und Soldatenliedern in der Jugendbewegung und der Hitlerjugend zu ziehen suchte. Es war das einzige Mal während der Nazi-Zeit, daß der Name Hitler in meinen Schriften erwähnt wurde. Für die Nachgeborenen ist es schwer verständlich, in welcher Situation und unter welchem Druck eine solche Rede damals gehalten werden mußte. Wiederum wird hier die Spaltung von öffentlicher und privater Person sichtbar, in die die Zeit so viele von uns gewaltsam hineinzwang. Längst war mir dieser »Volksstaat« verhaßt. Aber ich mußte in ihm weiterleben und wollte nicht untergehen. An Auswanderung war zu diesem Zeitpunkt für einen vermögenslosen »Arier« nicht mehr zu denken.

Der gleiche Druck machte sich überall bemerkbar. Einmal kam unser kleiner Junge weinend aus der Schule und erklärte, er müsse als Hausaufgabe einen Juden zeichnen, wisse aber nicht, wie er das machen solle. Der Lehrer hatte eine böse Karikatur im Stil des berüchtigten »Stürmers« an die Tafel gemalt. Wir gaben ihm den salomonischen Rat, wahrheitsgemäß zu erklären, er habe noch nie einen Juden gesehen und könne darum auch keinen zeichnen. Später, während des Krieges, wurde Peter mit der ganzen Klasse zum Hopfenzupfen abkommandiert und landete bei einem bösartigen Bauern, der die Kinder hielt wie das Vieh. Um ihn dort herauszuholen, brauchten wir ein ärztliches Attest. Wir fanden einen jungen Arzt, der das System ebenso haßte wie wir, ohne daß ein Wort darüber gesprochen wurde. In einer eindrucksvollen Untersuchung, die ja auch die Arzthelferin täuschen mußte, dichtete er dem Jungen einen Herzfehler an. Der Patient durfte natürlich über den Schwindel nicht aufgeklärt werden, und so ging Peter lange Zeit nur äußerst behutsam und unter Stöhnen den steilen »Staffelweg« zu unserer Wohnung hinauf und legte beim Treppensteigen immer Pausen ein, um sein Herz zu schonen. Er hatte viel Fantasie.

Eine der fatalen Begleiterscheinungen von Diktaturen ist das Absinken der kulturellen Produktion ins Mittelmäßige und Triviale. Es ist, als ob der Geist sich dafür rächte, daß man ihn für die Zwecke der Diktatur mißbrauchen wollte. Ich hatte seit Heidelberg meinen eigenen produktiven Weg eingeschlagen. Nun geriet ich zunächst ins Provinzielle. Meine Festreden in der fränkischen Landschaft über

Jean Paul, Rückert und Platen waren gewiß keine Bekenntnisse zum NS-Staat, aber sie hatten – so sehe ich es heute – einen unbehaglichen Geruch von Mittelmäßigkeit. Doch blieb ich fleißig. Aus Geldgründen übernahm ich die Herausgabe sachlich kommentierter Klassikerausgaben, erst Schiller, dann Hebbel. Sie ließen sich mit handwerklichen Kenntnissen bewältigen. Endlich konnten wir uns richtige Betten kaufen und behielten auch noch Reserven für Reisen nach Jugoslawien, wodurch wir dem fragwürdigen Idyll Erlangen wenigstens für einige Wochen den Rücken kehren konnten.

Nach einigen Jahren vertauschten wir unsere bescheidene Mietwohnung mit einer schönen Vierzimmerwohnung im oberen Stock bei derselben, immer hilfsbereiten Wirtin Frau Bock. Wir brauchten dringend mehr Platz, zumal am 6. September 1935 unsere Tochter Christiane in Erlangen geboren worden war.

Langsam fand ich auch den Weg zur eigenen selbständigen Leistung. Im Jahr 1937 erschien meine erste Schrift über Schiller. Sie behandelte das Spannungsfeld von Politik und Tragödie in Schillers Dramen. Einiges von meiner nicht gedruckten Habilitationsschrift ist in ein zweites, kleineres Buch eingegangen »Herder. Grundzüge seines Weltbildes« (1939). Beide Schriften betrachte ich als Übergangsprodukte. Man ließ sie ungestört passieren. Doch blieben sie redlich und brachten mich mit mir selbst stärker in Übereinstimmung. In einzelnen Untersuchungen zu Schiller, Goethe, Grabbe und Hebbel fand ich allmählich den Zugang zum Phänomen der Gattung Tragödie in der Literatur des 18. und 19. Jahrhunderts. Je mehr ich die Verstrickung in der Zeit zu überwinden suchte, um so stärker gewann ich für meine eigene Produktivität neue, nicht mehr notdürftig angepaßte Maßstäbe.

Einiges kam mir dabei zu Hilfe. In erster Linie ein neuer Schülerkreis, den ich so zu lenken suchte, daß er den Spielraum für die Freiheit behielt. Nichts ist verkehrter, als bereits dieser Epoche die sogenannte »Flucht in die Innerlichkeit« vorzuwerfen. Nur »innen«, nur in uns selbst vermochten wir das zu bewahren, was von außen in einem Propagandagetümmel von beklemmenden Ausmaßen pausenlos entwertet wurde. Im stillen Abseits der gelegentlich doch auch freundlichen Idylle entstanden die Dissertationen meiner Schüler. Mit einigen konnte ich ganz offen reden und die sehr sparsamen Möglichkeiten der »inneren Emigration« Schritt für Schritt entwikkeln. Daneben gab es Seminarfeste, Spiele, Experimente einer nicht zu erstickenden Lebenslust. Mit Karl Ament, der später Studienrat in Bamberg wurde, machte ich lange Spaziergänge, die dann stets im

Kaffeehaus Mengin endeten. Er liebte Jean Paul und George, wir diskutierten freundschaftlich offen und ohne Vorbehalte über die Zeit. Er verstand es, die »Partei« zu vermeiden, wurde aber trotzdem nach dem Kriege viele Wochen eingesperrt. Die Amerikaner waren der Meinung, eine Beförderung zum »Rat« (Studienrat) habe während der Nazizeit unmöglich ohne Parteiprotektion erfolgen können.

Einer der positivsten meiner Studenten war Heinz Schöffler, der sich später als Kunstliebhaber und Kunstkritiker einen Namen gemacht hat. Seine Dissertation, die Thomas Mann und Friedrich Huch als Gestalten der Jahrhundertwende untersucht hat, verriet nicht nur die Begabung zur kombinatorischen Gesamtschau, sondern auch eine besondere Sensibilität für künstlerische Werte und Darstellungsformen. Vor allem aber ist mir seine Person unvergeßlich – ein dem Leben zugewandter, enthusiastischer, trinkfreudiger Pfälzer, der das Leben als Literatur und die Literatur als Leben erfuhr. Da gab es keine Risse und Widersprüche. Nur wenige meiner Schüler sind so erlebnishungrig und kunstbegeistert zugleich gewesen. Seine katholische Herkunft mochte ihn gegen das NS-Regime immun gemacht haben, mehr wohl noch seine natürliche Anlage, der alles Rohe, Vulgäre, Undifferenzierte zuwider war. Er lebte von innen heraus und verstand Lebenswerte zugleich als Kulturwerte, ohne die er nicht zu existieren vermochte.

Das gilt auch von Hans Hugelmann, der mit einer Arbeit über Paul Ernsts Prosa und Weltanschauung bei mir promoviert hat. Er war ebenso alt wie ich, stammte aus einfachen Verhältnissen, hatte spät das Begabtenabitur gemacht, arbeitete als Volksbibliothekar und ist nach dem Krieg der Leiter der Nürnberger Volkshochschule geworden. Er glaubte an den »Geist« und stand wohl auch deshalb Paul Ernst allzu unkritisch gegenüber. Den Satz dieses Dichters »Wer mehr sein will, muß mehr von sich fordern« hat er zur Devise seines Lebens gemacht. Die Auseinandersetzung mit der damaligen Epoche ist gewiß nicht einfach für ihn gewesen.

So blieben in der Dürftigkeit dieser Jahre meine Studenten der große Trost für mich. Den treuen Hans Lauer, immer nur Hänschen Lauer von uns genannt, der als begeisterter Soldat in den Krieg gezogen war, kostete es nachher viele Gewissenskämpfe, aus einem Patrioten zum Gegner des nationalsozialistischen Staates zu werden. Solche krisenhaften Entwicklungen mußten viele der Kriegsgeneration durchmachen. Seine Arbeit über den Roman von Kurt Kluge »Herr Kortüm und sein humoristisches Lebensgefühl« nahm Lauer noch nach Münster mit und hat dort mit ihr promoviert. Kurt Kluge und Emil Strauß, das waren problematische, aber bedeutende Autoren aus der Epoche des Nationalsozialismus, zu denen wir noch den Zugang finden konnten. Sie sprachen Konflikte, Zwischenprobleme, Bedrängnisse, auch humoristische Versöhnungen aus, die uns verständlich blieben. Meine Schüler von damals kann ich hier nicht alle charakterisieren, noch nicht einmal nennen. Viele gingen wie üblich in den höheren Schuldienst, einige nahmen Fron und Freude der Ehe auf sich. Nationalsozialisten waren nicht unter ihnen.

Es war im Jahre 1936, als der junge Mittelalter-Historiker Fritz Ernst für ein oder zwei Semester einen Lehrstuhl in Erlangen vertrat. Mit ihm zusammen machte ich eine kurze Jugoslawienreise auf die einsame Insel Kolocep, eine archaische, von der Zivilisation damals noch kaum berührte Landschaft in der Nähe von Dubrovnik. Ernst und ich hatten uns angefreundet, blieben aber auf Distanz. Das ging mehr von ihm als von mir aus. Politisch stimmten wir in der Ablehnung des Nationalsozialismus völlig überein. Ernst, ein geborener Diplomat, ein typischer Schwabe mit der dialektischen Neigung zum Sowohl-als-auch und nicht zum Entweder-oder, ein Schüler des berühmten Historikers Haller, wußte geschickt allen Hindernissen auszuweichen.

»Die Schwaben«, so behauptet ein witziges Bonmot »sind entweder Genies, oder sie halten Uhland für einen großen Dichter und Goethe für unmoralisch.« Eine Spur dieser Genialität steckte zweifellos in Fritz Ernst. Er lebte aus einem Überschuß des Unbewußten, den er jedoch sehr diffizil und sehr diszipliniert zu verarbeiten wußte. Seine Lebensform und sein Lebensstil hatten etwas Vornehmes. Sein Takt und das Aristokratische in seinem Wesen waren Naturqualitäten. Ich mochte ihn gerade in seiner Verhaltenheit gern, aber zum brüderlichen Du ist es trotz unserer gemeinsamen abenteuerlichen Reise in erhaben einsamer Landschaft nicht gekommen.

In erster Linie harmonierten wir in der Liebe zur Dichtung, vor allem in der zu den Versen Eduard Mörikes. Viele Gedichte von ihm konnte er auswendig vortragen und geriet dann sogar ins Schwärmen. Er brachte mir zum ersten Mal das schwäbische Naturell und seine Geisteshaltung nahe.

Schwabe war auch mein gleichaltriger Kollege Heinz Otto Burger, den ich während des Krieges bei einer Tagung kennenlernte. Zwischen uns herrschte, gleichsam mit Auguren-Lächeln, ein stillschweigendes Einverständnis über das uns widerwärtige Zeitalter. Burger hatte bereits 1933 eine sehr anregende Dissertation über

»Schwabentum in der Geistesgeschichte« geschrieben und spezialisierte sich später unter anderem auf die Epoche des Humanismus und der Reformation. Auch bei ihm zog mich die Fähigkeit des Schwaben zur ironischen Distanzierung und zum sorgfältig abwägenden Urteil an. Sein liberaler Humanismus und seine Offenheit für die verschiedensten Fragestellungen haben in einem langen Forscherleben die Literaturwissenschaft sehr gefördert, um so mehr, als er es immer vestanden hat, als Person dabei bescheiden zurückzutreten.

Eine weitere Beziehung, die allmählich zur Freundschaft führte, entwickelte sich zu meinem Kollegen Wolfdietrich Rasch, der 1941 nach Würzburg berufen wurde. Ebenso wie ich war er im Jahre 1903 geboren. Er kam von Zeit zu Zeit herüber, um mich in Erlangen zu besuchen, oder ich kam zu ihm. Mit dem Zwiespalt, gegen den Zeitgeist leben zu wollen und ihm doch Zugeständnisse machen zu müssen, hatte auch er sich abzufinden. Bei unseren Begegnungen konnte von Zustimmung zum Nationalsozialismus keine Rede sein.

Ich lernte ihn als eine sehr kommunikative, jugendlich frische Persönlichkeit kennen – das ist er bis heute geblieben – mit Sinn für das Weltmännische. Im Essen und Trinken war er ein Kenner, ja sogar ein wenig Gourmet. Er dachte in europäischen und nicht in nationalen Horizonten, war gut vertraut mit einem so bedeutenden Dichter wie Musil, ein brillanter, immer zum leisen Spott geneigter Formulierer, der mit Vorliebe meine Schwächen aufs Korn nahm, aber dabei doch liebenswert blieb. Seine Toleranz im Geistigen war unverkennbar, seine gesellige Freundlichkeit liebte die geistvolle Ironie. Er war das Gegenteil eines Pedanten, war auch kein Ethiker, verkörperte eher einen ästhetischen Typus; er war – um es übertreibend zu sagen – eine Art Glücksspieler des Lebens, keineswegs frei von Eitelkeit. Damals in Würzburg war er noch nicht verheiratet. Später scheiterte seine Ehe mit einer wesentlich jüngeren, überaus anziehenden, dabei aber auch labil extravertierten Frau. Nach der Scheidung blieb er unverheiratet. In späteren Jahren wurde er mein Nachfolger in Münster, der sich nach seiner Emeritierung in das ihm weit gemäßere München zurückgezogen hat. Eigentlich paßt er nur in eine Großstadt. Dort versteht er es, sich viele literarische Verbindungen zu schaffen. Er ist im besten Sinne des Wortes Feuilletonist, jedoch mit weitem historischem Bildungshorizont, ein vorzüglicher Spezialist für die modernen Vertracktheiten der Jahrhundertwende und für die Spätblüte der Dekadenz. Damals veröffentlichte er fast zur gleichen Zeit wie ich ein kleines Buch über Herder. Doch führte sein Weg ebenso wie meiner weit über diese Anfänge hinaus. Nährere Beziehungen ergaben sich auch zu Walther Rehm, der damals noch Dozent in München war. Ich habe ihn wiederholt besucht, und auch, als er Ordinarius in Gießen und Freiburg wurde, rissen unsere Kontakte nie ab. Leidenschaftlich hat er den Nationalsozialismus gehaßt. Er und Kommerell gehörten zu den stärksten Begabungen meiner Generation. Rehm war eine merkwürdige Mischung von introvertiert und aufgeschlossen, unglaublich produktiv, eigentlich nur am Forschen und Lehren interessiert. Sein Bildungshorizont reichte weit ins Antike und Europäische hinein. Ich bewunderte seinen herrlichen Zettelkasten, in dem er unermüdlich faszinierende Zitate der Dichter sammelte, um sie in seinen Büchern zu verwerten. Seine Fähigkeit lag im beschreibenden Schildern, nicht im abstrakten Denken. Wir haben uns immer wieder über Fragen der Tragödie gestritten. Seine Bücher gerieten oft zu sehr ins Breite, bei einer nicht unbedenklichen Neigung zu unscharfen Rändern. Populär sind sie merkwürdigerweise nie geworden. Sein Spürsinn für Komplikationen der Seele, für Irrungen und Abenteuer des Geistes hatte etwas fast Irritierendes. Er war eine eigenwillige, stark ichbetonte Persönlichkeit, die sich, soweit nur eben möglich, allen sozialen Bindungen und Amtsgeschäften entzog. Daß während der Nazi-Zeit Bücher wie Rehms »Griechentum und Goethezeit« und Paul Böckmanns »Hölderlin und seine Götter« entstehen konnten, Bücher, die sich gegen die Infektion durch den Zeitgeist gewehrt haben, gehört zu den wenigen Ruhmesblättern, die die sonst so anfällige Literaturwissenschaft von damals aufzuweisen hat. Von der biologisch-rassistischen Betrachtungsweise hat sie sich bis auf ganz wenige Ausnahmen freigehalten. Ihren Leistungen verdanken wir, daß die Kontinuität der deutschen Geistesgeschichte niemals ganz abgerissen ist und daß daher nach dem Krieg an bereits Überliefertes positiv angeknüpft werden konnte. Dennoch zeigen auch solche in den dreißiger Jahren entstandenen Werke, daß sie die Signatur der damaligen Epoche mitgeprägt hat. Das Interesse am Mythos, die Neigung zum Pathos, der Mangel an nüchterner Rationalität, der, wenn auch verlagerte, Kultus des Heroischen – das alles waren Charakteristika eines Zeitstils, mochte er auch mit Rosenbergs berüchtigtem »Mythos des 20. Jahrhunderts« gar nichts zu tun haben. Was Walther Rehm vor dem Ungeist schützte, der sich oft aus dem Irrationalen motivierte, war sein im Grunde altmodischer, hochdifferenzierter Humanismus.

Max Kommerell habe ich leider nur flüchtig kennengelernt. Sein jugendliches Buch »Der Dichter als Führer in der deutschen Klassik« kam noch ganz vom George-Kreis her. Dann wechselte sein Vater-Bild zu Hugo von Hofmannsthal. Von da an wurde er im George-Kreis nur noch »die Kröte« genannt. Sein Buch über Jean Paul habe ich damals rezensiert und fand zuviel eigenes Weiterdichten darin. Jedoch machten mir seine Aufsätze »Geist und Buchstabe der Dichtung«, vor allem die Analyse von Kleist, starken Eindruck und haben meine eigenen Vorstellungen von diesem Tragiker mitbestimmt. Kommerell verkörperte, vielleicht als letzter, die Gundolfsche Symbiose von Gelehrtem und Dichter. Seine Schriften sind nahezu alle Ausdruck dieser einen, unwiederholbaren Individualität mit einer intimen Einfühlung auch und besonders in das Sprachliche und mit einer geistreich gebildeten Umsetzung, die ich heute noch bewundere. Er war musisch bis in die Fingerspitzen, konnte aber auch ein so gelehrtes Buch schreiben wie »Lessing und Aristoteles«. Persönlich wirkte er scheu, unvital, sich in sich selbst verschließend. Er starb viel zu früh an einem schweren Krebsleiden.
Eine merkwürdige Rolle spielten vor dem Krieg die ausländischen Studenten. Vera Sandomirsky, deren wohlhabender Vater eine gewichtige, wenn auch undurchsichtige Rolle in der deutschen Wirtschaft zu haben schien, machte im eigenen eleganten Auto ihre Extratouren. Sie war originell und vital, elegant und spritzig, mit weiblicher Einfühlungskraft begabt. Um sie, die Russin, schwirrten die Gerüchte nur so. Noch hatte der Krieg nicht begonnen. Sie stand sogar im Verdacht der Spionage, und in nächtlicher Stunde beobachteten unheimliche, finstere Figuren ihre Wohnung. Auch über eine Haussuchung wurde gemunkelt. Selbst dem ganz normalen, eher bürgerlichen Stämpfli aus der Schweiz, der bei mir über Formprobleme bei Rilke promovierte – er fiel eigentlich nur durch gute Geldverhältnisse auf –, wurde Spionage nachgesagt.
Wir lebten im scheinbar friedfertigen, ja spießigen Erlangen in einem ständigen Klima der Unsicherheit, der möglichen Verleumdung, der Anschuldigungen, aus dem nur der entschiedene Rückzug in die unbelauschte private Sphäre retten konnte. Zu unserem Kreis gehörten auch die Historiker Lades und Herding, beide damals noch junge Studenten, die bei mir im Nebenfach Deutsch studierten. Mit ihnen spielte ich gelegentlich Schach oder verlebte gesellig beschwingte Stunden mit ungezwungenen, fruchtbaren Gesprächen.
Es gehört zu der Paradoxie dieser Jahre, daß nach Kriegsausbruch

der gesellige Stil und das freundschaftliche Zusammenschließen sich verstärkten. Die Jahre der melancholischen Resignation, ja der Depression lagen davor. Jetzt ging es um das nackte Überleben. In Notzeiten, in denen die vitale Existenz bedroht ist, verstärken sich die geistigen Tendenzen, wenn auch nach innen verlagert. Wenn alles ins Schwanken gerät, wird die Suche nach überdauernden Werten, die Suche nach dem Absoluten immer stärker. Einen Neubeginn nach Kriegsende konnte man sich kaum vorstellen, mochte man noch so sehr voll heimlicher Spannung auf ihn warten. Die Zukunft bedeutete ein Meer von Ungewißheit. Um so intensiver wurde der Augenblick erfahren. Dabei war stets das Beschwingende nur die eine Seite. Es gab immer auch das Entwürdigende. Im Verlauf des Krieges zwang mich die Partei, als NSV-Blockwart für das Winterhilfswerk zu fungieren. Da mußte ich denn mit Tüten wohltätige, »freiwillige« Gaben von Haus zu Haus einsammeln, ein gutes Beispiel, wofür sich Universitätsprofessoren im totalen Staat verwenden lassen.

Höhepunkte des gemeinsamen Lebens waren 1940/41 eine große Feier des deutschen Seminars und eine halsbrecherische Theaterexkursion mit einer kleinen Gruppe durch Bombenangriffe und Trümmer hindurch nach Bochum zu der von Saladin Schmitt veranstalteten Grabbe-Woche. Das Seminarfest gruppierte sich um zwei sehr entgegengesetzte Charaktere, die beide nur gemeinsam hatten, daß sie aus dem herkömmlichen Rahmen fielen und daß sie einander als Rivalen nicht leiden konnten. Der eine hieß Willi Korff, zwei Jahre älter als ich, früher einmal Bonbon-Verkäufer, dann nach einigen Irr- und Umwegen auf Grund eines Sonderabiturs ein verspäteter Student. Er sah gut aus, wirkte jedoch wie ein spiritueller, etwas unvitaler Schwärmer mit sektiererischem Einschlag, ein Lyriker und Erzähler mit kleineren Erfolgen, zu der Zeit Promovend bei mir mit einer äußerst eigenwilligen Arbeit über Schillers philosophische Schriften, die mehr spekulierte als interpretierte und Schiller in die Nähe von Novalis rückte. Er agierte bei uns als Festdichter und Fest-Inspirator. Er hatte das große Glück gehabt, der militärischen Einziehung zu entgehen – es war unmöglich, ihn sich als Soldaten vorzustellen – und statt dessen bei der Marinepsychologie unterzukommen. Der andere, Peter Kroner, war ein Auslandsdeutscher mit rumänischer Staatsangehörigkeit, auch er schon älter, sehr vital, sehr kommunikabel, witzig, erotisch; geistig dem Willi Korff unterlegen, menschlich freilich über ihm stehend. Er promovierte mit einer Arbeit über Chamisso und Frankreich, die

nicht so originell war, wie es seine übersprudelnde Lebensfülle hätte vermuten lassen.
Höhepunkt des Seminarfestes war die Aufführung des Einakters »Der Bär« von Tschechow im Februar 1941. Die Pointe am Ende des Stückes erfolgte nicht nur so, daß die sehr hübsche Hedwig Landes überraschenderweise von Kroner, dem weiberfeindlichen Bären, geküßt wurde, sondern auch so, daß ich, der Herr Professor persönlich, als Gärtner verkleidet, stumm in die Liebesszene hineinplatzte. Da das vorher niemand gewußt hatte, gab es donnernden Applaus. Geselliges, unpolitisches Studententheater, es rettete die Anmut mitten im Vielzuviel an unwahrhaftigem Ernst, in dem wir sonst alle leben mußten.
Die Reise nach Bochum zur Theaterwoche glich einer Gespensterfahrt: überall die Spuren des Krieges, überall direkte oder indirekte Bedrohung durch die feindlichen Fliegerangriffe. Inmitten dieser beginnenden Trümmerwelt hatte Saladin Schmitt den Mut zu dem einzigartigen Wagnis, den *ganzen* Grabbe spielen zu lassen, monumentale, düstere, stilisierte Aufführungen, die mir zum ersten Mal das dramatische Genie Grabbes nahegebracht und mich zu eigenen Forschungen inspiriert haben. Grabbe gehörte zu den Opfern der nationalsozialistischen Kulturpropaganda, die ihn für ihre eigenen Zwecke umzufunktionieren suchte. Nichts davon spürte man auf dem Bochumer Theater, das einen ins Nihilistische führenden Heroismus in kühnen, zu Metaphern gewordenen Bildern zu gestalten wußte. Hier lebte noch die Tradition des Expressionismus weiter, zum mindesten das Geballte, Vergeistigte, Konzentrierte dieser Gestaltungsformen. »Scherz, Satire, Ironie und tiefere Bedeutung« allerdings inszenierte Saladin Schmitt mit beschwingter, amüsanter Heiterkeit.
In die Kriegszeit fiel noch eine ganz andere, auf ihre Art aber gleichfalls abenteuerliche Reise. Heinz Kindermann hatte zu einem Treffen in Wien eingeladen, bei dem gemeinsam mit einigen Kollegen der Plan einer historisch-kritischen Klopstock-Ausgabe besprochen werden sollte. Ich weiß nicht mehr genau, wer dazu im einzelnen aufgefordert war, eine sehr gemischte Gesellschaft war es auf jeden Fall, Obenauer war dabei, außerdem, sofern mich die Erinnerung nicht täuscht, Kollegen wie Rasch, Burger, Böckmann und natürlich Kindermann selbst. Der war der geborene Organisator, hatte Verbindungen zu jedermann und machte aus diesem Treffen mitten im Krieg eine geniale Erholungspause. Eigentlich mußten alle Beteiligten wissen, daß das Forschungsvorhaben eine

bloße Chimäre war. Trotzdem teilte man die einzelnen Bände der Ausgabe auf, als ob man ernsthaft an ihr Zustandekommen glaubte. Ich sollte die »Gelehrtenrepublik« übernehmen. Man tat so, als lebten wir noch im Frieden. Politische Gespräche wurden peinlich vermieden. Gegenseitiges Mißtrauen zeichnete sich ab. Doch in einem guten Hotel kostenlos zu wohnen und die selbst im Krieg so liebenswürdige Stadt Wien zu genießen, war für alle Eingeladenen ein Labsal. Vorzüglich spielte Kindermann den maître de plaisir. Das kann er auch heute noch im hohen Alter, wenn er zum Treffen auf Burg Forchtenstein im Burgenland einlädt, wo ich viele Jahre später einen Vortrag über Grillparzers Tragödie »Die Jüdin von Toledo« gehalten habe. Als Theaterwissenschaftler hat sich Kindermann im Laufe der Zeit einen bedeutenden Namen gemacht. In Österreich werden die Sünden der Vergangenheit leichter verziehen, zumal, wenn das mit der Rückkehr zum Katholizismus verbunden ist.
Doch war die Scheinsituation von Wien gespenstisch. Obenauer war steif wie ein Stock; mir fiel der böse Satz von Rothacker über ihn ein: Wenn er Obenauer sehe, habe er stets das Gefühl, da liefe ein Rädchen im Kopf herum, das immer nur schnurrte: »Mir fällt nichts ein, mir fällt nichts ein.« Die anderen machten das Beste aus der ungewöhnlichen Situation. Ein gemeinsamer Besuch galt Josef Nadler, dem Verfasser der Literatur der deutschen Stämme und Landschaften. Es war das einzige Mal, daß ich ihn gesehen habe, damals lebte er noch im Stolz auf seinen Ruhm. Besonderen Eindruck hat er nicht auf mich gemacht.
Kurz vor Kriegsausbruch war es mir vergönnt, noch einmal eine lebenswichtige Freundschaft zu schließen. Im Jahr 1938 wurde der Dozent Hans Wenke aus Berlin als Ordinarius für Pädagogik, Psychologie und Philosophie nach Erlangen berufen. Er war ebenso alt wie ich und heiratete sehr bald die mehrere Jahre jüngere, zum Kapriziösen und Abenteuerlichen neigende Charlotte, für die ich den besser passenden Vornamen Charlie erfand. Treue und Untreue vermischten sich auf wunderliche Weise in ihrem Wesen. Auch mit ihr schlossen wir Freundschaft. Zunächst schien sie mehr von kühler und pragmatischer Denkart. Aber dahinter konnten wir bald den Reiz des Verspielten und Katzenhaften in ihrem Wesen und auch ihre Begabung für Freundschaft entdecken. Hans und ich verstanden uns von Anfang an vorzüglich und ergänzten uns in vieler Hinsicht. Er besaß große organisatorische Fähigkeiten und wußte überall mit praktischer Hilfe einzugreifen. Bezeichnend dafür war zum Beispiel, wie er meinen Sohn, als er im Lateinischen verschlampte, in wenigen

konzentrierten Nachhilfestunden wieder zur Disziplin und damit zum Schulerfolg brachte. Wenke wußte sich überall Respekt zu verschaffen, auch bei der Jugend. Gemeinsam mit dem berühmten Chirurgen Sauerbruch hatte er die medizinisch-psychologischen Fragen des Schmerzes untersucht und war als Schüler Eduard Sprangers ein vorzüglicher Fachmann im Schul- und Universitätswesen. Als Sohn eines Gastwirtes kam er aus einfachen Verhältnissen. Seine überragende Intelligenz in allen rational erfaßbaren Bereichen, verbunden mit einer realen Nähe zur Praxis, garantierten ihm eine ungewöhnliche Laufbahn. Sie verlief schnell und fast meteorhaft. Er wurde bald Dekan und nach Tübingen berufen, wurde auch Rektor, dann wechselte er nochmals nach Hamburg als Professor und Senator für das Bildungswesen und erhielt am Ende sogar die Berufung zum Gründungsrektor der neuen Universität Bochum.

Dann freilich erfolgte der massive Gegenschlag, schwerste Anfeindungen und Vorwürfe während der Studenten-Revolution der sechziger Jahre. Wenke ging nicht nach Bochum; er starb in Hamburg am Herzinfarkt. Sein ganzes diplomatisches Geschick vermochte gegen die Turbulenz an den deutschen Universitäten in der damaligen Zeit nicht aufzukommen. Obgleich er nie Pg gewesen war, während des Krieges in die Heerespsychologie hatte ausweichen können, glaubte man ihm auf nachspionierende Weise Zugeständnisse an den Nazi-Ungeist nachweisen zu können. Mir hingegen ist er nur als ein entschiedener, wenn auch vorsichtig taktierender Gegner bekannt. Die Dokumente, die nach den Behauptungen der Nachschnüffler das Gegenteil beweisen sollen, sind mir nie vor Augen gekommen. Tatsache ist, daß er für seinen Lehrer Spranger eingetreten ist, auch zu der Zeit, als dieser längst verfemt war. Tatsache ist weiterhin, daß er seine Schüler in einer humanen und humanistischen Gesinnung herangebildet hat. Und schließlich ist Tatsache, daß er in einer krisenhaften Zeitsituation für die Universitäten Erlangen, Tübingen, Hamburg und Bochum nur Gutes und Aufbauendes geleistet hat. Diejenigen, die ihn wirklich näher, bis in die Intimsphäre hinein gekannt haben, wie der Theologe Thielicke in Hamburg und wie ich, sind nicht bereit, die Verunglimpfungen eines Mannes hinzunehmen, dem es mit beispielloser Güte und wohlerwogener Klugheit gelungen ist, den gewiß schwierigen, aber doch richtigen Weg zu suchen und auch zu finden. Als er ein Opfer der gegen ihn entfesselten Hetzkampagne wurde, hätte mein Eintreten für ihn nichts genutzt, weil ich selbst bereits der

Zielpunkt von Angriffen war, über die später zu berichten sein wird. Es ist nur eine Dankesschuld an den Freund, wenn ich ihm wenigstens heute einen Gedenkstein in meinen Erinnerungen errichte.

Damals waren wir beide noch jung. Wenkes Geburtstag und der des »Führers« fielen auf den gleichen Tag. Jedesmal bei dieser Gelegenheit genossen wir das mit Verfluchungen des »Anderen« gesegnete Trinkgelage. Zwischen mir und Hans war keine diplomatische Vorsicht nötig. Für Musisches oder gar für Lyrik hatte er freilich wenig Sinn. Trotzdem darf man ihn nicht einen bloßen Verstandesmenschen nennen. Er repräsentierte Vernunft im umfassendsten Sinne des Wortes, verbunden mit Loyalität und Großmut. Dummköpfen ging er nie auf den Leim. »Heldische« Ideale paßten schon gar nicht zu seinem pragmatischen Wirklichkeitssinn.

Wir schlossen uns damals zu einem merkwürdigen Kreis zusammen, der sich die »Böhnhasen« nannte. Das waren die ehemaligen Outsider unter den Zünften. Die Gründung eines Kegelklubs diente nur als Vorwand für gesellige Kumpanei mit vielen Eulenspiegeleien. Die Frauen waren davon ausgeschlossen. Politik kam nicht zur Sprache; denn einige blieben uns in ihrer politischen Farbe entweder unbekannt oder fremd, zum Beispiel der zwielichtige Nationalökonom Horst Wagenführ, ein Hans Dampf in allen Gassen, mit seinem ihm treu ergebenen Freund Werner Berger, oder auch der in der Wirtschaft tätige Direktor Klarner, außerdem einige Studenten quer durch die verschiedensten Fächer. Ein Böhnhase zu sein bedeutete nur indirekt einen Protest gegen die Zeit. Eher möchte ich es ein Ventil nennen, das einem knabenhaften Spieltrieb freien Raum gab in einem Land, in dem die Freiheit ausgestorben war. Ich verdanke dem munteren, harmlosen Treiben manche Stunde des entspannenden Aufatmens. Hans Wenke beteiligte sich nur relativ selten. Spiel und Spieltrieb lagen ihm weit weniger als mir. Eher neigte er zu manchen Schrulligkeiten, auch zur Hypochondrie. So sehr er für öffentliche Ämter geschaffen war, als Privatperson blieb er ein einsamer Einzelgänger. Seine Lärmempfindlichkeit grenzte ans Pathologische. Als er später in Tübingen in der Nachbarschaft Eschenburgs, des Politologen, wohnte, wurde der Hund Cäsar beim Bellen ermahnt: »Cäsar, bedenke, nebenan wohnt Wenke.« Doch auch Hans brauchte das Ventil der Geselligkeit, um nicht zu ersticken. Wer nicht in dieser Zeit gelebt hat, sollte nicht den Stab brechen über diese närrischen Formen der Flucht. Denn wo und wie hätten wir in dem kleinen Erlangen aktiven Widerstand gegen das Regime leisten können?

Auch in der Lehr- und Forschungstätigkeit war es nur in bescheidenen Ansätzen möglich. Dazu war das System der Unterdrückung in diesem eingeengten Raum, in dem sich nichts verbergen ließ, zu perfekt.

Mein 39. Lebensjahr 1942/43 entwickelte sich zu einem Jahr des radikalen Umbruchs. Zunächst verbrachte ich einen leuchtenden, strahlenden Oktober 1942 gemeinsam mit Li und Werner Scheid am Bodensee, wo wir, das heißt eigentlich Li und ich – dem vornehmen Werner lag das weniger – mit listiger Überredungskunst bei den Bauern Äpfel zu kaufen suchten, um etwas Wintervorrat nach Hause zu bringen. Eine ganze Reihe von Vorträgen war für den Winter vorgesehen. Endlich hatte ich, getragen vom Freundes- und Schülerkreis, ganz zu mir selbst gefunden. Mein Buch über die deutsche Tragödie von Lessing bis Hebbel erhielt immer deutlichere Umrisse, der Vertrag dafür, damals noch mit Niemeyer, kam zustande. Das Kapitel, das in dieser Zeit entstand, war die Analyse des »Faust«, die diese Dichtung als Tragödie in den paradoxen, umschließenden Rahmen eines Mysterienspiels hineinstellte. Dieses Kapitel war Karl Jaspers zu seinem 60. Geburtstag zugeeignet. Damals durfte dieser als »jüdisch Versippter« nicht mehr im Amt bleiben. Aber einige, die den Mut dazu aufbrachten, widmeten ihm trotzdem eine Festschrift, wenn auch nur mit handschriftlichen Beiträgen. Denn im Druck wäre sie niemals erlaubt worden. Für mich war es eine Selbstverständlichkeit, bei dieser Ehrung für meinen großen Lehrer mitzuwirken. Das damals Niedergeschriebene ist gleich nach dem Kriege als selbständige Veröffentlichung mit Widmung an Jaspers erschienen. Als in späteren Jahren die großen Festschriften für Jaspers erschienen, hielt man es nicht mehr für nötig, mich zur Mitarbeit aufzufordern. Ich gestehe, das hat mich gekränkt. Zu diesem Zeitpunkt war es gewiß kein Risiko mehr, sich zu Jaspers zu bekennen.

Möglichkeiten, aus Erlangen fortberufen zu werden, die ich mir immer herbeigesehnt habe, ohne mir klarzumachen, daß es an anderen deutschen Universitäten kaum besser bestellt war, zeichneten sich jetzt deutlicher ab als in den Jahren vorher. Vor allem wünschte die philosophische Fakultät Münster meine Berufung als Nachfolger Günther Müllers, der nach Bonn gegangen war. Und wieder ereignete sich eine Zeit-Groteske. Der damalige Dozentenbundsführer, der Jurist Thomas Württemberger, war alles andere eher als ein Nazi. Er hatte dieses brisante politische Amt auf den dringenden Wunsch der Universität trotzdem übernommen, da wir

uns alle unter seiner Schein-Flagge weit besser geschützt wußten als unter dem Hakenkreuz. Er erhielt von der Gauleitung Münster die Aufforderung, ein politisches Gutachten über mich abzugeben. Nun kannten wir uns beide etwas näher, ich interessierte mich für seine Arbeiten über Kunstfälscherprozesse, er hatte uns als Ferienort das damals noch nicht von der Zivilisation überschwemmte Wallhausen am Bodensee, gegenüber von Überlingen, vermittelt. Dort wirtschaftete das Ehepaar Stefan, mit dem er verwandt war, Wallhausen war ein wahres süddeutsches Ferienparadies, mitten in den materiell immer dürftiger werdenden Kriegszeiten. Dort gab es nicht nur noch Gutes zu essen und trinken, und zwar preiswert, es gab vor allem einen Kreis von wenigen Gästen, die alle der gleichen Gesinnung waren und unter sich blieben. Dafür hatte das Ehepaar Stefan mit viel Takt und geschickter Abschirmung gesorgt.
Württemberger kam zu mir, und wir setzten gemeinsam das Gutachten auf. Es mußte so ausfallen, daß die Berufung nach Münster nicht am politischen Veto der Gauleitung scheitern konnte; es mußte aber auch so sein, daß es nach dem Krieg, den wir beide für definitiv verloren hielten, nicht zum Bumerang werden konnte. Wir wogen alles sehr sorgfältig gegeneinander ab. So ging denn nach vielen Mühen ein diplomatisches Meisterstück nach Westfalen, und ich wartete täglich darauf, daß meine Berufung erfolgte.
Wieder einmal kam es anders. Am gleichen Tag, es muß Anfang Februar gewesen sein, erreichten mich zwei Briefe. Der eine enthielt einen gänzlich unerwarteten Ruf auf das Ordinariat in Kiel, vom damaligen Referenten Harmjanz äußerst ruppig formuliert: ein knapp umrissenes Angebot mit der Aufforderung zur raschen Entscheidung, bei Absage gehe der Ruf an den »Nächsten« weiter. Kein Wort von eventuellen Berufungsverhandlungen, kein Wort über Münster. Nach Kiel zog es mich in keiner Weise. Ich kannte diese Stadt damals überhaupt nicht und hatte die – zugegeben – falsche Vorstellung, daß dort bereits die Eiswüste beginnt und sich die Bären gegenseitig gute Nacht sagen. Bereits Goethe sprach in seiner Rezension von Voß' Gedichten von der »ebenen nördlichen Landschaft, unter einem Himmelsstrich, wo die Alten kaum noch Leben vermuteten«. Der zweite Brief enthielt meine auf Februar 1943 datierte sofortige Einberufung zum Landesschützenersatzbataillon 13 nach Eger. Alles, was sich in der letzten Zeit kristallisiert und zum Guten entwickelt hatte, war wie ausgelöscht. Wie konnte es weitergehen?

VII
SOLDAT IN FRANKREICH

»Der Benno ist zur Wehrmacht geholt worden«, schrieb Fritz Scheid an seinen Bruder Werner. »Jetzt habe ich keinen Zweifel mehr, daß Hitler seinen Krieg verlieren wird.« In der Tat war ich trotz meines Großvaters väterlicherseits, der aktiver Offizier gewesen ist, für die Daseinsform des Soldaten so ungeeignet wie nur möglich. Doch die Musterung ergab den Befund kv (kriegsverwendungsfähig), und ich besaß leider nicht die Gabe der Mystifikation wie Felix Krull, der in Thomas Manns Roman das Militär so fantasievoll zu betrügen versteht. Auch fehlte in den medizinischen Paragraphen der Vermerk »psychisch für die Wehrmacht völlig ungeeignet«; ein solcher Fall war nicht vorgesehen. Meine Meinung über diesen Krieg stand damals eindeutig fest. Er war verloren, und er *mußte* verloren gehen. Nur so konnten die Verbrechen des Nazi-Regimes ein Ende finden. Wer derartiges laut äußerte, galt als »Wehrkraftzersetzer« und fand dann oft sehr schnell am nächsten Baum ein vorzeitiges Ende. Selbst kräftige politische Witze genügten dafür schon. Trotzdem gab es immer wieder Soldaten beim »Barras«, die in dieser gleichen Gesinnung verbunden waren und sich instinktiv zusammenfanden. Vorsicht war freilich dabei angebracht, damit man nicht versehentlich an einen Spitzel geriet, der Denunziation mit Patriotismus verwechselte. Freilich blieben der Zorn und die Wut des einfachen Soldaten mehr oder weniger wirkungslos. Dieser war Objekt, nicht Subjekt des Geschehens. Selbst wer nur allzu gern »zersetzt« hätte, mußte zugleich danach trachten zu überleben. Da ich nicht zum Helden geboren war, auch nicht zum Anti-Kriegshelden, geriet meine Laufbahn als Soldat mehr ins Komische und gewiß nicht ins Heroische. Dennoch war mein bloßes Vorhandensein eine einzige Herausforderung für die Wehrmacht. Ich rebellierte schon, indem ich nicht nur meine physische, sondern auch meine geistige Existenz inmitten eines stumpfsinnigen, öden und trivialen Massendaseins zu retten versuchte. Wie weit das gelang oder auch mißlang, werde ich in diesem Kapitel zu erzählen haben. Meine Militärzeit dauerte nur von Ende Februar 1943 bis zum Juni 1944 und fand meist im besetzten Teil Frankreichs statt. Obgleich sie ohne kriegerische Vorgänge verlief, ist sie doch die aufregendste und zugleich langweiligste meines Lebens gewesen, eine Zeit voller Widersprüche, voller fluktuierendem Wechsel, voll nagendem Heimweh nach der Familie und voll totaler Ungewißheit über die Zukunft. Sie war ebenso öde wie abenteuerlich, eine Zeit vieler Freundschaften und doch von extremer Isolation; ich war hin- und hergerissen zwischen Schütze Arsch und Universitätsprofessor, unglücklich bis zu einer an Selbstmordabsichten grenzenden Verzweiflung und doch auch wieder mit fast märchenhaft glücklichen und erlebnisreichen Wandlungen. Ich habe in finsteren Löchern gehaust und in guten Hotels gewohnt; ich wurde von Veränderung zu Veränderung getrieben, und wenn ich gerade eine mir relativ gemäße Umgebung gefunden hatte, mußte ich sogleich wieder ins völlig Ungewisse aufbrechen. Diese Zeit läßt sich ebenso als eine Zeit voller komischer Pointen und Anekdoten schildern wie auch als eine, in der die Möglichkeit des tragischen Scheiterns immer auf der Lauer lag. Dicht neben dem Versinken in die Öde stand die gesellige, ja sogar kulturelle Produktion. Am schlimmsten war für mich die Konfrontation mit dem Gemeinen und Bösen; doch gab es auch das Gegenteil, die unwahrscheinlichste Hilfe und den liebevollen Beistand.

Hätte ich damals bereits gewußt, daß dieser Epoche ein rettendes Ende bevorstand, so wäre sie natürlich leichter zu ertragen gewesen. Während ich sie durchlebte, war alles Humoristische stets vom radikalen Ernst einer undurchschaubaren Situation überschattet, mit der ich fertig zu werden hatte. Ich wollte auf keinen Fall als Soldat Hitlers auf dem Feld der Unehre fallen; ich mußte auf allen Stationen dieses militärischen Labyrinthes die dringend nötige Kraft sowohl zur Anpassung wie zum Widerstand aufbringen, und, was immer sich mir an Gutem und Bösem anbot, ich blieb »tout seul«, und ich konnte nur bestehen, wenn ich inmitten eines als sinnlos erlebten Massendaseins den Sinn des Weiterexistierens in mir selbst fand.

Sofern ich zur »Wehrkraftzersetzung« beigetragen habe, war das kein Verdienst. Ein kleiner Kreis von Intellektuellen, die das gleiche wollten, gruppierte sich wie von selbst um mich herum. »Heroisch« ging es dabei nicht zu. Wir reagierten aus Instinkt, aus Widerwillen gegen die Zeit, gegen den Krieg, gegen den Nationalsozialismus. Es geschah fast unfreiwillig, weil ich und wohl auch die anderen gar nicht anders denken und fühlen konnten. Wir hatten es mit den Erzfeinden unseres eigenen, in die nackte Not »geworfenen« Daseins zu tun.

So fremd mir das Soldatische war, ich lehnte zwar seinen politischen Mißbrauch ab, nicht aber den Soldaten als Typus. Immer wieder empfand ich Respekt vor der militärischen Disziplinierung, die ich dem Willkürlichen eines sich selbst überlassenen Haufens stets vorgezogen habe. Erstaunlicherweise sind mir trotz oder wegen meiner völligen Andersartigkeit oft gerade von überzeugenden Repräsentanten des Soldatentums Sympathien entgegengebracht worden. Diese begriffen, daß ich nicht anders sein konnte, als ich war. »Les extrêmes se touchent« – das galt wohl auch hier. Soldatsein braucht keine negative Daseinsform zu sein; doch in einem Staat wie dem Hitlers hat es furchtbare Konsequenzen, die nicht nur in schwerste Gewissenskonflikte, sondern sogar in Verbrechen führen können. Ein Beispiel dafür wird mir immer jener Feldwebel sein, der so großzügig eine Gruppe von Musikern leitete und mich trotzdem mit dem völlig unerwarteten Satz erschaudern ließ: »In Polen haben wir die Juden abknallen müssen. Hat Spaß gemacht.« 1944 in Frankreich bekam ich derartiges zum ersten Mal zu hören. Die grauenvollen Enthüllungen über die sogenannte »Endlösung« der Judenfrage erreichten mich und meine Familie erstaunlich spät, erst gegen Ende des Krieges. Gelegentlich hörte man zwar von ausländischen Sendern einige dunkle Andeutungen, aber wir hielten das damals für propagandistische Übertreibungen.

Die erste Regel für den einfachen Soldaten heißt: so wenig wie möglich auffallen. Eben das war für mich schlechterdings undurchführbar. Ich fiel auf, wo ich nur ging und stand. Schon meine körperliche Größe, 1 Meter und 93 Zentimeter, war eine schlechte Vorgabe. Außerdem wirkte ich in der nie sitzenden Uniform immer so, als trüge ich eine karikierende Verkleidung. Man machte mich beim Exerzieren sogleich zum Flügelmann, da kein größerer da war. Doch dauerte es nie sehr lange, und ich wurde diese Ehre wieder los und trotz der überdurchschnittlichen Körpergröße ins zweite Glied gestellt. Ich fiel auf als Flügelmann, ich fiel auf beim »Griffekloppen« des Gewehrs, was ich nie richtig gelernt habe, ich fiel auf bei Besichtigungen. Als Oberstleutnant Diethmar während meiner Ausbildungszeit in Hof unsere Truppeneinheit unter die Lupe nahm, rief er mich als einzigen heraus und fragte nach meinem Beruf. Ich hätte lieber mit »Lehrer« und nicht mit Universitätsprofessor geantwortet. Aber das ging vor dieser hohen Charge wohl doch nicht an. Darauf bekam ich im schneidenden Tonfall den bemerkenswerten Satz zu hören: »Wenn Sie auch Universitätsprofessor sind, so muß auch bei Ihnen das Koppel richtig sitzen.« Dagegen war, soldatisch gesehen, nichts einzuwenden, aber mein Fall war hoffnungslos. Bei einer anderen Besichtigung durch den Bataillonskommandanten Major Schultz ging es mir nicht besser. Wieder wurde ich herausgerufen, wieder mußte ich meinen Beruf angeben. Und dann kam die ver-

fänglichste aller Fragen: »Sind Sie gerne Soldat?« Ich antwortete geistesgegenwärtig, diplomatisch und zweideutig: »Ich werde mir Mühe geben.«
Bereits in Eger, wo wir uns zuerst einzufinden hatten, geriet ich in paradoxe Situationen. Beim Rechtsum-Linksum trat ich unter Verwechslung primitiver Richtungsbegriffe dem Unteroffizier so auf die Füße, daß er sich tagelang als krank abmelden mußte. Er hat es mich aber nicht entgelten lassen. Andrerseits gelang es mir mit Hilfe des intellektuell aufgeschlossenen Gefreiten Propper, bereits in den ersten Tagen der Ausbildung zu einem abendlichen Stadtbummel aus der Kaserne herauszukommen, nachdem mein Begleiter mir aus dem Stegreif die notwendigsten Anfangsgründe des militärischen Grüßens beigebracht hatte. Das natürlich unerlaubte Wagnis verlief ohne Komplikationen. Als wenig später in Hof die eigentliche Grundausbildung begann, lag ich in einer Stube mit vielen Volksschullehrern. Die meisten waren soldatisch sehr ehrgeizig und von Ressentiment gegen den Universitätsprofessor erfüllt. Daher war ich in dieser Umgebung ziemlich unbeliebt, ein Störfaktor für die Gruppe. In Oberfeldwebel Pump hatten wir einen schneidigen Vorgesetzten, der aus dem »Zug«, zu dem wir eingeteilt waren, das Beste zu machen wußte. Er besaß, obwohl er nicht Berufssoldat, sondern im Zivilberuf, soweit ich mich erinnere, Werbefachmann war, ein erstaunliches pädagogisch-militärisches Ausbildungstalent. Sein Ehrgeiz erwartete von uns, daß alle, die ihm unterstellt waren, beim Schießen die geforderte Bedingung erfüllten, nämlich mindestens 24 Ringe mit 3 Schüssen zu erreichen. Leider war ich dafür das einzige Hindernis. Wütend stand er hinter mir und sprach die geflügelten Worte: »Professorle, Professorle, Du Arschloch, ich werde Dir doch noch das Schießen beibringen.« Dann stellte er sich hinter mich, richtete das Gewehr genau auf das Ziel und brüllte: »Abdrücken!« Auf diese Weise habe sogar ich das nötige Soll erreicht, und das Ansehen des »Zuges« war gerettet. So schwer er es mit mir hatte, er mochte mich dennoch. Am Abend dieses denkwürdigen Tages kam er in unsere Stube und entschuldigte sich bei mir für seine Grobheit. Als einer seiner Unteroffiziere mich mit Schütze Wiese anrief, wies er ihn gutgelaunt zurecht: »Das heißt nicht Wiese, das heißt Benno.« Auch beim »Barras« ging es so zu wie einst auf Schule und Universität. Der Vorname Benno blieb mein Identitätsnachweis. Leider war der so vorzügliche Pump ein Quartalssäufer, der sich zu bestimmten Zeitpunkten sinnlos betrank. Wenn er in diesem Zustand in die Stuben eindrang, konnte er unberechenbar, ja gefährlich sein.

Im ganzen blieben die Wochen der Ausbildung erträglich. Noch war ich von der Familie nicht völlig abgetrennt. Gegen alle militärischen Vorschriften erhielt ich sogar während dieser Zeit einen kurzen Urlaub zu einer Arbeitstagung, auf der mit den Mitarbeitern der Schiller-Nationalausgabe die Grundsätze der Edition und die Verteilung der Bände näher besprochen werden sollten. Dort lernte ich meine Kollegen Heinz Otto Burger und Gerhard Fricke zum ersten Mal näher kennen. Mein berufliches Schicksal blieb freilich nach wie vor in der Schwebe. Es dauerte lange, bis ich wieder Kontakt mit dem Ministerium bekam. Ohne daß ich davon wußte, hatte sich in Berlin ein für mich günstiger Referentenwechsel vollzogen. Der neue, sehr viel liebenswürdigere Vertreter des Ministeriums stammte aus Münster. Diese Universität wollte mich nach wie vor ebenso wie die Universität Kiel haben. Inzwischen war ich jedoch unerreichbar. Die Schonzeit ging vorüber; von Eger aus wurden wir Ende April mit anderen Gruppen vereinigt und brachen ins Ungewisse auf.

Man stelle sich meine Überraschung vor, als plötzlich in einem Soldatenhaufen mein Kollege Erich Trunz, feldmarschmäßig angetreten, vor mir auftauchte. Nach kurzer Dozententätigkeit in Freiburg hatte man ihn als Ordinarius nach Prag berufen, und eben dorthin war ich noch im Jahr 1942 von ihm zu einem Vortrag eingeladen worden. Damals erlebte ich ihn umringt von einem Kreis liebenswürdiger und kluger Studentinnen; jetzt hingegen befand er sich ebenso wie ich in der nicht gerade beneidenswerten Lage eines Professors, der zum Soldaten degradiert war. Er war nicht in Hof, sondern in Eger ausgebildet worden. Wir korrigierten ein wenig unser Geschick, indem wir dafür sorgten, daß wir zunächst beieinander blieben, und stellten uns möglichst unauffällig zusammen. Der Soldatentransport ging nicht in die gefürchtete Richtung nach Rußland, sondern, wie wir spätestens bei den Rheinbrücken aufatmend feststellten, offenbar nach Frankreich. Trunz war im Waggon nebenan, eine Spanne Zeit blieb unser militärisches Geschick das gleiche. Trotz aller physischen Belastung begann es mehr abenteuerlich als entmutigend. Im großen Umweg um Paris herum ging es zunächst nach Le Mans. Erich, wie ich Trunz von jetzt an nennen werde, brachte trotz großer Ermüdung sogar noch die Kraft auf, sich die bedeutende und schöne gotische Kathedrale anzusehen. Dann ging es weiter in die Bretagne nach Chateauneuf. Dort erschien eines Tages ein Offizier mit drei Hauptfeldwebeln. Sie stellten alle möglichen Fragen, wer dies oder jenes könne, zum Beispiel mit Pferden umgehen, in der Küche wirtschaften usw. Diese sollten vortreten.

Als er Schreibmaschinenschreiben nannte, fragte ich Erich, ob ich mich melden solle. Er gab einen salomonischen Rat: »In diesem Krieg soll man sich vor nichts drücken, aber sich auch zu nichts melden.« Zum mindesten das zweite leuchtete mir ein. Ich hielt also ebenso wie er den Mund. Ein kleines Häufchen blieb übrig, das anscheinend für keine besondere Aufgabe geeignet war. Das waren die Anfänge der sogenannten vierten Kompanie. Am nächsten Tag erschien verspätet der Leutnant, der als ihr Chef vorgesehen war. »Sie da, der Lange«, fragte er mich: »Was sind Sie im Zivilberuf?« »Universitätsprofessor«, war die Antwort. »Und Sie, der daneben?« »Auch Universitätsprofessor«. »Das ist ja zum Verzweifeln. Mit sowas soll ich nun Krieg führen!« Damit traf er den Nagel auf den Kopf.

Ich liebte die Landschaft der Bretagne mit ihrer süßen Melancholie und ihrer gartenhaften Schönheit. Sie bezauberte mich von Anfang an. Zwar bedrückte die Ungewißheit des Kommenden, aber sie faszinierte mich auch. Noch waren wir keine umrissene militärische Einheit. Dienst und Ausbildung waren völlig unzureichend. Das ließ aber der Freiheit des Einzelnen noch etwas Spielraum, und sei es auch nur zu Besuchen in bäuerlichen Gaststätten mit ihren verlokkenden Eierspeisen. Freilich, die Geldmittel waren stets zu schmal, außer dem sehr bescheidenen Wehrsold unter 40 Reichsmark durfte man sich nur den gleichen Betrag noch einmal aus der Heimat zukommen lassen. Mit einem Schriftleiter aus Naumburg, einem Dr. Jupp Hundt, hatte ich mich spontan etwas angefreundet; wir litten gemeinsam, doch wir genossen auch gemeinsam. Die Franzosen ließen uns, da wir uns unauffällig und still verhielten, gelten und bewirteten uns dort wie ihresgleichen. Ihre Lebenskunst, auch und gerade im Unglück, zog uns an. Wir mochten diese Mischung von Liebenswürdigkeit und Reserve, die auf uns überzeugender wirkte als der laute deutsche Kommandoton. Die in ihrer hübschen Tracht besonders anziehenden jungen Bretoninnen sahen freilich durch uns hindurch, als ob wir nicht vorhanden wären. Als eine größere Gruppe unserer militärischen Einheit diesen Zufluchtsort entdeckte und dort lärmend und fordernd eindrang, war es mit der gastronomischen Herrlichkeit vorbei. Schlagartig verschwanden die guten Dinge, die Deutschen mochten sich anstrengen, wie sie wollten, sie gingen leer aus und kehrten hungrig zur Kompanie zurück. Auch uns beide hatte damit die Wirklichkeit eingeholt.

Mit den Abenteuern war es vorbei. Das sehr nüchterne Ziel hieß Brest, eine Stadt voll totenhafter Häuser, eine langgestreckte Öde, in der keine Kinder, keine Blumen zu sehen waren. Auch an Vögel erinnere ich mich nicht, höchstens an Möwen, die vom Meer herüberkamen. Wir waren in einer Schule an der Hauptstraße des Vorortes St. Pierre untergebracht. Dort lagen wir auf Stroh, die Küche war miserabel, und es fehlte so gut wie alles. Zwar hatte man mir prophezeit, ich würde beim Militär sehr bald in der Schreibstube landen, aber genau dort bin ich, trotz des häufigen Wechsels meiner Tätigkeiten, niemals gewesen. Statt dessen mußte ich exerzieren, Kohle schaufeln, schwere Säcke gemeinsam mit klassenbewußten Proletariern tragen, die mir erst dann zu Hilfe kamen, wenn ich mir das Genick zu brechen drohte und meine physische Ohnmacht offensichtlich war. Auch das Hinauf- und Hinabtragen von Möbelstücken für Gefreite, die ihren bescheidenen Grad hochmütig zur Schau stellten, war entwürdigend. Später waren mir besonders die nächtlichen Wachen in Kälte und Regen verhaßt, die meist ganz allein durchgestanden werden mußten. In solcher Einsamkeit rettete ich mich dann durch das Aufsagen von Gedichten, die ich aus dem Brunnen der Erinnerung heraufzuholen suchte, aber meist nur bruchstückhaft zusammenbekam.

Dennoch haben gerade die Anfänge der Militärzeit mich zum ersten und einzigen Mal über die bloß »akademische« Welt hinausgeführt. Darin sehe ich einen bleibenden Gewinn. Ich lernte Menschen aus allen Volksschichten kennen und verstand auch besser die durch die Stammeslandschaften gegebenen Unterschiede. Das oft nur Fassadenhafte und allzu Theoretische der Akademiker bedeutet einen Verlust jener naiven Ursprünglichkeit und Lebensfrische, wie ich sie besonders unter Handwerkern fand, ganz zu schweigen von der beängstigenden Humorlosigkeit meines Standes, der es gelegentlich zwar zur Ironie bringt (oft freilich auf Kosten anderer), nicht aber zu jener humoristischen Herzensgüte, die mir wiederholt bei den sogenannten »einfachen Leuten« begegnet ist. Wer beim Barras prätentiös oder sich selbst bemitleidend auftritt, hat allerdings jeden Kredit bei ihnen verloren. Sie besitzen oft einen erstaunlichen Spürsinn, was bloßer Schein und was Substanz beim Einzelmenschen ist; sie werten nicht nach intellektuellen Kategorien, sondern unmittelbar, vom Gefühl geleitet. Am schlimmsten fand ich die Halbgebildeten mit ihren ideologischen Ansprüchen; sie tendierten oft zu angelernten nationalsozialistischen Phrasen. »Hinter dem Ideal gedeiht das Übel am besten«, heißt es in Karl Kraus' Drama »Die letzten Tage der Menschheit«.

Als wir endlich unseren Kompaniechef, Leutnant Lange, hatten, waren wir noch keine richtige Kompanie. Wir führten ein elendes Leben, bekamen unsere Infanterienahrung aus dem »Blechnapf«, wenigstens so lange wir noch die Schützen Arsch waren. Doch der Leutnant, mit einer Professorentochter verheiratet, noch blutjung und im Zivilberuf Jurist, war seinen beiden Professoren wohlgesinnt. Er suchte mein dringendes Urlaubsgesuch zu fördern, soweit er es nur vermochte. Erst nachdem es zahlreiche, mir unbekannt gebliebene Stellen durchlaufen hatte, wurde es endlich genehmigt. Anfang Juni reiste ich zunächst nach Köln und tat dort etwas ganz und gar Unerlaubtes. Ich legte Zivilkleidung an und verstaute meine »Militärklamotten« bei der Gepäckaufbewahrung. Dann erst fuhr ich gemeinsam mit meiner Frau als Professor nach Berlin zu Berufungsverhandlungen. Es waren Tage, die mir märchenhaft vorkamen; wir schliefen in richtigen guten Betten im besten Hotel, Adlon; ich erwarb eine Ausgabe von Nestroys sämtlichen Werken, die ich schon lange haben wollte, zu einem erstaunlich niedrigen Preis, wir genossen Theater und Kino, und schließlich glückte es auch, die so lange in der Schwebe gewesene Berufssituation zu stabilisieren, wenn es auch nur ein Wechsel in eine imaginäre Zukunft sein konnte. Die Erfüllung dieser wenigen Tage hatte etwas vom Zauber des Unwirklichen. Die Entscheidung: Kiel oder Münster? überließ der Referent mir selbst. Ich zog Münster vor, obwohl die mir angebotene Stelle, wie sich zu meiner Verwunderung herausstellte, nur ein planmäßiges Extraordinariat war, das erst später zu einem Ordinariat ausgebaut werden sollte. Trotzdem wählte ich nicht Kiel, wo ich sofort Ordinarius geworden wäre. Ich habe es nie bereut.

Als ich zurückreiste, fand ich glücklicherweise in Köln mein Gepäck noch vor. Es hätte ebensogut bei einem Luftangriff für immer verloren gegangen sein können. Meine Kompanie mußte ich erst suchen; sie war wieder einmal verlegt worden, und so kam ich ohne eigene Schuld verspätet an. Als erstes stauchte mich ein grober Feldwebel wie einen ungezogenen Schuljungen zusammen. An der Quartiersituation hatte sich nichts gebessert. Das Verhältnis zum Leutnant blieb positiv. Manchmal wollte er abends mit mir Schach spielen, ich ließ ihn nach Möglichkeit gewinnen (er spielte nicht sonderlich gut), aber das Schachspiel kostete mich den Schlaf, und ich hatte beim frühen Morgenappell zur Stelle zu sein, während der Leutnant sich ausschlafen konnte.

Sehr eigenartig entwickelte sich mein Verhältnis zu Erich Trunz. Die Verschiedenheit unserer Charaktere trat immer deutlicher hervor, zumal es beim »Barras« fast unmöglich ist, etwas voreinander zu

verbergen. Erich und ich führten kaum politische Gespräche. Wenn er, wie ich vermutete, unter dem Militär gelitten hat, so verstand er es doch, das zu bagatellisieren. Sein Hang zur Selbststilisierung war Stärke und Schwäche zugleich; Stärke, weil er sich damit auf Distanz gegen andere hielt, Schwäche, weil man mit diesen anderen, möglichst naiv und auf humoristischer Basis, nun einmal leben mußte. Er war in seiner Haltung weit soldatischer als ich: sein Tornister war stets vorbildlich gepackt, seine Kleidung immer sauber und in Ordnung, sein Spind ein ästhetisches Meisterwerk. Er sparte fast seinen ganzen Sold, um seiner Familie kleine Gaben schicken zu können, er trank wenig Alkohol und rauchte niemals. Wenn ich den Soldatenrock von vornherein sprengte, so trug er ihn geduldig und mit preußischem Ethos. Er wirkte auf mich wie ein Musterknabe, der die beste Note bekommen will, aber immer dann liebenswert wurde, wenn sich herausstellte, daß er doch nur ein kleiner Junge war. Ihm fehlte es nicht an Galgenhumor, wohl aber an Selbstironie. Freunde hat er sich beim Militär nur in den »besseren« Kreisen gemacht, die ihn als Professor gelten ließen. Anderes ließ sein Ehrgeiz wohl nicht zu. Darum galt er bei den simplen Schützen oft als »hochmütig«. Trotzdem waren ihm die Offiziere auch wieder verhaßt, die Bildungsabenteuer, von denen ich noch berichten werde, blieben bei ihm weit mehr Episode als bei mir. Er wollte sich nicht zu sehr mit den Offizieren einlassen und zog es statt dessen vor, nur »Soldat« zu sein. Darin lag ein nahezu masochistischer Zug, der mich an Lichtenbergs Satz erinnerte: Menschen wie ich haben »eine Fertigkeit, aus jedem Vorfalle des Lebens . . . die größtmöglichste Quantität Gift zu eigenem Gebrauch auszusaugen«. An dieses Gemisch von Muse und Doktrin, von naiver Kindlichkeit und Hypochondrie in Erich Trunz' Wesen ließ sich nur schwer herankommen. Was ihn beim Militär immer wieder gerettet hat, war die mir völlig fremde Begabung, in der Anonymität verschwinden zu können.
Dennoch konnte er von beispielloser Hilfsbereitschaft sein, und zwar auf stille und unauffällige Weise. Als es ihm als erstem gelang, Verbindungen mit dem »geistigen« Brest, mit den Marinepfarrern und dem Offizier der Marine-Intendantur aufzunehmen, da ließ er mich nicht in meinen Abgründen weiter schmoren, sondern sorgte dafür, daß auch ich mit ihnen zusammenkam. Am 11. Juni jährte sich Hölderlins Todestag zum hundertsten Mal. Die beiden Marinepfarrer und Manuel de Ondarza, der einem Marinedepot vorstand, trugen die Idee einer Feier dem Standortkommandanten, Major Habermas, vor, der sie sogleich als Veranstaltung des »Kammermu-

sikkreises« organisierte. Abgesehen von der musikalischen Umrahmung waren die beiden Professoren die eigentlichen Träger: Erich führte in Hölderlin ein, ich sprach vor allem Gedichte. Der Abend brachte eine überraschende Wende in meinem Schicksal als Soldat. Hohe und niedere Militärchargen hatten ihn besucht, der Erfolg blieb nicht aus. Das erste Hölderlin-Jahrbuch »Iduna« hat ein Jahr später kurz über dieses Nachleben Hölderlins in Brest berichtet.
Erich war nicht nur für das Kartenzeichnen eingeteilt, er besorgte auch Fuhrwerke bei den Franzosen und dolmetschte. In der Kompanie verfügten nur wir beide über einige französische Sprachkenntnisse. Als der Schütze Trunz Heimaturlaub erhielt, sollte ich für ihn einspringen. Karten konnte ich freilich nicht zeichnen, aber das Organisieren und das Parlieren mit den Franzosen, die ich ja gerne mochte, machte mir Spaß, wenn man auch mit kleinen Perfidien von ihrer Seite rechnen mußte. Sie hielten mich fast immer entweder für einen curé (Geistlichen) oder für einen écrivain (Schriftsteller) und begriffen nicht, daß man solche Menschen in Deutschland in den gewöhnlichen Soldatenrock steckt und nicht als Sonderführer einsetzt.
Besonders wichtig wurde für mich Manuel de Ondarza, ein Deutscher mit einem Spanier als Vater und einer Engländerin als Mutter, wohlsituierter Chemiker im Zivilberuf, ein skeptischer, kluger Melancholiker, kultiviert in seinen Umgangsformen und seinen ästhetischen Interessen, manchmal fast ein Zyniker, der das Zeitalter verachtete und ihm seinen leisen, spöttischen, aber gerade dadurch eindrucksvollen Protest entgegensetzte.
Manuel verschaffte mir, wie schon vorher Trunz, ganz ungewöhnliche Privilegien. In seiner Intendantur konnte ich alles bekommen, was ich nur wollte, aber nur *ich* bekam es und kein anderer, auch nicht der Leutnant. Wir stellten das sehr raffiniert an. Gleich nach dem morgendlichen Antreten der Kompanie verschwand ich mit Sonderauftrag. Dieser wurde möglichst in die Länge gezogen und mußte immer wieder erneuert werden. In Wahrheit dauerte die Durchführung nur wenige Minuten. Ein Stempel genügte. Doch war die Marine in keiner Weise verpflichtet, ihre Schätze an die Infanterie auszuliefern. Allmählich schaffte ich alles herbei, was eine Kompanie so brauchte, und das war sehr viel. Soldaten meiner Einheit wurden abkommandiert, um beim Ein- und Ausladen zu helfen. Ich selbst rührte keinen Finger. Das nahm man mir keineswegs übel; denn für die Abkommandierten war es auch so wie ein Feiertag. Auf solchen Schleichwegen kam ich bei Leutnant Lange und bei der ganzen

Kompanie zu großen Ehren, um so mehr, als ich mich auch gesellig als Kompanie-Dichter bei jenen alkoholfreudigen Festen beteiligte, durch die die Trostlosigkeit der Etappe für die Masse wenigstens scheinbar etwas abgemildert wurde. Der Lohn blieb nicht aus. Bereits nach fünf Monaten Militärzeit wurde ich am 1. August 1943 zum Gefreiten befördert. Das erfüllte mich im Augenblick mit mehr Stolz als meine Ernennung zum Professor. Der Leutnant fügte freilich ermahnend hinzu: »Sie sind sich hoffentlich klar, daß Sie diesen Grad nicht ihren militärischen Leistungen, sondern ihren Verdiensten für die Kompanie verdanken.«

Was aber trieb ich den langen Tag, der mir jetzt ohne jeden Dienst zur freien Verfügung stand? Da traf ich mich meist im Soldatenheim III mit dem Gefreiten und späteren Unteroffizier Willi Wilkesmann, im Zivilberuf protestantischer Geistlicher, und seinem Adlatus, dem Gefreiten Rudi Brehm, dem Inhaber eines Blumengeschäftes in Karlsruhe. Beide hatten für die Verwaltung des Heims zu sorgen. Hier herrschte vergnügliches Behagen. Die mütterliche Leiterin, Schwester Elisabeth, betreute ohne Bedenken den so unmilitärischen Professor. Sie tat es in der nachfolgenden Zeit sogar besonders liebevoll, da ich auf die kluge Idee gekommen war, mich mit einigen huldigenden Versen bei ihr einzuschmeicheln. Psychologische Einfühlung in die verschiedenartigsten Menschen ist beim Militär unerläßlich, wenn man sich einigermaßen behaupten will. Im Soldatenheim, in dem meist Offiziere zu Gast waren, gab es ein Maximum an irdischen Genüssen. Nicht nur der Kontrast zum Kompaniefraß, auch der zur immer knapper werdenden Nahrung in der Heimat spottete jeder Beschreibung. Ich geriet als heimatloser Genießer in einen Schlendrian, war weder Soldat noch Universitätsprofessor, mehr eine Art Zigeuner, der sich in seiner Maskerade zu behaupten versuchte, morgens und nachts nach wie vor an das ungeliebte Militär gefesselt, tagsüber ein freies Individuum.

Solange ich Leistungen wie Zauberkunststücke für die Kompanie vollbrachte, ging das noch an. Aber wie sollte es weitergehen? Zunächst schöpfte ich Kraft aus meiner komischen Beliebtheit. Ihren Höhepunkt erreichte sie, als ich bei einem Kompaniefest als Kunstschütze auftrat. Ich brauchte eigentlich nur mich selbst darzustellen und dabei parodierend zu übertreiben, so war eine amüsante Figur geschaffen, die geradezu Stürme von Gelächter entfesselte. Nichts ist beim Barras willkommener als die Fähigkeit, ihn zum Gegenstand der Humoreske zu machen.

Eines Tages rief mich der »Spieß«, Oberfeldwebel Thasler, der mir während der ganzen Brester Zeit wohlgesonnen war, und teilte mir mit, ich solle mich beim Standortkommandanten, Major Ernst Habermas, melden. Das war ebenso überraschend wie ungewöhnlich. Was konnte schon dieser an so bedeutendem Posten stehende Major von mir wollen? Ich fuhr mit der stets überfüllten Elektrischen, an der die Menschen wie Trauben hingen, hinunter in die Stadt, versuchte am Standort stramme Haltung anzunehmen und sprach den für solche Fälle vorgeschriebenen Satz: »Gefreiter von Wiese meldet sich zur Stelle.« Darauf kam von dem eindrucksvollen Offizier mit dem energischen Kinn eine noch eindrucksvollere Antwort: »Nehmen Sie bitte Platz, Herr Professor.« Diese überaus erstaunliche Anrede motivierte er selbst aus seinen, beinahe schüchtern vorgetragenen, Wünschen. Sie seien rein privater Natur. Er, der Major, habe nämlich ein Lustspiel geschrieben, und er bitte mich, den Universitätsprofessor und Germanisten, dieses Stück zu begutachten. Das bedeutete Einquartierung in einem Hotel, in dem sonst nur Offiziere wohnten, drei Tage völlige Ruhe, vorzügliche Verpflegung im Soldatenheim II, mit dessen Leiterin Habermas eng befreundet war, und am Ende dieser völlig dienstfreien, mir überlassenen Tage ein Trinkgelage mit dem Major persönlich in seiner Behausung. Die Offiziere im Hotel waren zwar wütend, als dort ein dreckiger Landser auftauchte, aber das half ihnen nichts. Das große, weiche französische Bett empfing mich, der ich bisher nur auf Strohmatratzen gelegen hatte, wie eine Einladung ins Paradies. Das nicht sehr umfangreiche Lustspiel ließ sich in ein bis zwei Stunden lesen. Trotz witziger Einfälle schien es mir dramatisch verfehlt. Sollte ich dem Major meine wahre Meinung sagen? Das war die Frage. Doch auch er zeigte sich als Psychologe, der eine solche Situation klug überlegt und eingeplant hatte. Am dritten Abend setzte er mir nicht nur herrliche Kartoffelpuffer mit Apfelmus, sondern auch Unmengen von scharfen Alkoholika vor. Mühelos konnte er sie konsumieren und verstand es, auch mich dafür zu begeistern. Wer würde der bessere Trinker sein? Darum ging es. Erst danach sollte die Gerichtsverhandlung über das Lustspiel beginnen. Das Resultat widerlegte seine und meine Erwartungen. Wir waren nämlich beide mehr oder weniger betrunken. In vino veritas. Ich sagte ihm, so diplomatisch wie möglich, noch im Nebel der Trunkenheit die Wahrheit. Eine Überarbeitung des Stückes schiene mir erforderlich. Er akzeptierte, hatte aber genau gemerkt, daß ich ihm eigentlich eine bittere Pille, wenn auch in verzuckerter Form gereicht hatte.

Das war der Anfang einer Freundschaft. Dieser Mann, der seinen später berühmt gewordenen Sohn, den Soziologen und Philosophen Jürgen Habermas, fast überschwenglich geliebt hat, war ein Gentleman, mehr noch, ein Grandseigneur, sprühend vor Witz und menschlicher Intensität. Im Zivilleben wirkte er als Syndikus, hatte aber früher einige Semester Germanistik studiert. Seine freie rheinische Lebensart, sein Geltenlassen, seine Urbanität, sein lebensfrohes und geistig aufgeschlossenes Temperament, seine persönliche Wärme und seine glänzenden Bonmots, die immer ins Schwarze trafen, werde ich nie vergessen. Er hielt sich nicht an Konventionen und blieb dennoch an konservative Traditionen gebunden. In seiner Schreibstube, in die ich leider nicht aufgenommen werden konnte, herrschte Disziplin, aber ebenso der Geist der Freiheit. Dort saß ein besonders ehrgeiziger Unteroffizier, der unbedingt in der Rangordnung noch weiterkommen wollte. Habermas stellte mich ihm später mit den Worten vor: »Sehen Sie sich diesen Mann an, er ist Universitätsprofessor und Gefreiter, und er hat nicht den geringsten Ehrgeiz, auch nur Unteroffizier zu werden.« Ernst Habermas durchschaute die Schein-Welt des Barras, blieb aber trotzdem überzeugter Soldat, wenn auch im Einklang mit einer beweglichen Humanität. Die Verse, die ich zu seinen Ehren dichtete, als ihm eine Ordensverleihung zuteil wurde, vermitteln vielleicht etwas von der Liberalität, über die dieser so einzigartige Mensch verfügte. Auch das ironisch Humorvolle in unserer beiderseitigen Beziehung klingt in dem als »Flugblatt« betitelten Gedicht ein wenig an.

Wehrbetreuung oder geistige Zersetzung der Wehrkraft?
An Major Habermas,
als er das Kriegsverdienstkreuz erster Klasse erhielt
von einem Gefreiten

Seht ihn an, den kühnen Zecher,
Der so manche Lebenspein
Spült hinab mit seinem Becher,
Laßt uns mit ihm trunken sein!

Seht ihn an, den Liebes-Dichter,
Frankreichs Mädchen seine Chance!
Ungern macht er nur den Richter,
Hony soit qui mal y pense.

Seht ihn an, den Frontsoldaten,
Wie das Kinn energisch sitzt!
Schneller noch als Heldentaten
Sein Bonmot ins Schwarze blitzt.

Freunde dieser heitren Runde,
Feiert unsern Habermas!
Denn er ist mit uns im Bunde,
Auch die Würde macht ihm Spaß.

Seht ihn an! er trägt den Orden
Erster Klasse mit Humor.
Ja er ist nun 'was geworden,
Doch ihm selber graust davor.

Freilich schön bleibt's so im Spiegel
Sich geschmückt und glänzend sehn,
Vater Staat gab seine Siegel,
Habermas, Du kannst bestehn.

Orden können oft beschweren,
Wenn sie Schein nur sind und Tand,
Dieser kann uns Tiefres lehren,
Bleibt des *Wesens* Unterpfand.

Wollen drum ihn weiterlieben
Mit und ohne Ehrenzeichen,
Dies ins Stammbuch dir geschrieben:
Bleib' ein *Mensch* und unsresgleichen.

Dem Gedicht hatte ich noch als »Urteil« hinzugefügt: »Es ist ungehörig, daß ein Gefreiter einen Major duzt (Strophe 6 und 8), Strophe 2 ist Erotik, Strophe 3 zeigt eine unheroische Haltung, Strophe 4 und 5 läßt den nötigen militärischen Ernst vermissen, doch wohl geistige Zersetzung.«
Im Soldatenheim II lernte ich im Anschluß an eine von mir durchgeführte musische Veranstaltung den hochdekorierten Kapitänleutnant Bartels kennen. Ich deutete auf seine vielen Tressen und fragte ihn, was diese eigentlich bedeuten sollten, ein militärisch unmögliches Betragen. Er hielt aber für eine imponierende Unverschämtheit, was nichts weiter war als Ahnungslosigkeit. Der Held lud mich ein,

auf seinem Torpedoboot für einige Tage mit auf Feindfahrt zu gehen, und wollte mich unterwegs in La Rochelle absetzen. Das fand ich fantastisch, doch es kam mir unmöglich vor. Dennoch beschwatzte er meinen Leutnant Lange und nahm sogar noch den Obergefreiten Schmielinsky mit, einen ebenso vorzüglichen wie menschlichen Soldaten, dessen Sohn später eine Tochter meines Freundes Paul Wiedeburg geheiratet hat. Der Kapitänleutnant und Ritterkreuzträger Bartels war eine merkwürdige Mischung aus Salonlöwe und waghalsigem Abenteurer, ein Täter aus Fantasie. Auf liebenswürdige Weise vereinigte er einfallsreiche Erzählgabe mit männlicher Tatkraft. Die nächtliche Feindfahrt auf diesem Kriegsboot war keineswegs ungefährlich. Ab und zu hörten wir den Donner der Geschütze über das Meer hinweggrollen. Der Leutnant hätte mir eigentlich auf keinen Fall Urlaub für diese Fahrt geben dürfen. In der Kantine des Schiffes hatten die Offiziere ihren Spaß an den unerwarteten Gästen. Es gab vorzügliche Zigarren, und es wurde bis tief in die Nacht hinein gezecht. In dem landschaftlich schönen La Rochelle hatten wir einige Erholungsstunden für uns allein. Mit der Eisenbahn kehrten wir nach Brest zurück. Dort fand der Zauber ein jähes Ende. Völlig übermüdet kam ich an. Ein Feldwebel, der mir solche Sonderrechte übelnahm, teilte mich sofort, offensichtlich ohne das Wissen des Kompaniechefs, zur nächtlichen Wache ein.

Nachtwachen waren für mich immer mit Risiko verbunden. Als ich die Villa eines Generals bewachen mußte, vor der ein nicht abgeschlossenes Auto stand, war ich so hundemüde, daß ich mich kurz entschlossen in das Auto hineinsetzte und dort vor mich hindöste, immer auf dem Sprung, sofort wieder die Wache zu spielen, wenn irgendeine Kontrolle kommen sollte. Mein Glücksstern wollte, daß sich das nicht ereignete. Wäre ich erwischt worden, so hätte mich wohl nichts vor dem Kriegsgericht retten können. Weit scheußlicher war eine andere Nachtwache, die ich mit einem besonders primitiven Kumpanen meiner Kompanie teilte. Er war Sudetendeutscher und sprach nur gebrochen Deutsch. Mit den Fingern holte er sich Reste ranziger Butter aus seinem Behälter. Diese leckte er genüßlich ab und eröffnete mir dabei: »Frau ist krank, Frau wird bald tot sein. Macht nichts, geh ich ins Hurenhaus, um zu f . . . mit andere Frau.« Er war wohl kaum der richtige Kamerad für mich, er hat sich sogar nachträglich über diese Wache mit mir beschwert.

Das Scheußliche stand oft dicht neben dem Komischen. Die vielleicht amüsanteste Geschichte passierte mir mit unserem Spieß. Er hielt sich ein Kaninchen, das er zärtlich liebte. Das Kaninchen hatte

Junge bekommen, konnte sie aber nicht säugen. Ich bekam den »ehrenvollen« Auftrag, in der Stadt Brest ein kleines Milchfläschchen für die jungen Kaninchen aufzutreiben. Wo sollte ich das finden? Ich entschied mich für die Apotheke. Das erwies sich aber als ganz verkehrt. Was ich mitbrachte, war ein für diesen Zweck viel zu großes Fläschchen. Im strengen, aber nicht böse gemeinten Ton fuhr der Spieß mich an: »Haben Sie denn noch niemals Kaninchen gesehen?« Mit »Marsch Marsch!« beorderte er mich in die Stadt zurück, um das passende Objekt doch noch aufzutreiben. Diesmal hatte ich die richtige Inspiration. Ich kämmte die Spielzeugläden durch und brachte eine kleines Püppchen mit Wiege und einem winzigen, mit Liebesperlen gefüllten Fläschchen mit. Dies hatte das richtige Format, die anderen Requisiten dienten zur Dekoration. Die Kaninchen freilich sind trotzdem eingegangen.

Ganz so komisch ging es allerdings nicht weiter. Aus irgendwelchen Gründen mußte ich wieder einmal umziehen, diesmal in den abgelegenen Bunker eines Marinestützpunktes. Dort hauste eine zügellose, rohe, disziplinlose Gruppe von Infanteristen, die unter dem Kommando eines korrupten Unteroffiziers stand. Niemand kontrollierte diesen abgelegenen Stützpunkt. Was nützten mir das große Schwimmbad und das bessere Essen in einer Umgebung von Menschen, die mich haßten und nur als einen unerwünschten Eindringling empfanden? Sie bestahlen meinen Spind, sie quälten mich bis aufs Blut. Beim Gewehrreinigen führte der Unteroffizier geradezu Exerzitien des Sadismus mit mir auf. Diese Tage Ende Juni 1943 waren die vielleicht schlimmsten meines militärischen Daseins. Nur durch handfeste, unanständige Kiesewetter-Verse, die mir Hans Wenke vorsorglich verschafft hatte, vermochte ich mich notdürftig zu behaupten. Auch sie wurden mir schon sehr bald gestohlen. Die Trivialität des Gemeinen habe ich dort so gründlich wie sonst nie in meinem Leben kennengelernt. Erich Trunz, der mich besuchte, sah meine Verzweiflung und suchte mich zu trösten, so gut er es vermochte. Ich vermute, es war Schmielinsky, der durchsetzte, daß ich in die alte Umgebung zurückgeholt wurde. Ich hätte es in dieser Wüste des Gemeinen kaum weiter aushalten können.

Mein Freundeskreis in Brest vergrößerte sich immer mehr. Vor allem die Marinepfarrer standen mir in meinen Nöten bei. Die Gespräche mit ihnen öffneten mir die sonst so bitter entbehrte geistige Welt. Geschwafel kam dabei niemals auf. Bloße fromme, mehr oder weniger nichtssagende Sprüche waren in der Erwartung der kommenden Invasion sinn- und nutzlos geworden. In den Weihnachtstagen 1943, kurz vor einem Heimaturlaub, den ich früher nicht antreten konnte, weil ich der Kompanie helfen mußte, die Soldaten über die Depression der Festtage hinwegzutäuschen, war ich mit Eut Stange, dem evangelischen Marinepfarrer, und anderen Freunden zusammen. Er las die Geschichte von der Geburt Christi aus der Bibel vor; er wußte sehr wohl, daß er nicht gerade gläubige Protestanten vor sich hatte. Doch alle hörten mit einer Demut zu, die ich so nie wieder bei Intellektuellen erlebt habe. Eine solche Geschichte hört sich anders an, wenn keiner der Zuhörer auch nur zu ahnen vermag, ob er noch lebend zu seiner Familie zurückkehren wird. Bei einer anderen Gelegenheit lauschte ich einer Predigt von Willi Wilkesmann. Seine Gefahr war die Trivialität. Allzu eng beieinander lagen bei ihm das irdische und das göttliche Reich. Er glaubte an Gott, aber er glaubte auch an das gewinnbringende Geschäft mit Rasierklingen und anderen nützlichen Gegenständen, freilich gewiß nicht so, wie es Fontane so böse über die Engländer formuliert hat: »Sie sagen Christus, und sie meinen Kattun.« Doch wußte Willi den christlichen Glauben mit seiner eigenen Begabung für den wirtschaftlichen Nutzen auf geschickte Weise auszubalancieren. Gott steht eben jenen im Leben bei, die sich vertrauensvoll in seine Hand geben. Aber das war, wie sich herausstellte, nicht der eigentliche, der wesentliche Wilkesmann. Er hatte seine Frau und seinen Sohn verloren, sie waren bei einem Bombenangriff in Deutschland verschüttet worden. Aus solchen Erfahrungen wachsen die gültigen Erkenntnisse, bei Laien ebenso wie bei Geistlichen. »La créature souffre trop«, heißt es in der »Kameliendame« von Dumas, die ich in Frankreich auf der Bühne gesehen habe. »Wir müssen's wohl leiden«, sagt Lucile in Büchners Tragödie »Dantons Tod«. Was Leiden bedeutet, wußten unsere Marinepfarrer nur allzu genau. Was ihm entgegenzusetzen ist, suchten sie aus der Sorge nicht nur um ihre eigene, sondern um unser aller Existenz, mit der Not des Herzens zu finden.

Die meisten Soldaten fliehen vor solchen Erfahrungen in den Alkohol. Wer seine geistige Existenz nicht aufgeben will, wird sich damit kaum begnügen. Doch hält eine so völlig bruchstückhafte, vom Augenblick gezeichnete Gegenwart immer beide Wege offen. Auch unser kleiner Kreis stürzte sich in Exzesse, in alkoholische *und* in geistige. Sicher haben wir nach beiden Seiten übertrieben. So aber ließ sich sehr konkret erleben, was Jaspers abstrakt »Grenzsituationen« genannt hat. Eine zum Gespenst gewordene Zeit aktiviert die Kräfte von Seele und Leib und strengt sie bis zum äußersten an.

Nirgends kann die Sehnsucht nach dem Absoluten so groß sein wie in der von außen erzwungenen totalen Relativierung. Es war das Recht und die Pflicht dieser von ihrer Tätigkeit so überzeugten Geistlichen, sich einer solchen Situation vorbehaltlos zu stellen.

Von intellektuellen Fragen war freilich der Mann aus dem Blumenladen, Rudi Brehm, nicht geplagt. Er lebte anders. Er war der findige Kopf, der überall praktische Auswege wußte. Sein Humor ließ niemals tragische Aspekte aufkommen. Als ich am 16. September 1943 in Brest meinen Vortrag über die Helenatragödie in Goethes »Faust« hielt, amüsierte er sich über die schöne Helene (vielleicht hat er an die »fromme« bei Busch gedacht) und dichtete mich an: »Das ist der Benno Wiese / Ein echter Geistesriese.« Rudi liebte das Leben mit allen seinen realen Möglichkeiten; doch es wäre ihm nie in den Sinn gekommen, deshalb den Geist zu verachten. Er fand ihn nur oft komisch, und das war in dieser Umgebung eigentlich kein Wunder. Rudi meinte, man habe sich in der Welt zurechtzufinden mit allen erlaubten, aber auch mit unerlaubten Praktiken. Ich kam vorzüglich mit ihm aus, aber die Gemeinsamkeit reichte nur für die Militärzeit.

Mein Bedürfnis, zu mir selbst wieder zurückzufinden, wuchs seit dem Hölderlin-Abend noch stärker. Ich hätte ihn gerne wiederholt, aber Erich wollte nicht mehr. Bücher standen mir während meiner Militärzeit nur wenige zur Verfügung. Einige hatte ich beim ersten Urlaub mitgebracht, um sie als minimale Handbibliothek bei der sogenannten Wehrbetreuung zu verwenden. In dieser Zeit habe ich auch Kurt Kluges Roman »Der Herr Kortüm« gelesen und seine »Zaubergeige«, eine Prosa, die ich damals überschätzt habe. Es war die humoristische Darstellungsform, die mich daran anzog, ebenso wie an dem sonst so düsteren »Abu Telfan« von Wilhelm Raabe. Ganz im Anfang der Militärzeit las ich in einem Plato-Brevier, und der Eros zum Schönen erschien mir als die einzig mögliche, freimachende Gegenwelt zum Zwang sinnloser Abläufe. Ich nahm diese ebenso philosophische wie poetische Prosa mit der Begeisterung meiner Jugendjahre auf, die noch immer nicht in mir erloschen war.

Ernst Habermas war es, der mir die Chancen verschaffte, meine geistigen Bedürfnisse selbst unter den Voraussetzungen des militärischen Massendaseins nicht aufgeben zu müssen. Er organisierte für mich Vorträge in Brest über Goethes »Faust«, zunächst über den ersten, dann auch über den zweiten Teil. Sie waren relativ gut besucht von Militär und Marine, sogar von hohen Chargen bis zum

General oder Admiral hinauf. Der Standortkommandant persönlich sorgte für das technische Funktionieren. Eigenhändig stellte er die Lampe auf das Pult, bevor ich meine weitgehend improvisierten, in freier Rede entwickelten Gedanken vor einem erstaunlich aufgeschlossenen Publikum vortrug. Aber wiederum grenzte Extrem an Extrem. Bald nach einem besonders erfolgreichen Vortrag versagte ich völlig in der militärischen Unterrichtsstunde über das Maschinengewehr. Ich konnte noch nicht einmal seine Teile – soviel ich weiß, waren es dreizehn – aufzählen, geschweige denn, das Ganze auseinandernehmen und wieder zusammensetzen. Die Demütigung war ebenso groß wie kurz zuvor der rauschende Erfolg. Wohl ließ mich diese Zeit im späten Sommer vorübergehend aufatmen. Doch wurde der Widerspruch zwischen geistigem Höhenflug und schlichter Zugehörigkeit zu der, wenn auch freundlich gesinnten Kompanie immer spürbarer.

Dann bahnte sich in dem Auf und Ab dieses Jahres, in dem nichts beständig war als die Unbeständigkeit, eine neue Wende an. Ich sollte Ende September zur Division nach dem benachbarten Landerneau versetzt werden, um von dort aus in der weiteren Umgebung, zu der auch Brest gehörte, »Wehrbetreuung« auszuüben. Zuerst bot sich alles sehr erfreulich an. Der Kommandant der Kompanie, zu der ich jetzt gehören sollte, Hauptmann Meghieri, war ein mir wohlgesinnter Mann, der im nächtlichen Gespräch sogar seinen Zorn auf Hitler nicht unterdrücken konnte, freilich dann sofort vor der eigenen Courage Angst bekam und mich dringend bat, über das von ihm Gesagte kein weiteres Wort zu verlieren. Das Gespräch habe nur dem »Professor«, nicht aber dem »Soldaten« von Wiese gegolten. Seiner Protektion waren Grenzen gesetzt. Eigentlich gab es gar keinen Posten für eine solche »Wehrbetreuung«, und keine militärische Stelle wußte, was man eigentlich darunter zu verstehen hatte. Am liebsten hätten sie mich, den ungewollten Störfaktor, in die Heimat abgeschoben. Es fehlte auch nicht an Versuchen dazu; jedesmal kam aber von den weit entfernten Militärkommandos der knappe Bescheid: Wer kv sei, könne in keinem Falle wieder nach Hause. Zunächst ging noch alles gut ab. Die Faustvorträge in Brest liefen weiter. Ein »Wunschkonzert« für Soldaten wurde von mir mit freundlichen Versen eingeleitet und mit überleitenden Ansagen begleitet. Ganz so überzeugend, wie das heute der Schauspieler Harald Juhnke im Fernsehen vorführt, konnte ich das natürlich nicht. Für die militärischen Zwecke genügte es. Mein Paradestück war jedoch neben einem Balladenabend, bei dem Münchhausens

»Todspieler« besonderen Eindruck machte, ein Wilhelm Busch-Abend mit Versen, Bildern und Kommentar. Außerdem fand in Kantinen in Brest und andernorts ein Abend der »heiteren Muse« lebhaften Beifall. In mehreren Abteilungen, darunter »Vom Lieben« und »Allerlei Unsinn«, stellte ich mir ein Programm zusammen, größtenteils aus Chansons der Jahrhundertwende, zu dem ich außer Busch auch Christian Morgenstern, Eugen Roth, Otto Julius Bierbaum, Liliencron und Mörike heranzog. Je mehr ich meinen Sinn für Humor kultivierte, um so mehr wuchs zugleich mein Sinn für gutes Essen und Trinken. In den manchmal nachfolgenden Festivitäten, weniger bei der Infanterie, wohl aber bei der Marine und gelegentlich auch bei der Luftwaffe, entfaltete ich einen gewaltigen Appetit. Ein Inspektor der Marine meinte einmal, mein Appetit sei in Brest und Umgebung so bekannt, daß man jetzt nicht mehr sage, ich habe einen Appetit auf Austern, sondern: »Ich habe einen Benno auf Austern.« So wurde mein Vorname zu einer neuen Maßeinheit für eine beträchtliche Essensmenge. Es gebe, so behaupteten die Lacher und Spötter, einen solchen Kranz von Anekdoten um mich wie weiland um den tollen Blomberg.

Aber dieser Winter 1943/44, dem herrliche klare Oktobertage vorangegangen waren, hatte auch seine bedenklichen Seiten. Ständig mußte ich die Notwendigkeit meiner unsoldatischen Person im militärischen Umfeld beweisen, wenn ich nicht wieder in die Stupidität des Bunkerdaseins versinken wollte. In Brest hatte ich paradoxerweise Geborgenheit in einer Kompanie erfahren, von der Abschied zu nehmen mir sogar zuletzt schwer gefallen ist. Jetzt war ich gezwungen, mich wieder in eine freischwebende Einzelperson zu verwandeln, die zwar zu einer Kompanie gehörte, aber eigentlich nichts in ihr zu suchen hatte.

So entwickelte sich meine Situation von Anfang an zweideutig: nach wie vor, wenn auch stark eingeschränkt, militärischer Dienst, Appelle, Exerzieren, Schießen usw., daneben war ich vorübergehend Gast im Amtszimmer des Hauptmanns Schneider, eines älteren, gebildeten, aber ängstlichen Studienrates. Zusammen mit einem Oberleutnant, der gerade krank war und mir dadurch seinen Platz verschaffte, und mit einem Leutnant gehörte Schneider zur Abteilung I c, die zur Feindabwehr, zur Wehrbetreuung und zur Propaganda eingesetzt war. Man dachte wohl daran, mich dort unterzubringen. Als Bewährungsprobe sollte ich zunächst vor Offizieren und Mannschaften einen geschichtlichen Vortrag halten. Ich wählte als Thema: »Deutschland und Frankreich, ihr Kampf um

Europa«. Nur sehr wenige Hilfsmittel standen mir zur Verfügung. Außer Friedrich Sieburgs geistreichem Buch »Gott in Frankreich« studierte ich Hallers »Epochen der deutschen Geschichte«. Daraus habe ich mir damals den Satz notiert, der sich zwar auf die Kriegszeit unter Wilhelm II. bezog, aber mir als ein unheilvoll wiederkehrendes Gesetz der deutschen Geschichte aktueller denn je schien: »Man kann es nicht oft genug wiederholen: die Nation im ganzen hat die tragische Schuld auf sich geladen, erstrebt zu haben, was über die Kräfte ging.«

Den geschichtlichen Vortrag brachte ich noch gut über die Hürden. Danach jedoch geriet ich in eine sehr kritische Situation, als ich nämlich dem Leutnant dieser Abteilung, einem höchst unsympathischen, doktrinären Nazi, zugeordnet wurde und mit ihm gemeinsam »politische« Wehrbetreuung ausüben sollte. Ich weiß nicht mehr, wie er hieß und welchen Beruf er im Zivilleben hatte. Geistig war ich ihm weit überlegen, militärisch allerdings war der Abstand vom Gefreiten zum Leutnant mindestens ebenso beträchtlich. Das beiderseitige Verhältnis bestand in einem ständigen Sich-belauern und -belügen. An eine Zusammenarbeit war überhaupt nicht zu denken, zumal ich eine solche »politische« Wehrbetreuung selbst mit Heuchelei nicht hätte durchführen können. In dieser verzweifelten Situation wünschte ich mich in die Trostlosigkeit des sturen Kompaniedienstes zurück. Doch auch der Leutnant fühlte sich offensichtlich mit mir unbehaglich. Glücklicherweise kam das Ganze über unverbindliche Vorbesprechungen nicht hinaus. Es zerschlug sich von selbst.

Damit freilich wurde meine Lage erst recht nebulös. Plötzlich hatte ich eine Unmenge Freizeit, mit der ich nichts anfangen konnte. Es war eine leerlaufende Zeit, mit der keine »innere« Zeit korrespondierte. Das ständige Alleinsein ohne jede Tätigkeit brachte mich dem Selbstmord näher als das vergeblich um Anonymität bemühte Einzeldasein in der Masse. Zwar spottet der Volksmund: »Die Hälfte seines Lebens / Steht der Soldat vergebens.« Aber das geschieht nicht in der Einsamkeit, es geschieht in der Gruppe, auf Kommando, wenn auch als sinnloser Ablauf. Ich aber war zu einem Alleinsein verurteilt, in dem die Welt verloren zu gehen drohte. Bücher gab es kaum zum Lesen. Sehr bald war ich auch räumlich von der Kompanie getrennt. Ich wohnte in einem französischen Hotel, in dem eine ganz andere Abteilung, die der Feldjäger, untergebracht war. Jedoch versagte dort im Winter die Heizung, wahrscheinlich infolge eines Sabotageaktes der Franzosen, und ich fror in meinem großen Hotel-

zimmer mit großem Bett höchst erbärmlich, erkältete mich am laufenden Band und sehnte mich geradezu nach der überheizten Unterkunft in der Kompanie. Das Nichtstun erwies sich als eine noch schlimmere Belastung als der strapazenreichste Dienst.
Vorübergehend flüchtete ich in die Lektüre von Hesses Roman »Narziß und Goldmund«. Zwar bewunderte ich an diesem Buch die Dekadenz in ihrer verführerischen Blüte, fand auch die erotischen Partien raffiniert, erfreute mich an den sensiblen Nebentönen, aber im ganzen schien mir der Abstand dieses Durcheinanders von Erotik, Kunst, Wandertrieb, Geistigkeit, Psychologie, dieser Spätform der Romantik, zu unserem, so viel härteren, ja grausameren Zeitalter geradezu erschreckend, und von da aus kam ich in einem Brief an meine Frau zu dem paradoxen Endurteil: das Buch sei »Kitsch mit Geschmack«.
Trost suchte ich auch in der Lyrik. Nach langen Jahren machte ich wieder Verse, nicht nur Gebrauchs- und Gelegenheitsverse wie bereits in Brest, sondern ich schrieb ein Liebesgedicht an die Bretagne und ein ganz anderes Gedicht über den »Geist der Zeit«. Beide Gedichte hatten keine literarischen Absichten. Aber als Zeugnis meiner damaligen Situation, als biographisches Dokument möchte ich das zweite trotzdem mitteilen. Es handelt von dem verzweifelten Versuch der Selbstverwirklichung inmitten einer grausamen, verworrenen Zeit.

Geist der Zeit

Wie grausam, tief verworren ist die Zeit,
Die mich hinweg an diesen Strand gespült,
Ihr Flitter-Glanz erstarrt im Maskenkleid,
Und ihre Wunden bleiben ungekühlt.

Wer wollte hier sein eignes Schicksal lösen,
Verflochten in den dunklen Kreis des Ganzen?
Und senkt die Waage sich auch tief zum Bösen,
Du lernst es rasch, nach ihrem Takt zu tanzen.

Wohl zieht es dich mit Inbrunst in die Stille,
Du suchst den Gott der dir nur angehört,
Doch wo du hinkommst, hat der Zeiten Wille
Mit seinem Lärm die Andacht dir zerstört.

Willst du dich heimlich in dir selber bergen,
Wo nichts mehr hinreicht, jeder Ton verstummt,
Im fernsten Winkel überfällt mit Schergen
Der Geist der Zeit dich, schauderhaft vermummt.

So bliebe nichts zu tun als nur zu dulden,
Die Massen-Schuld gemeinsam mitzutragen,
Die Zinsen zahlen von der Last der Schulden
Und nach dem *mein* und *dein* nicht mehr zu fragen?

Verzweifle nicht! Die Zeit ist nicht dein Richter,
Du selber sollst ihr Maß und Richter sein,
Und löscht sie auch mit blinder Hand die Lichter,
So brennt die Flamme kühn in dir allein.

Und ist auch diese Glut hinabgesunken,
Und selbst der Gott auf deine Frage schweigt,
Dann glüht in deiner Asche noch der Funken,
Aus dem verjüngt ein andres Leben steigt.

Soweit ich im benachbarten Brest noch weiterwirken und gelegentlich in das Wiedersehen und Feiern mit alten Freunden ausweichen konnte, ließ sich die Einsamkeit noch ertragen. Schwieriger wurde es später, als ich auf Reisen in die Provinz geschickt wurde, eine Zeitlang zusammen mit einem Zauberkünstler, einem Sänger und einem Akkordeonspieler. Meine Aufgabe war es, als Conferencier die Soldaten zu unterhalten. Oft radelte ich ganz allein in die liebliche, von mir so geliebte Landschaft hinein, notdürftig mit einem Revolver bewaffnet, den ich kaum zu bedienen wußte und der mir sehr bald von der Kompanie wieder entzogen wurde, dann mit einem Gewehr, das gegen Überfälle wenig geeignet war. Idyllisch war es schon, aber jeden Augenblick konnte ein Hinterhalt höchste Gefahr bringen. Merkwürdigerweise hatte ich keine Angst. Dabei war es fast ein Wunder, daß ich nicht das Opfer von Partisanen geworden bin. Doch auch im Schutz meiner einsamen Theaterrolle konnte ich in der militärischen Umwelt in ebenso lächerliche wie verhängnisvolle Situationen geraten. Wie so etwas aussieht, soll die Geschichte von meinem größten Mißerfolg deutlich machen. Er ereignete sich in Quimper oder Quimperlé. An diesen beiden Orten sollte ich einen Wilhelm Busch-Abend durchführen. Ein Franzose, der mir zugeteilt war, hatte dabei den Projektionsapparat zu be-

dienen. Zu diesem Abend wurde abkommandiert, und es kamen Hunderte von Soldaten.
Ganz unsinnig war dieses Unternehmen als eine Art Varieté angekündigt. Was die Landser wirklich erwarteten, war mir nur allzu klar. Varieté, das bedeutet viel Weiberfleisch. Statt dessen stand da ein Professor, der in Busch einführen und aus ihm rezitieren wollte. Sein französischer Gehilfe war offenbar der Meinung, daß sich durch Sabotage bei dieser Gelegenheit der Krieg für Frankreich gewinnen ließ. Ob nun durch seine Schuld oder durch Versagen der Technik, die Projektion der Busch-Illustrationen gelang nicht oder nur miserabel. Meine Naturbegabung zur Deklamation, auf die ich so stolz war, nützte mir gar nichts. Scharenweise liefen die Soldaten stumm, aber mit ihren schweren, weithin hörbaren Stiefeln aus dem Saal. Leider taten sie es nicht auf einmal, sie taten es grüppchenweise von Viertelstunde zu Viertelstunde. Der Moment war abzusehen, in dem ich allein im leeren Saal stehen würde. Es war vernichtend. Am Schluß blieb dennoch eine minimale Gruppe übrig, von den Hunderten vielleicht 14 oder 15, vor denen ich, den Tränen nahe, meinen Abend mühsam zu Ende brachte.
Ich mußte mich fragen, ob es nicht besser gewesen wäre, statt dessen die verhaßte Nachtwache zu halten. Immerhin sorgte ich dafür, daß der nächste Abend nicht so unsinnig angekündigt wurde, und verlangte auch, daß die Teilnahme freiwillig sein müsse. Daraufhin verlief er normal und bewahrte meine Wehrbetreuung vor dem endgültigen Scheitern.
In Landerneau war die Zeit der vielen Freundschaften vorüber. Dennoch gab es noch einige, wenn auch nur kurze Begegnungen. Besonders wichtig wurde für mich der mehrere Jahre jüngere Schauspieler Jochen Blume, der als Unteroffizier im Militärkasino beschäftigt war. Obgleich das eine Art Drückebergerposten war, litt er unter dem Militär fast noch mehr als ich. Er haßte Hitler geradezu mit Inbrunst. Aber er liebte wie ich die Dichtung. Ich höre noch den ebenso melancholischen wie enthusiastischen Blume die Verse aus Kleists »Der Prinz von Homburg« – es war seine Lieblingsrolle – deklamieren:

Das Leben nennt der Derwisch eine Reise,
Und eine kurze. Freilich! Von zwei Spannen
Diesseits der Erde nach zwei Spannen drunter.
Ich will auf halbem Weg mich niederlassen!
Wer heut sein Haupt noch auf der Schulter trägt,

Hängt es schon morgen zitternd auf den Leib,
Und übermorgen liegt's bei seiner Ferse.
Zwar, eine Sonne, sagt man, scheint dort auch,
Und über buntre Felder noch, als hier:
Ich glaub's; nur schade, daß das Auge modert,
Das diese Herrlichkeit erblicken soll.

Beide identifizierten wir uns in dieser poetischen Stunde mit dem zwischen Leben und Tod schwebenden preußischen Prinzen. Leider habe ich Blume nie wiedergesehen. Soviel ich weiß, hat er den Krieg überlebt.

Eine zweite Begegnung, gänzlich anderer Art, war die mit einem Chemiker. Er hieß entweder Felix Just oder Just Felix. Das habe ich nicht mehr genau in Erinnerung. Es ist aber wichtig, weil er mit dem Namen *Felix* ein abergläubisches Spiel trieb, überzeugt, daß er das Glück haben würde, den Krieg zu überleben. Von ihm hörte ich zum ersten Mal die damals auf mich ganz unglaubhaft und fantastisch wirkende Geschichte von der großen Erfindung, die die Menschheit sehr bald in die Lage bringen werde, in unvorstellbaren Kettenreaktionen sich selbst zu vernichten. Heute haben wir uns daran gewöhnt, mit dieser Ungeheuerlichkeit zu leben. Damals ging mir der Schauder durch Leib und Seele. Und ich muß immer wieder an den Satz von Felix denken: »Wenn so etwas erst einmal möglich ist, dann geschieht es auch.«

Wie sehr das Tragische unter dem Aspekt des Komischen gesehen werden kann oder auch das Komische unter dem des Tragischen, davon erzählt der philosophierende Roman »Auch einer« von Friedrich Theodor Vischer. Dort findet sich die zum Schlagwort gewordene Formel von der »Tücke des Objekts«. Im Spiel des Zufalls scheint das Objekt zum selbständigen Subjekt zu werden und dem Ich teuflische Fallen zu stellen. Schlagartig erlebt sich der Mensch als verdinglicht, das Ding hingegen begegnet ihm so, als sei es von einem feindlichen Dämon besessen. An eine solche Vertauschung der Subjekt-Objekt-Beziehung muß ich denken, wenn ich mich an das kuriose Verhältnis erinnere, das ich zu militärischen Waffen gehabt habe. Jeder, der einmal Soldat gewesen ist, kennt die spöttische Metapher vom Gewehr als der »Braut« des Soldaten. Ich habe mit meiner Braut in ständigem Unfrieden gelebt. Ich konnte mit Waffen nicht umgehen. Sie waren mir unverständlich fremd, ja sogar zuwider, sie schienen wie eine groteske Scheußlichkeit von einem anderen Stern gekommen zu sein. Wie gefährlich eine nur von außen

aufgezwungene Beziehung werden kann, vor allem mitten im Feindesland, davon soll eine kleine Geschichte erzählen.
In Landerneau hatte ich auf die Bitte eines Feldwebels der Feldjäger mein geräumiges Zimmer mit seinem weit bescheideneren getauscht. Ich ahnte nicht, daß diese Freundlichkeit mich aus einer bösen Klemme retten würde. Trotz meiner Sonderstellung mußte ich gelegentlich Kompaniedienst machen, diesmal war es ein langer nächtlicher Marsch. Bei meiner Rückkehr ins Hotel war ich so müde, daß ich das Gewehr erst einmal vor der Tür abstellte, jedoch vergaß, es in mein Zimmer, wie es sich gehört hätte, hineinzuholen. So etwas geschieht bezeichnenderweise, wenn man das Gewehr nicht als Schutz, sondern nur als Belästigung erlebt.
Am nächsten Morgen wird die verlassene »Braut« von eben jenem Feldwebel gefunden. Sein Zorn war grenzenlos. Was ich mir dabei dächte, ein Gewehr in einem französischen Hotel vor der Tür stehen zu lassen! Wenn er das meinem Hauptmann melde, käme ich vors Kriegsgericht. Damit hatte er wahrscheinlich recht. Doch er hat es nicht gemeldet. Er hatte ja von mir das bessere Zimmer bekommen.
Dieses Beispiel meiner völligen Nicht-Identität mit dem Objekt Gewehr, das eben darum ein bedrohliches Eigenleben entfalten konnte, blieb nicht das einzige. Nach Weihnachten 1943 bekam ich Heimaturlaub. Vollbepackt nicht nur mit allen militärischen Utensilien, auch noch mit einem schweren Koffer und einer dicken französischen Weihnachtsgans für die Familie, erreichte ich Nürnberg. Plötzlich lief das Gerücht um, der auf der anderen Seite stehende Zug werde noch früher abfahren. Ich eilte hinüber, die Gans liebevoll im Arm, den Koffer hinter mir herschleppend und erreichte den schnelleren Zug. Kam es mir doch darauf an, keine Minute des kostbaren Heimaturlaubs zu verlieren. Der Zug fährt an. Erschrocken stelle ich fest, ich hatte das Gewehr wieder einmal »vergessen«, vermutlich ein Akt der Verdrängung. Mir blieb nur die *eine* Möglichkeit, an der nächsten Station Fürth auszusteigen und dort auf den anderen Zug zu warten, der ja in der gleichen Richtung fuhr. Nach einer endlosen Angstpause trifft er ein, Wagen an Wagen, endlos. Rasch steige ich irgendwo ein, sehe auf den Gängen, die mit Gepäckstücken aller Art überfüllt waren, zwischen vielen anderen verwirrenden Gegenständen ein einsames Gewehr stehen; ich ergreife es in meiner Verzweiflung und steige damit als Wiederbewaffneter in Erlangen aus. Gegen alle Gesetze der Wahrscheinlichkeit war das Gewehr mein eigenes. Ein Soldat ohne Gewehr! Wie hätte

man mich bei meiner Kompanie empfangen, wenn ich ohne Waffe aus dem Urlaub zurückgekommen wäre! Nur eine hauchdünne Trennwand bestand zwischen der real komischen und der möglichen tragischen Situation, jederzeit konnte die Komik in die Katastrophe umschlagen.

Der Ausbildung am Maschinengewehr bin ich nur dadurch entgangen, daß ich mich diskret und vorsichtig von meiner Gruppe zur nächsten und von dieser wieder in die nächste hinüberschlängelte, sobald das Schreckgespenst näherkam. Ich begnügte mich mit dem Herumstehen.

Als ich am Ende des Krieges beim Volkssturm den Gebrauch einer Panzerfaust demonstrieren sollte, drückte ich natürlich auf den falschen Hebel, und ein Erlanger Kollege, Professor für Mathematik, der jetzt als Volkssturmmann neben mir stand, flüsterte mir bewundernd zu: er habe noch nie jemanden kennengelernt, der so meisterhaft Komödie spielen konnte. Ich war klug genug, ihn über seinen Irrtum nicht aufzuklären. In der Tat, Hitler hatte seinen Krieg verloren, sobald er Menschen wie mich zu den Waffen rufen mußte. Ich war kein Anti-Militarist aus ideologischer Überzeugung, ich war es aus natürlicher Anlage. Völlig unvorstellbar war mir der Gedanke, auf irgendeinen Menschen schießen zu müssen. Ob ich es in Notwehr fertig gebracht hätte, weiß ich nicht. Ich sabotierte den Krieg durch meine bloße Anwesenheit.

Meine Situation in Landerneau wurde immer unhaltbarer. Wieder ereignete sich ein Wechsel. Wieder war es ein Danaergeschenk, noch schlimmer als beim ersten Mal. Ein Bonner Schüler von mir, der von meiner sonderbaren Existenz beim Barras gehört hatte, suchte mich auf. Bergfeld war Oberleutnant beim Stab in Pontivy. Der stille, bescheidene, aber auch intelligente und gebildete Mann bemühte sich rührend, etwas für mich zu tun. Er setzte meinen Wechsel zur dortigen Kompanie durch, wohl in der Hoffnung, daß ich an einer so hohen Stelle bessere Bedingungen für die Wehrbetreuung vorfinden würde. Er tat noch mehr, er verschaffte mir eine Reise von etwa 8–10 Tagen in die Bretagne, damit ich den Mont Saint-Michel mit seiner Abtei kennen lernte. Dort habe ich am 22. März 1944 einen glanzvollen Vorfrühlingstag genossen. Der Eindruck, wie der Berg direkt aus dem Meer emporsteigt und hoch oben von der Abtei gekrönt wird, bleibt mir unvergeßlich. Weiter unten entfaltete sich das bunte Jahrmarktstreiben der kleinen Händler, die ihren billigen Erinnerungskram unter die vielen Besucher bringen wollten.

In Brest hatten mich alle, die mich näher kannten, beglückwünscht, daß ich zum »Stab« geholt wurde, als hätte ich damit das große Los gezogen. Doch die Kompanie, der ich zugeteilt war, unterschied sich in nichts von anderen Kompanien, es sei denn darin, daß sie noch stupider war. Als ich dort anlangte, stellte sich als erstes heraus, daß für meine Sonderaufgaben keinerlei Etatstelle vorgesehen war. Was sollte man überhaupt mit mir anfangen? Wo sollte man mich unterbringen? In der Verlegenheit steckte man mich zu den Musikern, mit denen ich gar nichts zu tun hatte. Die Musiker brauchten keinen Kompaniedienst zu tun, mir aber wurde sofort eröffnet, daß das gleiche nicht etwa auch für mich gelte. Die Wurzellosigkeit erwies sich als schlimmer denn je, zumal ich von Brest jetzt sehr viel weiter entfernt war als vorher. Der Feldwebel, der die Funktion hatte, Besoldungs- und Verpflegungsmarken bei »Dienstreisen« auszuteilen, haßte mich von Anfang an, vielleicht nur deshalb, weil ich ihm zusätzliche Arbeit machte. Er drangsalierte mich, wo er nur konnte. In der Kompanie war ich schon darum unbeliebt, weil ich um meiner Selbsterhaltung willen jeden »Dienst« zu vermeiden suchte, wo es nur eben anging. Wo und wie aber sollte ich unter solchen Bedingungen Wehrbetreuung durchführen? Ich war eine überflüssige Unperson und weiter nichts. Vorübergehend erlöste mich ein vierwöchentlicher Arbeitsurlaub, der nach vielen Anträgen endlich bewilligt wurde. Er galt der Arbeit an der Schiller-Nationalausgabe. Wie aber würde es weitergehen? Als ich zurückkehrte, war der nicht abschließbare Spind restlos ausgeräumt. Auch die für mein musisches Handwerk so dringend nötigen Bücher waren auf diese Weise verlorengegangen.

In dieser radikal hoffnungslosen Lage kam die Rettung ganz unerwartet. Ein Erlaß vom Oberkommando der Wehrmacht verfügte, daß ich ab sofort uk (unabkömmlich) gestellt sei und nach Deutschland zurückkehren sollte. Dieser Erlaß, der auch Erich Trunz vom Militär befreit hat, galt »der Sicherstellung des wissenschaftlichen Nachwuchses«. Wahrscheinlich hatte man dabei kaum an die Geisteswissenschaften, weit eher an die Naturwissenschaften gedacht. Die Kompanieführung hielt angesichts der jetzt fast täglich erwarteten Invasion den Befehl für unverständlich und sandte ihn zunächst noch einmal zurück. Für mich war es eine Wartezeit voller Angst und Sorgen. Würde ich noch rechtzeitig aus Frankreich herauskommen? Anfang Juni glückte es endlich, fast im letzten Augenblick. Noch beim Fortgehen schikanierte mich der Verpflegungsfeldwebel durch künstliche Verzögerungen, so daß ich meinen Zug nur im Eiltempo erreichen konnte. Andernfalls hätte ich mindestens einen weiteren Tag warten müssen. Urlauber gab es kaum mehr. Die meisten Wagen waren gespenstisch leer. Man spürte die Erwartung des kommenden Angriffes auf Frankreich. Ich mußte bis nach Oberschlesien zur Standortkompanie des Ersatzbataillons 13, um dort endlich vom Dienst als Soldat befreit zu werden, und das mit fehlenden Socken, mit längst vertilgter »eiserner Ration«. Aber niemand nahm von alledem Notiz. Dann reiste ich sofort nach Erlangen zur Familie, wenn auch nur für kurze Stunden. Genau an dem Tage, an dem ich meine Vorlesung in Münster verspätet aufnahm, am 6. Juni 1944, begann die Invasion in Frankreich. Gerade noch rechtzeitig war ich der Einkesselung in der Bretagne entkommen.

VIII
KRIEGSENDE UND NACHKRIEGSZEIT

Mein Anfang in Münster war nur eine kurze Atempause. Die Drohung des Krieges hing schwer über der Stadt, und schon nach dem Sommersemester 1944 mußte die Universität ihre Pforten schließen, weil die feindlichen Luftangriffe immer mehr das zivile Leben lahmlegten. Für mich war der Anfang in Münster die Begegnung mit einer mir noch unbekannten, ungewöhnlich schönen Stadt, voller Atmosphäre. Ich lebte in einem von Nonnen geleiteten Studentenheim unter relativ guten Bedingungen, mit fließendem warmen Wasser, eigenem Schreibtisch und Bücherschrank und mit ganz guter Verpflegung. In meiner Vorlesung über die deutsche Tragödie fanden sich über zweihundert, meist weibliche Teilnehmer ein. Theaterexkursionen mit Studenten nach Bochum zu Kleists »Käthchen von Heilbronn« und Goethes »Iphigenie«, ebenso der Besuch von Schillers »Don Carlos« und Ibsens »Wildente« schufen die Illusion einer noch stabilen kulturellen Kulisse. Der Schriftsteller und Kulturdezernent Ludwig Bäte lud mich nach Osnabrück zu einem Vortrag über die deutsche Tragödie ein. Seine liebenswürdige, ganz in der Heimatidylle verwurzelte Persönlichkeit ist mir in angenehmer Erinnerung.
Es war damals der 20. Juli 1944, das historische Datum des vergeblichen Attentats auf Hitler. Zuerst meldeten Lautsprecherwagen den aufregenden Vorfall so, als ob der »Führer« dem Attentat zum Opfer gefallen wäre. Zu diesem Zeitpunkt befand ich mich im Stadtinnern von Osnabrück. Eine gespenstische, nahezu unwirkliche Stimmung beherrschte die Massen. Im Freien schenkte ein Gastwirt kostenlos Rotwein aus. Niemand sonst wagte das Gefühl der Erleichterung so offen zu zeigen, aber dennoch wurden viele Neugierige von dieser makabren Fröhlichkeit angesteckt. Der Traum war kurz. Die rasch folgende Mitteilung, daß der »Führer« gerettet sei, und ein plötzlich einsetzender Luftalarm trieben die »Volksgenossen« auseinander. Im Luftschutzkeller fanden sie sich wieder, verschlossen, finster abwartend, müde, hoffnungslos. Der gespenstischen Freude folgte die noch gespenstischere Ernüchterung. Keiner traute seinem Nachbarn.
So sehr ich nach den Tiefpunkten der Militärzeit die Rückkehr in das normale berufliche Leben genoß – noch war mein schönes, großes Institut unzerstört, noch konnte ich endlich wieder in einer mir

gemäßen Weise wirken – so sehr spürte ich auf Schritt und Tritt die auf die Katastrophe zulaufende Zeit. Da gab es zum Beispiel die unausgetragenen Gegensätze beim gemeinsamen Mittagstisch. Im gleichen Haus kamen eine bereits rebellische Studentenkompanie, Offiziere der Wehrmacht und Funktionäre der Partei zusammen. Entweder gingen sie sich geflissentlich aus dem Wege, oder sie belauerten sich gegenseitig.

Ich aß mit einem Hauptmann des Wehrmeldeamtes zusammen, in dessen Kartei vermutlich auch meine Karte lag, die, einmal wieder herausgeholt, sehr schnell meine uk-Stellung beenden konnte. Der Mann konnte also jederzeit bei mir Schicksal spielen. Es lag in meinem Interesse, mit ihm gut auszukommen. Als er jedoch in beispielloser Naivität mir glaubhaft machen wollte, wir hätten demnächst eine neue Wunderwaffe und in spätestens zwei bis drei Wochen würde England vor uns auf den Knien liegen und um Gnade wimmern, da verlor ich die Beherrschung und fuhr ihn an, ob er denn nicht begriffen habe, daß dieser Krieg endgültig verloren sei. Ihm verschlug mein Ausbruch die Sprache, aber er denunzierte mich nicht, besuchte mich sogar als Zivilist nach dem Krieg und erklärte verlegen, er sehe jetzt ein, wie recht ich damals hatte.

Vielleicht ebenso gefährlich wie dieses Gespräch mit dem Hauptmann kam mir eine Aufforderung vor, bei der Leitung der Partei vorzusprechen.

Dort empfing mich ein dicker, selbstgefälliger Funktionär und forderte mich auf, auch meinerseits etwas für den »Endsieg« zu tun, nämlich ringsum im Land »historische« Vorträge zu halten, die den Willen zum Durchhalten stärken sollten. Meinen Versuch, mit dem Hinweis auszuweichen, ich sei ja gar kein »Historiker«, ließ er nicht gelten. Das nötige Propagandamaterial würde mir die Partei schon zur Verfügung stellen. Schließlich gelang es mir, mich damit herauszureden, ich finge ja in Münster erst an und sei zu sehr mit meinen Lehraufgaben beschäftigt. Wir könnten die Sache ja später noch einmal besprechen. Ich war fest überzeugt, daß es ein solches »Später« nicht mehr geben würde.

Eine kleine Kommission aus den Kollegen Trier, von Raumer und mir bemühte sich in diesem Sommersemester um die Berufung des Mittelalter-Historikers Herbert Grundmann nach Münster. Damals lehrte er in Königsberg. Wir drei wußten genau, hier ging es nicht um eine normale Berufung, sondern um eine Lebensrettung. Keiner von uns wagte das laut zu sagen, aber die Berufungsangelegenheit wurde in höchster Eile durchgejagt. Erstaunlicherweise

gelang dieses Herüberholen von Grundmann in letzter Stunde. Sogar sein Hab und Gut konnte er noch mitbringen.
Spiel mit versteckten Karten, anders ließ sich zu diesem Zeitpunkt nicht vorgehen. Als die Universität Münster zumachte, mußte ich mit dem erneuten Zugriff der Wehrmacht rechnen. Aber ich hatte Glück. Mein Erlanger Nachfolger Heinz Otto Burger war inzwischen selbst eingezogen worden, und man holte mich als »Vertreter« auf meinen ehemaligen Lehrstuhl nach Erlangen. Das kurze Gastspiel in Münster war vorüber. Erst nach dem Krieg sollte ich die inzwischen bis zu neunzig Prozent zerstörte Stadt wiedersehen, ein gigantisches Trümmerfeld, in dem es kein freundliches Studentenheim, kein germanistisches Institut, kein »Kulturleben« mehr gab, sondern nur noch Elend und Hunger.
Im Winter 1944/45 kam mein Schwiegervater als Flüchtling aus Schlesien zu uns. Meine Schwiegermutter war bereits 1940 einem Krebsleiden erlegen. Er kümmerte sich rührend um den immer härter werdenden Kampf für die tägliche Versorgung, holte Kartoffeln vom Lande und schaffte Heizmaterial herbei. Das gab mir die Möglichkeit, mich in die völlige Introversion zurückzuziehen. Die Lehrtätigkeit bestand damals in bloßer Routine. Ich las und schrieb und schrieb. Große Teile meines Buches über die deutsche Tragödie entstanden in diesen Monaten. Selbst bei Luftalarm ging ich nicht in den Keller, sondern nützte jede Stunde für diese Aufgabe, die mir wichtiger als alles andere war. Ich konnte freilich damals nicht wissen, daß Erlangen im Gegensatz zu Nürnberg, das wir oft bei Nacht von weitem brennen sahen, von allen Luftangriffen verschont bleiben würde. Ich produzierte gleichsam ins Leere hinein; es war ein Wettrennen mit dem Vernichtungsgang der Zeit, bei dem ich kaum hoffen konnte, ihm zu entgehen. Immerhin hatte ich jetzt eine Chance: ich lebte endlich wieder in der Geborgenheit der Familie.
Ein militärisches Nachspiel brachte die Einberufung zum Volkssturm. Man holte damals so ungefähr jedes männliche Wesen, das überhaupt noch aufzutreiben war. Was sich dort abspielte, fand ich nur läppisch und lächerlich. Dieses letzte Aufgebot, das noch über Uniformröcke, aber nicht mehr über Waffen verfügte, entpuppte sich als bloße Farce. Nicht nur meinen Schwiegervater und mich, auch den Studienrat Dischner hatte man dazugeholt. Der Outsider Dischner überbot sogar noch meine unheldische Soldatenexistenz. Wenn mein Schwiegervater und ich bei den sogenannten »Übungen« fehlten, schrieb uns meine Frau fantasievolle »Entschuldigungen«. Schließlich waren die Amerikaner nur noch wenige Kilometer ent-

fernt. Die Situation wurde kritisch. Ich versteckte mich rechtzeitig und blieb unauffindbar. Die Familie war genau instruiert, was sie bei eventuellen Nachfragen zu sagen hatte. Es konnte sich nur noch um Stunden handeln, bis der Krieg für uns zu Ende war. Dieser, mein letzter Akt der »Wehrkraftzersetzung« gelang. So ging ich Anfang Mai 1945 aus dem Krieg mit Frau und Kindern als Zivilist hervor. Nur die Hände mußten wir hochheben. Die Kinder fanden das alles sehr aufregend wie einen spannenden Krimi. Dischner war so töricht, noch zum letzten Appell des Volkssturms zu erscheinen. Daher geriet er in letzter Stunde mit anderen in eine groteske Kriegsgefangenschaft und mußte wochenlang unter freiem Himmel kampieren, bevor man ihn wieder laufen ließ. Zwei blutjunge Soldaten standen in der Nähe unserer abseits gelegenen Wohnung am Ausgang der Stadt, mit zwei Panzerfäusten bewaffnet, um damit den feindlichen Vormarsch »aufzuhalten«. Ich sagte ihnen, das sei doch der reinste Wahnsinn, sie sollten lieber ihre Waffen fortwerfen und schleunigst irgendwo untertauchen. Darauf erfolgte die rührend deutsche, verhängnisvolle Antwort: »Befehl ist Befehl.« Nach dem Einrücken der feindlichen Truppe am nächsten Morgen lagen sie tot, wie Puppen, am Waldrand.

Was nun folgte, ist oft als allgemeines Schicksal der Deutschen beschrieben worden. Schlagartig hatten alle Vorzeichen gewechselt. Fast keiner wollte mehr das gewesen sein, was er vorher war. Das ungeheure Pathos des Nationalsozialismus platzte wie eine Seifenblase. Mit einem Mal gab es keine Nationalsozialisten mehr. Die Luft war wie geschwängert mit Verleumdungen, anonymen Anzeigen, Verdächtigungen der verschiedensten Art. Es war ein schleichender Kampf aller gegen alle, nicht etwa eine Revolution, keine gewaltsame Entladung der aufgestauten Empörung. Die Amerikaner galten zwar als die Befreier, aber sie hatten kaum eine Ahnung von den deutschen Verhältnissen. Es regnete meterlange »Fragebogen«. Sie sollten der Ermittlung von Gewißheiten dienen und führten nur zu Verschleierungen. Ernst von Salomon, der bei der Ermordung Rathenaus mitgewirkt hatte, schrieb 1951 seinen sehr umstrittenen, aber erfolgreichen autobiographischen Roman »Der Fragebogen«. In Wahrheit ließ sich gar keine klare Grenzlinie zwischen Pgs und Nicht-Pgs ziehen. Oft waren die scheinbar Unbelasteten weit schlimmere Nazis gewesen als die formal Belasteten. Keinesfalls ließ sich mit dieser statistischen Methode die wahre politische Gesinnung der Deutschen auch nur annähernd erforschen. Verstrickt waren so gut wie alle, freilich jeder auf andere Weise. In schwarze Schafe und weiße Lämmer ließ sich diese unglückselige Nation nicht aufteilen. Im Augenblick ging es für die meisten nur darum, ihre nackte Existenz zu behaupten. Leider meinten allzu viele, sie könnten das nur durch Diffamierung von anderen erreichen. Das Ausmaß der Charakterlosigkeit, wie sie sich wohl nicht nur in Franken abgespielt hat, spottet jeder Beschreibung. Die ins Ideale und Heroische hochstilisierte Volksgemeinschaft zeigte jetzt ihr anderes Gesicht: Heuchelei, Niedertracht, brutaler Egoismus. Trotzdem erlebte ich den radikalen Umbruch zunächst mit dem Gefühl einer grenzenlosen Befreiung. Ich konnte wieder aufatmen, ich durfte wieder sagen, was ich fühlte und dachte. Allerdings konnte ich mir meine weitere Existenz als Hochschullehrer kaum vorstellen. Noch höre ich einen emigrierten jüdischen Soziologen, der meinen Vater gut kannte und als amerikanischer Besatzungsoffizier in Erlangen auftauchte, die Anklage formulieren: »Es wird Jahrhunderte dauern, bis die Welt den Deutschen die Konzentrationslager verziehen hat.« Doch trotz des Verbots der »Fraternisation« sorgten die ahnungslosen Kinder dafür, daß sich schon sehr bald auch freundliche Kontakte mit diesen uns damals sehr rätselhaften Amerikanern ergaben, die inmitten des sich ausbreitenden deutschen Elends mit entwaffnend naiver Fröhlichkeit den Prozeß der Demokratisierung und der Re-education eines in die moralische Verderbnis hineingeratenen Volkes einleiten wollten. Noch hatten sie das gute Gewissen, das ihnen erst nach dem Vietnamkrieg abhanden kommen sollte. Die Erlanger Universität war damals geschlossen. Mir war das nur willkommen. Ich tat das gleiche wie vorher. Ich las und schrieb und schrieb. Es war unklar, wohin ich damals eigentlich gehörte. Münster lag weit fort und schien unerreichbar. In Erlangen war ich Vertreter, doch es gab nichts mehr zu vertreten.

Wo sollte ich meinen Fragebogen einreichen? Dafür schien mir Erlangen geeigneter als Münster, weil mich hier viele aus langen Jahren kannten und wissen mußten, daß ich mich nie als Nationalsozialist betätigt hatte. Das war auch Hans Wenkes Meinung, der damals als Dekan der philosophischen Fakultät fungierte. So wanderten meine Unterlagen mit denen anderer Dozenten zur zuständigen Überprüfungsstelle der Militärregierung. In diesen ersten Wochen nach dem Einmarsch der Amerikaner, in denen wir meist in ruhiger Abgeschiedenheit in unserer Wohnung waren, geschah etwas völlig Absurdes. Plötzlich erschienen einige junge Amerikaner des Geheimdienstes bei uns, durchsuchten unsere Behausung von oben bis unten und erklärten mich ohne Angabe von Gründen für verhaftet. Ich wurde in das Erlanger Gefängnis gebracht, zuerst als Zellengenosse eines Kriminellen, den zu studieren ich sogar amüsant fand. Aber schon zwei Tage später kam ich zu den »Politischen«, die zumeist eingesperrt waren, weil sie als »Kreisleiter« galten, »Kreis«, das war in jedem Fall etwas Schlimmes, das Wort gehörte zur nationalsozialistischen Nomenklatur. Die Amerikaner hatten darin ihre fest umrissenen Vorurteile. Die Angelegenheit hätte böse ausgehen können. Erst später erfuhr ich, daß viele dieser Untersuchungsgefangenen monatelang ohne Verhör und ohne Verurteilung festgehalten worden sind.

Ich war völlig ahnungslos. Den unerwarteten Vorfall erlebte ich zwar als eine brisante, aber auch als eine komische Situation. Der Irrtum, so dachte ich, würde sich ja sehr schnell aufklären. Ich ahnte nicht, daß dies keineswegs selbstverständlich war. Mich befreite nach nur wenigen Tagen eine Freundschaft, die uns mit einer jungen Deutschen amerikanischer Staatsangehörigkeit verband. Sie hieß Ellinor Eichhorn und wohnte im benachbarten Spardorf. Ihr ausgewanderter Vater, der in den Jahren vorher eine undurchsichtige Rolle bei den Deutschen gespielt hatte, war bereits nach Amerika zurückgereist. Sie war mit einem Deutschen verheiratet. In ihrem Haus gingen jedoch als gesellige Gäste die Spürhunde des CIA ein und aus. Meine Frau und Wenke wandten sich sofort an Ellinor um Hilfe. Sie erklärte den jungen Offizieren, sie seien »silly«, sie hätten nämlich einen sehr guten Freund von ihr verhaftet, von dem sie ganz genau wisse, daß er alles andere eher als ein Nazi gewesen sei. Doch die Spürhunde glaubten es besser zu wissen. Im Gegenteil, so meinten sie, da sei ihnen ein ganz großer Fang gelungen, ich sei nämlich »ein Beauftragter des Führers« gewesen.

Wie ließ sich das erklären? Schuld waren mein Fragebogen und eine Denunziation. Da ich außer der Parteizugehörigkeit und dem harmlosen Winterhilfsblockwart nichts anzumelden hatte, bildete ich mir ein, darin auch von Wenke ermuntert, ganz besonders korrekt sein zu müssen und gab auch fünf Bücher an, die ich bei irgendeiner Gelegenheit für das Amt Rosenberg besprochen hatte. Dieses Amt hieß offiziell »Der Beauftragte des Führers«. Die betreffenden Bücher hatten übrigens keinerlei politischen Inhalt. In der Beilage hatte ich das genau erläutert, aber offensichtlich hatte man davon keine Notiz genommen. Es stand ja da: Beauftragter des Führers. Das genügte für einen Wirbel.

Wie aber war der Fragebogen überhaupt in die Hände des amerikanischen Geheimdienstes gelangt? Dort hatte er ja an sich gar nichts zu suchen. Das konnte nur durch Denunziation möglich gewesen sein. Aber nur Wenkes und Dischners kannten den Fragebogen. So ergab sich als einzige Erklärung, daß einer von ihnen dem amerikanischen Geheimdienst einen Wink gegeben haben mußte. Daß es Hans war, schien uns allen unmöglich. Aber auch Dischner, so jähzornig er sein konnte, war eine solche tückische Handlung nicht zuzutrauen. So blieb nur die Hexe aus dem Hexenhäuschen übrig, die sich offensichtlich dafür rächen wollte, daß ihr Mann beim Volkssturm so lange als »Kriegsgefangener« leiden mußte, während ich, der doch Pg war, das zu vermeiden gewußt hatte. Da ich ihre Standhaftigkeit im Lügen kannte, vermied ich es, sie später direkt zu stellen. Meine Frau und ich brachen nur stillschweigend jede Beziehung zu Dischners ab. Erst sehr viel später hat Oskar Dischner bei einem Besuch meines inzwischen erwachsenen Sohnes in Erlangen angedeutet, er selber habe mit dieser dunklen Angelegenheit nichts zu tun, für seine inzwischen verstorbene Frau könne er allerdings nicht garantieren. Auch andere Freundschaften erwiesen sich in der Turbulenz dieser Zeit als trügerisch. Meine Frau hatte während meines Semesters in Münster eine Freundin unserer Familie, Grete Bergius, eine Jüdin, für einige Zeit bei sich aufgenommen. Sie war mit dem Historiker der Medizin Leibbrand verheiratet. In diesen letzten Monaten des Krieges war sie, die eigentlich in Berlin zu Hause war, unmittelbar bedroht. Leider benahm sie sich bei uns so auffällig, telefonierte mit Hinz und Kunz, daß wir ihr zuletzt nahelegen mußten, sich an anderer Stelle zu verbergen, weil die Gefahren für uns selbst zu groß wurden. Das wiederum haben beide Leibbrands uns übel genommen. Sie, die eng mit Dischners verkehrten, verhielten sich nach dem großen Umschwung so unfreundlich, daß wir es auch in diesem Falle vorzogen, uns zurückzuziehen.

Die ungewohnte Existenz als »Sträfling« war von kurzer Dauer. Bereits beim zweiten Verhör boten mir die Spürhunde amerikanische Zigaretten an und stellten die inquisitorisch gemeinte, aber nur allzu durchsichtige Frage, was ich eigentlich von Thomas Mann hielte. Nach fünf Tagen Haft war ich wieder frei mit der Auflage, meinen Fragebogen bei ihrer Dienststelle wieder abzuholen, um ihn auf dem üblichen Weg bei der Militärbehörde erneut einzureichen. Zu einem solchen Gang in die »Höhle des Löwen« hatte ich wenig Lust. Meine Frau, die den Fragebogen für mich abholte, sah bei dieser Gelegenheit einen Zettel über mich auf dem Schreibtisch liegen mit einer Eintragung, von dem Sohn eines Weinhändlers unterzeichnet: »Prof. Benno von Wiese known as reliable Anti-Naz.« Offensichtlich war

der junge Mann, dessen Vater von den Nationalsozialisten politisch verfolgt worden war, jetzt die Vertrauensperson der Amerikaner für Auskünfte über Deutsche. Ich hatte früher einmal ganz offen mit ihm über die Nazis geschimpft. Das war eigentlich alles. Diesen Fund ließ meine Frau unbemerkt mitgehen, als ihr mein Fragebogen ausgehändigt wurde. Er konnte sich ja noch als nützlich erweisen.
Was aber sollte weiter geschehen? Inzwischen waren die Entlassungsbestimmungen in der amerikanischen Zone sehr viel strenger geworden als in der englischen. So folgte ich dem Rat meines Freundes Hans, das Dokument in Erlangen gar nicht wieder einzureichen, sondern es in die englische Zone, in die ich ja eigentlich gehörte, mitzunehmen, ohne daß eine Suspendierung vom Dienst in der amerikanischen stattgefunden hätte. Verschärfend kam hinzu, daß inzwischen fast alle Familien auf dem schön gelegenen Burgberg ihre Wohnungen hatten räumen müssen. Dort residierten jetzt amerikanische Offiziere. In der Nachbarschaft wohnte, schön und unnahbar, Marlene Dietrich als Gast eines amerikanischen Obersten. Durch Welten waren wir von ihr getrennt. Wir mußten in kurzer Frist unsere Wohnung verlassen, fanden aber einen Unterschlupf bei einem rührenden alten Ehepaar, das bleiben durfte, weil es abgelegen am Walde wohnte. Nach drei Wochen konnten wir zurückkehren. Die Amerikaner hatten die Wohnung anarchisch durcheinander gebracht, unser Hab und Gut aber im wesentlichen unversehrt gelassen. Nur meinen Zylinderhut ließen sie sich nicht entgehen. Wahrscheinlich gab es so ein Kleidungsstück in den USA nicht mehr.
Wie aber sollte ich in die englische Zone nach Münster gelangen? Es gab keinen normalen Zugverkehr, keine Postverbindung, es gab nur das frühe Nachkriegschaos. Wer es sich leisten konnte, blieb damals zu Hause. Ende August 1945 schlug ich mich nach Münster durch. Bis Köln geschah das im offenen Güterwagen, jeder Witterung ausgesetzt. Dann hieß es plötzlich, von Köln-Mülheim fahre einmal am Tag ein Zug. Das war auch der Fall, aber wie sah das aus? Die Menschen hingen in Trauben daran, ich mußte auf das Wagendach klettern, mich dort anklammern und den Kopf bei jedem Tunnel ängstlich einziehen. Ab und zu fiel wohl auch der eine oder andere vom Dach des Zuges, aber davon nahm niemand Notiz. Selbst für einen zu dieser Zeit etwa Vierzigjährigen waren das beträchtliche Strapazen. Bei alledem mußte noch der Koffer rechtzeitig im Gepäckwagen deponiert oder beim Umsteigen abgeholt werden. Schließlich kam ich an, mehr tot als lebendig, übermüdet, verdreckt,

unzivilisierter als in der schlimmsten Soldatenzeit. Und dann folgte der lange, lange Fußweg mit dem schweren Koffer durch Ruinen und immer wieder Ruinen bis zum weit abgelegenen Haus des Altgermanisten Trier, von dem ich nicht wissen konnte, ob es noch existierte. Aber wo hätte ich sonst eine Bleibe finden sollen? Das Haus stand noch, fast war es ein Wunder. In dieser Stadt also, die fast nur noch aus Trümmern bestand, sollte ich in Zukunft Studenten über die deutsche Literatur und Sprache belehren. Keiner hätte mir damals prophezeien können: hier und nirgendwo anders wirst du deine glücklichsten Jahre verbringen. Jost Trier muß ich wie ein Wesen von einem anderen Stern vorgekommen sein. Er war jedoch auch dieser Situation gewachsen. Wie der Vater im Gleichnis vom verlorenen Sohn nahm er mich auf, labte und erquickte mich. Sein schönes Haus, das nach seinen eigenen Angaben gebaut war, und alle, die in ihm wohnten, hatten die Katastrophe überstanden. Ich blieb nicht lange. Doch es genügte zur Einreichung meiner Personalien, diesmal klugerweise ohne die fünf Bücher des obskuren Amtes Rosenberg. Am 2. November begab ich mich nochmals, jetzt nicht mehr ganz so unbequem, nach Münster, um zu erfahren, wie die Engländer über meinen Fragebogen entschieden hatten. Sie hatten mich ohne Vorbehalt in meiner Professur bestätigt. Trotz des chaotischen Wirbels dieser Zeit war ich nicht einen einzigen Tag von meinen amtlichen Funktionen entbunden worden und habe daher auch immer meine Bezüge erhalten.

Man ließ mich nicht gleich nach Erlangen zurückreisen. Zwar hatte die Universität offiziell noch nicht wieder eröffnet. Aber es wurde nach Überbrückungen gesucht, und da brauchte man auch mich. Im nicht zerstörten Hüfferstift sollte ich eine einstündige Vorlesung über Goethes »Faust« halten, damit wenigstens ein Anfang gemacht wurde. Es war ein höchst seltsamer Anfang. Ich sprach vor einem überfüllten Hörsaal. Von nebenan hörte man geheimnisvolle klatschende Geräusche. Es muß sich um eine Art medizinischer Gymnastik gehandelt haben. Wir ließen uns dadurch nicht stören, weder ich noch die jungen und alten Studenten, die dem Chaos entronnen, noch einmal davongekommen waren und nach dem völligen Zusammenbruch einer ins Verbrechen führenden »Ideologie« ihre erste leidenschaftliche, ganz neue Begegnung mit dem »Geist« suchten. Jeder zur Not noch brauchbare Raum mußte damals ausgenutzt werden. Die große Aufräumungsarbeit hatte begonnen. Die Studenten und Studentinnen aus dieser Zeit werden sich vielleicht noch heute daran erinnern, daß sie verpflichtet waren, bei der »Enttrümmerung« des Schlosses mitzuwirken. Nach getaner schwerer Arbeit erhielten sie eine ordnungsgemäße Bescheinigung darüber. Der fast unvorstellbare Vorgang, eine Universität aus dem Nichts neu aufzubauen, hatte begonnen. Es dauerte freilich einige Jahre, bis wieder eine bescheidene Normalisierung eintreten konnte. Aussichtslos war es vorläufig, die Familie aus Erlangen herüberzuholen. Wo sollte man eine Wohnung finden? Voranmeldungen dafür gab es mehr als genug, aber die Chance, etwas zu erreichen, war minimal. Ich mußte froh sein, in der Heerdestraße wenigstens ein möbliertes, altmodisches, aber behagliches Zimmer zu bekommen. Es gab immer weniger zu essen, und die Situation war für einen »Zugereisten«, der über keine materiellen Tauschobjekte verfügte, sondern nur über die immer wertloser werdende Reichsmark, geradezu hoffnungslos. Niemals habe ich so gehungert wie in den ersten Jahren nach dem Krieg, und ich konnte froh sein, daß es meiner so weit von mir entfernten Familie in Franken ein wenig besser ging. Doch auch von dort kamen Hiobsbotschaften. Meine Familie wurde aus unserer Wohnung gejagt, da die deutsche Liebste eines amerikanischen Offiziers diese nun einmal für sich haben wollte. Fadenscheinige Begründungen dienten als Vorwand. Nur mit Mühe gelang es meiner Frau, innerhalb der Stadt in einer äußerst primitiven, dunklen und feuchten Behausung unterzukommen. Frau und Kinder hatten noch Glück; denn sie durften in der kurzen Frist von drei Stunden wenigstens die Möbel mitnehmen.

Erst 1946 vermittelte mir eine Kunsthistorikerin, Anneliese Hölkeskamp, die bei mir im Nebenfach studierte, durch ihren Vater, der in Herne ein behäbiger, jovialer sozialdemokratischer Bürgermeister war, in dieser nicht zerstörten Industriestadt eine Wohnung, und am 25. September 1946 riskierte die Familie den Umzug in eine völlig neue Umgebung. Immerhin bekamen wir Kohlen für den Winter, aber die materielle Notsituation, hart an der Grenze der Katastrophe, fand erst mit der Währungsreform vom 21. Juni 1948 allmählich ihr Ende. Ich behielt mein Zimmer in Münster und pendelte zwischen dort und Herne hin und her. 1948 gelang es, in Münster eine Wohnung zu bekommen, zunächst in der Maximilianstraße eine sehr bescheidene, erst 1955 in der Wichernstraße eine bessere. Physisch kam ich in diesen Jahren so herunter, daß ich völlig entkräftet auf der Straße umfiel. Zwar wurden mir auf Grund ärztlicher Bescheinigung die höchsten Lebensmittelkarten bewilligt, aber selbst auf Marken gab es nichts mehr, und ich verdanke es nur der Hilfe eines Studenten, der einen Fleischer auf dem Lande kannte, daß ich noch

einmal davongekommen bin. Er »organisierte« für mich Naturalien gegen Marken und gegen schlechtes Geld.
Bis in diese Nachkriegsjahre hinein verfolgten mich die politischen Gespenster. Anfang August 1946 ließ mich die damalige Magnifizenz, der sehr angesehene päpstliche Hausprälat Georg Schreiber, zu sich kommen und eröffnete mir, die Studenten von Berlin hätten auf Grund einer am 13. Juli in einer Tageszeitung erschienenen Notiz meine Entlassung verlangt. Die Berliner Meldung war anonym, dann aber in offensichtlich gezielter Absicht an den Rektor der Universität Münster weitergeleitet worden. Sie lautete: »Der Historiker Benno von Wiese, den die Amerikaner wegen seiner nationalsozialistischen Vergangenheit von der Universität Erlangen verwiesen, ist in der britischen Zone aufgetaucht und hat eine Berufung an die Universität Münster bekommen.« Bis auf meinen Namen waren alle Angaben falsch. Das war sehr leicht nachzuweisen. Der Prälat sah das auch ein, bat mich aber trotzdem, freiwillig ein »Entnazifizierungsverfahren« auf mich zu nehmen, damit kein Verdacht an mir hängenbliebe. Dazu war ich bereit. Ich konnte genügend Belege und Zeugnisse vorlegen, die mich entlasteten. So ging die unerquickliche Angelegenheit rasch vorüber. Der freundliche Vorsitzende der Kommission meinte am Ende, ich sei offensichtlich in etwas hineingeraten, wo ich nichts, aber auch gar nichts zu suchen hätte. »Mitläufer« ist der beschämende Ausdruck dafür, »Irrläufer« wäre in meinem Fall wohl richtiger gewesen.
Damit war endlich für lange Jahre meines Lebens dieses Kapitel abgeschlossen. Die Anfänge in Münster waren für einen von der Familie Getrennten auch ohne anonyme Anzeigen schwer genug; Hungern und Frieren, mit einer immer mehr verwahrlosenden Garderobe, ohne Aussicht, diesen Zustand ändern zu können. Das Herumjagen von Wohnungsamt zu Wohnungsamt, der »mystischen Institution« unserer Zeit, wie ich sie in einem Brief an meine Frau genannt habe, nahm viel Zeit in Anspruch. Hinzu kam eine ungeheuer anwachsende Studentenzahl, die ich mit ihren zahlreichen Seminararbeiten und Examina zunächst ohne jede Hilfe allein betreuen mußte. Es fehlten oft die dringlich benötigten Bücher für die Vorlesungen, meine eigene Bibliothek war unerreichbar in Erlangen, und die Universitätsbibliothek war größtenteils ausgelagert. Das alles kann sich die Wohlstandsgesellschaft von heute kaum mehr vorstellen. Und noch weniger wird sie begreifen können, daß ich trotz dieser die physische Kraft aufs äußerste belastenden Schwierigkeiten unbeschreiblich glückliche Wochen in diesen Jahren erlebt

habe. Wie war das möglich? Die Paradoxie vollzog sich in der Steigerung des geistigen Lebens und des geselligen Umgangs. Man hat meiner Generation vorgeworfen, sie habe sich nach dem Krieg zu wenig um die »Bewältigung« der Vergangenheit gekümmert und sei statt dessen in die fragwürdige deutsche »Innerlichkeit« ausgewichen. Doch zum damaligen Zeitpunkt konnte eine solche »Bewältigung« nicht gelingen. Innerhalb der Ruinenwelt und der täglichen Existenznot waren wir alle mit dem Nichts konfrontiert. Aber dieses Nichts bedeutete die Chance zu etwas Neuem. Grenzenlos war die Bereitschaft, die seit Jahren verlorene, tyrannisierte und ins Unwahre verfälschte Welt des Geistes als eine wahrhaftige Welt neu zu entdecken. Professoren und Studenten von damals lebten im gleichen Rhythmus dieses Aufbruches in ein unbekannt gewordenes Land. Was für ein Gut die Freiheit sein kann, wird in Zeiten des ökonomischen Überflusses allzu schnell vergessen. Die aus dem Krieg zurückgekehrten todernsten und doch so begeisterungsfähigen Studenten erfuhren es zum ersten Mal, und die Älteren, die das Trauma des Nationalsozialismus überlebt hatten, erfuhren es nach langen Jahren der geistigen Entbehrung endlich wieder. Es mag eine Zumutung gewesen sein, mein inzwischen abgeschlossenes Werk »Die deutsche Tragödie von Lessing bis Hebbel« mit seinen beiden gliedernden Polen Theodizee und Nihilismus einem jungen akademischen Publikum vorzutragen. Aber eben solche Zumutungen, solche geistigen Anstrengungen verlangte man damals von seinen Lehrern. Von »Leistungsdruck« konnte keine Rede sein. Jeder war dankbar, noch mitten im Chaos studieren zu dürfen. War es nicht die Problematik des Nihilismus und seiner möglichen Überwindung, mit der die Nachkriegsgeneration sich aus eigener, bitterer Erfahrung auseinandersetzen mußte? Leere Phrasen und pathetische Tiraden durfte man ihr freilich nicht mehr anbieten.
Was machte es da schon aus, daß die Vorlesungen und Übungen der philosophischen Fakultät meist in medizinische Kliniken verlegt werden mußten, daß es ein germanistisches Institut nur im Hause Trier noch gab, wo die schwer erreichbaren Bücher im Keller untergebracht waren, daß der Wiederaufbau der Universität unter großen physischen Anstrengungen von allen geleistet und daß jedes Festefeiern der Sorge um das tägliche Brot abgelistet werden mußte!
Als die Universität noch kaum in Gang gekommen war, bildete sich nach und nach im Hause des Mathematikers Heinrich Behnke der sogenannte Dienstagskreis, in dem Ältere und Jüngere, Lehrer und

Lernende zwanglos zusammenkamen, um den so lange verstoßenen Musen wieder zu ihrem Recht zu verhelfen. Es ging dort sehr bohèmehaft zu, die Frau des Hauses war zu dieser Zeit abwesend, aber es gehörte zur Zeitsituation, daß sie viele lang unterdrückte Kräfte nach den verschiedensten Richtungen freisetzte und daß es inmitten des materiellen Chaos stets neue, nicht nur geistige, sondern auch menschliche Entdeckungen gab. An den Dienstagabenden von 1946 habe ich aus Goethes »West-östlicher Divan« vorgelesen, auch meinen Vortrag über die Helena-Tragödie in Goethes »Faust« noch einmal gehalten. Mörikes »Märchen vom sichern Mann« fand ebenso seine aufmerksamen Zuhörer wie Gesänge aus Dantes »Göttlicher Komödie« in der Übersetzung von Karl Vossler. Ich war wohl der erste, doch ich blieb keineswegs der einzige, der im Haus Behnke die musischen Dienstagsstunden betreute. Asta Südhaus wurde für Rezitationen gewonnen, der Kunsthistoriker Seiler sprach über die Möglichkeiten moderner Kunst, der Musikhistoriker Korte las eine eigene Novelle vor und der Dozent Clemens Heselhaus führte in das Werk des italienischen Philosophen und Ästhetikers Croce ein. Der Archäologe Max Wegner begeisterte uns mit dem Vortrag der »Antigone« des Sophokles in der Übersetzung von Karl Reinhardt. Das alles geschah spontan, ohne besondere Organisation, wie von selbst. Es atmete den Geist der geselligen Freiheit. Nicht der Alptraum der Vergangenheit stand hier zur Diskussion: es galt, nach dem Grauen des Krieges der erniedrigten, verdrängten, gequälten Seele unter Ruinen eine neue geistige Wohnstätte zu geben. Auch um die Gründung eines Theaterkreises habe ich mich damals gekümmert. Wir lasen nicht nur Lessings »Minna von Barnhelm« in verteilten Rollen, wir führten im gleichen Jahr 1946 auch drei Einakter auf: Lessings Fragment »Die Matrone von Ephesus«, Cervantes' »Die Hölle von Salamanca« und von Tschechow, wie schon einst in Erlangen, »Der Bär«.
Behnke, ein Hüne von einem Mann, voll geistiger Interessen, zugleich sehr vital und lebensfreudig, liebte es, besonders die reizvollen unter den intellektuellen Studentinnen in sein Haus zu ziehen. Dort lernte ich meine Schülerin Lotte Köhler, eine junge Witwe, die als Flüchtling aus dem Osten gekommen war, kennen. Ihr Mann, ein junger Offizier, war sehr bald im Krieg gefallen, so daß sie ihn eigentlich kaum gekannt hatte. Sie selbst wirkte damals wie ein Wirbelwind jugendlicher Frische und Naivität. Sie war der Herkunft nach noch durch die Ideologie der NS-Zeit geprägt, doch ihre Klugheit und ihre Einfühlungsgabe sprengten sehr schnell diese ihr

ganz unangemessene Enge. Sie wurde meine erste Doktorandin in Münster und promovierte 1948 über die Balladen der Annette von Droste. Ich habe in der wieder erneuerten Droste-Gesellschaft, in der ich als zweiter, später als erster Vorsitzender fungierte, einen Vortrag über das gleiche Thema gehalten. Lotte Köhler bestand auch das Staatsexamen. Aber danach wehrte sich ihr starker Freiheitstrieb gegen den ernüchternden Zwang, der selbst im Nachkriegsdeutschland an deutschen Schulen herrschte. Sie wanderte aus nach Amerika, schloß in New York mit Hannah Arendt Freundschaft und wurde schließlich Professorin an der City University in New York. Es war ein bemerkenswerter und zugleich stellvertretender Weg, der von der naturhaften Bindung an die mecklenburgische Heimat zur überzeugten Amerikanerin und Demokratin führte. In New York kam sie später oft mit Haide Russel zusammen, die bei mir in Münster über die Märchen Brentanos promoviert hatte, dann aber in den auswärtigen Dienst ging und in Washington und New York mit großem Geschick sich für die westdeutsche Kultur der Gegenwart eingesetzt hat. Über Jahrzehnte hinweg verbindet mich mit den beiden Frauen eine enge Freundschaft. Lotte Köhler verstand es, intuitiv den *menschlichen* Kern einer Person zu erfassen; Haide Russel wiederum orientierte sich mehr am öffentlichen kulturellen Leben, in das sie ebenso tatkräftig wie taktvoll einzugreifen wußte.
Inmitten dieser zwischen Ernüchterung und Begeisterung ihren Weg suchenden neuen Generation gab es neben vielen anderen, die ich hier nicht alle nennen kann, einen besonders originellen Studenten. Er tauchte eigentlich überall auf, so auch im Dienstagkreis, und hieß Hans Berg. Für viele von uns wurde er in dieser dem Hunger preisgegebenen Zeit ein Retter in der Not. Er studierte im Hauptfach Geographie und ist später Studienrat geworden. Auch mein Sohn hat noch von seinem freundlichen Wohlwollen profitiert. Wissenschaftlichen Ehrgeiz hatte er nicht. Doch er besaß eine ganz andere, recht ungewöhnliche Begabung. Er verfügte nicht nur über praktischen Verstand, er organisierte wie einst mein Kriegskamerad aus dem Blumenladen. Er verstand es, immer wieder neue materielle Hilfsquellen zu erschließen, nicht nur für sich und seine Freunde, sondern für die ganze Universität. Wie er das machte, wird für immer sein Geheimnis bleiben. Jedoch verdankt ihm die Universität beim Wiederaufbau ungewöhnliche Hilfe. Auf andere Weise gilt dies auch für den Latinisten, Professor Franz Beckmann, der während seines Rektorats über sich selbst hinauswuchs und eine überdurchschnitt-

liche Begabung für die Praxis des Lebens entwickelte. Solche Naturen haben die Universität Münster über die Notjahre hinweggerettet und den Neuanfang überhaupt erst möglich gemacht.
Hans Berg war eine Mischung von einem Biedermann und einem Filou. Unvergeßlich wird mir seine Geburtstagsfeier 1946 bleiben, zu der er auch mich eingeladen hatte. Es gab einfach alles, was man sonst entbehren muße, noch dazu in unbegrenzter Fülle. Wir schwelgten in den ungewohnten Genüssen mit einer fast rauschhaften Fröhlichkeit. Was machte es da schon aus, daß Berg und ich nach dem nächtlichen Fest leichtsinnig während der Sperrstunde uns nach draußen wagten und dort von einer englischen Streife erwischt wurden! So mußten wir den Rest der Nacht für das glorreiche Fest in einer Gefängniszelle ohne Bett büßen. Am nächsten Tag ließ man uns wieder laufen. Im ganzen griff jedoch die englische Besatzung nur wenig ein. Ihr Takt und ihre Umsicht waren erstaunlich. Die Bildungsoffiziere, die für die Universität eingesetzt waren, haben in ihrer leisen, verhaltenen Art, über die gerade die Briten verfügen können, eher anregend als hemmend gewirkt. Ich erinnere mich noch an Mr. Aldridge, der einen vorzüglichen Vortrag in deutscher Sprache über die Narren bei Shakespeare gehalten hat, ein durch und durch kultivierter Mann. Wahrscheinlich haben die Engländer die politischen Zustände genauer überwacht, als ich es weiß; im kulturellen Bereich gaben sie wohl ganz bewußt den freien Spielraum.
Hans Berg stand mit der Geistesgeschichte, die ihm nicht lag, auf Kriegsfuß. Aber wer hätte es auf sich genommen, ihm daraus einen Strick zu drehen? Diesem jungen Mann hätte man eigentlich den Ehrendoktor geben müssen.
Die Hilfe von Studenten nicht anzunehmen, weil sie als indirekte Bestechung ausgelegt werden konnte, wäre fast einem Selbstmord gleichgekommen. Bei einer Proseminarübung im botanischen Institut über Lessings Fabeln geriet ich wieder einmal in eine bedenkliche Lage, und zwar durch die Klappstühle mit eiserner Rückenlehne, in denen wir damals in dem mit Glas überdachten Raum sitzen mußten. Ich bewegte mich allzu schwungvoll und riß mir dabei die ganze Hose von oben bis unten auf. Es war eine Katastrophe. Ich besaß in Münster nur diesen einzigen Anzug. Als erstes wurde von einem Studiosus die Hose notdürftig mit Nadeln befestigt. Dann mußte ich mich in meiner Wohnung längere Zeit ins Bett legen, bis meine eilends benachrichtigte Frau den einzigen noch vorhandenen Anzug aus Herne herüberbrachte. Diesmal war es eine Studentin, die sich bald danach schüchtern erbot, mir durch eine Textilfirma, mit der sie

in verwandtschaftlicher Verbindung stand, einen freilich damals nur groben Anzugstoff zu besorgen. Das Problem war damit noch nicht gelöst. Wo sollte ein Schneider gefunden werden? Kaum einer war damals noch bereit, für schlechte Reichsmark Anzüge zu nähen. Wieder kam mir ein Studierender zu Hilfe und wußte auch dafür einen Ausweg. Solche grotesken Vorfälle sind bezeichnend für die Notzeit von damals. Selbst einen dringend benötigten Fahrradschlauch wußte mir ein Student zu verschaffen. »Materie« als freiwillige Gegengabe für »Geist«, das einzige, was ich zu bieten hatte, ließ sich nicht ablehnen. Im Münsteraner Land habe ich damals Vorträge für einen Zentner Kartoffeln gehalten. Niemand konnte es sich leisten, solche ungewöhnliche Angebote abzulehnen. »Moralische« Maßstäbe verlieren an Gewicht, wenn die Verhältnisse sie nicht mehr im traditionellen Sinne zulassen. Ohnehin erwartete keiner dieser Studenten daraufhin eine Begünstigung im Examen. Daß ich nicht gerade »streng« mit ihnen umging, wird man mir verzeihen. Überhaupt die Prüfungen: sie waren ein Kapitel für sich. Als Trier und ich in gemeinsamer Prüfung eine sehr schöne Studentin nach ihrem Wissen ausfragten, hatte sie nicht allzu viel zu bieten. Der sonst eher anspruchsvolle Trier meinte zu meinem Erstaunen am Ende der Prüfung, es sei doch eine wirklich gute Leistung gewesen. Ich protestierte. Darauf kam die Antwort: »Aber das kann doch nicht sein, daß jemand so schön ist und zugleich nicht auch intelligent.« Darauf entgegnete ich: »Das kann sehr wohl sein. Wir haben ihrer Schönheit genug gehuldigt, wenn wir sie nicht durchfallen lassen und ihr ein bescheidenes Genügend als Note geben.« So geschah es denn auch. Es gehörte zum Stil dieser Jahre, daß das Menschlich-Allzumenschliche nie ganz aus dem Gesichtsfeld geriet. Niemals wäre es meinen Studenten in den Sinn gekommen, das Verhältnis von Lehrer und Schüler als ein feindseliges oder auch nur als ein gespanntes aufzufassen. Doch sollte sehr viel später eine Zeit kommen, wo dies an der Tagesordnung war. Ganz so harmonisch ging es freilich nicht immer zu. Bald nach dem Krieg wollte sich der Dozent Clemens Heselhaus von Halle nach Münster umhabilitieren. Er hatte dort früher seinen Dr. habil. gemacht. Das ließ sich schwer abschlagen, verbaute mir aber den Weg, die geplante Habilitation von Dr. Gustav Konrad durchzuführen. Zwar war er nicht mein Schüler, hat mich aber in der ersten Nachkriegszeit als inoffizieller, nicht bezahlter Assistent unterstützt, und ich schätzte den philosophisch durchgebildeten, skeptisch kühlen Gelehrten mit der behutsamen Ironie sehr. Später hat er sich mit einer Ausgabe der Werke von

Bettina von Arnim besondere Verdienste erworben, auch sonst wissenschaftlich weitergearbeitet. Als Deutschlehrer in Wuppertal belebte er lange Zeit das kulturelle Leben dieser Stadt, ebenso wie Dr. Hans Jürgen Leep, der seit 1946 über Jahrzehnte die neugegründete Gesellschaft »Der Bund« geleitet hat, die in der gemeinsamen geistigen Arbeit eine »heilende Kraft« sah, auch dort, wo sie ohne utilitaristische Absichten erfolgte. Aus den Zeitwirren suchte »Der Bund« einen neuen Weg zwischen Antike, Humanismus und Christentum zu finden. Es war eine Anknüpfung an überlieferte, aber vergessene Traditionen, die zugleich einen Neubeginn bedeuten sollte. Im ersten Jahrbuch 1947 ist auch mein in Wuppertal gehaltener Vortrag »Götternähe und Götterferne in Hölderlins ›Tod des Empedokles‹« abgedruckt. Diese Suche nach neuen Werten und geistigen Kraftquellen ist für die ersten Nachkriegsjahre in Deutschland charakteristisch gewesen.
Heselhaus wurde Dozent für neuere Germanistik in Münster. Er war im Westfälischen beheimatet und hatte dort viele gute Beziehungen. Noch fehlte ihm eine besoldete Position. Dafür brauchte er meine Unterstützung. Er verstand es wohl als Gegenleistung, daß er mich zu nahrhafter Erbsensuppe mit Speck einlud und dies allmählich zu einem traditionellen Freitagabendessen sich entwickeln ließ. Als jedoch das erstrebte Ziel erreicht war, hörten diese Einladungen schlagartig auf. Er hätte wenigstens den Schein wahren und sie etwas später beenden sollen. Aber Takt war nicht seine Stärke.
Doch war er ein ausgezeichneter Droste-Forscher, später ist er darüber hinaus mit einem instruktiven Werk über die moderne deutsche Lyrik hervorgetreten. Er wirkte tatkräftig in der Droste-Gesellschaft mit und führte in seiner Wohnung ein eigenes Kolloquium über die Literatur der Gegenwart durch, die mir damals noch fern lag. Aber das anfänglich gute Verhältnis zwischen uns beiden hielt nicht an. Die Gegensätze unserer Naturen waren zu groß, und er hat bestimmt noch heute ebenso viel gegen mich einzuwenden wie ich gegen ihn. Er liebte die Kameraderie und verbrüderte sich gern und allzu schnell in alkoholischen Stunden. Dann verstand er es, wie ein Skorpion unerwartet zuzustechen. Diese Mischung von Burschikosität und Hinterhältigkeit war mir zuwider. Man wußte nie, wieweit man sich auf ihn verlassen konnte.
Zu den Erinnerungen an die Nachkriegsjahre gehört auch ein Besuch von Carl Zuckmayer, den ich eingeladen hatte, mit Germanisten über sein aufregendes Drama »Des Teufels General« zu diskutieren. Es bewegte uns damals noch mehr als Thornton Wilders »Wir sind

noch einmal davongekommen«, das schon mit seinem Titel unserem Lebensgefühl nahekam. Zuck, wie ihn seine Freunde genannt haben, war eine äußerst intensive Persönlichkeit. In seiner Nähe wirkte jeder »Akademiker«, ja eigentlich jeder andere Mann blaß. Die Studenten von damals hatten Schwierigkeiten, das Verhalten des sabotierenden Oderbruch richtig einzuschätzen. Es fiel ihnen schwer, einen Offizier positiv zu werten, der lieber den Tod eines Kameraden in Kauf nimmt, als den aus dem Hinterhalt geführten Kampf gegen Hitler einzustellen. Zu stark wirkten noch die Vorstellungen von »Ehre« und »Treue« weiter nach. »Des Teufels General« kann man auch Jahrzehnte später noch als Bühnenstück genießen, wenn es mit guten Darstellern besetzt wird; als »Problemstück« hingegen hat es seine damals so aktuelle Kraft verloren. Natürlich war Zuck uns allen in der Diskussion überlegen, brachte er doch den ganzen Reichtum seiner amerikanischen Erfahrungen mit, von denen wir zu dieser Zeit noch keine Ahnung hatten.
Ich bin dem trinkfreudigen Pfälzer später noch einmal begegnet. Die Universität Bonn verlieh ihm die Würde eines Ehrendoktors, und ich, damals gerade nach Bonn berufen, sollte die Festrede auf ihn halten. Ich tat das gern und finde es noch heute hochmütig, wenn manche Literaturhistoriker so wenig mit ihm anfangen können, weil er ihnen zu naiv, zu wenig problemgeladen ist. Dem gleichen Vorurteil sah sich auch ein größerer Dramatiker, der frühe Gerhart Hauptmann, ausgesetzt.
Neben dem Behnke-Kreis gab es noch den um den alten Kunsthistoriker Martin Wackernagel. Dort gingen nicht nur das Ehepaar Seiler, sondern auch die Frau des Kunsthistorikers Hager – ihr Mann war damals noch in Kriegsgefangenschaft – ein und aus. Das »Geistige« trat hier etwas zurück, man lebte lustiger, fröhlicher und unbefangener als im Haus Behnke. Wo es nur eben anging, wurde gefeiert. Ich stand mit diesem Kreis nur in loser Verbindung. Aber Frau Gretel Hager (eigentlich Margarete), die ich bei einem Besuch beim Historiker von Raumer und seiner Frau im stillen Rüschhaus außerhalb von Münster am Neujahrstag 1945/46 kennenlernte, bedeutete mir von Anfang an sehr viel. Sie hatte kurz vorher ihren kleinen Sohn durch einen geradezu satanischen Schicksalsschlag verloren. Der Junge hatte sich beim Spielen im Garten eine leichte Verletzung zugezogen, eine Tetanusspritze sollte weiterem Unheil vorbeugen. Aber da geschah das Entsetzliche, ganz und gar Unverständliche, wenige Minuten später war das Kind tot. Niemand, auch der Arzt nicht, wußte dafür eine Erklärung. Nie wieder bin ich

einem Menschen begegnet, der so wie sie nur noch aus intensivem beseelten Schmerz bestand. Die Not der Zeit und die eigene Not verdichteten sich in diesen Wochen bei ihr zu einer stillen Gefaßtheit, die man nur bewundern konnte. Eigentlich war sie ihrem Wesen nach eher eine aktive, nach außen gerichtete Natur. Dabei besaß sie den Charme der Österreicherin und liebte das Gespräch. Sie hat während der Abwesenheit ihres Mannes durch ihre vielfachen Verbindungen ihm geschickt und taktvoll den Weg bereitet, so daß er nach seiner Rückkehr wieder Fuß fassen und Nachfolger von Wakkernagel werden konnte. Mit diesem Ehepaar verbindet mich eine lange, noch heute andauernde Freundschaft. Damals hat Gretel Hager rührend für mich gesorgt und mich in ihrer Wohnung auch mit jener kostbaren Erbsensuppe bewirtet, die mir das physische Weiterleben erst möglich gemacht hat. Aber ebenso wichtig für mich waren die gemeinsamen Gespräche. Sie hat in dieser Krise ihres Lebens Träume von ungewöhnlicher Schönheit gehabt, die sie meisterhaft nachzuerzählen verstand. Wir besuchten zusammen Konzerte, meist Symphonien von Beethoven.

Gretel Hager war katholisch, ihr Mann protestantisch. In der Nachkriegszeit verkehrten bei ihr auch gebildete ältere katholische Damen, die sich mit uns für die Nachkriegslyrik von Werner Bergengruen und für die Dichtung von Reinhold Schneider begeisterten. In solchen Gesprächen redeten wir oft auch von »Dämonen« und »Engeln«, das lag weit ab vom Politischen, es geschah in einer Atmosphäre, die das Transzendente noch oder wieder ernst nahm und meinen nicht ganz erloschenen theologisierenden Neigungen entgegenkam.

Als ich einmal von solchen nächtlichen Gesprächen – es war im Jahr 1947 – noch berauscht vom Duft der Transzendenz zu später Stunde in meine Wohnung zurückkehrte, erging es mir sehr handfest irdisch. Zwei baumlange englische Soldaten fielen ohne Grund auf sonst menschenleerer Straße über mich her und verprügelten mich. Der Anzug wurde beschädigt, die Brille flog in großem Bogen ins Nirgendwo. Hilferufe nützten da nichts. Niemand wollte sie hören. Die Schilderung des Vorfalls bei der Militärbehörde, die ihn höflich bedauerte, blieb ohne Folgen. Allerdings war es, abgesehen von der selbstverschuldeten, bereits erzählten Festnahme der einzige, eigentlich ganz sinnlose Zusammenstoß, den ich mit der englischen Besatzung erlebt habe.

Meine wichtigste Begegnung in der Wohnung Hager wurde der katholische Ordinarius für Dogmatik Hermann Volk, der später

Bischof von Mainz, ja sogar Kardinal geworden ist. Wenn ich, obgleich Literaturwissenschaftler, die Theologie auch für diesen Bereich nach wie vor für unerläßlich hielt, so war er umgekehrt, obgleich Theologe, für Film und Theater besonders aufgeschlossen, so daß wir uns gleichsam in der Mitte treffen konnten. Gretel Hager spielte dabei meist die Rolle der sehr aufmerksamen Zuhörerin. Gelegentlich sagte sie etwas aus ihren persönlichen Erfahrungen, und das hatte immer ein suggestives Gewicht. Mit Volk stritt ich einmal über die Himmelfahrt der Maria, die damals noch nicht zum Dogma erhoben war. Er neigte zu gewissen Vorbehalten. Als aber der Vorgang durch den Papst zum Dogma erklärt wurde, hielt er einen öffentlichen Vortrag darüber, in dem er das neue Dogma erläuterte und sich ohne Kritik zu ihm bekannte. Wieder einmal erlebte ich den Gegensatz des Protestantischen und des Katholischen. Keinesfalls handelte es sich bei diesem so männlichen und von Tatkraft erfüllten Geistlichen um Heuchelei. Es war der Wille zum Gehorsam, zur Demut, ohne den der katholische Glaube nicht richtig zu verstehen ist. Darin lag jedoch für mich eine unüberbrückbare Grenze. Niemals hätte ich als Protestant in etwas einwilligen können, das ich nicht als freie Person von mir aus bejahen konnte. Niemals war ich bereit, das Opfer des Intellektes zu bringen.
Nur für sehr kurze Zeit lernte ich in Münster den Philosophen Gerhard Krüger kennen, der über das Wesen des platonischen Denkens geschrieben hatte. Auf den ersten Blick sah er wie ein intellektueller Postsekretär aus. Dieser Schein trog jedoch. Das Verhaltene und Unpersönliche in seiner Erscheinung verdeckte nur den eindrucksvollen Ernst, der sich herb in sich selbst zu verschließen wußte. Einige Gespräche mit ihm über das Verhältnis von Philosophie und Dichtung öffneten mir eine Existenz, die ihrem ganzen Wesen nach eine philosophische war. Leider wurde er sehr bald fortberufen, und ich sah ihn nie wieder. Es war ein Unglück für die deutsche Philosophie, daß er ihr nach schwerer Krankheit allzu früh entrissen wurde. Meiner Meinung nach gehörte er zu den stärksten geistigen Potenzen der Nachkriegsjahre.
Den Abschluß der Nachkriegszeit erlebte ich mit der Säkularfeier der Droste zu ihrem hundertsten Todestag am 18. Mai 1948. Die Droste-Gesellschaft hatte nach Meersburg am Bodensee eingeladen, um dort der großen deutschen Dichterin zu gedenken. Bei dieser Gelegenheit lernte ich eine der besten deutschen Sprecherinnen unserer Zeit kennen, Felicitas Barg, die auch heute noch als Achtzigjährige über einen hohen Grad von geistiger Beweglichkeit

verfügt. Sie hatte etwas Mänadenhaftes, war leidenschaftlich, hingerissen und hinreißend, ebenso klug wie vital und von einer glühenden Einfühlungskraft in die Dichtung, besonders in die der Droste, die nicht auf erklügeltem, rationalem Weg zustandekam, sondern unmittelbar aus dem Unbewußten stammte und sich trotzdem klar zu artikulieren wußte. Sie schwingend, weit ausholend und dann doch wieder Atem schöpfend rezitieren zu hören, kann für jeden musischen Menschen nur ein Glück bedeuten.

Die zweite bedeutungsvolle Begegnung in diesen Meersburger Tagen war die mit dem Schweizer Literarhistoriker Emil Staiger. Er war aus Zürich herübergekommen und hatte für die deutschen Kollegen Schokolade und Zigaretten mitgebracht, die sie unter sich verteilen sollten. Er ahnte nicht, was er mit dieser großzügigen Geste anrichtete. Am liebsten hätten wir uns wie die Wölfe darauf gestürzt. Aber wir mußten den Anstand wahren und bemühten uns um Höflichkeitsfloskeln. Die »gerechte« Verteilung gelang, aber sie fiel uns schwer.

Staigers Buch »Grundbegriffe der Poetik«, das er mir schenkte, da es für mich zu dieser Zeit unerreichbar war, gehört zu den Marksteinen der deutschen Literaturwissenschaft. Sein Zerschlagen der normativen Poetik zugunsten der Stilformen des Epischen, Dramatischen und Lyrischen und ihrer jeweiligen Übergänge hat in der Literaturwissenschaft jene heute viel diskutierte Epoche der »Interpretation« eingeleitet, zu der er mit seinen Büchern »Meisterwerke deutscher Sprache« und »Die Kunst der Interpretation« Kabinettstücke beigesteuert hat. Man mag zu seiner Definition der Interpretation, sie habe das zu »begreifen«, was uns »ergreift«, heute kritischer stehen, man mag gegen seine Neigung zur bloßen Einfühlung und damit zum Irrationalismus Bedenken haben, seine Meisterschaft im kunstvollen Umgang mit der Sprache sollte man weiter gelten lassen. Nach dem Vielzuviel an theoretisierender Geisteswissenschaft und positivistischer Philologie wirkte Staigers Vorstoß ins Künstlerische und Sublime damals auf uns wie eine Befreiung, und ich würde sie noch heute dem sogenannten »Hinterfragen« von Dichtung bei weitem vorziehen, wie es jetzt, hoffentlich nur vorübergehend, Mode geworden ist. Staigers Persönlichkeit strahlte Humanität, Wohlwollen, Toleranz und Harmonie aus. Als ich später den ersten Band seiner Goethebiographie besprach, meinte er, ich hätte seinen Goethe ein wenig zu sehr als »sunny boy« aufgefaßt. Aber das »Sonnige« stammte aus Staigers eigenem Wesen. Später verriet der berüchtigte Schweizer Literaturstreit zwischen ihm und Max Frisch, wo seine

Grenzen lagen. Für die moderne, insbesondere für die zeitgenössische Dichtung fehlte ihm das Organ. Er lebte in seiner kultivierten, gepflegten, wohlhabenden Schweizer Atmosphäre, in die er das Disharmonische nur ungern einließ. Die Katastrophen der Zeit sind ihm erspart geblieben.

Noch ein drittes, wenn auch rein privates Ereignis brachte mir das Treffen am Bodensee. Ich sah nach langen Jahren der Trennung meine Mutter, die mit meiner Schwester in der Schweiz lebte, zum ersten Mal wieder. Es geschah zwar nur am Grenzübergang, der uns unerbittlich trennte. Doch war es ein zeitloser Augenblick der Liebe. Noch war die Epoche nicht reif dafür, daß die Deutschen aus der selbstverschuldeten Isolierung wieder heraustreten durften.

IX
DIE BESTEN JAHRE
MÜNSTER 1948–1957

Das Jahr 1948 wurde zum wichtigsten Einschnitt in meinem Leben. Es brachte das Erscheinen meines zweibändigen Werkes »Die deutsche Tragödie von Lessing bis Hebbel« im Verlag Hoffmann und Campe in Hamburg. Schwierige Verhandlungen waren vorausgegangen. Doch gelang es am Ende, den Verlag Niemeyer, der damals noch in der Ostzone war, dazu zu bringen, vom früher geschlossenen Verlagsvertrag zurückzutreten. Als ich der Lektorin Frau Wegner mein dickes Manuskript brachte und sie es tatsächlich auch bald durchgelesen hatte, erklärte sie, sie glaube an das Buch, es werde vielleicht sogar wie die im gleichen Verlag erschienenen erfolgreichen Werke des französischen Literaturhistorikers Paul Hazard eine zweite oder dritte Auflage erreichen. Damals wurden die beiden Bände auf schlechtes Nachkriegspapier gedruckt und mit der bereits wertloser gewordenen Reichsmark hergestellt. Nach dem Erscheinen konnten sie jedoch für wertbeständige D-Mark verkauft werden und erreichten zu meinem Erstaunen bereits 1952, nunmehr einbändig, die zweite, überarbeitete Auflage. Heute liegt das Werk bereits in achter Auflage vor, und eine Taschenbuch-Ausgabe ist für 1983 geplant. Besonders überrascht war ich, daß dieses gar nicht für die Schulen geschriebene Buch eben dort so weite Verbreitung fand.

Das Jahr 1948 brachte außerdem meine Ernennung zum ordentlichen Professor und meinen endgültigen Umzug von Herne nach Münster. Von da an kann ich über eine Reihe von Jahren berichten, die ich die besten, die glücklichsten meines Lebens zu nennen wage. Diese Jahre fielen ungefähr zusammen mit der erfolgreichen Wirtschaftspolitik Ludwig Erhards und der noch länger währenden Kanzlerschaft Konrad Adenauers, mit dem Wiederaufbau der Bundesrepublik Deutschland. Für mich waren es freilich keine »politischen« Jahre mehr. Seit der Nazi-Epoche hatte ich mir geschworen, in keine politische Partei mehr einzutreten. Dennoch hatte ich in den vorausgegangenen Jahrzehnten privater gelebt als in diesen Jahren. Jetzt erst konnte ich mich mit einer deutschen Universität identifizieren, und das war die Universität Münster. Was ich darüber zu berichten habe, wird hoffentlich dazu beitragen, die Vorurteile abzubauen, die seit der Studentenrevolte der sechziger Jahre die

sogenannte Ordinarien-Universität ins Zwielicht der Anmaßung und der Reaktion gebracht haben. Doch war mein Wirken in der und für die Universität Münster nur die eine Seite dieses neuen Lebens, die andere war der Drang, über die oft als zu eng empfundenen Grenzen hinauszugelangen nach Europa und nach Übersee.
Die philosophische Fakultät der Universität Münster stand in den fünfziger Jahren unter einem guten Stern. Paradoxerweise hatte der Nationalsozialismus einige Voraussetzungen dafür geschaffen. Münster galt damals als »schwarz«. Da man überzeugte Nationalsozialisten nicht so leicht dorthin berufen konnte, begnügte man sich im »Dritten Reich« damit, den Protestanten den Vorzug vor den Katholiken zu geben. Das ist der Universität gut bekommen, denn das katholische Element blieb trotzdem stark genug, und nach dem radikalen Machtwechsel spielte die Frage der Konfessionen bei den Berufungen eine erstaunlich geringe Rolle. Oft wußten wir gar nicht, welcher Konfession der Einzelne angehörte. So entstand jenes Klima der geistigen Freiheit, wie ich es in meinen Jugendjahren in Heidelberg, allerdings auch als Dozent in Bonn kennengelernt hatte. Gewiß, der Klerus hat in Münster immer eine beachtliche Rolle gespielt, aber es bewährte sich dabei der oft zitierte Satz: »Unterm Krummstab ist gut leben.« Die Nachforschungen über die politische Vergangenheit der Professoren traten jetzt zurück, nachdem sie vorher so viel Staub aufgewirbelt hatten, in der englischen Zone freilich weniger als in der amerikanischen oder in der französischen. Man wollte lieber positive Aufbauarbeit leisten; es galt, die Universität neu zu stabilisieren. Dafür hat seit 1955 besonders viel der liberale und menschlich eingestellte Universitätskurator Freiherr von Fürstenberg getan. Glücklicherweise hatte Münster nur wenige Fälle von starker Vergangenheitsbelastung aufzuweisen. So waren die Voraussetzungen gegeben, daß in der philosophischen Fakultät nahezu alle den Neubeginn gemeinsam durchführen konnten. Ein zweiter positiver Umstand trat hinzu. Wir waren im Durchschnitt im gleichen Alter, meist zwischen vierzig und fünfzig. Ausnahmen bildeten in der philosophischen Fakultät eigentlich nur der Latinist Franz Beckmann und der Altgermanist Jost Trier. Beide genossen hohes Ansehen. Allerdings hatte die Fakultät erst noch das Doppelgesicht, philosophische und naturwissenschaftliche Fakultät zugleich zu sein. Diese beiden Abteilungen, die ihre Fakultätssitzungen zusammen abhalten mußten, paßten nicht recht zusammen. Es ist das große Verdienst des Mittelalter-Historikers Herbert Grundmann gewesen, in leidenschaftlichen Diskussionen und harten

Kämpfen unter seinem Dekanat 1947/48 die Trennung in zwei verschiedene Fakultäten durchgesetzt zu haben. Erst damit war die Voraussetzung geschaffen, daß die philosophische Fakultät zu einer organischen Einheit zusammenwachsen konnte.
Fakultätssitzungen bedeuteten für mich bisher den Inbegriff der Langeweile. Es ist nur ein oft nachgeredeter falscher Mythos, daß sich hinter der Tür solcher Sitzungsräume die geheimen Intrigen und die dramatischen Herrschaftskämpfe der »Ordinarien-Universität« abgespielt hätten. Mit der in den sechziger Jahren programmatisch aufgestellten Forderung nach »Öffentlichkeit« solcher Sitzungen hoffte man dieses angebliche Unwesen zu beenden. Wie groß muß aber die Enttäuschung gewesen sein, als man später, freilich nur ratenweise, für die Studenten Zugeständnisse gemacht hat. Bald mußten sie erfahren, wie ermüdend solche viele Stunden lang sich hinziehende »Büroarbeit« war. Viel Zeit wird hier vergeudet, und wenig Aufregendes spielt sich »hinter« dieser geschlossenen Tür ab. Ich möchte diese Tür mit der geheimnisvollen Tür in Strindbergs »Traumspiel« vergleichen, auf deren Öffnung so lange vergeblich gewartet wird und hinter der sich am Ende nichts, absolut gar nichts verbirgt.
In Münster wurden in der Fakultät manche für die damalige Epoche notwendigen Probleme besprochen. Jene Langweiler, die sich gerne stundenlang zu Wort melden, nur um mit der eigenen Wichtigkeit zu glänzen, hatten dort keine Chance. Es war eine kleine Gelehrtenrepublik, deren Mitglieder in ständiger Fühlung mit dem Nachbarn ihre Entscheidungen, zumal über Berufungsfragen, gerecht zu treffen suchten und die nach scharf geführten Debatten sich oft nachher versöhnt in Münsters vorzüglichen Kneipen zum freundschaftlichen Umtrunk zusammenfanden. Persönliche Empfindlichkeiten konnten nur selten aufkommen. Intrigiert wurde dort nicht.
Solche humane Kommunikation ist jedoch nur in der Zeit vor der eigentlichen Wohlstandsgesellschaft möglich gewesen. Sie setzte das erregend Unabgeschlossene der geistigen Probleme voraus, die immer mehr nach einer Umsetzung in der sozialen Wirklichkeit verlangten. Erst der Wohlstand macht die Menschen zu Feinden. Damals erhielten wir uns den Geist der Liberalität, der eine Vielheit von Meinungen gelten läßt, dem bloßen »Gerede« aber eine klare Absage erteilt. Noch gab es nicht das Ungetüm der Massenuniversität; noch hatten Langeweile und Wohlstand nicht ihr bürokratisch genehmigtes Bündnis geschlossen; noch hatte der Entfremdungsprozeß zwischen den Lehrenden und den Lernenden nicht begonnen;

noch gab es geistige Neugierde über die Grenzen der Fakultät hinweg. Allerdings setzte das alles voraus, daß bedeutende oder wenigstens farbige Individualitäten in ständiger Wechselwirkung standen und sich gegenseitig zu steigern wußten. Die Institution als solche ist nur ein zwar durchorganisierter, aber doch starrer Körper, solange ihm nicht einzelne, aus sich selbst heraus wirkende Personen Kraft und Leben zu geben vermögen.

Zunächst sei von den »Lehrern« die Rede, ehe ich in dieses Wechselspiel von Geben und Nehmen auch die »Schüler« mit einbeziehe, die in der Fakultät selbst damals noch keine Rolle spielten. Durchaus dominierend war der Germanist Jost Trier, mein nächster Fachkollege. Unser Verhältnis ist während der ganzen Zeit unseres Zusammenwirkens nahezu ungetrübt geblieben. Das war keineswegs selbstverständlich; denn der sehr männliche und entschiedene Trier neigte eher zu einer autoritären Haltung. An sich waren wir gleichberechtigt. Ich brachte jedoch die Klugheit auf, ihm als dem etwa zehn Jahre Älteren stets den Vorrang zu lassen und mich auf die Rolle des Zweiten zu beschränken. Dafür blieb er mir immer dankbar, zumal er klug genug war zu wissen, daß er das nicht von sich aus verlangen konnte. Jost Trier, ein Mann mit einem scharf geschnittenen Profil und schlohweißem Haar, war ein ungewöhnlich schöner Gelehrter, und er wußte das auch. Er liebte die pathetischen Auftritte, und er dozierte mit einer hinreißenden rhetorischen Kunst. Trotzdem überschritt er niemals die Grenze der strengen Philologie, er blieb den »Sachen« und »Wörtern«, dem ständigen Thema seines Oberseminars, verpflichtet, und das Einmalige in seiner Erscheinung lag in der souveränen Begabung, selbst den nüchternsten sprachlichen Sachverhalt mit geradezu schauspielerischer Virtuosität an seine Zuhörer weiterzuvermitteln. Natürlich ging das nicht ohne Eitelkeit ab. Diese einem Trier übel zu nehmen wäre töricht gewesen. Er konnte sie sich leisten, weil er niemals mit bloßen Mätzchen die Sache selbst verfälschte. Auf die Studenten von damals wirkte er faszinierend. Wenn er heute noch lehrte und lebte, wäre das wahrscheinlich anders. Die Zeiten des Persönlichkeitskultus sind vorüber, und Trier brauchte ihn, um sich als er selbst entfalten zu können. Seine Vorlesung über Metrik verriet eine imponierende künstlerische Einfühlung, über die dieser so ganz auf das »Objekt« gerichtete, stets um Klarheit bemühte Germanist verfügte. Wohl nahm er Wissenschaft ernst, aber er betrieb sie zugleich wie ein Spiel, das die Fähigkeit, spielen zu können, voraussetzte. Störungen konnte er nicht leiden. Als in einer der ersten

Reihen seiner stets voll besetzten Vorlesung ein Mädchen sich allzu zärtlich an ihren Nachbarn lehnte, fuhr er sie vom Katheder aus an: »Lassen Sie das. Die Art, wie Sie sich benehmen, stört meine Vorlesung.«

Seine Forschungen über den »deutschen Wortschatz im Sinnbezirk des Verstandes«, die die Geschichte eines sprachlichen Feldes untersuchten, begründeten seinen frühen Ruhm. Ich erinnere mich an einen Vortrag von ihm über Heide und Heide, in dem er dem verschiedenen Werdegang dieser beiden Wörter nachging; er war meisterhaft aufgebaut bis zur dramatischen, wirkungsvoll vorgetragenen Pointe, daß zwei Worte, von denen das eine einen Ungläubigen, das andere eine Landschaft meint, doch aus der gleichen Wurzel erwachsen und darum identisch sind. Ich hatte und habe keine Ahnung, ob das zutrifft. Aber ich erlag der Suggestion dieses Zauberkunststückes und konnte darum nur einverstanden sein.

Später als Rektor – ich habe dieses Jahr leider nicht mehr miterlebt – hat Trier sein Amt als »Reihendienst« verstanden und darüber einen bedeutenden Vortrag gehalten. Gewiß: er war mehr autoritär als liberal, er hatte darin bestimmte germanische Vorstellungen, aber er erfüllte diese Autorität mit seinem einmaligen Leben, er strahlte sie aus, er repräsentierte sie wie ein Patriarch. Als sich sein Hund Urs, ein gewaltiger Chow-Chow, fast ebenso Ehrfurcht gebietend wie sein Herr, auf der anderen Straßenseite emanzipiert hatte, rief Trier ihn mit eindrucksvollem Pathos zu sich: »Urs, willst du nicht zu Vatern kommen!« Die kleine Geschichte wurde in ganz Münster weitererzählt. Trier hatte sehr entschiedene Vorlieben und Abneigungen. Das machte ihn manchmal intolerant, ja sogar ungerecht. Es wurde jedoch ausgeglichen durch eine Eigenschaft, die man am wenigsten bei ihm vermutete: die Fähigkeit zur Selbstironie. Vielleicht hing sie mit dieser einmaligen Symbiose von Schauspieler und Gelehrtem zusammen. Beides schloß sich bruchlos zu einer imponierenden Einheit zusammen. Überdies verfügte er über einen untrüglichen Instinkt für Qualität und haßte alles Mediokre und Kleinbürgerliche.

Eine dominierende Figur in der Fakultät war ebenso wie Trier Herbert Grundmann. Bei aller nach außen gewandten Tatkraft war er ein Mann voll schwieriger Widersprüche. Trotz großer Verschiedenheit unserer Naturen haben wir uns befreundet. Er war weit mehr politisch eingestellt als ich, neigte zur tapferen Kritik am Adenauer-System und verstand sich als progressiv aufgeklärter Geist. Mich hingegen hielt er für zu romantisch, nahm es aber wiederum übel, wenn ich meinerseits ihm den Sinn für das Musische absprach. Es waren wohl zwei Seelen in seiner Brust, und das gab ihm eine merkwürdige Undurchsichtigkeit. Wieso mußte gerade ein Aufklärer sich in seiner wissenschaftlichen Arbeit besonders für den mittelalterlichen Mystiker Joachim von Fiore interessieren; wieso hatte Grundmann, dieser treue Ehemann und Vater mehrerer Kinder, eine nur mühsam unterdrückte Sympathie für Frauen, die auf abenteuerliche Irrwege gerieten? Ich vermute, daß sein in Tätigkeit umgesetzter Rationalismus der geheimen Vorliebe für das Irrationale erst abgerungen werden mußte. Er neigte zur Ketzerei und ist, wenn ich mich recht erinnere, gemeinsam mit seiner Frau aus der evangelischen Kirche ausgetreten. Diese Widersprüche machten ihn so produktiv, so lebendig, so intensiv, aber auch so unabgeschlossen und sich immer wieder entziehend, wenn man ihm zugreifend entgegentrat. In seiner ebenso geistvollen wie häßlichen Physiognomie spiegelte sich das Fragmentarische seines von elementarer Unruhe getriebenen Wesens. Mit eben dieser Unruhe, die so gerne vorwegnehmende Kritik an der Zeitproblematik der Nachkriegsjahre übte, blieb er ein heilsames Korrektiv für meine fragwürdige Neigung zur Harmonisierung.

Sein Fachkollege von Raumer, der aus einer alten angesehenen Historikerfamilie stammte, bildete in jeder Hinsicht einen Gegenpol zu ihm. Er vertrat den konservativen Flügel in der Fakultät. Häufige Krankheit begünstigte seine Neigung zur Introversion. Zusammen mit seiner Frau führte von Raumer ein zurückgezogenes Gelehrtenleben; seine Neigung zum Nörgeln und zum Sarkasmus gingen mir gelegentlich auf die Nerven. Wir empfanden das Ehepaar, obgleich mit ihnen fast gleichaltrig, wie die Repräsentanten einer früheren Generation. Auch in seiner zuverlässigen Korrektheit und seinem gepflegten Bildungswissen erinnerte von Raumer mehr an das neunzehnte als an das zwanzigste Jahrhundert.

Freundschaft verband mich auch mit dem Kunsthistoriker Werner Hager, der mit seiner Frau Gretel die großartigen Feste im Studentenhaus am Aasee nicht nur zu organisieren, sondern darüber hinaus zu gestalten wußte. Das verhalten Vornehme in seiner Persönlichkeit zog mich an, er war nicht nur in der deutschen, sondern auch in der französischen und englischen Sprache beheimatet, voller kultureller und künstlerischer Interessen, weltoffen und europäisch im Denken und Fühlen, dabei von humaner Toleranz und liebenswürdiger Loyalität. Er war sich der Grenzen seiner Persönlichkeit, der das Genialische fern lag, voll bewußt, aber eben dies gab ihm die

überzeugende Geschlossenheit, die er in der Fakultät in maßvoller Würde zu verkörpern wußte.
Schwieriger fand ich seinen engsten Fachkollegen, den Archäologen Max Wegner. Er stand dem George-Kreis nahe und neigte wohl auch deshalb zur Feierlichkeit. In einer anderen Fakultät wäre er ein Einzelgänger geblieben. Unsere jedoch, die über eine bloß verwaltete Welt hinausging und statt dessen die Eigenwilligkeit der Person und die Bindung an das Ganze zu versöhnen wußte, konnte Wegner integrieren. Ich müßte sie eigentlich alle charakterisieren, den Anglisten Heuer, seinen Nachfolger Mertner, den Musikwissenschaftler Korte, den Psychologen Metzger, den Althistoriker Stier – keiner von ihnen störte die Geschlossenheit der Fakultät –, um nur die zu nennen, zu denen ich persönliche Kontakte gehabt habe.
Einen jedoch muß ich besonders hervorheben, den mir gleichaltrigen Philosophen Joachim Ritter, weil von seinem zu meinem Oberseminar ständige Querverbindungen bestanden. Es war ein Glücksfall, daß sich der Literarhistoriker und der Philosoph für verwandte Fragen interessierten, sie aber in verschiedener Weise behandelten. Viele Schüler von Ritter waren auch die meinen und umgekehrt. Was uns verband, war das wissenschaftliche Interesse an dem Zusammenhang von Geschichte und Ästhetik.
Ritters philosophische Kompetenz reichte von Aristoteles über Nicolaus Cusanus bis zu Hegel. Doch begnügte er sich nicht mit der Philosophiegeschichte; er drang in seinen Übungen zu Hegel und zur Ästhetik bis zu seiner eigenen Problemstellung vor, die die Funktion des Schönen im Zusammenhang mit der modernen Industriegesellschaft zu klären suchte. Seine bahnbrechende kleine Schrift über Hegel und die Französische Revolution zeigt die vieldeutige Ausstrahlung dieses dialektischen Denkens inmitten großer geschichtlicher Umwälzungen. Im Gespräch war er beweglich, geistreich, voll paradoxer Einfälle. Auch in seinem Seminar muß der nur äußerlich kleine Mann die Studenten zu Rede und Gegenrede ermuntert haben. Er brauchte das Dialogische ebenso wie ich. Daher fühlten sich die Studenten dort ebenso zu Hause wie bei mir. Ich habe mich immer ausgezeichnet mit ihm verstanden, obgleich er zu einer privaten Abkapselung neigte und eine philosophisch-pädagogische, nicht aber eine gesellige Natur war. Die »Ästhetik«, die er den Studenten sehr spannend vorgetragen haben muß, ist nie als Buch erschienen. Sein Wirken blieb bruchstückhaft, ein relativ früher Tod verhinderte die Abrundung seines Werks.
Anregende Kontakte verbanden mich auch mit Ritters philosophi-

schem Kollegen Josef Pieper, der später Ordinarius für philosophische Anthropologie in Münster geworden ist. Wir gingen gemeinsam in die Sauna, um etwas für unseren Körper zu tun, führten aber unter heißem Dampf ebenso heiße Gespräche. Piepers besondere Begabung lag in seiner Verbindung von platonischer Philosophie und katholischem Christentum. Die Universität war ihm ein »Hegungsraum«, eine »Freistatt« für eine Bereitschaft, das philosophisch-theologische Streitgespräch stets mit dem Blick »auf das Totum von Welt und Dasein« zu führen. Sein Sinn für Grenzfragen, für existentielle Situationen kam meinen eigenen Neigungen entgegen, und bis heute ist das Wechselgespräch mit ihm über den Unterschied von künstlerischer und religiöser »Inspiration« nicht abgebrochen.

Im Verlauf meiner Münsteraner Jahre traten drei weitere Persönlichkeiten hinzu, über die ich noch berichten muß. Der Romanist Heinrich Lausberg, der Gräzist Richard Harder und mein ehemaliger Kriegskamerad Erich Trunz. Lausberg hatte in seinem Auftreten etwas Komisches; man geriet leicht in die Gefahr, seine übersprudelnde Sprechweise nicht ganz ernst zu nehmen. Er besaß aber eine ihm wohl selbst den Atem raubende Gelehrsamkeit, vor allem im französischen Mittelalter, und war ein ausgezeichneter Fachmann für die europäische Rhetorik und ihre antiken Wurzeln. Sobald er sich freilich neuzeitlichen Bereichen näherte, fand sein katholischer Universalismus seine Grenzen. Unsere Beziehungen blieben freundlich, wurden aber nicht freundschaftlich.

Wie aber verlief das erneute Zusammenwirken mit Erich Trunz, diesmal auf so völlig anderer Basis? Er hatte nach mancherlei Irrwegen den Krieg überstanden und saß zuletzt ohne Professur in Hamburg. Als Herausgeber der Hamburger Goethe-Ausgabe, an der auch ich mit der Einführung in Goethes »Wahlverwandtschaften« und in seine »Novelle« und mit deren Kommentierung beteiligt war, hat er sich große Verdienste erworben. Nun wollte ich Trunz nach Münster herüberziehen, wenn auch zur gleichen Zeit ein Ruf nach Saarbrücken in die französische Zone für ihn in Aussicht stand. Er kam aber lieber im Jahr 1950 zu uns. Manche Studenten, besonders die weiblichen, mochten die eindringlich stille Art, mit der er sie liebevoll betreute. Er verwandte viel Zeit für Hilfe und Anteilnahme. Anderen war er zu »schlicht«, zu unkompliziert. Einige behaupteten, er habe eine Vorlesung mit dem Satz begonnen: »Auf das siebzehnte Jahrhundert folgte das achtzehnte.« Das wäre in der Tat allzu »schlicht« gewesen. Leider entwickelte sich unser Verhältnis nicht ganz so positiv, wie ich es erhofft hatte. Es gab unnötige

Querelen, an denen ich nicht ganz unschuldig war. So stritt man sich über die Verteilung der Zimmer in dem neu aufgebauten germanistischen Institut. Ich wurde gefragt, ob ich ein Zimmer mit zwei »Achsen« oder mit nur einer haben wollte. Ich hatte keine Ahnung, was damit gemeint war, und wählte mehr aus Versehen das bessere mit den »zwei Achsen«. Trunz war gekränkt. Er mochte es als schmerzlich empfunden haben, daß er als ehemaliger Ordinarius auf ein planmäßiges Extraordinariat zurückgestuft war. Ich hätte auf seinen Ehrgeiz mehr Rücksicht nehmen müssen, zumal er mir auf seine charmante Weise mit liebenswürdigem Spott begegnen konnte. So schenkte er mir, der ich mich allzu sehr für akademische Rufe interessierte, das sogenannte »Berufungsspiel«, ein Plan, auf dem man Fähnchen umstecken konnte, um anzuzeigen, an welchen Orten gerade die nächste Berufung stattgefunden hatte. Als bei einem Seminarfest die Studenten mir ein kleines Fläschchen mit der Aufschrift »Anti-Trunzin« überreichten, war er doch ziemlich erschrokken. Wir hätten beide gelassener und überlegener reagieren sollen, zumal die Verteilung der Studierenden in unserem Fach sich ohne jede Schwierigkeit abwickelte. Von einem Konkurrenzkampf konnte keine Rede sein. Es ergab sich bei der Verschiedenheit unserer Naturen von selbst, wer lieber bei ihm oder wer lieber bei mir studieren wollte. Außerdem waren für beide genügend Studenten da. Als ich nach Bonn fortging, folgte er fast gleichzeitig einem Ruf nach Kiel, und nun waren gleich zwei Lehrstühle in der neueren Germanistik verwaist. Trier hatte sich zu wenig um Trunz bemüht. Er hatte keine Antenne für ihn, er selbst war aus härterem Holz geschnitzt. Das spiegelte sich schon im Physiognomischen. Trier sprach meist sehr laut, Trunz hingegen auffallend leise. Trier liebte das Direkte, Trunz hingegen sagte oft das Gegenteil von dem, was er eigentlich meinte. Trier war offensichtlich mit jeder Festgabe einverstanden, die ihm entgegengebracht wurde, Trunz hingegen wich solchen Gelegenheiten des Ruhms aus, ohne daß man genau wußte, ob er es nicht am Ende doch ganz gern gesehen hätte.
Von großer Bedeutung wurde für mich in den späteren Münsteraner Jahren der Gräzist Richard Harder. Seine Berufung erfolgte erst nach harten Kämpfen. Er war durch politische Tätigkeit im »Dritten Reich« schwer belastet und in München aus seinem Amt entlassen worden, hatte aber als Wissenschaftler in seinen Veröffentlichungen niemals Zugeständnisse an den Zeitgeist gemacht. Ein Teil der Fakultät hatte sich gegen die Berufung entschieden, der andere, der die politischen Bedenken um eines hervorragenden Gelehrten willen

zurückstellen wollte, siegte bei der demokratischen Abstimmung. Was sollte geschehen? Wieder einmal triumphierte die Disziplin dieser Fakultät, ihr Sinn für das gemeinsame Ganze. Der unterlegene Teil versprach, in keiner Weise beim Ministerium in diese Berufungsangelegenheit durch Intrigen einzuwirken. Er hielt sein Versprechen, und Harder kam nach Münster. Die Fakultät brauchte es nicht zu bereuen. Zwar war Harder damals ein schwer herzkranker, bereits vom Tode gezeichneter Mann, aber ein Nationalsozialist war er nicht mehr, und er hatte für seine mir bis heute unbegreifliche aktive Tätigkeit bei der SS bitter bezahlen müssen. Seine Frau verließ ihn daraufhin, seine Kinder distanzierten sich. Ich glaube, er gehört zu den wenigen, die zur bedingungslosen Reue fähig waren. Darüber weiß ich einiges durch Hannah Arendt, die einst in Königsberg bei ihm Griechisch gelernt und sich näher mit ihm befreundet hatte. Bei einem Besuch in Münster traf sie ihn wieder und ging unerbittlich mit ihm ins Gericht, söhnte sich aber dann doch mit ihm aus.

Wir führten damals keine politischen Gespräche, wohl aber sehr intensive theologische und ästhetische. Als er in Münster war, nahm er bereits Abschied vom Leben. Auf längeren Spaziergängen entdeckten wir gemeinsam deutsche Gedichte von hoher und höchster Qualität und entwickelten behutsame Ansätze zu ihrem Verständnis. Er wies mich auf das Kunstvolle in Georges schlichten Versen »an baches ranft« und auf Rudolf Alexander Schröders schwermütiges Gedicht über die Mandelruten hin, das ich noch nicht kannte: »Fragilem truci commisit.« In seinem letzten Brief an mich, kurz vor seinem einsamen Tod in einer Bahnhofshalle – ich war damals schon in Bonn – meinte er, ohne Theologie ließe sich keine substantielle Geistesgeschichte treiben. War das eine Flucht vor den politischen Problemen der Gegenwart? Vielleicht. Immerhin empfanden wir es genau entgegengesetzt als ein Zurückfinden zu den Quellen des Lebens. Bloße »Innerlichkeit« war es gewiß nicht. Denn es geschah gerade als Antwort auf die Gespaltenheiten und Paradoxien unseres Zeitalters. Richard Harder, den in seinem früheren Leben so manche Leidenschaften und Widersprüche dämonisch getrieben haben mögen, starb als ein Gewandelter, geprägt durch Schmerz und eine schwer erworbene stille, schwermütige Heiterkeit. In der Fakultät war dieser bedeutende Plotin-Forscher und faszinierende Mensch allgemein beliebt, eine »Rolle« wollte er gewiß nicht mehr spielen.

Die deutsche Universität verdankt Wilhelm von Humboldt und seiner Gründung der Universität Berlin in den Jahren 1809/10 die

Idee der Einheit von Forschung und Lehre. Später hat man kritisch dazu gemeint, der Hochschullehrer sei damit überfordert. Die Forschung wurde im Verlauf des 20. Jahrhunderts immer mehr zugunsten der Lehre zurückgedrängt. Was mich selbst betrifft, so habe ich mein Leben lang an der Idee Humboldts festgehalten. Schon die Antike wußte, daß wir durch Lehren lernen (docendo discimur). Das so Gelernte kommt dem Forscher wieder zugute, und es gehört zum Kreislauf dieses Wirkens, daß das Erforschte seinerseits die Lehre befruchtet. Ich brauchte Schüler wie das tägliche Brot, aber niemals wollte ich eine »Schule« begründen. Fest fixierten Methoden stand ich mit der gleichen Skepsis gegenüber wie den meist unfruchtbar verlaufenden Methoden-Streitigkeiten. Das hat zuweilen zur Unterschätzung geführt, doch hat es mich auch davor bewahrt, mich allzu weit von der Dichtung zu entfernen, wie es sich heute auf weiten Strecken der Literaturwissenschaft beobachten läßt. Ebenso hatten meine Erfahrungen mit dem Nationalsozialismus zu einer tiefen Abneigung gegen die Vorherrschaft von politischen Ideologien geführt. Mir fehlte der Glaube an die Gültigkeit von Doktrinen. Wo es um die Erkenntnis von Dichtung ging, hielt ich es mit dem Satz von Goethes Mephistopheles: »Grau teurer Freund ist alle Theorie / Und grün des Lebens goldner Baum.« Weit mehr als Lehrbücher liebte ich das Aufgeschlossene, wenn auch Fragmentarische des Gespräches. Die Rolle des Seminarleiters faßte ich nicht so auf, daß er eine von ihm vertretene Meinung als unverrückbar zu vermitteln habe; auch er sollte wie alle anderen die mögliche »Wahrheit« im gemeinsamen Für und Wider suchen. Pädagogik bestand für mich darin, Hebammendienste zu leisten, jüngere Menschen ohne spürbaren Zwang zum aufmerksamen Zuhören und Lesen und zum Abbau von kritiklos übernommenen Vorurteilen zu bringen. Das schienen mir die notwendigen Voraussetzungen, damit jeder seinen eigenen, nur ihm gemäßen Weg finden konnte. Doch eben dafür brauchte er die Gruppe. Nur im Miteinander-Sprechen haben wir Geschichte, Vergangenheit und Zukunft. So produktiv die gewollte Vereinzelung sein kann, das gemeinsame Suchen und Arbeiten läßt uns unsere Irrtümer besser durchschauen. Wer dialogisch zu leben vermag, durchbricht die Schwermut der Einsamkeit im Finden eines uns allen gegebenen Sinns.

Daraus ergab sich für mich der Vorrang des Seminars vor den Vorlesungen. Die oft auf bloße Wissensvermittlung beschränkte Vorlesung bedeutete mir nicht allzu viel. Sie war gewiß notwendig, konnte aber auch abtötend wirken, wenn sie nicht unter eigenen, aus der Forschung gewonnenen Gesichtspunkten erfolgte. Auch die Seminare der Vor- und Mittelstufe setzten noch die auf Kenntnis gegründete Überlegenheit des Lehrenden über die Lernenden voraus. Hingegen suchte ich mir im Oberseminar einen Kreis zu bilden, zu dem ich die Teilnehmer, die ich ja aus den Mittelstufen bereits kannte, persönlich einlud. Meine Promovenden mußten alle durch mindestens zwei solcher Oberseminare hindurchgehen. Hier entfaltete sich auf der höchsten Stufe das dialogisch verstandene geistige Leben. Hier war der Lehrer nur primus inter pares. Er leitete, regte an und sollte nicht auf einsamer Höhe monologisieren, sondern die Teilnehmer zum Sprechen und zur Verteidigung ihrer eigenen Auffassungen motivieren. Natürlich gab es auch Grenzen für diese Toleranz. Alles frei Vorgetragene mußte so sachlich wie möglich begründet werden. Jeder hatte die Bereitschaft zur Kritik mitzubringen, nicht nur der anderen, sondern auch der Kritik an sich selbst. Von ihr war auch ich als der Lehrende nicht ausgeschlossen.

Solches Vorgehen war also bereits anti-autoritär, und doch ist das ein falsches Wort dafür, weil es nicht vom Studenten erzwungen werden mußte, sondern meinen eigenen Bedürfnissen entsprang. Es war sicher kein Zufall, daß aus diesem Oberseminar in Münster später so viele Hochschullehrer hervorgegangen sind, die nicht etwa eine von Wiese-Schule an den verschiedensten Universitäten des In- und Auslandes gebildet haben, von denen vielmehr jeder seinen eigenen Weg eingeschlagen hat.

Wenn ich aber keine alleinseligmachende Methode anerkannte, wenn ich dem Einzelnen soviel Freiheit und Verantwortung aufbürdete, worin lag dann das Gemeinsame in diesen Seminaren? Es entwickelte sich aus zwei Überzeugungen, die ich mitbrachte. Die eine lag in der Anerkennung des menschlichen Daseins als eines geschichtlichen. Literaturwissenschaft blieb für mich stets auch Literaturgeschichte. Die sogenannten »zeitlosen« Fragen haben mich nur am Rande interessiert. Von Anfang an haben Herder, Friedrich Schlegel und auch Hegel meine eigene Sehweise mitgeformt. Mit manchen anderen meiner Generation wie Hugo Friedrich und Richard Alewyn war ich davon überzeugt, daß ohne das Verständnis der Vergangenheit auch das der Gegenwart nicht möglich ist. Gerade die Andersartigkeit des Vergangenen öffnet uns den Blick für das Heutige. Ohne Geschichte verlieren wir uns im Wesenlosen.

Die zweite Überzeugung bestand darin, daß der produktive Umgang mit Werken der Literatur »Verstehen« und »Einfühlen« verlangt.

Heute sind diese beiden Begriffe einer scharfen Kritik ausgesetzt, weil sie die Objektivität wissenschaftlicher Forschung in Frage stellen. Wer jedoch den eigentlichen Gegenstand der Literaturwissenschaft, und dies ist nun einmal die Dichtung, weiter sich aneignen will, wird ohne Verstehen und Einfühlen in eine Trockenheit des bloßen Messens und Aufzählens hineingeraten, innerhalb derer ihm das spezifisch Dichterische verlorengeht. Nur in der Doppelheit von persönlicher Identifizierung mit dem Gegenstand und kritischer Distanzierung von ihm kann der Interpret in die von ihm gewählten Texte eindringen.
Dazu bedarf er einer eigenen Sprache, die künstlerische Erfahrungen in wissenschaftliche Erkenntnisse umzusetzen wagt. »Schön schreiben« ist an sich noch kein wissenschaftlicher Sündenfall, solange es auf die Kontrolle durch den Begriff nicht verzichtet. Die Warnungen vor einer zu großen Subjektivierung bis zur gefühlvollen Paraphrase bestehen zurecht. Aber ich sehe auch die Grenzen einer nur auf Objektivität bedachten, rein rationalen Literaturwissenschaft, die auf jede persönliche Sprache und jedes subjektive Urteil verzichtet. Sie wird manche Gattungsfragen erhellen können, Schriftsteller in größere Zusammenhänge einordnen, Quellen- und Einflußfragen genauer beschreiben, aber dem Rätsel der Individualität wird sie niemals gewachsen sein. Was nützt es, wenn ich erfahre, daß Dichter wie Gryphius, Fleming und Grimmelshausen aus jeweils festgelegten Traditionen gedichtet haben, ohne daß jener Akt verstehender Einfühlung geleistet wird, mit dem sie erst in ihrer über Jahrhunderte weiterwirkenden ebenso individuellen wie geschichtlichen Substanz allein sichtbar werden können! Ich habe absichtlich barocke Beispiele gewählt, weil diese Epoche noch nach Mustern und vorgegebenen Regeln gedichtet und das »Genie« oder – bescheidener gesagt – die Subjektivität noch nicht zum Programm erhoben hat. Doch das bedeutet nicht, daß es die nur personal erfaßbare Größe damals noch nicht gegeben habe. Ich kann nicht einsehen, warum der Literarhistoriker darauf verzichten soll, mit verstehender Intuition in sie einzudringen.
Die Schwierigkeit, Dichtung zu werten, ist für uns darum so erheblich, weil wir uns von einer »normativen« Poetik längst entfernt haben. Auch die klassische Goethes und Schillers wurde für mich immer mehr zu einem rein historischen Phänomen. So blieb nur der Weg, in der Geschichtlichkeit der literarischen Werke ihren jeweiligen Rang und ihre jeweiligen Grenzen in der Wechselwirkung von Einfühlung und Kritik Schritt für Schritt sichtbar zu machen. Wer

meint, das bedeute nur Relativierung, scheint mir zu verkennen, daß uns alle ästhetischen Normen nicht gegeben, sondern immer nur aufgegeben sind. Bei Lyrikern unserer Zeit wie Paul Celan müssen wir uns um eine ganz neue Poetik bemühen, wenn wir ihnen in ihrer nur scheinbaren Unverständlichkeit gerecht werden wollen.

Dazu war und ist die jetzt manchmal übel beleumdete Interpretation unerläßlich. Hinhören, Lesenkönnen ist die beste Tugend des Philologen. Ich halte es jedoch für baren Unsinn zu meinen, dies sei auch ohne Eingehen auf die Geschichtlichkeit der Phänomene möglich. Ich finde es allerdings ebenso unzureichend, wenn ein Text *nur* auf seine geschichtliche Rolle reduziert wird. Die ganze Frage nach »immanenter« oder »nicht-immanenter« Interpretation scheint mir schon im Ansatz falsch gestellt. Einen Text *nicht* aus sich selbst verstehen zu wollen, ihn statt dessen zu »hinterfragen«, führt im Resultat oft nur zur Vergewaltigung des Textes. Einen Text wiederum nur aus sich selbst verstehen zu wollen ist schon darum nur bedingt möglich, weil jeder Text vieles enthalten kann, was seinem Autor gar nicht bewußt gegenwärtig war, aber dennoch als das Lebensgefühl seines Zeitalters darin enthalten ist, ja sogar manchmal schon über dieses hinausgehen kann und so Ausblicke in das Kommende öffnet. Je mehr Perspektiven die Literaturwissenschaft zu geben vermag, um so reicher ist sie. Daß sich Texte von Rang sehr verschieden auslegen lassen, spricht nicht gegen, sondern gerade für sie. Je banaler ein Text ist, um so weniger gibt er von sich aus her, wenn er auch stellvertretend für allgemeine soziale Vorgänge stehen kann. Der bedeutende Text hingegen, um den man heute gern einen großen Bogen macht, weist sich gerade dadurch aus, daß man viele, verschiedenartige Interpreten braucht, um ihn adäquat zu begreifen, zumal sich im Wechsel der Zeiten immer neue Möglichkeiten für sein Verständnis ergeben. Die ein für alle Male gültige wissenschaftliche Analyse dichterischer Texte halte ich für eine Illusion. Auch die Texte haben ihre Geschichte, und darin liegt bereits die Rechtfertigung der Wirkungsgeschichte, die sich nur dort überschlägt, wo sie meint, die Texte bestünden *nur* aus den verschiedenen Aspekten, unter denen sie jeweils gelesen und bewertet worden sind. Wiederum zeigt sich hier, daß die Kunst der Interpretation und die Wissenschaft von der Dichtung als Geschichte der Dichtung sich nicht trennen lassen.

Ich habe meinen Schülern die hier knapp zusammengefaßten Erkenntnisse nicht als eine Methodenlehre vorgetragen; ich habe versucht, sie ihnen vorzuleben. Die Münsteraner Zeit war dafür besonders fruchtbar, weil die früheren Wertorientierungen zusammengebrochen waren und es jetzt zunächst darauf ankam, Gegenstände zu finden, an denen nicht nur neue Erfahrungen gemacht werden konnten, sondern die auch einen lebendigen geistigen Prozeß in Gang brachten, der zunächst nur in der Suche nach gültigen Maßstäben bestehen konnte. Die ideologischen Propheten hatten ihren Kredit damals gründlich verloren.

Es war unvermeidlich, daß ich mit einigen Schülern auch Enttäuschungen erlebte. Doch weit mehr sind meine Freunde und akademischen Nachbarn geworden. Was uns verknüpfte, war die gemeinsame Anerkennung des freien geistigen Spielraums. Was sie im einzelnen damit anfingen, konnte sehr verschieden sein. Die Wege führten manchmal in die Politik, in die Wirtschaft, in die Medien, öfter jedoch in die Schule und in die Wissenschaft. Gemeinsam blieb meinen Schülern die Abneigung gegen das nur Gewaltsame, gegen Fanatismus und gegen Heuchelei. Gemeinsam blieb ihnen wohl auch, daß sie den Respekt vor der Dichtung nie verloren haben und oft auch die heute so beliebte Abwertung von »Größe« nur mit Vorbehalten zuließen.

Allerdings habe ich mich gerade über das Phänomen »Größe« mit Hans Joachim Schrimpf des öfteren gestritten. Er kam, noch ein junger Dachs, unversehrt aus dem Krieg, als Schüler hatte man ihn auf die NS-Deutsche Oberschule Starnberger See gebracht, um ihn dort für die künftige »Elite« auszubilden. Nach dem Kriege setzte bei ihm die völlige Umwertung ein und damit die geistige Entwicklung zu einer Position, die er selbst gern als »radikalen« (nicht konservativen) Liberalismus oder auch als dialektische und kritische Aufklärung bezeichnet. Ich entdeckte seine Begabung sehr früh und suchte ihn von mir aus zu fördern, wo ich nur konnte. In seinem Wesen war etwas »Spatzenhaftes«, so wie es einst Herder beim jungen Goethe getadelt hatte. Als ich ihm die erste Auflage meiner »Tragödie« schenkte, schrieb ich als Widmung hinein: »Dem gescheiten Nachwuchs, in dessen Händen ich dieses Buch mit Freuden sehe, wünsche ich, daß sich am Gedanken des Lehrers der eigene entzündet.« So ist es denn auch geschehen. Schrimpf, der später mit mir nach Bonn ging und sich dort habilitierte, wurde bald nach Münster, wo ich einst gelehrt hatte, berufen und folgte einige Zeit später einem Ruf nach Bochum, um dort die neugegründete Ruhr-Universität mit aufzubauen.

Seit Jahrzehnten bin ich mit Hans Joachim Schrimpf in Freundschaft verbunden. Erst wollte er bei mir über Rilke und Kassner promo-

vieren, wurde aber dann durch mein Oberseminar über Goethes »Wilhelm Meister« so angeregt, daß er eine Arbeit über »Wilhelm Meisters Wanderjahre« vorzog, die unter dem Titel »Das Weltbild des alten Goethe« erschienen ist. Er hat seine Doktorarbeit mir gewidmet ebenso wie sein Freund Paul Gerhard Klussmann, der bei mir über Stefan George promovierte.
Der Kontrast zwischen ihnen hat mich stets amüsiert: Schrimpf, immer schnell, manchmal zu schnell, zuweilen recht aggressiv, in der Unterhaltung stets sprühend, vor Schärfe nicht zurückschreckend, wodurch er sich auch manche Feinde gemacht hat – Klussmann hingegen bedächtig, einer, der immer sehr viel Zeit braucht, zuweilen etwas umständlich, wohlwollend gegen andere, patriarchalisch im Wesen und human in der Ausstrahlung. Geborene Pädagogen sind sie beide; über organisatorisches Geschick verfügt besonders Klussmann. Als Wissenschaftler ist Schrimpf als Kenner und Interpret von Karl Philipp Moritz hervorgetreten, darüber hinaus von Goethe und vom zeitgenössischen deutschen Drama, Klussmann wiederum war vor allem bewandert im George-Kreis und bei Ludwig Tieck.
Schrimpf neigte mehr als ich zur kritischen Entzauberung. In meinem Shakespeare-Seminar ging er so weit, den Coriolan einen Nazi-Helden zu nennen. Darauf schenkte ich ihm 1951 ein Buch mit Karikaturen von Daumier und schrieb als Widmung hinein: »Für Hans Joachim, den Liebhaber entzauberter Helden.«
Anfang Mai 1950 waren der damals erst 23jährige Schrimpf und der junge Kunsthistoriker Max Imdahl unsere Gäste. Imdahl hatte gerade in einer Künstlerausstellung den dritten Preis für ein von ihm gemaltes Bild gewonnen, was ihm neben dem von einem amerikanischen Mäzen ausgesetzten Preis von 700 Dollar und einer Reise nach Paris einen frühen Ruhm eingebracht hat. Er stand vor der schwierigen Frage, ob er den ungewissen Weg des freien Künstlers oder den sehr viel solideren der wissenschaftlichen Forschung und der Promotion auf sich nehmen sollte. Daraus ergab sich zwischen uns dreien eine lebhafte Diskussion über den Rang des schaffenden Künstlers und der dahinter immer nur Stückwerk bleibenden sekundären Auslegung der Kunstwerke. Schrimpf hat das damals in seinem Tagebuch festgehalten. Er war zu dieser Zeit schon sehr intensiv in das Goethesche Alterswerk, vor allem in »Wilhelm Meisters Wanderjahre« vertieft. Die Art und Weise, wie der jugendliche Enthusiast den Goetheschen Altersstil nachzuahmen versuchte, zeigte die Züge von liebenswürdiger, wenn auch unfreiwilliger Komik. Er verteidigte die Goethesche Betonung des

Handwerks und der kontinuierlichen Tüchtigkeit und meinte damit natürlich auch seine eigene Wissenschaft als Handwerk. Imdahl und mir war das nicht genug. Nicht ohne Wehmut waren wir uns darin einig, daß alles Lernbare zurückstehen muß hinter der eigentlichen Produktion, die auf Einfall und Eingebung – um nicht zu sagen auf Genialität – beruht. Dennoch riet ich damals Imdahl zu, den herberen Pfad der Wissenschaft zu gehen und sich nicht vom frühen Ruhm verführen zu lassen. Das hat er auch eingesehen, aber es fiel ihm nicht leicht. Imdahl ist nicht ein erfolgreicher Maler, wohl aber ein engagierter, auch philosophisch interessierter Kunsthistoriker und Ordinarius an der Universität Bochum geworden.

Ich verstand damals seine über die Wissenschaft hinausgehenden Träume so gut, weil ich selbst einmal lieber freier Schriftsteller als Gelehrter hatte werden wollen. Die Münsteraner Gespräche, die ich mit dieser Generation, noch über den Rahmen der Universität hinaus, geführt habe, hatten immer auch eine persönliche Note. Es ging dabei nicht ohne Verspieltheit, nicht ohne die Freude am geselligen Witz zu. Die Verbindung mit dieser ersten Nachkriegsgeneration blieb so eng, daß sie oft die Jahre des Studiums überdauert hat. Gemeinsam war diesen Studenten und mir das Bedürfnis, Wissenschaft nicht nur als rationale Disziplin zu treiben, sondern sie in der eigenen Existenz, im eigenen Leben und Schicksal zu verankern. Das Verhältnis von Wissenschaft und Weltanschauung spielte dabei eine erhebliche Rolle. Ich brachte die Voraussetzungen für unsere Gemeinsamkeiten aus meinen Heidelberger Jahren mit; die Jüngeren wiederum waren zu ähnlichen Überzeugungen durch den Krieg und den Zusammenbruch des Nationalsozialismus gelangt.

Einmal, es war im Jahr 1950, saßen wir in einem kleineren Kreis in Emils Pinte zusammen in einer der gemütlichen Fensternischen an den Holztischen des Lokals. Wir aßen dort das Stammgericht und tranken auch schon wieder recht gutes Bier. Das Gespräch kam auf Thomas Manns Roman »Doktor Faustus«, gegen den ich damals noch manche Vorbehalte hatte. Fontane, vor allem sein Spätwerk, zog mich mehr an. Ließ sich das ironische Erzählen mit der Gattung des Zeitromans überhaupt vereinigen? Darüber wurde lebhaft diskutiert. Wir einigten uns, daß man die vergangene deutsche Geistesgeschichte nicht so simpel in die Richtung auf den Nationalsozialismus interpretieren dürfe und daß sicher auch der modernen Musik Unrecht geschieht, wenn man ihre merkwürdige Beziehung zum »Dritten Reich« überbetont. Plötzlich meinte einer aus der Runde: »Die Realität von Hölle und Teufel hat Thomas Mann doch sehr faszinierend dargestellt.« Dieses Thema fand ich besonders reizvoll, und ich führte aus, wie in der gesamten europäischen Literatur von Dante über das Volksbuch bis zu Goethe die Vorstellung der Hölle immer wieder ein Stimulans für die Fantasie gewesen sei. Stets sei ihre poetische Schilderung besser gelungen als die des Paradieses oder des Himmels. Daraufhin wurde Rohrmoser persönlich und fragte mich: »Glauben Sie selbst an die Hölle?« Meine Antwort lautete: »Na ja, wenn Sie mich so direkt fragen, – im Grunde glaube ich, daß es so etwas wie die Hölle wirklich gibt.« Das Gespräch endete daraufhin mit mancherlei Spitzen und Späßen.

Im Laufe der Jahre hat sich die Zahl meiner Schüler sehr vermehrt. Heute kann ich die vielen Promovenden nicht mehr alle überblicken. Das wurde mir schon damals mit vergnügtem Spott vorgeworfen. Bei einem Seminarfest traten sie, alle in sommerlichen Anzügen und mit Strohhüten, hintereinander auf, und ihr Anführer, Horst Wagner, rezitierte den Vers:

Bei Professor Wiese
Bin ich Promovend,
Und ich frag mich täglich,
Ob er mich noch kennt.

Wagner, etwas älter als die anderen, war so etwas wie ein ewiger Student. Er lebte wie ein Bohémien, musizierte, dichtete Texte der verschiedensten Art und studierte die »schönen Wissenschaften« so ins Blaue hinein. Oft machte er die Nacht zum Tage. Die Jahre vergingen, und der kluge Studiosus hatte noch immer keinen Abschluß. Mit seiner geplanten Arbeit über die Dramen von Ernst Barlach plagte er sich ziemlich mühsam; der Gegenstand, den er sich selbst gewählt hatte, bot viele Schwierigkeiten. Schließlich mußte ich ihn geradezu mit Drohungen zwingen, sein Studium abzuschließen. Was aber sollte aus ihm werden, nachdem er es zum allgemeinen Erstaunen erfolgreich beendet hatte? Niemand ahnte, daß er in der Industrie einen wichtigen Posten finden würde.

Ich hatte es am liebsten, wenn meine Schüler sich ihre Themen selbst aussuchten. Darin sah ich ein Zeichen von Intelligenz und Initiative; ich war jedoch stets bereit, sie bei dieser Suche zu beraten. Nur ungern vergab ich Themen allein von mir aus. Auch darin äußerte sich meine Abneigung gegen eine von Wiese-Schule mit einem vorher festgelegten Programm. Wenn die Kandidaten mich fragten, wieviel sie eigentlich im Examen wissen müßten, antwortete ich gerne mit einem Scherz. Es käme darauf an, ob sie sich für dumm oder für intelligent hielten. Falls sie dumm sein sollten, hätten sie bei mir sehr viel zu wissen; denn dann pflegte ich nur reines Sachwissen abzufragen. Wenn sie sich hingegen für intelligent hielten, so brauchten sie sich eigentlich nichts mehr einzupauken. Das nötige Sachwissen hätten sie wohl schon, und ich wolle dann nur ein freies Gespräch über ein uns gemeinsam interessierendes Problem mit ihnen führen.

Der vielleicht ausgefallenste, aber in mancher Hinsicht auch gefährdetste meiner damaligen Schüler war Günther Rohrmoser. Ursprünglich war er gar nicht mein Schüler, sondern der des Philosophen Ritter. Als dieser jedoch für längere Zeit eine Gastprofessur in der Türkei annahm, wollte Rohrmoser nicht so lange warten, sondern bat mich, bei mir promovieren zu dürfen. Das geschah zu der Zeit, in der ich meine Fachgrenzen vielleicht allzu kühn überschritt und zwei Oberseminare über Shakespeare machte. Ich fand, daß Shakespeare durch die Schlegel-Tiecksche Übersetzung auch zur deutschen Literatur gehört. Rohrmoser wollte, nach eigenem Vorschlag, seine Dissertation über die Shakespeareauffassung Gundolfs machen. Aber seine spekulativ-rhetorische Begabung sprengte die Grenzen, und der ebenso philosophisch-theologisch wie auch soziologisch interessierte Student nahm es sich eigenwillig heraus, Gundolf nur als Vorwand zu benutzen, wenn er auch mit einer Arbeit »Kritische Erörterungen zu Gundolfs Shakespaeare-Bild unter den Kategorien der Geschichte und der Person« am 17. Februar 1955 promovierte. Von Philologie verstand er erschreckend wenig. Er brachte starke eigene Denkimpulse mit, er verstand es sogar, damit auch die Arbeiten anderer zu stimulieren und sie selbst dort, wo er von den Gegenständen wenig wußte, mit interessanten Fragestellungen anzuregen. So wurde er der heimliche Mitverfasser von Dissertationen, die andere gemacht haben. Als er freilich in meinem Oberseminar über Fontane sich spekulativ über das Buch einer gewissen Mathilde Möhring ausließ, ohne zu ahnen, daß dies keine wissenschaftliche Literatur, sondern ein Roman von Fontane selbst war, da stellte ich ihn nachher ernstlich zur Rede und suchte ihm beizubringen, ein solches Verhalten sei geistige Unredlichkeit und verstoße gegen die Forderung der Wahrheit. Er hat das wohl auch eingesehen und solche jugendlichen Hochstapeleien später vermieden. Dennoch führte seine Promotion zu einem Eklat. Sie bekam fünf, nicht wie sonst üblich zwei Referenten. Ich selbst, der Philosoph Hochstetter und der Theologe Ratschow schlugen für

diese geistig überragende, sehr originelle und selbständige Leistung die höchste Note summa cum laude vor, die beiden Anglisten jedoch nannten sie ungenügend.
Der Fall war einzigartig. Was sollte geschehen? Eine größere Kommission wurde gebildet, um das Ganze gerecht abzuwägen. Im Grunde stand ein Methodenstreit dahinter: Geistesgeschichte gegen englische Philologie. Die Anglisten, die vielleicht auch etwas verärgert waren, daß ich in ihre Region eingedrungen war, hatten von ihren Voraussetzungen aus recht. Rohrmoser konnte offensichtlich nicht genügend Englisch, zitierte falsch und kümmerte sich um die Shakespeare-Forschung überhaupt nicht. An der Geistesgeschichte wiederum waren die Anglisten nicht interessiert. Aber nur von dort aus war das so positive Votum zu rechtfertigen.
Wieder einmal bewährte sich die Zusammenarbeit in unserer Fakultät. Die Note wurde auf magna cum laude herabgesetzt, die Anglisten verzichteten auf eigene Gutachten. Doch noch gab es ein Hindernis. Rohrmoser war ein Philosoph, aber eigentlich kein Germanist. In der mündlichen Prüfung versagte er in der älteren Abteilung bei Trier gänzlich, und es schauderte einen, wenn man ihn mittelalterliche Verse vorlesen hörte. Das konnte der so musische Trier nicht vertragen. Er verzichtete jedoch auf eine Benotung und überließ mir die ganze Prüfung.
Später habe ich mit Rohrmoser noch zusammengearbeitet. Ich setzte ein Stipendium für ihn durch mit der Aufgabe, meine Forschungen über Schiller zu unterstützen. Dazu mußte er in Marbach im Schillermuseum Material zusammentragen und ordnen, zumal während der Zeit meiner längeren Abwesenheit in den USA, und zwar besonders über den Pietismus und die Aufklärung im Württemberg des 18. Jahrhunderts. Er tat das auch, geriet aber wieder in kühne, wenn auch sehr suggestive Konstruktionen. Mit großer Beredsamkeit setzte er mir den geistesgeschichtlichen Schritt von Johann Jakob Moser, dem Vater, zu Karl Friedrich von Moser, dem Sohn, auseinander. Fast wäre ich seiner Überredungskraft erlegen, wenn ich als Philologe nicht noch rechtzeitig gemerkt hätte, daß die als Beleg vorgelegte Schrift nicht vom Sohn, sondern vom Vater Moser stammte. Damit brach die ganze These vom geistesgeschichtlichen Unterschied der Generationen zusammen. Wenn Rohrmoser scheiterte, so war es stets ein Scheitern an der Philologie.
Später hat er sich ziemlich brüsk von mir abgewandt und wollte von seiner turbulenten Vergangenheit nichts mehr wissen. Vielleicht war ich ihm damals auch nicht »links« und in der Folgezeit wiederum

nicht »rechts« genug. Seine Redegabe, er sprach eigentlich immer nur fließend frei, und sein starkes Interesse an Ideologien und Ideologiekritik, hätten ihn auch für eine politische Laufbahn prädestiniert. Er wurde jedoch Dozent für Philosophie in Köln, suchte dabei Theologisches mit Soziologischem zu verquicken; doch ließ sich nie richtig durchschauen, was denn nun eigentlich sein eigener Standort war. Er folgte bald einem Ruf an die Pädagogische Hochschule in Münster, landete aber schließlich in Württemberg und avancierte zum Ordinarius in Stuttgart-Hohenheim.

Der erfolgreichste meiner Schüler ist Albrecht Schöne geworden. Dabei begann er eigentlich mit einem Desaster. Seine ungewöhnliche Begabung stand zwar von Anfang an fest. Aber unter eine für mein Mörike-Seminar vorgelegte Gedichtanalyse schrieb ich ein vernichtendes Urteil, über das er sich heute amüsiert. Ich fand das von ihm Geleistete viel zu konstruktiv und textfremd. Die Schärfe der Ablehnung war als eine ähnlich pädagogische Warnung gemeint, wie ich sie selbst einst von Jaspers erfahren hatte. Auch Schöne ließ sich nicht entmutigen. Mehr und mehr entfaltete er seine Fähigkeit, selbst aus kleineren Brieftexten weitreichende Ergebnisse zu gewinnen. Das geschah jetzt nicht nur mit konstruktiver Fantasie, sondern auf Grund seiner weitreichenden wissenschaftlichen Kenntnisse. Er war nicht nur ein eleganter und schöner Mann; er hielt auch Distanz zu sich selbst und zu den anderen, und ich vermute, daß es keinen Satz, keine Geste bei ihm gab, der er nicht mit ironischer Überlegenheit zuschauen konnte. Naiv war er in keiner Weise, eher von einer vornehmen Kühle, die auf manche seiner Zuhörer eine suggestive Wirkung ausübte. Er verband das psychologische Verständnis für das Absonderliche mit seinem philologischen Sinn für das Dokumentarische. So promovierte er 1951 über dichterische Gestaltungen des Wahnsinns in der deutschen Literatur, hatte sich sogar für diesen Zweck ein Nebenfach aus der Medizin, die Psychiatrie, für die Doktorprüfung gewählt. Danach entwickelte er sich zu einem Barockforscher, der gemeinsam mit Arthur Henkel das große Handbuch der Emblematik herausgegeben hat. Zur Charakteristik seiner Person gehört aber auch die entschiedene Schärfe, mit der er sich sowohl mit den politischen Fragen der Vergangenheit wie mit denen der Gegenwart auseinandergesetzt hat. Er stellte sich dem Zeitgeist, nicht um sich ihm zu integrieren, sondern um mit ihm abzurechnen. Jede Verdrängung der nationalsozialistischen Vergangenheit hielt er für unsittlich und falsch, aber ebensowenig ließ er sich mit dem radikalen Denken einer späteren Studentengeneration ein und ver-

wickelte sich eben dadurch als Ordinarius in Göttingen in mancherlei Kämpfe, die er mutig bestand. Im Jahr 1980 wählte ihn die Internationale Vereinigung für Literaturwissenschaft zu ihrem Präsidenten. Er war der erste Deutsche nach dem Krieg, zu dem das Ausland genügend Vertrauen hatte, um ihn für ein so hohes, aber auch schwieriges Amt vorzuschlagen.
Selbstverständlich hätte er damals den Assistentenposten bei mir verdient. Aber ich hatte diesen schon Schrimpf zugesagt, und so blieb nur die Möglichkeit, Schöne einen solchen Platz an anderer Stelle zu verschaffen. Die Rücksprache mit Wolfgang Kayser, der damals einen Assistenten suchte, führte zum Ziel. Er erkannte sofort den Rang dieses jungen Gelehrten und öffnete ihm in Göttingen die wissenschaftliche Laufbahn. Ich möchte meinen, daß zwei so verschiedenartige Lehrer wie Kayser und ich für Schöne nur ein Gewinn sein konnten. Denn bei Kayser, dessen Poetik »Das sprachliche Kunstwerk« 1948 erschienen war, erfuhr Schöne noch manches, was mir weniger lag, zum Beispiel eine mehr ins Allgemeine zielende Analyse der Dichtung. Kayser war in seinem wissenschaftlichen Vorgehen weit systematischer als ich. Das führte allerdings zu einem stärkeren Zurücktreten der historischen Bezüge. Ich selbst fand diese Poetik zu sehr in sich abgeriegelt, zu hermetisch verschlossen, darin jedoch konsequent. Schöne ging dann später seinen eigenen dritten Weg. Er liebte es, von der bis in die Einzelheiten gehenden exakten Analyse des überschaubaren Einzelfalls auszugehen, um von dort aus zu fundierten, grundsätzlichen Erkenntnissen vorzustoßen.
Von meinen Schülern, die Hochschullehrer geworden sind, erwähne ich hier noch Franz Norbert Mennemeier und Karl Otto Conrady. Der eine war ein ausgesprochener Ästhet, der andere ein ebenso ausgesprochener Moralist. Mennemeier, einer meiner frühesten Münsteraner Schüler, ging mit literarischen Werken wie mit kostbaren Delikatessen um. Er war eigentlich mehr ein Literat als ein Forscher. Er wußte sich so engagiert und intensiv in die Lyrik Hugo von Hofmannsthals einzufühlen, über die er dann auch promoviert hat, daß er bereits als junger Student im Oberseminar damit Wirkungen wie ein Schauspieler erzielen konnte. Praktischen Aufgaben ging er lieber aus dem Wege, und ich erinnere mich, daß er beim Ordnen meiner Bibliothek, zu der ich ihn als wissenschaftliche Hilfskraft herangezogen hatte, so sehr in das einzelne Buch verliebt war, daß er geradezu im Zeitlupentempo mit ihm umgegangen ist, so daß ich ihn bat, lieber nach Hause zu gehen. Es dauerte verhältnismäßig lang, bis er nach einem Umweg über die Schule an der

deutschen Universität, zuletzt als Ordinarius für vergleichende Literaturgeschichte in Mainz, zur vollen Wirksamkeit gelangte. Er verfügte nicht über die Vitalität von Schrimpf oder die menschliche Breite von Klussmann, dafür über eine geistreiche, wenn auch etwas frei schwebende Ironie, die auch die eigene Person nicht verschonte. Das Widerspruchsvolle in seinem zwischen Skepsis und Enthusiasmus oszillierenden Wesen erinnerte mich an romantische Charaktere, zu denen er auch als Forscher sich hingezogen fühlte, so zum Beispiel zu Friedrich Schlegel und dem jungen Brentano. Seine psychologisch ästhetische Einfühlung, seine kultivierte Belesenheit und seine etwas labile, aber trotzdem zur Kritik begabte Intellektualität kamen seinen Arbeiten über das moderne Drama des Auslandes zugute. So konnte er die vitale Schwäche, die ihn manchmal allzu ängstlich machte, durch Produktion kompensieren. Er entzog sich auf unverbindlich verbindliche Weise allen robusten Zumutungen, die seinen Lebensstil der unpolitischen idyllischen Selbstbewahrung und der Freude am künstlerischen Genuß hätten gefährden können. Mitten in unserer aufgeregten Zeit blieb er ein Einzelgänger.

Conrady, heute Ordinarius in Köln, war viel stärker an politischen und gesellschaftlichen Fragen interessiert. Für die Geistesgeschichte hatte er nur wenig übrig. Seine Begabung bestand mehr in der genauen Beobachtung stilistischer Phänomene, sei es bei den Erzählungen Heinrich von Kleists oder bei der Analyse neulateinischer barocker Dichtung.

Ich habe seine Leistungen immer anerkannt, wenn mir auch eine gewisse Neigung zur Intoleranz in seinem Wesen gänzlich fremd ist. Er gehörte später zu jenen, die mit der belasteten deutschen Vergangenheit »abrechnen« wollten. Er nahm es ernst mit der von Mitscherlich bedauerten Unfähigkeit der Deutschen zu trauern. Da er selbst als Angehöriger der jungen Generation nicht mehr belastet war, suchte er die Verfehlungen bei den Älteren. In seinem Beitrag zur kleinen Festgabe für Robert Minder »Wie, warum und zu welchem Ende wurde ich Literaturhistoriker?« beklagt er sich, er habe während seiner Ausbildungszeit als Germanist nichts von dem gehört, wonach es ihn eigentlich verlangt habe, nichts über eine neue politisch-sozialgeschichtliche Orientierung der Literaturgeschichte. Über seine Lehrer, die er alle nicht mit Namen nennt, sagt er kein freundliches Wort. Auch mich hat er dabei nicht geschont. Lieber wäre es mir gewesen, er hätte in dem auf mich zielenden Satz auch meinen Namen genannt. Er lautet so: »Wer einmal Dietrich Eckart gerühmt hat, möchte nun Literatur von der schmutzigen Verkettung von Politik und Gesellschaft befreien. ›Was aber schön ist, selig scheint es in ihm selbst.‹« In dem Jahr, in dem diese Schrift erschien, 1972, erlebte ich solche Sätze als schmerzlichen Abfall eines Schülers, der die lebendigen Gespräche im Oberseminar aus eigener Erfahrung gekannt hat und den ich nachdrücklich gefördert habe. Hatte dies alles wirklich für ihn so wenig bedeutet?

Heute sehe ich das etwas anders. Es war wohl in erster Linie der Generationsunterschied, der uns die Frage nach dem »Versagen« der Germanistik verschieden beurteilen ließ. Immerhin betont Conrady in seinem Aufsatz an anderer Stelle, daß man die ihm in Münster nahegebrachte »Geistesgeschichte, Problemgeschichte, Textinterpretation« und das genaue Durchdenken »existentieller« Fragen nicht ohne weiteres »in Bausch und Bogen verwerfen« darf, »wie das manche ›linke‹ Kritiker und Theoretiker« tun, »die alles auf die Funktion vom Klassenkampf reduzieren.«

Einer der stärksten Eindrücke im Kulturleben der Nachkriegsjahre in Münster war die Aufführung von Paul Claudels barockem Welttheater »Der seidene Schuh« mit der hinreißenden Frau Klostermann in der Titelrolle. Der Eindruck auf mich war so stark, daß ich 1951 einen kleinen Aufsatz über dieses Drama geschrieben habe. Was hat mich an diesem katholischen Mysteriendrama so fasziniert? Das Stück war bereits in den Jahren 1919–24 entstanden, lag aber erst seit 1939 in der deutschen Übersetzung von Urs von Balthasar vor. Auf der einen Seite bietet es entfesseltes Theater im Wirbel eines bunten Spiels, das über die Kontinente hinweg mit den tragischen Situationen des Menschenlebens fast filmisch und wie in einem großen Karneval umzugehen wagt. Eben das Scheinhafte der Welt als Theater öffnete den Spielraum für eine Fantasie, die, wie im Barock, jedes menschliche Dasein nur als »Rolle« in einer ganz und nur unter Gott stehenden und von Gott durchdrungenen Welt begreift. Dies aber ist der zweite, der theologische Aspekt dieses Dramas, das den großen Passionen ihre eigene Freiheit raubt und sie dem Willen einer Gottheit unterwirft, die auch auf krummen Wegen noch in geraden Zeilen zu schreiben vermag. Man kann nicht seinen Schuh bei der Mutter Gottes zurücklassen, damit sie ihn behüte, und dennoch gegen eben diese Mutter in einer verbotenen, sündigen Liebe aufbrechen. Es ist unmöglich, aber es geschieht trotzdem.

Das Drama Claudels bezauberte mich durch die Fülle seiner theatralischen Ausdrucksformen, aber es erregte mich ebenso intellektuell durch seine mir im Grunde fremde Auffassung, daß selbst der Widerstand gegen Gott noch in der Herrschaft Gottes über die

Menschen mit inbegriffen sei. Ich empfand diese Mischung von Sünde und Gnade als gefährlich, ich wehrte mich gegen diesen universalen Katholizismus, für den die individuelle Person erst dort ihr Ziel erreicht, wo sie ihr Personsein im demütigen Verzicht aufgegeben hat.

Es war für jene Jahre charakteristisch, daß uns solche religiösen Fragestellungen mehr bewegten als die politisch-sozialen. Die Aufführung dieses Dramas, die in Münster mit vielleicht allzu viel Tiefsinn belastet war – später habe ich in Hannover eine unter der Regie von Kurt Hübner entstandene sehr viel verspieltere Vorstellung gesehen –, entfesselte Diskussionen über Diskussionen. In der um die Werte betrogenen Nachkriegszeit suchten viele nach neuer, absoluter Sinngebung. Hier wurde sie uns, nicht als Predigt, wohl aber im verführerischen Gewand des entfesselten Theaters geboten. War das ein Ausweg aus Relativismus und Nihilismus? Hatte nicht eher der Spötter und Atheist André Gide recht, von dem ein metaphysischer Witz berichtet, er habe nach seinem Tod seinem Freund Claudel, der sich immer vor der Hölle gefürchtet haben soll, aus dem Jenseits eine Nachricht zukommen lassen: er könne ruhig sein, es gebe keine Hölle!

Um die gleiche Zeit ereignete sich noch ein zweites Theaterereignis gänzlich anderer Art. Trier und ich hatten gemeinsam den ehemaligen Schauspieler und Regisseur Peter Otten als Lektor für Sprecherziehung in Münster durchgesetzt. Seine Sprechkunst begeisterte uns beide. Er war ebensosehr Rezitator wie Schauspieler, und so war dieser Berufswechsel berechtigt. Er sprach große Textpartien völlig auswendig, so zum Beispiel den ganzen ersten Teil des »Faust« und noch viele Szenen aus dem zweiten. Seine eigene Person stellte er dabei völlig zurück; er faßte sich nur als Diener des dichterischen Wortes auf. Das geschah in gesammelter, ganz nach innen genommener Weise, die im Rhythmus des Sprechens die Klarheit und Schönheit des dichterischen Wortes jedem Hörer so nahebrachte, wie er es beim bloßen Lesen nicht erleben kann. Peter Otten übernahm sein neues Amt mit der vollen pädagogischen Verantwortung. Er gründete nicht nur am 1. Mai 1949 die »Stunde des Wortes«, er überwachte und leitete auch zahlreiche Aufführungen der Studentenbühne, er wurde zum musischen Zentrum in den Hallen der den Musen oft feindlichen Wissenschaft. Die Universität nahm das gerne hin, belohnte aber die einzigartige Tätigkeit des sicher nicht immer bequemen Mannes nicht so, wie er es verdient hätte. Warum hat man ihm am Ende seines öffentlichen Wirkens den Professortitel vorenthalten? Der Antrag war zwar gestellt, aber das Ministerium lehnte ihn mit formalen Begründungen ab. Gewiß: das Zentrum, aus dem heraus Peter Otten wirkte und auch heute noch wirkt, ist kein »akademisches«. Bereits beim jungen Schiller steht zu lesen, wie verhängnisvoll der »unversöhnliche Haß« sei, mit dem »Fakultäten« auf freie Künste herabschauen. Wie lange wird es dauern, bis »Wahrheit« und »Schönheit« miteinander versöhnt sind? Auch Peter Otten, der das »Spiel« im »Ernst« der Universität repräsentierte, hat das erfahren müssen!

Die Eingebung, Professoren und Studenten unter seiner Regie gemeinsam Theater spielen zu lassen, führte zu jener Sternstunde der Universität Münster, in der am 9. Dezember 1949 Grabbes Lustspiel »Scherz, Satire, Ironie und tiefere Bedeutung« aufgeführt wurde. Dieses Ereignis wäre weder vorher noch nachher so möglich gewesen. Es erforderte nicht nur den Takt des Spielleiters; es verlangte ebenso die Bereitschaft der Professoren, diesmal von ihrem hohen Sockel herabzusteigen und auch sich selbst zu ironisieren; es verlangte eine Studentenschaft, die inmitten der schwierigen Zeit- und Berufssituationen die Freude am ungezwungenen Spiel mitbrachte, noch dazu mit ihren eigenen Lehrern. Den Höhepunkt der Aufführung bildete jene Szene, in der der eitle Dichter Rattengift, von Trier dargestellt, und der dem Trunk ergebene Dorfschulmeister, den ich übernommen hatte, sich erst den Kopf mit Tüchern verbinden, damit sie bei dem zu erwartenden »Umfallen« nicht zu hart auf dem Boden landen, und danach den großen Auftritt der schweren Besäufnis und der komischen Verbrüderung aufführen. Sie entfesselte Lachsalven über Lachsalven. Beide Rollen waren eben, wie man am Theater sagt, »individuell besetzt«.

Solche Fähigkeit zur Selbstironie hatten die Studenten vielleicht bei mir, sicher aber nicht bei Trier für möglich gehalten. Die wichtige Rolle des Teufels spielte der Student der Germanistik Heinz Witte. In seinem späteren Examen wußte er in der Altgermanistik nur wenig, aber Trier half ihm über alle Klippen hinweg. Für ihn war er durch seine Leistung auf der Studentenbühne ausgewiesen.

Unvergeßlich wird mir auch jene Szene bleiben, in der die Professoren Hager und Behnke aufmarschierten, um sich mit einem Stein den Kopf zu »zerbrechen«, wer denn eigentlich das seltsame, im heißen Sommer fast erfrorene Wesen sei, das man draußen aufgefunden hatte und hinter dem in Wahrheit niemand anderer als der Teufel steckte.

Wir improvisierten Grabbe mit eigenen witzigen Einfällen. Als am

Schluß Gisela Pohlmann, die bei mir über Hermann Hesse promoviert hat, als teuflische Großmutter erschien, ein sehr hübsches, diesmal als Vamp aufgemachtes Mädchen, brachte sie für ihren Enkel nicht die bei Grabbe genannte Literatur mit, sondern zum Gaudium der Studenten die beiden ihnen wohlbekannten Bände meiner »deutschen Tragödie«. Der Erfolg dieses Theaterabends war nicht zu überbieten. Die Vorstellung mußte mehrmals wiederholt werden. Doch wußten wir natürlich, daß wir das nicht so sehr unseren schauspielerischen Fähigkeiten zu verdanken hatten, sondern der verblüffenden Einmaligkeit des Zusammenspiels von Studenten und Professoren. Wie weit waren wir damals noch von den Tagen der Apo und der Studentenrevolution entfernt!

Nach den Anstrengungen meines Tragödienbuches schrieb ich mehr zur Erholung, manchmal an den Ufern des geliebten Bodensees, mein Buch »Eduard Mörike«. Warum Mörike? Was hat mich immer wieder zu ihm hingezogen? Er war gewiß kein »niedlicher Zwerg« des Biedermeier, wie ihn Georg Lukács so verächtlich, wenn auch im Vergleich mit dem bewunderten Heine, abgetan hat. Ich halte dieses Ausspielen des einen gegen den anderen für einen falschen Weg. Nur wer von dem Vorurteil ausgeht, Dichtung müsse stets einem politisch-sozialen Strukturwandel dienen, und sie danach bewertet, wieweit ihr das gelungen ist, wird zur Abwertung Mörikes gelangen. Aber eben jener Heine, dessen revolutionäre Impulse unverkennbar sind, hat sich mit unverkennbarer Schärfe gegen die politische Tendenzdichtung des Vormärz gewandt und den Vorrang der künstlerischen Form vor allen Inhalten, ja sogar ihre Autonomie mit Nachdruck, besonders in seiner Spätzeit, betont. Für Mörike war das eine Selbstverständlichkeit. Er ist ein Dichter und weiter nichts. Auch sein Christentum hat er noch in den Dienst der Dichtung gestellt und nicht umgekehrt die Poesie zur Magd der Religion gemacht.

Dieses Dichtertum hat man lange Zeit als abgekapselte schwäbische Idylle verkannt. Wie sehr es jedoch in alle Abgründe des Unterbewußten hineinreicht, wußte bereits sein Freund Friedrich Theodor Vischer. Er nannte Mörike den »Liebling, den Vertrauten des Weltgeistes«, dessen Wurzeln »in den dunkeln Urschoß der Dinge, in unbegriffene Tiefen reichen«. Dieser »dämonische« Mörike zog mich in den Nachkriegsjahren besonders an, gerade auch im Kontrast zu seiner zweiten, ganz anderen Seite, die so ganz und nur im Spiel beheimatet ist. Nirgends sonst ist mir die Vereinigung des Schrecklichen, das bis an die Grenze des Wahnsinns führt, mit der

Heiterkeit des Schönen so eindrucksvoll begegnet wie bei Mörike, auch bei Rilke nicht. Die Entzauberer von heute, für die die Dichter nur »Textsorten« herstellen, hören es nicht gern, daß Dichtung zu trösten vermag. Das ist gewiß nicht ihre einzige Funktion. Doch in der zerstörten, durch uns selbst zerstörten Welt brauchten wir solchen Trost. Vielleicht hätten wir statt dessen mit der Aufrechnung der Schuld beginnen sollen, die mehr oder weniger auf jedem von uns lastete.

Dazu brachten wir damals nicht die Kraft auf. Jedoch erfolgte die Zuwendung zur poetischen und humoristischen Idylle nicht als Flucht aus der Zeit, sondern als Versuch, jene heilenden Kräfte zurückzugewinnen, die sich bei Mörike nur verstehen lassen aus seinem ganz anderen Wissen um die schweren seelischen Gefährdungen, die er vorher zu durchleiden hatte.

Mörike ist kein »progressiver« Dichter. Er gehört auch nicht zu jenen Poeten, die von der Würde und vom Pathos ihres Dichtertums durchdrungen sind. Seine unverwechselbare stille Stimme scheint ganz aus der nachbarlichen Nähe zu kommen und entschwindet dann doch wieder im Grenzenlosen und Unbegreifbaren. Er neckt uns wie ein Kobold, er wechselt seine Masken und gerät in Gefahr, im Komödiantischen sein Gesicht zu verlieren. Doch öffnet er uns den Zugang zu der Macht des Leisen, des Gewaltlosen, den wir in unserer lauten technisierten und politisierten Umwelt immer mehr verlieren. Hinter den vielen mutwilligen Verkleidungen dieses schwäbischen Landpfarrers kommt zuletzt der »lächelnde Ariel«, so hat ihn Isolde Kurz genannt, zum Vorschein. Inmitten der damaligen Ruinenwelt empfand ich dieses Poesie gewordene Reich der Seele als ebenso unersetzlich wie heute in einer mit einem Zuviel an Durchrationalisierung und Perfektion belasteten Welt. Mein Buch über Mörike hat die Forschung über ihn weiter gefördert. Aber das war eigentlich nur eine Nebenabsicht von mir. Ich wollte das Andenken an einen Dichter erneuern, der nicht nur Zeitgenosse des schwäbischen Biedermeier, sondern auch Baudelaires war und der die Versöhnung der menschlichen Widersprüche in der Vollendung des Schönen erreicht hat. Man kann die Quelle, die hier fließt, verstopfen; dann fällt man zurück in ein der Trostlosigkeit ausgeliefertes Dasein, in ein Dasein ohne Liebe, ohne Humor, ohne Spiel. Ist das Festhalten an diesen Werten wirklich nur ein »bürgerliches Vorurteil«?

Dem so gelösten Jahr 1950 folgte 1951 meine Wahl zum Dekan der philosophischen Fakultät. An sich war ich für ein solches Amt nicht allzusehr geeignet. Mit den Mitteln des Spiels ließ es sich gewiß nicht bewältigen. Trotzdem habe ich es gern übernommen und zum mindesten in der ersten Jahreshälfte sogar aus »Neigung« und nicht nur aus »Pflicht« geführt. Ich versuchte, die oft ins Endlose tendierenden Fakultätssitzungen möglichst zu konzentrieren, bereitete sie also sorgfältig vor und führte mein Dekanat im Geist jener Gemeinsamkeit, der sich in unserer Fakultät im wachsenden Maße entwickelt hat. Glücklicherweise wurde ich vor keine allzu schwierigen Verwaltungsprobleme gestellt. Es war ein ruhiges, friedliches Jahr ohne besondere Vorkommnisse. Auf wissenschaftliche Arbeit mußte ich freilich verzichten. Nur eine Klippe blieb mir nicht erspart. Von Anfang an hatte ich eine geheime Angst vor einem möglichen Todesfall in der Fakultät. Leider gehört es zu den Schwächen meiner Natur, daß mir Beerdigungen von jeher ein Greuel waren. Lange Jahrzehnte habe ich das Faktum des Todes immer wieder verdrängt. Das hat sich erst nach dem Tod meiner Eltern und im höheren Alter geändert. Während meines Dekanats starb jedoch der Gräzist Mehmel. Selbstverständlich hätte ich als Dekan die Trauergemeinde mit anführen müssen. Doch ich wurde krank, ich bekam Fieber. Die Ärzte behaupten zwar, daß es Fieber aus psychischen Gründen nicht gäbe. Sie irren. Als die Beerdigung vorüber war, an der der Prodekan als mein Stellvertreter teilnehmen mußte, wurde ich schlagartig wieder gesund.

Nach meinem Dekanat wurde ich noch in den Senat der Universität gewählt. An den dort geführten Debatten beteiligte ich mich gern. So erinnere ich mich, daß ich gemeinsam mit dem evangelischen Theologen Karl Heinrich Rengstorf mich scharf gegen die Wiedereinführung schlagender Verbindungen gewehrt habe. Wir hatten damals damit Erfolg.

In den weiteren fünfziger Jahren entfaltete ich meine Tätigkeit über den Bereich der Universität hinaus. Ich habe zahllose Vorträge in den verschiedenen Städten Westfalens gehalten und nicht nur dort. Ich wirkte mit bei Ferienkursen, bei Vorträgen, die auf Einladung der Goethegesellschaften, besonders der von Hannover und Stuttgart erfolgten; ich sprach an zahlreichen Volkshochschulen und bei Universitätswochen. Am beliebtesten war bis in meine Bonner Zeit hinein ein Vortrag über den Dichter und die Gesellschaft, der sich mit einem Lieblingsproblem von mir auseinandersetzte, das eigentlich in einer Paradoxie gipfelte: auf der einen Seite der Dichter als Outsider, als radikaler Gegner der Gesellschaft, auf der anderen Seite der Dichter als ein Element, das gerade die Gesellschaft nicht

entbehren kann, wenn sie nicht in der bloßen Rationalisierung erstarren will.
Ein großer Gewinn dieser Jahre war die zunehmende Beschäftigung mit zeitgenössischer Dichtung, nicht nur durch Lektüre, mehr noch durch aktive Teilnahme am kulturellen Leben der Zeit. Das führte dann auch zu persönlichen Begegnungen mit deutschen Schriftstellern. Gemeinsam mit dem rührigen Buchhändler August Baader organisierte ich Dichterlesungen, für die in Münster damals keine literarische Gesellschaft zur Verfügung stand. Wir haben in diesen Jahren unter anderen Werner Bergengruen, Elisabeth Langgässer, Hermann Kasack und Stefan Andres eingeladen. Die Abende waren gut besucht. Für mich ergaben sich nähere freundschaftliche Beziehungen zu Bergengruen und Andres. Elisabeth Langgässer imponierte mir zwar als Persönlichkeit, aber ihr damals viel gelesener Roman »Das unauslöschliche Siegel« blieb mir in seiner Mischung von Katholizismus und Sexualität fremd. Die Lyrik der Langgässer war mir zu spröde. Ihr unerwartet früher Tod hat es überdies verhindert, daß sich über den damaligen Abend hinaus persönliche Kontakte entwickeln konnten. Mehr oder weniger gilt das gleiche für Kasack. Sein Roman »Die Stadt hinter dem Strom« wurde nach 1947 überschätzt, da wir für diese surreale Dichtung auf den Spuren Kafkas aufgeschlossener waren als für realistische Prosa. Die Epoche von damals liebte es noch nicht, allzusehr mit sich selbst konfrontiert zu werden. Sehr nahe Beziehungen ergaben sich jedoch zu Werner Bergengruen, dessen Romane ich ja bereits in den Jahren des Nationalsozialismus bewundert hatte. Jetzt lernte ich ihn persönlich kennen und kam mit ihm noch öfters zusammen; er wurde ein Freund unserer Familie, zumal meine Frau 1919 als elfjähriges Mädchen mit ihm im gleichen Zug aus Kiew in der Ukraine geflüchtet war. Damals bezauberte sie der geistvolle Charme, mit dem der noch junge Bergengruen im Viehwaggon vom oberen Bett her die im Stumpfsinn versinkenden Mitreisenden aufzumuntern wußte. Bergengruen war ein Meister in der Kunst, Anekdoten zu erzählen. Da ich ihn mehrfach nach den Dichterlesungen im geselligen Kreis erlebt habe, kam ich zwar dahinter, daß er dafür ein bestimmtes Repertoire hatte. Jedoch ging auch bei wiederholtem Hören nichts von der Ausstrahlung seiner Erzählkunst verloren. Er hatte etwas von einem Edelmann, ohne als solcher geboren zu sein. Bis in die Sprechweise hinein blieb seine Herkunft aus dem Baltischen unverkennbar. Sein Wesen zeichnete sich durch vornehme Gesinnung, durch Ritterlichkeit und auch durch Mut aus. Als er den Orden

»pour le mérite« erhielt, kam er jedes Jahr zum Treffen der Ordensklasse nach Bonn. Nur ein kleiner Kreis wurde zu dem Festessen mit dem Bundespräsidenten eingeladen. Jeder der Ordensträger durfte, was ich damals nicht wußte, einen Gast nach seiner Wahl vorschlagen. Nicht etwa einer meiner berühmt gewordenen Kollegen, wohl aber der Schriftsteller Bergengruen nannte stets mich dafür, ohne mir das auch nur anzudeuten. Das gehörte zu dem liebenswürdig dezenten Stil seiner Lebensführung. Erst allmählich bin ich dahintergekommen, von wem diese für mich sehr angenehmen Einladungen ausgingen. Im Gespräch genoß ich das Funkelnde seines Witzes und das Geschliffene seiner Einfälle. Nach seinem Tode war es mit den Einladungen in diesem erlauchten Zirkel vorbei. Bergengruen, damals hochberühmt, wird heute, wie ich meine, zu sehr unterschätzt; aber ich zweifle nicht, daß die Zeit kommen wird, in der man diesen begabten Erzähler, vor allem als Novellisten, wiederentdecken wird.

Auch Stefan Andres lebt heute nicht mehr, wohl aber seine liebenswerte Frau Dortie, die sich unermüdlich um die Betreuung seines Werkes bemüht. Mit beiden verband uns eine jahrzehntelange Freundschaft. Mich haben beide in alkoholischen, in ihrem Haus in Unkel am Rhein verlebten Nächten »Big Ben« getauft. Andres teilte mit Bergengruen das Genie des Erzählens, davon abgesehen sind sie völlig verschiedene Naturen gewesen. Zwar trank auch Bergengruen gern einen guten Tropfen Rotwein, aber er trank niemals bis zum Übermaß wie Andres. Dessen Vitalität sprengte alle Grenzen. Eigentlich paßte er in keine Ordnung hinein. Er hielt an der Ehe mit seiner jüdischen Frau fest und nahm dafür auch das bittere Los der Emigration nach Italien auf sich. Das war keine Ferienreise in den schönen Süden, sondern ein harter Existenzkampf. Nach dem Krieg wurde er in Deutschland mit seiner Novelle »Wir sind Utopia« berühmt. Ihre aktuelle Auseinandersetzung mit der damaligen Zeitproblematik ist auch heute noch lesenswert, wenngleich der geschichtliche Abstand unverkennbar geworden ist. Als er Tischgast in unserer Wohnung war und dabei Geschichten aus seinem damals noch ungedruckten, zweiten Band der »Sintflut« erzählte, hingen meine Kinder, zu dieser Zeit noch Teenager, wie gebannt an seinen Lippen. Die überströmende, ungebändigte Vitalität von Andres lag ständig im Kampf mit seinem religiösen Ethos und seinen starken philosophisch-theologischen Bedürfnissen. Diesen Konflikt hat er bis in sein unermüdlich produktives Schreiben ausgetragen. Bei aller Liberalität eines Geistes, der nicht vor der schonungslosen Kritik an zeitgenössischen Vorgängen wie der Wiederbewaffnung und dem Ausbau der Atomenergie zurückschreckte, blieb er in seinem moselländischen Katholizismus verwurzelt. Die Verlockung, in ein gnostisches, sektiererisches Denken auszuweichen, war ihm jedoch nicht fremd. Von daher brachte er auch meinen Problemen des Tragischen ein lebhaftes Interesse entgegen, während er mit den späteren Interpretationen zur Novelle weit weniger anfangen konnte. Ich fand ihn, den Dichter des autobiographischen Romans »Der Knabe im Brunnen«, weit mehr zum naiven Volksschriftsteller geboren. Er selbst jedoch drängte ins Problematisierende, wovon noch sein letztes, viel zu wenig beachtetes Werk »Die Versuchung des Synesios« Zeugnis ablegt.

Eine weitere Ausdehnung des kulturellen Wirkens brachte mir meine häufige Teilnahme bei der in den fünfziger und sechziger Jahren geradezu wuchernden Verleihung von Preisen für Schriftsteller und Dichter. Der große Landespreis von Nordrhein-Westfalen für alle Sparten der Kunst ging im Bereich der Literatur unter anderem an Stefan Andres, Max Frisch und, noch am Tage seines Todes, an Gottfried Benn. Die Jury riskierte nicht sehr viel; sie wich dem Wagnis aus und bevorzugte die bereits arrivierten, ja sogar berühmten Autoren. Nur im Fall Benn gab es noch eine erregte Diskussion, in der seine politische Vergangenheit erneut unter die Lupe genommen wurde. Doch überwog die Faszination durch das bedeutende lyrische Werk.

Interessanter, lebendiger, geistig beweglicher erlebte ich meine Mitwirkung beim Immermann-Preis der Stadt Düsseldorf in den Jahren 1948–1967. Danach wurde er leider zugunsten des Heine-Preises geopfert. Das war ein politisches Signal. Denn inzwischen hatten die Fronten gewechselt, und daraus ergab sich auch eine Abwendung von dem zwar nicht nur, aber doch auch konservativen Immermann zu dem längere Zeit zu sehr verfemten, radikal liberalen Heine. Am 23. Juni 1959 hatte ich, damals schon in Bonn, die Festrede zum zehnjährigen Jubiläum des Immermann-Preises der Stadt Düsseldorf gehalten. Das Ansehen solcher Preise ist keineswegs nur von ihrer Höhe abhängig. Heute hat der Darmstädter Büchner-Preis, an dessen Verleihung ich persönlich nie mitgewirkt habe, wohl den ersten Platz. Hingegen kann ich nicht finden, daß beim neugegründeten Heine-Preis bessere Entscheidungen als bei dem leider abgesetzten Immermann-Preis getroffen worden sind. Allerdings verstand sich der Heine-Preis von Anfang als »politischer« und nicht als »literarischer« Preis. Überblickt man die Entscheidungen, die die

lange Jahre fast konstant gebliebene Jury des Immermann-Preises 1948–1967 getroffen hat, so kann man ihnen eine gewisse Toleranz kaum absprechen. Die Stadt Düsseldorf hat sich in die frei erfolgten Bewertungen der Jury niemals eingemischt. Ihre Mitglieder kamen aus ganz verschiedenen Lagern. Auch ein Kommunist hatte hier kein Berufsverbot. Jede politische, weltanschauliche oder konfessionelle Meinung durfte sich offen äußern. Das endgültige Kriterium für die Bewertung blieb jedoch, wie weit solche Tendenzen im schriftstellerischen Werk sich künstlerisch überzeugend verdichtet hatten. Erstaunlicherweise wurde darüber am Ende der hart geführten Diskussionen stets Übereinstimmung erzielt.
Die Urteile über Wert und Unwert von Dichterpreisen gehen bis heute sehr auseinander. Ich persönlich bewerte Preise für Dichter positiv, soweit sie aus dem Klima einer geistigen Geselligkeit, aus der Zusammenführung der Menschen durch die Literatur hervorgehen. Und dies gilt eigentlich von allen Kunst-Preisen, die als praktische Medien der Humanität dienen. Sobald solche Preise politisiert werden, erscheinen sie problematisch. Jedoch können die dabei entstehenden Zwiste das kulturelle Leben vor Erstarrung schützen. Die fatale Neigung, bereits gekrönte Häupter mehrfach auszuzeichnen, verrät nicht nur einen Mangel an Fantasie, sondern läßt auch den Akt der Preisverleihung in ein bloß unkritisches Rühmen hineingeraten. Ob nun politisch oder nicht, *alle* Entscheidungen solcher Preisgerichte sollten vor der Bevormundung durch staatliche Stellen sicher sein. Sogar wenn nur ein einziger zu entscheiden hat und die Verantwortung dafür mit dem Gewicht seiner Person übernimmt wie beim Kleist-Preis, ist das weit erfreulicher und ergiebiger als das Schielen nach dem Einverständnis des jeweils herrschenden »Establishments«. Daß der Schriftsteller und der Staat in einem latenten Konflikt miteinander leben müssen, hat sehr deutlich der russische Autor Solschenizyn in einem Roman ausgesprochen: »Ein großer Schriftsteller . . . ist so etwas wie eine zweite Regierung. Darum hat auch keine Regierung je die großen Schriftsteller geliebt, sondern nur die kleinen.« Von da aus gesehen wären freilich die gekrönten Dichter immer nur die zweite Garnitur. Das kann manchmal stimmen, aber es stimmt gottseidank nicht immer. Allerdings bleibt es paradox, daß Regierungen oft die finanziellen Mittel hergeben müssen, um diejenigen öffentlich zu belobigen, die manchmal mit Nachdruck, mit künstlerischer Intensität gegen die Macht eben dieser Regierungen zu Felde gezogen sind. Aber es ist auch wieder nicht paradox, wenn man bedenkt, daß sich an solchen Entscheidun-

gen der Grad der Freiheit erkennen läßt, den eine Demokratie zuzulassen bereit ist. Bei Diktaturen werden die sogenannten Staatspreise fast immer eine Farce sein.
Die erste Nachkriegsentscheidung fiel für Emil Barth, einen heute kaum noch bekannten Autor. Eigentlich hat er schon damals mehr anonym als öffentlich gelebt. Vom Lärm des Zeitgeistes wurde er wenig berührt. Wir ehrten dieses Abseits, diese Stille seines Wirkens. Wir ehrten seine vorbildliche Verantwortung für das Wort in Lyrik und Prosa, seinen künstlerischen Willen, noch an einer »heilen« Welt festzuhalten, wenn auch das schmerzliche Motiv von der Vergänglichkeit des Schönen sich immer weniger zurückdrängen ließ. Diese Entscheidung war vielleicht allzu formalistisch, allzu akademisch, allzu sehr auf Bewahrung gerichtet. Es sieht nicht so aus, als ob der Klassizist Barth in absehbarer Zeit für das Schrifttum unserer Epoche erneut Bedeutung gewinnen könnte.
Schwieriger zu beantworten ist diese Frage bei Wolf von Niebelschütz. Ich kannte ihn gut und sah ihn oft bis zu seinem allzu frühen Tod. Er war ein intellektueller Bohémien, der ein fast selbstzerstörerisches Leben mit Narkotika geführt hat. Rudolf Alexander Schröder hat seine Lyrik sehr hoch eingeschätzt und ist mit Nachdruck für sie eingetreten. Niebelschütz' Roman »Der blaue Kammerherr« fand nach seinem Erscheinen 1949 viele, wenn auch meist nur gebildete Leser. In Münster haben wir ihn damals mit regem Interesse diskutiert. Wir bewunderten die artistische Leistung, die elegante und geistvolle Nachahmung des Barockromans, die sublime Ironie der Darstellungskunst und das Wiederaufnehmen einer weit gespannten und komplizierten Romankomposition. Was man ihm heute zum Vorwurf machen kann, die scharfe Ablehnung, den Bedürfnissen einer Literatur für die Massen entgegenzukommen, beurteilte die Jury damals eher positiv. Dieser aristokratische Stil der Vornehmheit und Distanz erinnerte sie – trotz allem Abstand – noch einmal an den damals durchaus noch nicht vergessenen Hugo von Hofmannsthal. Niebelschütz, durch vitale Schwäche und eine dekadente produktive Nervosität gezeichnet, wirkte wie ein später Nachfahre der Literatur der Jahrhundertwende, ein gewollter Provokateur gegen die Brutalität und Geistfeindschaft unseres Jahrhunderts.
Auch Friedrich Georg Jünger gehörte zu den Verächtern des Zeitalters und war kein Freund der parlamentarischen Demokratie. Aber er besaß eine Eigenschaft, die heute ebenso selten ist wie das Wort dafür; er besaß »Anmut«. Er lebte und wirkte in einer Atmosphäre des Generösen, das gewähren läßt. Er verfügte über den Überfluß,

der aus Wohlwollen entspringt. Man mag seinen Gedichten das Epigonale vorwerfen, aber über manchen liegt ein Duft von Ironie. Seine dichterische Individualität möchte ich durch den Satz charakterisieren, den er selbst über Klopstock niedergeschrieben hat: »Er ist feierlich ohne Zeremoniell, durch die Kraft einer neuen Empfindung.«

Ich begegnete ihm später wieder, als wir uns beide, zusammen mit dem Verleger Klostermann, in dem Sanatorium Bühlerhöhe aufhielten, er als Vortragender und ich als Patient. An einigen Abenden saßen wir zu dritt bei manchem Schoppen Wein zusammen. Es war fast beängstigend, wie sehr er unter dem Einfluß des Alkohols sein Outsidertum betonte, seine Absage an das »Soziale«, an die Perfektion der Technik, ja sogar an die Regierungsformen von heute. Er wollte allein sein und gegen die Zeit leben. Die Zeit hat ihm das nicht verziehen und seine Stimme oft überhört. Sein Bruder Ernst ist zwar auch ein Widersacher der Epoche gewesen, hatte aber weit mehr Kraft, sich ihr zu stellen, und heute wagt eigentlich niemand mehr, an seinem überragenden Rang in der deutschen Literatur der Gegenwart zu zweifeln.

Über die Entscheidungen für Niebelschütz und Friedrich Georg Jünger läßt sich vom heutigen Blickpunkt aus streiten. Die für Georg Britting und Ernst Penzoldt möchte ich hingegen weiter verteidigen. Brittings Roman »Lebenslauf eines dicken Mannes der Hamlet hieß« und seine fantasievoll groteske Erzählung »Das Märchen vom dicken Liebhaber« gehören für mich zu den hinreißendsten Stücken aus der deutschen Prosa eines verspäteten Expressionismus. Es lohnt, seine Lyrik mit panhafter Fülle der Naturgestaltung und ausschweifender Liebe zu allen unermeßlich sich wandelnden Formen des Lebens so bald wie möglich wieder zu entdecken. Wie hier ein Berauschter sowohl in der Prosa als auch im Vers niemals die strenge Zucht der Sprache preisgibt, wie hier die Fantasie sich selbst diszipliniert und das Sprechen zu verknappender Prägnanz verdichtet wird, das macht ihm heute so leicht kein anderer nach. Aber auch Ernst Penzoldt, der mit seiner amüsanten »Powenzbande« die »lieben« Erlanger 1930 so sehr verärgert hat, wird wohl als Erzähler überleben, zumal wir über eine viel zu spärliche Tradition des humoristischen Erzählens verfügen. Als Meister der verschiedensten epischen Formen von der Kurzgeschichte bis zum Roman besaß er eine spielerische Virtuosität der Sprache. Er war der Humorist, der noch unter Tränen zu lächeln vermag, er blieb liebenswürdig genug, um im Menschen immer noch den Narren und im Narren noch den Menschen zu entdecken.

Als Erhart Kästner 1954 nur den Förderpreis erhielt, fand ich das schon damals zu wenig. Kästner hat das etwas merkwürdige Votum für ihn mit lächelnder Selbstironie hingenommen, er erschien zur Preisverleihung leger in einer Cordjacke, meinte das aber nicht als Rebellion, sondern als Gleichgültigkeit gegen alle Konventionen. Die Jury wollte damals den Reiseschriftsteller auszeichnen und damit auf eine zu wenig beachtete Gattung aufmerksam machen. Ich lernte ihn sehr bald näher kennen und habe ihn auch in Wolfenbüttel, wo er Direktor der vielen Schätze der dortigen Landesbibliothek war, aufgesucht. Der Autor des »Zeltbuch von Tumilad«, der ehemalige Sekretär Gerhart Hauptmanns, war für manche aus der jungen Generation zu »romantisch«, nicht kritisch genug. Ich selbst fühlte mich ihm verwandt in seinem Bedürfnis, Erlebtes in Bildung zu verwandeln oder auch Bildung wieder aus dem eigenen Erlebnis heraus zu artikulieren. Daß ihm dies als freier Schriftsteller und nicht als Wissenschaftler gelang, darum habe ich ihn stets liebevoll beneidet. Seine innere Unabhängigkeit, seine Bereitschaft, persönliche Maßstäbe außerhalb der sozialen Welt zu suchen und anzuerkennen, seine Aufgeschlossenheit für moderne Malerei, deren Instinkt für »Bewahrung« er sogar im extrem Modernistischen entdeckte, seine urbane Fähigkeit zum Humor – das alles machte ihn nicht nur liebenswert, sondern gab ihm auch seinen einmaligen Lebensstil und die Fähigkeit, mit Gelassenheit auf die ihm wesensfremden Rationalisierungstendenzen der Zeit zu blicken. Es war weit mehr als ein bloßer Reisebericht, wenn er das archaische Griechenland, nicht etwa das klassische oder gar klassizistische, im Ursprünglichen der Landschaft entdeckte, und noch sein letztes Werk, die »byzantinischen Aufzeichnungen« »Aufstand der Dinge«, stellt dem Bilder-Haß der Neuzeit, der bilderlos und damit freud- und glücklos gewordenen Sprache, das Vertrauen in die Sprache der Bilder entgegen. In ihnen ist bereits, noch vor jeder Reflexion, alles Wesentliche enthalten. Solches Vertrauen hat auch mich auf dem ganz anderen Wege meiner Novellen-Interpretationen geleitet.
Erhart Kästner hat sich seine eigene gebildete Gemeinde geschaffen. Darüber hinaus vermochte er kaum zu wirken. Er wollte es wohl auch nicht. Denn für »Öffentlichkeit« hatte er nicht viel übrig. Dennoch gelang es ihm, seiner gewollt privaten und eben darin provokativen Existenz mit seinen Büchern einen Rang zu geben, dem über das Private hinaus eine geradezu dokumentarische Bedeutung zukommt. Kästners Absage an eine Welt, in der die Dinge nicht mehr leben können, sondern nur ausgeforscht, ausgebeutet,

angestrengt und überlistet werden, sollte man nicht für billige romantische Mystik halten, sondern für eine Warnung an die Zukunft, die wir nicht überhören dürfen. Darin ist er, freilich auf weit höherem Niveau, bereits ein Vorläufer der »Grünen« und der ökologischen Bewegung gewesen.

In das Ende meiner Münsteraner Zeit fallen noch zwei Preisträger, denen ich mich besonders verbunden gefühlt habe: Ilse Aichinger und Rolf Schroers (1956). Ilse Aichinger kennenzulernen und sie nicht zu lieben, ist nahezu unmöglich. Leider habe ich meine Laudatio auf sie nicht vortragen können, weil ich damals erkrankte. Ich kenne keine lebende deutsche Autorin, die auf so leise Weise intensiv und unverwechselbar ist. Im Gespräch weiß sie, darin sehr verschieden von anderen deutschen Dichterinnen, auf beredte Weise zu schweigen. Wenn sie dann doch etwas sagt, ist es stets etwas Unerwartetes und Ungewöhnliches, das aus der konventionellen Sageweise herausfällt. Sie ist originell, ohne mit diesem Anspruch aufzutreten. Von der üblichen Autoreneitelkeit konnte ich keine Spur bei ihr entdecken. Sie war noch sehr jung, als sie, eine österreichische Halbjüdin, den autobiographischen Roman »Die größere Hoffnung« schrieb. Dort erzählt sie Märchen von Kindern. Doch es sind nicht Märchen für Kinder, sondern für Erwachsene, denen sie wie Messer ins Herz schneiden. Es kommen schreckliche Dinge darin vor, sie haben sehr unmärchenhafte Namen, die Dichterin nennt sie alle direkt: Ariernachweis, Judenverfolgung, Judenstern, verweigertes Visum, Todesstrafe für das Abhören fremder Sender, geheime Polizei, Beauftragter einer fremden Macht, Bombenangriff und Bombenverschüttung.

Aber Ilse Aichinger will nicht Zeitgeschichte dokumentieren. Sie schreibt aus ihrer lyrischen Vision heraus. Sie erzählt vom Spiel der jüdischen Kinder, sie erzählt, wie die Elemente des Unheils zu Elementen des Spiels werden. Nur so und nicht anders vermag die größere, die utopische Hoffnung zu entstehen. Im phantasievollen Spiel um den Judenstern, der den Tod bedeutet, kann durch eben diese verlorenen und verlassenen Kinder der Tod wieder als ein Stern gedeutet werden.

Das ist eine weit mehr romantische als realistische Prosa. Später ging Ilse Aichinger strenger und unerbittlicher mit sich und ihrer Kunst um. Eine Kafka verwandte Traumwelt ist ihre Welt trotzdem geblieben. Ihre Gedichte und Geschichten grenzen manchmal an das Unverständliche. Doch will es mir scheinen, als ob das Nicht-Verstehen ihrer Texte mehr eine Schwäche der Leser als des Autors ist. Der Leser wird es lernen müssen, Ilse Aichingers radikaler Abneigung gegen alles Vermarkten, gegen alle verbrauchten Worte gewachsen zu sein. Um das hermetisch Verschlossene und Zurückgenommene dieser Sprache muß man sich bemühen. Sie reflektiert sich selbst und bleibt trotzdem ganz unmittelbar, nur von ihren eigenen Flügeln getragen. Jeder, der sich auf diese Sprache einläßt, hat keine schützenden Geländer mehr, denen er sich anvertrauen dürfte. Man könnte das leicht mit Manierismus verwechseln. Doch gilt eher das Gegenteil. Die Dichterin hat jede Art von bloßer Manier von sich abgestoßen.

Die Jury des Immermann-Preises neigte zu konservativen Entscheidungen. Im Falle von Ilse Aichinger und Rolf Schroers ist sie diesem Grundsatz nicht gefolgt. Schroers kannte ich gut, er hatte bei mir und bei Trier studiert, und wir schätzten ihn beide sehr. Trotzdem hat er sein Studium jäh abgebrochen. Er kam als Spätheimkehrer aus dem Krieg und schrieb in einem meiner Seminare eine Arbeit über Naturgedichte, vor der ich kapitulieren mußte. Ich notierte darunter den mysteriösen, vieldeutigen Satz: »Die Arbeit kann so, wie sie vorliegt, nicht zensiert werden.« Die Universität war für das Ausgefallene dieser Begabung zu eng.

Schroers wurde Schriftsteller. Doch auch auf diesem Feld ließ er sich kaum einordnen. Sein Roman »Jacob und die Sehnsucht« war einer der wenigen, die das Trauma der Judenverfolgung schon damals 1953 aus der Tabu-Sphäre herausgeholt und es der unbestechlichen Analyse eines denkenden Gewissens unterworfen haben. Verkündigungen wie Goethes liebevolle Weltdurchdringung und der sogenannte christliche Humanismus sind angesichts der in ihrer Furchtbarkeit durchschauten Zeit verdächtig geworden. »Die Zeit hat hohle Augen«, steht bei Schroers zu lesen. Seine Bücher sind fast alle Abrechnungen mit sich selbst, und sein großes Thema ist die Schuld. Er weicht ihm nirgends aus, und es gestattet ihm keine Flucht mehr in eine ästhetisch verschleierte oder gemüthaft poetische Welt. Auch physiognomisch verrät Schroers' kantiges und zerfurchtes Gesicht die Absage an alle bequemen Lösungen der Zeit- und Lebensproblematik. Mit dem Radikalen dieses Moralismus mag es zusammenhängen, daß Schroers sich später kaum mehr als Schriftsteller, sondern als Herausgeber der politisch kulturellen Zeitschrift »Liberal« und als Erzieher in der Theodor-Heuss-Akademie betätigt hat. Am 25. Januar 1959 hat er den Rudolf Alexander Schröder-Preis der Stadt Bremen erhalten, und ich habe damals die Laudatio für ihn gesprochen.

Zu meinen über das Akademische hinausführenden Tätigkeiten gehörte als die vielleicht bedeutsamste die gemeinsam mit Jost Trier durchgeführte Neugründung des deutschen Germanistenverbandes in den Jahren 1951/52. Trier übernahm in den beiden ersten Jahren den Vorsitz, ich erst später, war aber in den dazwischenliegenden Jahren ständig Mitglied des Vorstandes. An dieser Stelle sei nur von den Anfängen die Rede. Uns schwebte eine engere Verbindung der Hochschulgermanisten und der Schulgermanisten vor, die beruflich ja beide aufeinander angewiesen sind. Die bei weitem größte Zahl unserer Studenten geht nach dem Staatsexamen den Weg in die höheren Schulen; sie verlieren später allzu leicht den Kontakt mit den Universitäten und ihrer eigenen Wissenschaft, wenn dieser nicht durch solche wiederkehrenden Tagungen stets neu hergestellt wird. Im Jahr 1952 erfolgte in Münster die erste Gesamt-Tagung. Der weitere Aufbau war so gedacht, daß die großen Tagungen mit solchen abwechseln sollten, in denen die beiden Gruppen unter sich blieben. Dieses Unternehmen ist natürlich auch durch Krisen hindurchgegangen. Trier und Robert Ulshöfer, der erste Vorsitzende der Schulgermanisten, waren beide sehr selbstbewußte Persönlichkeiten, deren autoritäre Vorstellungen sich manchmal auf verschiedenen Bahnen bewegten. Immer wieder erwies es sich als schwierig, das wissenschaftliche und das pädagogische Denken miteinander auszusöhnen. Das gilt heute fast noch mehr als damals, nachdem mit den neu gegründeten Gesamthochschulen die pädagogischen Hochschulen in die Universität eingegliedert worden sind. Da spielen Prestigefragen eine ungute Rolle; es läßt sich nicht überall vermeiden, daß mancher »Gelehrte« auf den im Schulbereich Tätigen herabschaut oder daß der Popularisierungstrieb und die Überschätzung der Didaktik der Wahrheitssuche des wissenschaftlichen Germanisten störend in die Quere kommen.
Dennoch würde ich daran festhalten, daß das Wechselgespräch beider Seiten vor allzu großer Eingleisigkeit bewahrt. Gewiß: wer nur forschen und nicht mehr lehren will, kann und darf, ja muß vielleicht sich absondern. Wer aber an der Einheit von Forschung und Lehre festhält, braucht den Partner vom anderen Ufer: der Hochschullehrer, weil er sonst ins Sterile, in den berüchtigten elfenbeinernen Turm hineingerät; der Pädagoge, weil das Unterrichten um des Unterrichtens willen am Ende unfruchtbar werden kann und nicht auf die im Prozeß der Wissenschaft inzwischen neu erworbenen Methoden und Resultate verzichten darf. Diese aber kommen vom anderen Ufer der Wissenschaft.

Zwei meiner Münsteraner Schüler sind Professoren der Pädagogischen Hochschule geworden: der eine, Winfried Pielow, promovierte 1951 über »Die Erziehergestalten der großen deutschen Bildungsromane von Goethe bis zur Gegenwart«; der andere, Friedrich Kienecker, schrieb ungefähr um die gleiche Zeit eine Dissertation über den »Gottesbegriff in Schillers philosophischen Schriften«. Beide haben keineswegs aufgehört, weiter als Autoren tätig zu sein. Jedoch verfolgen sie damit nicht primär wissenschaftliche Absichten. Sie vermitteln literarische Gegenstände, besonders solche der Gegenwart, für ein breiteres Publikum. Sie sind engagiert für das kulturelle Leben und seine verschiedenen Formen. Beide haben die Nähe zur Universität nicht verloren. Sie sind zwar stärker an Zeitproblemen und Zeitdiskussionen interessiert und dadurch auch den Gefahren ausgesetzt, die aus zu großer Zeitnähe entstehen können. Dafür besitzen sie besonders stark den unmittelbaren Kontakt zur heranwachsenden Jugend, der in der alten »alma mater« sehr viel leichter verlorengeht. Wie fruchtbar sich ein solches Wirken gestalten kann, wird besonders an der sehr viel größeren Nähe zum Laienspiel sichtbar, das von Pielow und von Kienecker als pädagogisches Mittel der Erziehung eingesetzt und mit Nachdruck gefördert worden ist.

Die Geschichte der Germanistentage der Nachkriegszeit zu schreiben kann hier nicht meine Aufgabe sein. Die Hochschulgermanisten waren mehr an den sachlichen Gegenständen ihres Faches interessiert, die Schulgermanisten bevorzugten Fragen der Praxis und der Methodik des Unterrichts. Dabei hat man oft aneinander vorbeigeredet. Vielleicht war es auch unzweckmäßig, daß der Vorsitzende der »Lehrer« lange Jahre der gleiche blieb, während die Hochschulgermanisten in ihren Richtlinien einen zweijährigen Wechsel verlangten, wobei der Altgermanist und der Neugermanist sich ablösen mußten. Das ließ zwar eine einseitige Vorherrschaft im Verband nicht aufkommen, wurde aber mit einem Mangel an Kontinuität bezahlt. Umgekehrt wiederum hat die andere Seite in ihrer manchmal beängstigenden Abneigung gegen Führungswechsel allzusehr an überlieferten Meinungen, Gewohnheiten und Maßstäben festgehalten.

Die erste gemeinsame Tagung im Herbst 1952 zeichnete sich auch durch persönliche Kontakte aus. In unserer Wohnung trafen sich damals Wolfgang Kayser, Paul Böckmann, Walter Muschg und Gerhard Storz zu einer geselligen Runde. Den Schwaben Storz kannte ich schon von einem aufregenden politischen Gespräch, das

wir am Vorabend des zweiten Weltkrieges in einem Café in München geführt hatten. Jetzt und auch später sah ich diesen charakterstarken, bedeutenden Mann oft wieder. Er ist im Laufe seines wechselvollen Lebens Schriftsteller, Schulmann, Literaturwissenschaftler, Theaterfachmann, Kultusminister und noch manches andere gewesen. Bei dieser Tagung war er der Schulmann, der aus eigener Initiative die wissenschaftliche Brücke zu den Universitätslehrern zu schlagen wußte. Seine Bemühungen um die Verbindung von Grammatik und Stilistik und seine formgeschichtlichen Untersuchungen zur Poetik gingen Schule und Universität im gleichen Maße an. Er hat sich damit nicht begnügt. Die Ironie des Schicksals oder auch die Wahlverwandtschaft unserer Naturen wollte es, daß wir mehrere Male über die gleichen Dichter geschrieben haben, noch dazu meist in geringen Zeitabständen, zweimal über Schiller, einmal über Mörike, zuletzt über Heine. Sogar als Verfasser dieser Autobiographie folge ich seinem Beispiel. Wir berühren uns in vielen Fragestellungen, auch die liberal-konservative Grundhaltung ist uns gemeinsam, aber die Verschiedenheiten im methodischen Vorgehen und in der Auswahl der Texte sind unübersehbar.
Für den Germanistenverband bedeutete Storz damals das lebendige Symbol einer möglichen Verbindung der beiden Lager. Seine Urbanität hat mir stets Behagen und geistigen Gewinn gebracht. Er konnte ebenso kenntnisreich über Zigarren und Rotweine reden wie über literarische und politische Gegenstände. Die Gastlichkeit in seinem Haus, die ich viel zu wenig erwidern konnte, hatte in ihrer freundlichen Gelassenheit stets etwas Beglückendes.
In die letzten Münsteraner Jahre fiel noch ein Ereignis, das für die Folgezeit wichtig wurde. Es begann ganz unscheinbar. Eines Tages meldete sich ein mir unbekannter Herr Carl Erkelenz im Auftrag des Verlages August Bagel, den ich damals noch nicht einmal dem Namen nach kannte. Ich ahnte nicht, daß dies der Beginn einer langjährigen Zusammenarbeit werden würde. Es war ein knappes halbes Jahr vor einer bereits angenommenen Gastprofessur in den USA. Herr Erkelenz schlug mir vor, die durch Generationen an Kind und Kindeskinder weitergegebene Anthologie »Deutsche Gedichte« von Theodor Echtermeyer, deren erste Auflage schon 120 Jahre zurücklag, neu zu bearbeiten und in die Gegenwart hinein zu ergänzen. Zunächst hatte ich wenig Lust dazu. Weit lieber wäre es mir gewesen, ein solches für Schule und Familie gedachtes lyrisches Lesebuch völlig selbständig nur unter meinem Namen herauszugeben. Aber Erkelenz bestand auf dem Prestige des alten Echtermeyer,

so wie Brehms Tierleben weiter gedruckt worden ist, auch als von Brehm selbst kaum noch etwas darin stand. Für den Erfolg des Buches sei das nun einmal notwendig. Er brachte bestimmte Vorstellungen mit, wie eine solche Anthologie aufgebaut sein sollte. Darüber haben wir lange und lebhaft diskutiert. Auch später haben wir es so gehalten. Einer Einladung des Verlages zu einem opulenten Essen folgten die Gespräche, die sich alle mit der Frage nach der Umsetzung literarischer Pläne in die praktische Situation des Verlages beschäftigten. Eigentlich war der Verlag ein Schulverlag, Erkelenz hatte jedoch den Ehrgeiz, in der Zusammenarbeit mit mir das Feld auf das Gebiet der Literaturwissenschaft zu erweitern. Ich hatte für die Vorbereitung dieser Neugeburt eines durch Tradition berühmt gewordenen Werkes nur wenig Zeit. Es eilte überdies, damit nicht – was fast der Fall gewesen wäre – ein Konkurrent auf den gleichen Gedanken kam; denn der Name Echtermeyer war zu diesem Zeitpunkt nicht mehr gesetzlich geschützt. Herr Erkelenz war ein wohlhabender Mann, der bald danach sich und seiner Familie ein Haus direkt am Rheinufer in Düsseldorf erbauen konnte. Er besaß viele bedeutende Kunstwerke, vorwiegend solche der modernen Malerei, und die sehr umfangreiche Bibliothek enthielt wertvolle Erstdrucke. Dieser belesene, gebildete Verlagsleiter war aber zugleich Kaufmann. Der Verlag Bagel gehörte ihm nicht selbst, aber er dirigierte ihn völlig selbständig, behielt dabei auch stets die wirtschaftlichen Interessen der Eigentümer im Auge. Der unermüdlichen Initiative von Erkelenz ist es zu verdanken, daß der Verlag seit den 50er Jahren über die Eingeschränktheit des bloßen Schulbetriebes hinauskam. Mir ist es bis heute dunkel geblieben, was nun eigentlich der stärkere Antrieb bei Erkelenz war: sein unverkennbarer Geschäftssinn oder die tief verwurzelte Liebe zu den schönen Dingen, insbesondere zu Bildern und Büchern. In erster Linie beurteilte er seine »Objekte« wohl doch nach dem Grad ihrer geschäftlichen Verwendbarkeit und irrte sich dabei nur selten. Dennoch war ihm stets bewußt, daß es für diese Objekte auch andere »höhere«, geistige Maßstäbe gab. Hier freilich machte sich Erkelenz in seinem Urteil vielleicht zu sehr von der öffentlichen Meinung abhängig; er verstand es, Verbindungen mit der »Prominenz« aufzunehmen und überall herumzuhören, welche Professoren und welche Werke gerade den höchsten moralischen oder geistigen Kurswert hatten.
Unser Zusammenwirken für die »Deutschen Gedichte« wurde ein sehr großer Erfolg. Meine ganze Familie, alle verfügbaren Hilfskräfte wirkten damals mit, um eine Übersicht über die riesenhafte Fülle der

deutschen Lyrik zu gewinnen. Bereits 1954 konnte das Werk erscheinen. Auf keinen Fall wollte ich aus mehreren anderen Anthologien eine weitere herstellen. Der Reiz des Unternehmens lag für mich in dem direkten Rückgang auf die Quellen, und dieser Weg war mühsam. Conrady verdanke ich es, daß er die Zeugnisse aus dem mir ferner liegenden alt- und mittelhochdeutschen Zeitabschnitt bis zur Reformationszeit zusammengetragen hat. Ich hielt für dieses Lesebuch an einer geschichtlichen Gliederung der Epochen fest, aber der entscheidende Gesichtspunkt blieb für mich bis heute, nachdem der Echtermeyer-von Wiese durch mehrere Bearbeitungen und Erweiterungen hindurchgegangen ist, der der Qualität. Gerade in die Schule gehört nicht das multa, sondern das multum, nicht das Allzuviele, das leicht belanglos werden kann, sondern das Wesentliche aus der Fülle, das auch für anderes noch stellvertretenden Wert besitzt. Zwar maßte ich mir nicht an, wie Rudolf Borchardt einen »ewigen Vorrat« deutscher Poesie vermitteln zu können, zumal ich allzu sehr vom Wechsel geschichtlicher Bewertungen überzeugt war. Dennoch sollte das Überdauernde, oder, was mir zu überdauern wert schien, gefunden oder wenigstens gesucht werden. Allerdings ist das bei der Lyrik der Gegenwart am schwersten, bei der alles noch im Fluß ist und die oft schmale Grenzlinie zwischen »Mode« und »Ewigkeit« besonders schwer zu ziehen ist. Alle Lyrik bleibt an ihre individuellen geschichtlichen Bedingungen gebunden, und meist entscheidet erst die Geschichte darüber, ob sie aus »ihrer« Zeit in andere, kommende Zeiten hinüberreichen konnte. Ich suchte daher den Mittelweg zwischen Bindung an die Tradition und Aufgeschlossenheit für neue Schöpfungen. Das »alte Wahre« von Walther von der Vogelweide bis zu Goethe und Schiller und darüber hinaus sollte auch bei mir bewahrt bleiben und weiter vorgestellt werden. Darin konnte ich den Spuren Echtermeyers folgen. Noch heute habe ich meine Bedenken gegen die Schiller-Auswahl von Hans Magnus Enzensberger (im Insel Verlag), in der fast alle Balladen von Schiller, auch »Das Lied von der Glocke«, als überholt und daher überflüssig weggelassen sind. Freilich läßt sich nicht voraussagen, wann auch diese Traditionen sich endgültig erschöpfen und ihren Sinn verlieren. Mir selbst ist es manchmal mit Gedichten so gegangen, daß ich Verse, die mich früher begeisterten, später schon als fremd, gelegentlich sogar als unerträglich empfunden habe. Eine Gedichtsammlung, wie ich sie seit Jahrzehnten zu gestalten versuche, verlangt das Hinhören auf die neuen Töne, das Abstreifen des Epigonalen und damit auch die Zumutung an den Leser, sich auf gewagte Experimente einzulassen. Verse werden im Augenblick ihres Entstehens nicht gleich für die Ewigkeit geschrieben. Doch genügt es für ihre Aufnahme in ein solches Lesebuch, wenn sie ein verändertes Bewußtsein signalisieren. Auch da gibt es freilich für mich Grenzen. Der moderne Lyriker kann die Zertrümmerung der Form aus einer veränderten gesellschaftlichen Situation heraus wollen. Wo jedoch das Verhältnis zur Form völlig verlorengegangen ist, wo hinter dem Gedicht nur noch die Sinnentleerung und die brutale prosaische Entzauberung steht, da beginnt für mich die Barbarei. Gedichte, wie sie in manchen Sammlungen zeitgenössischer deutscher Lyrik, so zum Beispiel in der Anthologie »Lyrik-Katalog Bundesrepublik« stehen, gehören meiner Meinung nach als Symptome unserer Zeit mehr in ein Gruselkabinett, nicht aber in eine Sammlung, die Alt und Jung den Weg zum Gedicht bahnen soll. Das Geheimnis des lyrischen Gedichtes ist vom Geheimnis der Form nicht zu trennen, und niemals werde ich vor der Frage nach Wert und Unwert dichterischer Gebilde kapitulieren, um statt dessen nur »Texte« und »Textsorten« weiterzugeben, deren Bedeutung sich auf ihre bloße gesellschaftliche Funktion reduziert.

Im Verlag Bagel sind in den nachfolgenden Jahren meine umfangreichen, verbreiteten Sammelwerke erschienen: zuerst 1956 »Die deutsche Lyrik«, dann 1958 »Das deutsche Drama« und zuletzt 1963 »Der deutsche Roman«. Sie entstanden in der Zusammenarbeit mit zahlreichen Fachkollegen des In- und Auslandes, darunter auch ehemaligen Schülern von mir. Sie sind Dokumente für die Epoche der Interpretation. An einzelnen Beispielen soll jedoch darüber hinaus auch der geschichtliche Zusammenhang der verschiedenen großen Gattungen sichtbar werden. Es sind Bücher, die die Brücke von der Literaturwissenschaft zum größeren Publikum zu schlagen versuchen. Damit gehören sie in den gleichen Umkreis, mit dem es bereits der neugegründete Germanistenverband zu tun hatte. Ich leugne nicht die Gefahren, die durch solche popularisierenden wissenschaftlichen Sammelwerke entstehen können. Sie liegen in der zu großen Abhängigkeit, in die die Literaturwissenschaftler geraten, wenn sie sich allzu sehr nach den Bedürfnissen des Marktes richten und damit oft zu schlecht bezahlten Sklaven der Verlage werden.

Außer den Sammelwerken, die von der Münsteraner zu der Bonner Zeit hinüberreichen, erschien 1956 der erste Band meines Buches »Die deutsche Novelle von Goethe bis Kafka«. Er wurde 1962 durch einen zweiten ergänzt. Hier habe ich mich am stärksten von meinen philosophischen und theologischen Interessen abgewandt zugunsten

des analytischen Umganges mit kleineren, überschaubaren dichterischen Texten. »Strukturanalysen«, die die Texte oft ganz ins Formalistische auflösen, sind das allerdings nicht. Immer stand bei mir die Frage nach dem jeweiligen geschichtlichen Ort im Hintergrund der Interpretation. Ich wollte lesbar und verständlich schreiben, die Reflexion über die Dichtung sollte den Genuß des Dichterischen nicht stören, sondern fördern.
Ich bin mir freilich darüber klar, daß die Gattung des »wissenschaftlichen Essays« auch als Widerspruch in sich selbst kritisiert werden kann. Doch steht die Literaturwissenschaft hier an einer Grenze. Will sie über die Essayistik hinausgelangen und nur noch strenge Wissenschaft sein, so entschließt sie sich zu ihrer eigenen Entzauberung. Nehmen wir an, ihr wäre das möglich, besteht dann nicht die Gefahr, daß ihre Ergebnisse langweilig und freudlos sind, zumal wenn sie in einer abstrakten Fachsprache vorgetragen werden, so daß ein kunstvoller Essay, der seine wissenschaftliche Vorarbeit möglichst wenig zur Schau stellt, ihr am Ende dann doch überlegen ist? Meine Studien zur deutschen Novelle entschieden sich für den gewiß nicht unbedenklichen Grenzpfad zwischen Wissenschaft und Essay. Ihre weite Verbreitung verdanken sie wohl in erster Linie dem Interesse, das ihnen an den deutschen Schulen entgegengebracht wurde.
Anfang November 1954 erhielt ich eine Berufung nach Tübingen. Das Angebot war sehr verlockend, zumal es mich stets mehr nach Süd- als nach Norddeutschland gezogen hat. Die Idylle von Tübingen war mir lieber als der Betrieb einer Großstadt. Auch zog mich die Nachbarschaft von Wolfgang Schadewaldt, dem hervorragenden Gräzisten, an, der mir bei früheren Begegnungen durch das Kraftvolle und Musische seiner geistigen Ausstrahlung erheblichen Eindruck gemacht hatte. Zwar warnten mich einige vor meinem neugermanistischen Fachkollegen Friedrich Beißner, der sei sehr schwierig und unverträglich. Ich habe das nicht finden können. Beißner ist als bedeutender Hölderlin-Editor und Philologe von hohem Rang seinen eigenen Weg gegangen. Wir hätten uns vorzüglich ergänzt. Ihm lag das Geistesgeschichtliche und Philosophische sehr viel ferner als mir, und ich verfügte nicht über seine subtile Kunst der Edition und über seine Einfühlung in dichterische Formen bis ins kleinste Detail. Im Umgang war er zwar gehemmt, ja ängstlich, aber nie vulgär, nie kleinbürgerlich. Er blieb immer ein Herr im besten Sinne des Wortes, und das mochte ich. Manches, was zunächst erschwerend und lästig bei ihm wirkte, hing wohl mit einer

vitalen Schwäche zusammen. Er war ein kranker Mann und mußte seine Kräfte sehr schonen.
Nein, Beißner war nicht der Grund meiner Absage. Die Universität war nicht imstande, mir eine ausreichende Wohnung zu verschaffen, und zum Bauen fehlten mir damals noch die Mittel. Ich hatte nicht die geringste Lust, noch einmal für längere Zeit getrennt von der Familie in einem möblierten Zimmer zu leben. Andere Gründe kamen hinzu. Ich wollte gern einer längeren Einladung nach Japan oder in die USA folgen. Das war aber unmöglich, wenn ich in Tübingen neu beginnen sollte. An sich lockte mich der Wechsel, so sehr ich mit Münster verbunden war. Es lag für mich ein Stück Abenteuer darin, und solchen Verführungen konnte ich schwer widerstehen. Es kam trotzdem nicht dazu. Um so mehr konnte ich den Fackelzug genießen, der mir unter Anführung meines Schülers Achim Günther gebracht wurde. Für mich ist und bleibt es die schönste Ehrung, die ein Professor erhalten kann, weil sie nur aus der studentischen Initiative entspringt.
Sehr bald nach meinem ersten Aufenthalt in den Vereinigten Staaten, über den ich erst im nächsten Kapitel berichten werde, erhielt ich durch den englischen Germanisten Closs eine Einladung nach Bristol. Sie ließ sich mit einigen anderen Vorträgen in England und Schottland verbinden. Diese Vortragsreise dauerte vom 23. April bis zum 6. Mai 1955. Ich hatte mir Großbritannien ganz anders vorgestellt: kühl, reserviert, konventionell, langweilig. Das traf in keiner Weise zu, am wenigsten für Schottland, wo die Menschen besonders lustig und lebensfreudig sind. Die Briten haben die bewundernswerte Begabung, nichts zu übereilen, niemals Hetze aufkommen zu lassen. Nichts wird überladen, nichts ist forciert, nichts ist zu laut. Das Wort »hastig« scheint es im englischen Leben nicht zu geben. Auch die wissenschaftlichen Vorträge liebte man zwar gepflegt, aber nicht strapazierend, möglichst aufgelockert durch kleine Scherze und ironische Anspielungen. Die Gastfreundschaft, wie ich sie bei den englischen Germanisten genossen habe, hatte in ihrer Mischung von Geselligkeit mit den stets dazugehörigen Teepausen und ungezwungenen, anregenden wissenschaftlichen Gesprächen ihren besonderen Zauber.
Als mich der sehr angesehene englische Goetheforscher Willoughby bei meinem Vortrag in London über »Bild-Symbole in der deutschen Novelle« einführte, setzte er den englischen Zuhörern auseinander, wie viel dieser deutsche Gelehrte, der gleich zu ihnen sprechen würde, bereits geschrieben habe. Er könne sich das nur so vorstellen,

daß bei den deutschen Wissenschaftlern die Ehefrauen ihre Männer schon um fünf Uhr morgens weckten: »Aufstehn, Erich, forsche.« Er war zu höflich, um den Namen Benno für diese so hübsch ausgedachte Anekdote zu verwenden.
Willoughby hat Jahrzehnte mit Elizabeth Mary Wilkinson zusammengearbeitet. In sie, die oft auf deutschen Tagungen und Vortragsreisen zu sehen war, verliebte sich fast die ganze männliche Germanistik des besten Mannesalters. Nur sehr selten wird man eine solche Vereinigung von natürlicher Grazie und überlegener Klugheit finden. Mrs. Wilkinson beherrschte auf eine elegante Weise die gesellschaftlichen Formen, blieb immer taktvoll und war doch nie konventionell. Ihre Übersetzung und Kommentierung von Schillers »Briefen über die ästhetische Erziehung« zeigt wie auch andere ihrer Arbeiten ein imponierendes Eindringen in das ästhetisch-philosophische Denken eines fremden Landes und einer ihr zunächst ja fremden Sprache. Faszinierend ist der Charme, der von ihrer Person ausgeht, den sie aber auch geschickt einzusetzen weiß. Als sie am 8. Februar 1957 in Münster einen Vortrag hielt über Goethes Gedicht »›Trilogie der Leidenschaft‹ als Katharsis«, begann sie so: Erst öffnete sie behutsam ihre ungewöhnlich hübsche Handtasche, nahm langsam das Manuskript heraus, legte es wieder hin und erklärte improvisierend, wenn sie drei Wünsche an den lieben Gott hätte, würde sie sich im Himmel folgendes erbitten: erstens einen gepflegten Frisiersalon, zweitens den weiteren Zugang zur British Library in London und drittens ein Gespräch mit Herrn Geheimrat Goethe. Damit hatte sie sich bereits die Herzen aller Zuhörer erobert. Dann folgte noch ein vorzüglicher Vortrag. Wo es ihr nötig schien, brachte sie es sogar fertig, mitten in ihrer Rede einzelne Strophen ohne Noten und ohne Musikbegleitung vorzusingen.
Damals wurde London der Höhepunkt meiner Reise. Zwar hatte diese Stadt noch nicht die große Wirkung auf mich wie später. Ich lernte zu wenig von ihr kennen und verweilte meist im Britischen Museum und in der Nationalgalerie. Noch gab ich Paris, das mir viel vertrauter und auch übersichtlicher war, bei weitem den Vorzug. Besonders angezogen hat mich an den englischen Universitäten die unkomplizierte Verbindung des Gesellschaftlichen mit dem Individuellen. Sie gibt den Briten etwas angenehm Altmodisches in ihrer Lebenspraxis, läßt sie allerdings hinter der Entwicklung der technischen Zivilisation oft erschreckend zurückbleiben. Doch bewältigen sie diesen Abstand mit einer Gelassenheit ohnegleichen. Besonders bei meiner zweiten, sehr viel späteren Englandreise fiel mir auf, wie

wenig der Brite durch Streik, Arbeitslosigkeit, technische Ausfälle im öffentlichen Leben erschüttert wird. Das scheint der Preis zu sein, den er für die individuelle Freiheit und für die Respektierung seines Privatlebens zu zahlen bereit ist. Wie lange die Briten diesen Gleichmut in der Zukunft noch durchhalten werden, weiß wohl niemand.

Als sich mir 1957 der Ortswechsel noch einmal anbot, diesmal nach der Stadt, von der ich einst ausgegangen war, nach Bonn, wollte ich nicht mehr nein sagen. Meine Studenten veranstalteten ein rauschendes Abschiedsfest mit vielen witzigen Einfällen und amüsanten Versen. Doch sollte ich nicht jenes Bonn vorfinden, von dem ich träumte, nicht das weltoffene Bonn vor dem Nationalsozialismus, nach dem ich mich trotz der glücklichen Jahre in Münster manchmal heimlich zurücksehnte. Münster erschien mir zu abgelegen, zu sehr als Provinz. Von Bonn erwartete ich, von Illusionen genarrt, weit mehr, als es mir geben konnte. Ehe ich jedoch davon erzähle, will ich zunächst über meine verschiedenen Gastsemester in Amerika berichten.

X
GASTPROFESSUREN IN DEN USA

Ungefähr um die Wende 1952/1953 erreichte mich ein merkwürdiger telefonischer Anruf. Ein mir völlig Unbekannter bat darum, bei mir vorsprechen zu dürfen, um auf diesem privaten Wege meine Einladung in die USA vorzubereiten. Natürlich waren meine Frau und ich sehr aufgeregt. Solche Anfragen waren zu diesem Zeitpunkt noch sehr ungewöhnlich.

Es erschien ein älterer Herr mit schwerem Krückstock bei uns, der auf den ersten Blick einen seriösen Eindruck machte. Er redete stundenlang über eine Universität in Massachusetts, er sei dort früher Fellow gewesen, und sie seien interessiert, mich als Gastprofessor zu holen. Doch müßten sie erst durch ihn erfahren, ob ich auch wirklich kommen würde. Er fabelte von einem märchenhaften Leben mit einer eigenen Wohnung und einer »Schwarzen« als spottbilliger Bedienung, schwenkte dann in der Hand einen angeblichen amerikanischen Paß, ohne ihn aufzuschlagen. Schließlich kam er auf Umwegen beiläufig darauf zu sprechen, was er uns alles durch die Amerikaner, bei denen er jetzt beschäftigt sei, beschaffen könne. Um diese Zeit waren so manche Dinge wie Damenstrümpfe, Schreibmaschinen usw. noch teure Mangelware. Blitzartig wurde mir klar, daß hier ein Betrüger am Werke war, zumal seine englischen Sprachbrocken, die er in seinen Redefluß einstreute, sehr zu wünschen übrigließen. Er wiederum merkte, daß ich Lunte gerochen hatte und verlangte jetzt eilig ein Taxi. Er war tatsächlich ein Betrüger. Kurze Zeit später brachte unsere Tageszeitung eine Warnung vor dem genau beschriebenen Mann, der auf dem Wege fantastischer Versprechungen vor allem ahnungslosen Künstlern, aber auch anderen Leuten Beträge zu entlocken wußte, die dann für immer verloren waren.

Als ich ein Vierteljahr später eine offizielle Anfrage erhielt, ob ich bereit sei, eine Gastprofessur an der Indiana University in Bloomington im amerikanischen Mittelwesten für ein Semester anzunehmen, war ich zunächst mißtrauisch, ob nicht wieder eine Mystifikation vorliege. Dann aber entwickelte sich das Ganze nach Überwindung bürokratischer Schwierigkeiten relativ schnell. Anfang Oktober kam es zum endgültigen Vertragsabschluß und Ende Januar 1954 bestieg ich das italienische Schiff »Andrea Doria«, das von Genua nach New York fuhr, um bis zum Juni in Bloomington zu

unterrichten. Von den Amerikanern hatte ich ein zusätzliches »Fulbright-Stipendium« für die Reise bekommen.
Meine Frau und ich hatten von den USA damals nicht die geringste Ahnung. Mein Englisch taugte nicht viel. Doch der Gedanke an das Abenteuer, in eine gänzlich fremde Welt aufzubrechen, war so faszinierend, daß ich sogar bereit war, eine fatale Bedingung auf mich zu nehmen, die die Voraussetzung für meine dortige Tätigkeit war. Ich sollte zwar meine Vorlesungen und Übungen auf deutsch halten, wurde aber verpflichtet, zwei öffentliche Vorträge in englischer Sprache zu übernehmen. Die Arbeit an den beiden englischen Vorträgen verschlang weit mehr Zeit als alle anderen Vorbereitungen. Erst deutsch entworfen, mußten sie ins Englische übersetzt werden, dann sprach ich sie auf Tonband, und danach mußte wieder die Aussprache korrigiert werden.
Das Fulbright-Stipendium bot sich wie ein Traumgeschenk an. Doch hatte es auch seine Nachteile. Ich sollte als Passagier erster Klasse reisen, paßte aber in keiner Weise dort hinein. Meine Frau fuhr weit billiger mit einem holländischen Einheitsdampfer hinüber. Ich hätte gerne auf die erste Klasse verzichtet, um mit ihr gemeinsam reisen zu können. Aber das war von der amerikanischen Bürokratie nicht eingeplant und ließ sich auch nicht erreichen. So sahen wir uns erst in New York wieder.
Die erste Klasse, in der die oberen Zehntausend sich zu Hause fühlten, verlangte andere Geldmittel, als ich sie mit mir führte. Das »Taschengeld«, das Fulbright bewilligt hatte, war viel zu knapp bemessen, als daß man sich in diesen Kreisen damit bewegen konnte. Einen Smoking hatte ich auch nicht, so daß ich bei den Gala-Diners, auf denen es die exquisitesten und ausgefallensten Köstlichkeiten gab – unvorstellbar für einen Deutschen, der aus der Armut kam –, vielleicht noch mehr aus dem Rahmen gefallen bin als einst beim Militär. Höflich wurden diese Peinlichkeiten umgangen. Man lud mich bei den Drinks, die gern in Gruppen getrunken wurden, mit ein, obgleich ich niemals erwidern konnte. Ich fühlte mich als »Schlemihl«, als armer Schlucker inmitten dieses zum ersten Mal genossenen und mir völlig unbekannten Luxus.
Einiges in dieser Umgebung blieb mir unverständlich. Bei den abendlichen Tanzereien fiel mir eine sehr elegante jugendliche Amerikanerin auf. Sie tanzte Abend für Abend, eng an ihren Partner geschmiegt, Wange an Wange, nur war es fast immer ein anderer. Ich hielt sie für eine teure Hure. Das war ganz falsch. Erst später wurde ich darüber aufgeklärt, daß dieser abendliche Männerwechsel damals

für den männlichen Tanzpartner in den USA erforderlich war, damit er nicht vorschnell in den nicht gewünschten Stand eines Bräutigams kam. Es war allgemein üblich, daß die jungen Frauen auf Männerfang ausgingen, um so bald wie möglich verlobt zu sein, nicht aber die Männer auf Frauenfang.

Auf dem Schiff lernte ich den wohlhabenden jüdischen Rechtsanwalt Harry Hausknecht kennen, der bereits im frühen Kindesalter in die Staaten verschlagen worden war. Er suchte das Gespräch mit mir, um seine deutschen Sprachkenntnisse etwas aufzufrischen, verbesserte aber auch gerne meine »englischen« Vorträge und setzte die nötigen Sprachakzente ein. Als wir auf der Rückreise wieder durch New York kamen, hat sich der vielbeschäftigte Mann einen ganzen Tag frei gemacht, um uns mit seinem Cadillac kreuz und quer durch die riesige Stadt zu fahren, die ja keineswegs nur aus Manhattan besteht. Erst so gewannen wir den überwältigenden Eindruck von ihren Dimensionen. Eine Einladung in ein exquisites Fischrestaurant rundete das Abenteuer ab.

Ich fand diese Hilfsbereitschaft für einen ihm völlig unbekannten Deutschen und Hausknechts Gastfreundschaft in New York um so überraschender, als ich eigentlich weit eher das Gegenteil, nämlich Haß auf die Deutschen erwartet hätte.

In New York machte ich einige Tage Station und suchte nach langen Jahren der Trennung Hannah Arendt auf. Das Wiedersehen ging nicht ohne Gewissensbefragung ab. Ich vermochte sie damals nicht zu überzeugen, daß wir fast bis zum Ende des Krieges sehr wenig von den Vernichtungslagern für die Juden gewußt hatten. Und doch ist es so gewesen, nicht nur bei uns, sondern auch bei zahlreichen anderen Deutschen. Erst nach einem langen Gespräch, in dem Hannah mit dem Versagen meiner Generation ins Gericht ging, aber trotzdem gerecht blieb gegenüber unserer heillosen Verstrickung, erneuerte sich die Freundschaft und hat dann auch bis zu Hannahs allzu frühem Tod gehalten. Auch mit ihrem Mann, Heinrich Blücher, der kein Jude war, aber dessen erbitterte Feindschaft gegen das Nazi-Deutschland fast noch über die Hannahs hinausging, bin ich erstaunlich gut ausgekommen. Ihm ist es gelungen, neben seiner überragenden Frau sein eigenes originelles Dasein als philosophierender Einzelgänger und Kenner moderner Kunst zu behaupten, wenn auch auf etwas schrullige Weise. Seine Wirkung lag in seiner Person.

Immer zu Silvester gaben die Blüchers ein Fest für ihre Freunde. Da kamen die merkwürdigsten Gäste, alle aber Repräsentanten einer freien, über die Nationen hinwegreichenden Intelligenz. Einmal bin ich auch dabei gewesen. Diese Nacht ins neue Jahr ist mir als Fest des Witzes und des Geistes in Erinnerung. Leidenschaftlich und trunken zugleich habe ich mit Hannah und Heinrich diskutiert, ob Kleist der Vorrang vor Goethe zugesprochen werden müsse. Beide Blüchers traten für Kleist ein, den sie in seinem Existieren für radikaler und entschiedener hielten. Ich suchte Goethe zu verteidigen, aber die Blüchers wandten sich mit Nachdruck gegen Goethes Neigung zur Harmonisierung. Das war kein wissenschaftliches Gespräch, sondern hier ging es um die Grenzfrage, wer von den beiden Dichtern sich stärker vor dem Leben exponiert hatte. Schmerzlich empfand ich jedoch bei dieser Gelegenheit die Sprachbarrieren, die es mir unmöglich machten, mich in diesem Kreis mit klugen Amerikanern differenziert zu unterhalten.

Bloomington, das Ziel meiner Reise, das wir damals mit der Eisenbahn erreichten, war ein kleines ländliches Städtchen in der Nachbarschaft der unübersehbaren und auf weiten Strecken trostlosen Großstadt Indianapolis. Es bestand fast nur aus dem hübschen Campus der Universität, in dem es sich in angenehmer Abgeschiedenheit gut leben ließ. Wir bekamen eine möblierte Apartmentwohnung für zwei Personen, die der Universität gehörte. Man war dort gut versorgt. Sogar eine Waschmaschine stand bereit.

Schwierigkeiten machte jedoch der sprachliche Umgang. Im German Department konnten zwar alle Deutsch; als ich mich aber mit einem jüdischen Philosophieprofessor in unzulänglichem Englisch unterhielt, für das ich mich entschuldigte, erklärte er brüsk: »Everybody speaks English.« Das war eindeutig unfreundlich gemeint.

Es blieb ein Einzelfall. Die Aufnahme war von jener hinreißenden Gastfreundschaft, in der die Amerikaner und die Engländer uns bei weitem überlegen sind. Hubert Meessen, damals »Head« des Department, den ich zu seinem Vergnügen immer »Heart« des Department genannt habe, hatte sich den Verfasser der »deutschen Tragödie« – und ihm galt die Einladung – eigentlich als einen älteren würdigen Herrn vorgestellt. Doch war er freudig überrascht, daß dieses »image« gar nicht stimmte. Kaum hatte er mich kennengelernt, wollte er mich von den Vorzügen Amerikas überzeugen. Nicht nur er, auch andere stellten sogleich die Frage:»Do you want to stay in America?« Darauf sollte man natürlich mit Ja antworten. Der ungebrochene Glaube an das eigene Land kannte damals noch keinen Zweifel. So naiv das auf mich wirkte, Meessen war komplizierter, als man zunächst vermutet hätte. Ein Hauch von Schwermut überschattete seine natürliche Fröhlichkeit. Vielleicht war es eine Ahnung seines frühen Todes. Als Germanist beschäftigte er sich besonders mit Wieland. Er war bereits sehr jung aus Deutschland ausgewandert und inzwischen ganz Amerikaner geworden. Er lebte mit seiner zweiten Frau in einer liebenswürdigen, Harmonie ausstrahlenden Ehe. Zum Empfang wurden wir zu einer großen Party mit einem riesigen kalten Puter eingeladen. So etwas gab es in deutschen akademischen Kreisen damals nicht. Frau Lois Meessen sprach kaum Deutsch, und so parlierte ich mit der bezaubernden Gastgeberin, die sich mit so viel Anmut in ihrem duftigen Gesellschaftskleid auf den Fußboden zu setzen wußte, auf englisch über die Unterschiede zwischen dem deutschen und amerikanischen Essen. Ich versuchte ihr klar zu machen, daß wir öfters Enten als Puter verspeisen, sprach aber das englische Wort ducks so aus, daß es wie dogs klang. Frau Meessen war entsetzt, daß die armen Deutschen sich sogar jetzt noch von Hundefleisch ernähren mußten. Erst allmählich klärte sich das Mißverständnis auf, und wir haben Tränen gelacht.

Die ganze deutsche Abteilung gefiel mir. Geborene Amerikaner waren nur wenige dabei. Ausgewandert aus Österreich war das Ehepaar Fuerst, beide sehr zurückgezogen, von verletzbarer Empfindlichkeit und wohl auch etwas absonderlich, dabei aber herzensgut und uns gegenüber immer von großer Freundlichkeit.

Weit aufgeschlossener waren die jungen Remaks. Auch Remak war ausgewanderter Jude, aber ohne das geringste Ressentiment gegen die Deutschen. Ich habe mich mit dem lernbegierigen Assistant Professor viel über sein Lieblingsgebiet, die Novelle, unterhalten. Seine Beweglichkeit, seine Toleranz – manchmal geht sie vielleicht zu weit – und seine Sympathie für die deutschen Germanisten sind Vorzüge, die man in diesem Ausmaß nur selten findet.

Die einzige geborene Amerikanerin in der Abteilung, mit der wir näher bekannt wurden, war eine ältere unverheiratete Dame, Miss Grace Martin. Das Abendessen bei ihr, zu dem wir eingeladen waren, verlief etwas asketisch. Da sie Alkohol ablehnte, gab es nur Wasser in unbegrenzter Fülle zu trinken. Dazu wurde eine Pastete serviert. Ich hielt sie für die Vorspeise, sie war aber das Hauptgericht, und so bereute ich bitter, daß ich kein zweites Mal zugegriffen hatte. Bei einem sehr festlichen Dinner, zu dem der Dean der Fakultät uns gebeten hatte, war die Tafel mit kostbarem Service und mit Festbeleuchtung ein einziger Augenschmaus. Als aber der eigentliche Schmaus beginnen sollte, bestand er nur aus einem Gericht, das man in Deutschland Königsberger Klops nennt, wenn auch dargereicht auf dem edelsten Porzellan. Doch es gab auch das Gegenteil: Whisky in Hülle und Fülle, auch vorzügliche französische Rotweine und, besonders beim traditionellen Essen zum Thanksgiving Day, einen Puter, ausgestattet mit zahlreichen kulinarischen Überraschungen. Eines freilich mußten wir noch lernen: Bei Gegeneinladungen war es üblich, nicht mehr, aber auch nicht weniger zu bieten, als man vorher bekommen hatte.

Ich habe später zahlreiche Vortragsreisen in Amerika gemacht. Trotzdem lernte ich von dem Kontinent eigentlich nur die German Departments kennen, also nicht das Wirtschaftsleben, nicht die Industrie, nicht die Politik und auch nicht die Kriminalität. Auch der Schriftsteller Erich Nossack, den ich einmal auf einer Vortragsreise getroffen habe, erzählte von sich, er sei eigentlich nur von Goethe-Institut zu Goethe-Institut herumgereicht worden und kenne die Staaten nur von Flugplatz zu Flugplatz, von Dichterlesung zu Dichterlesung. So sind meine Vorstellungen vom damaligen Amerika sicher der Korrektur bedürftig. Was mich als erstes begeisterte, war die ungeheure Weite. Von Raumnot und Enge war nichts zu spüren. Überall schien mir in dieser Welt noch Platz zu sein, um sich unbekümmert und unbelastet in ihr einzurichten. In Amerika kannte man damals weit weniger die Angst vor der Zukunft als in Europa. Ein Kontinent mit so wenig Tradition hat den Vorzug der Jugend, die genügend Initiative aufbringt zu improvisieren, zu verändern und umzugestalten. Das hat bereits der alte Goethe empfunden, als er 1827 seine vielzitierten Verse »Den Vereinigten Staaten« niederschrieb.

Amerika, du hast es besser
Als unser Kontinent, das alte,
Hast keine verfallene Schlösser
Und keine Basalte.
Dich stört nicht im Innern
Zu lebendiger Zeit
Unnützes Erinnern
Und vergeblicher Streit.

Benutzt die Gegenwart mit Glück!
Und wenn nun eure Kinder dichten,
Bewahre sie ein gut Geschick
Vor Ritter-, Räuber- und Gespenstergeschichten.

Die Bereitschaft der Amerikaner, mit den Aufgaben des sozialen Lebens auf unbefangene und vernünftige Weise fertig zu werden und etwaige Fehler stets zu korrigieren, empfand ich als wohltuenden Kontrast zum deutschen Grübeln über die »letzten Dinge«. Zu einem »tragischen Weltbild« oder zum »Nihilismus« mochten zwar einige aufsässige amerikanische Literaten tendieren, der normale Durchschnittsamerikaner hingegen hatte genügend mit den vorletzten und vorvorletzten Dingen zu tun. Darum blieb auch das Wort »Kompromiß« ohne den verdächtigen Beigeschmack, den es bei uns viel zu schnell bekommt. Alle sozialen Verhältnisse beruhten auf dem Verständnis für den Nachbarn und auf gutem Willen, und das wurde unter den glücklichen und weiträumigen Bedingungen dieses Kontinents in den meisten Fällen respektiert.

Zwar redet man heute auch in Deutschland mit Vorliebe von »Solidarität«, doch das klingt bei uns ideologischer und programmhafter. Die amerikanische Selbstbehauptung der Freiheit, die nur möglich ist bei ständiger Anerkennung der anderen, war nicht so sehr das Resultat einer weltanschaulichen Theorie, sondern das Ergebnis der alltäglichen Lebenspraxis. Allerdings galt das nur für die Weißen, die Schwarzen blieben davon weitgehend ausgeschlossen.

Ich entdeckte bei diesem ersten Besuch Amerika als ein nicht materialistisches, sondern idealistisches Land. Das war vielleicht ein allzu freundliches Vorurteil. Ich meinte mit diesem »Idealismus« nicht den spekulativ-philosophischen, sondern den naiven Optimismus der Amerikaner, die an eine Gesetzgebung glaubten, die sie sich selbst gegeben hatten und nach der zu leben sie nun auch entschlossen waren. Dazu gehörte die Bereitschaft, jeden Menschen für einen guten zu halten bis zum Beweis des Gegenteils, während die Deutschen nur allzuoft den entgegengesetzten Weg einschlagen. Trotz der Vorherrschaft von Technik und Wirtschaft hielten die Amerikaner an dem frohen Glauben des 18. Jahrhunderts fest, daß der Mensch, unbeschadet seiner Irrtümer und Schwächen, sich mit Vernunft und Toleranz in einer gemeinsamen Welt einrichten kann. Moralische Prinzipien wurden direkt in die Praxis des Lebens umgesetzt. Das konnte freilich nur so lange gut gehen, wie keine Widersprüche zwischen den beiden Bereichen klafften. Die bösen Erfahrungen des 20. Jahrhunderts haben diesen Glauben an die Menschheit und an die »Menschenrechte« vor die härteste Bewährungsprobe gestellt.

Amerika ist keine Nation im europäischen Sinne, sondern besteht aus Angehörigen vieler Nationen, die sich entschlossen haben,

Amerikaner zu werden. Daraus resultiert die große Bedeutung des »social life« und der »social integration«. Als Engländer, Franzose, Deutscher wird man geboren, Amerikaner kann man werden. Das Englische, gleichgültig ob man es besser oder schlechter spricht, wird dafür zur universalen Verständigungssprache, und man bemüht sich nicht allzusehr um andere Sprachen. Die Substanz des gemeinsamen Lebens heißt Gesellschaft, und es ist erstaunlich, in welchem Ausmaß die Vergesellschaftung des Lebens gelingt. Über die Nachteile und Gefahren, die damit verbunden sein können, sollte mich mein zweiter amerikanischer Aufenthalt belehren.

Auch die Kirchen sind weit mehr in die gemeinsame Gesellschaft einbezogen als bei uns. Schon die Kinderbücher handeln mit Vorliebe davon, wie ein wildes, ungebärdiges Kind, meist durch eine edle Tat, in den gemeinsamen Lebensraum hineinwächst. Amerika ist trotz des Kapitalismus ein demokratisches Land. Im Grunde möchte jeder zur »middle class« gehören. Den typisch deutschen Gegensatz einer gebildeten und einer ungebildeten Klasse kennt man dort nicht. Gebildet im amerikanischen Sinne ist, wer sich in die vielfältigen Formen des gesellschaftlichen Lebens eingeordnet hat. Jeder erstrebt das in freier Wahl, aber die Erziehung dazu soll schon in der Highschool beginnen.

Die Grenzen dieses Verhaltens sind leicht zu erkennen. Die Nötigungen der »Standardisierung« und »Normalisierung« können für den Einzelgänger erdrückend werden. Wer als Ausnahme existieren will, hat dafür weniger Chancen als in Deutschland. Es ist sehr schwer, sich den Normen des sozialen Lebens zu entziehen und der Verantwortung für die Gemeinschaft auszuweichen. Allzu schnell gerät der waghalsige Einzelne dabei ins Leere. Für den Durchschnittsmenschen überwiegt jedoch der Vorteil, daß er niemals alleingelassen wird und ständig in das gemeinsame Klima einbezogen bleibt.

Die Amerikaner nannten ihre Lebensweise »the american way of life« und fanden in ihrem naiven Selbstbewußtsein, auch ich müßte diesen Weg für den besten aller möglichen halten. Sie hatten sich die Devise zu eigen gemacht, die bereits in Goethes Roman »Wilhelm Meisters Lehrjahre« steht: »Gedenke zu leben!« Sie begriffen nicht, warum in Deutschland so viel über Wert oder Unwert des Lebens nachgedacht wird, auch und gerade unter Studenten und Professoren, statt einfach zu leben. Sie fanden dies nicht so schwierig. Sicher wirkt in dieser herzhaften Unbekümmertheit noch immer der Pionierstil von einst nach mit dem Willen zur wechselseitigen Hilfe. Der fröhliche Optimismus führt allerdings zur Verdrängung des Todes. Zwar gab es überall Beerdigungsinstitute, sogar zu Parties durfte man sich Stühle von ihnen leihen, aber Sinn und Zweck dieser Beerdigungsinstitute ist die Illusion, man könne den Tod ins Leben einbeziehen und ihn mit kosmetischen Hilfen verschönern. In die gleiche Richtung geht das Bestreben, das Alter zu verleugnen. Manchmal wirkt es geradezu peinlich, wie die Alten noch mit den Jungen konkurrieren wollen, indem sie deren Lebensformen nachahmen. Dabei kann nur eine Karikatur herauskommen.

Warum sind die Amerikaner in weiten Teilen der Erde so unbeliebt? Ich glaube, das hängt mit ihrem Mangel an Einfühlung und Psychologie zusammen. Sie kommen gar nicht auf den Gedanken, man könne anders leben wollen als sie. Selbst hochbegabte Intellektuelle fand ich oft erstaunlich eingleisig. Für Vieldeutigkeit und Ironie fehlt ihnen meist der Sinn. Was sich dem direkten Zugriff entzieht, was außerhalb ihrer eigenen Weltbewältigung liegt und anderen Gesetzen untersteht, dringt nicht so recht in sie ein.

Das wirkt sich auch auf das Universitätswesen aus. Als ich in einem Interview gefragt wurde, ob ich die amerikanische oder die deutsche Universität besser fände, antwortete ich vorsichtig, für die jüngeren Semester fände ich die amerikanische besser, weil man sich hier weit mehr um den Einzelnen kümmere. Besonders die in ihrer Zahl begrenzten Germanisten wurden geradezu wie kleine Kinder gehegt und gepflegt. Für die älteren Semester zöge ich jedoch die deutsche Universität vor, weil die Studenten dort weit mehr Freiheit für ihr Studium hätten und nicht so gegängelt würden.

Der Unterricht war für mich nicht anstrengend. Vorlesungen im deutschen Sinn waren hier nicht angebracht. Sie wurden in ein Frage- und Antwortspiel aufgelöst. Man hatte mich vorher in Deutschland vor Enttäuschungen gewarnt, ein Professor bedeute in Amerika weit weniger als bei uns. Ich habe jedoch diesen Verzicht auf Ehrfurcht vor allem Professoralem als besonders angenehm empfunden. Ich war der Doktor von Wiese. Der Student durfte erwarten, daß ich ihm in seinem Fach das nötige Wissen beibrachte, dazu war ich ja angestellt. Die Überlegenheit des Dozenten in diesem Feld wurde als selbstverständlich vorausgesetzt. Sobald der Kurs vorüber war, verkehrte man hingegen von Mensch zu Mensch. Oft wurde dann gemeinsam ein drink genommen, man plauderte unbefangen, von Fachwissen wollten die Studenten jetzt nichts mehr hören. Ihre Freundlichkeit und ihre Hilfsbereitschaft, wenn sich für ihren Gastprofessor Schwierigkeiten ergaben, war liebenswert. Wie in Münster, wo ich mein Oberseminar einmal im Semester zu mir in die Wohnung einlud, hielt ich es auch in den USA, und ich bewunderte sehr, mit welcher Leichtigkeit und geselligen Grazie sich die amerikanischen Studenten zu bewegen wußten. Die Deutschen mußten das damals noch lernen.

Den Unterschied im Verhalten zum Professor möchte ich an einer kleinen Geschichte verdeutlichen, die sich später in Bonn abgespielt hat. Es war die Epoche der überfüllten Massen-Universität. Vor dem Zimmer, in dem ich Sprechstunde abhielt, standen zahlreiche deutsche Studierende, die alle nur kamen, um die nötigen Erkundigungen einzuholen, was ihnen im Examen bevorstand. Unter ihnen wartete geduldig auch ein Amerikaner, bis er Einlaß fand. Doch er wollte etwas ganz anderes erfahren. »Herr Professor«, so lautete seine mich verblüffende Frage, »was halten Sie eigentlich von Thomas Mann?« Da ich in Amerika gewesen war, verstand ich ihn. Er nahm sich das studentische Recht heraus, selbst mit einem vielbeschäftigten Professor in seiner Sprechstunde über eine ihn interessierende Frage reden zu dürfen. Ich ließ die anderen warten und sagte ihm, welche Meinungen ich mir über Thomas Mann gebildet hatte.

Gewiß: der Bildungshorizont vieler amerikanischer Studenten war begrenzt, aber es wäre falsch, sie zu unterschätzen. Sie brachten einen weit größeren Fleiß auf als viele deutsche. Sie brauchten gute Noten für ihr weiteres Fortkommen. Die für sie oft dringliche finanzielle Unterstützung war von der Benotung abhängig. Noten unter sehr gut und gut konnten sich katastrophal auswirken. Das wurde mir erst allmählich klar, und ich bemühte mich deshalb, die Note gut nicht zu unterschreiten. Bei einem Gastprofessor hielt ich pedantische Strenge nicht für angebracht, zumal jeder meiner Studenten so viel, wie ihm möglich war, zu leisten suchte.

Den Mangel an Freiheit an amerikanischen Universitäten fand ich allerdings oft störend. Aber die intellektuelle Ausbildung ist dort nur *eine* Komponente und noch nicht einmal die wichtigste. Weit mehr als bei uns bedeutet die Universität eine Lebensgemeinschaft. Das Zusammenleben in den »dormitories« (studentischen Wohngemeinschaften), Theater und Spiel, Teilnahme an allen Formen des gesellschaftlichen Lebens spielen mindestens eine ebenso große Rolle und werden auch bei der Bewertung der Studenten mitberücksichtigt. Bloomington liebte besonders die musikalischen Veranstaltungen. So habe ich auf der großen Universitätsbühne eine Aufführung von Richard Wagners »Parsifal« miterlebt, nicht etwa von Berufssängern, sondern von Studenten und Dozenten gesungen. Es dauerte stundenlang und war sehr anstrengend. Es ging hier um mehr als um ein bloßes Vergnügen. Es handelte sich um die social integration, für die sich Studenten und Lehrer gemeinsam verantwortlich fühlten und die sie mit einer solchen öffentlichen Veranstaltung in der Praxis vorführen wollten.

Die eigentliche Schwierigkeit in Bloomington blieben für mich die beiden englischen Vorträge: »German Views of Shakespeare« und »Anti-romantic Trends in German Romanticism«. Ich hatte die Generalprobe bereits am anderen Ort gemacht. Den ersten englischen Vortrag, den über Shakespeare, hielt ich am 25. März in Madison und dann noch einmal am 29. in Iowa. Glücklicherweise konnte ich den zweiten Vortrag über die Romantik in der Zwischenzeit in Chicago in deutscher Sprache abhalten. So ging es mit den englischen Vorträgen einigermaßen gut ab. In Iowa eröffnete mir der Leiter des Department, er hoffe, ich könne genügend Englisch. Sie hätten nämlich einige Tage vorher mit dem berühmten deutschen Historiker Ritter einen etwas peinlichen Zwischenfall erlebt. Er habe sein Englisch überschätzt und frei gesprochen. Dabei sei es ihm passiert, daß er über die Verschwörer des 20. Juli in ihrem Kampf gegen Hitler sagte: »They gave their livers.« Solches prometheische Schicksal statt der schlichten Lebenshingabe nahmen die höflichen amerikanischen Studenten, ohne eine Miene zu verziehen, entgegen. Ganz krisenlos ging es auch bei mir nicht ab. Nach dem Vortrag machte mich ein Zuhörer sehr diskret darauf aufmerksam, ich dürfe den Vokal bei dem Wort love nicht so lang ziehen; denn dann hieße es »laugh« (Gelächter) und nicht Liebe. Scherzhafte Anekdoten über solche Sprachverwirrungen beim Umgang mit der englischen Sprache habe ich noch viele andere gehört, aber ich beschränke mich hier auf meine eigenen Erfahrungen.

Chicago machte mir einen schauerlich-schönen Eindruck. Ein praktischer Arzt, Dr. Stanca, der früher einmal mit einem weitläufigen Verwandten von mir bekannt gewesen war, hatte uns spontan in typisch amerikanischer Gastfreundschaft in sein Haus eingeladen. Er gehörte einer kirchlichen Sekte an, und so mußten wir an dem sonntäglichen Gottesdienst teilnehmen. Wie erstaunt war ich aber, als ich, leise dahindämmernd, von der Kanzel plötzlich meinen Namen und den meiner Frau hörte. Das war ganz konkret »social life« in der Kirche. Die Gäste des Dr. Stanca wurden sofort in das gemeinsame kirchliche Leben miteinbezogen. Der Arzt fuhr uns in seinem großen Wagen durch das nächtliche Chicago. Nachts stellte er nämlich immer sein Telefon ab, so daß ihn keine Patienten erreichen konnten. Das hat uns einigermaßen verblüfft. Der Kontrast der lichtüberfluteten Anlagen am See zu den endlosen, düsteren Häuserreihen im Innern der Stadt wirkte gespenstisch auf uns. Dort, wo man meilenweit kaum mehr Menschen sah, hätte ich nicht aussteigen mögen. Die Gefahr, die einem drohte, war unsichtbar, aber man spürte sie atmosphärisch.

Ich habe damals auch in Princeton, an der Cornell Universität in Ithaca, in Maryland und in Baltimore Vorträge gehalten. Am eindrucksvollsten fand ich die Einladung, meinen Romantik-Vortrag in der Carl Schurz Memorial Foundation in Philadelphia zu halten. Es ging dabei sehr festlich und glanzvoll zu. Das war keineswegs in allen Fällen so. Wohl begegnete einem immer die gleiche Freundlichkeit, aber die Unterschiede zwischen den amerikanischen Universitäten waren weit größer, als ich es vermutet hatte. So war der Campus keineswegs immer so schön wie in Princeton oder in Cornell. Das Bildungsniveau reichte an den Universitäten und Colleges von dem der primitiven Schulstunde bis zur Aufgeschlossenheit für sehr verwickelte Probleme der deutschen Geistesgeschichte. Manchmal, wie z. B. in Haverford, übertraf die gepflegte Tradition eines Colleges, das sich nicht Universität nennen durfte, andere Bildungsanstalten, die sich stolz mit diesem Namen schmückten. Voraussagen, wie es damit im Einzelfall bestellt war, ließ sich das nie. Es hing weitgehend vom geistigen Rang der Germanisten ab, die, weit im Lande verstreut, an Colleges, Staats- und Privatuniversitäten lehrten. Natürlich spielten dabei auch die finanziellen Mittel eine Rolle, die jeweils zur Verfügung standen.

Gegen Ende meiner Zeit in Bloomington machte ich noch gemeinsam mit Meessen und einigen anderen Kollegen einen Besuch in dem privaten Museum des umstrittenen Sexualforschers Alfred Kinsey. Ungefähr zwanzigtausend weiße amerikanische Männer und Frauen hatte er über ihr Geschlechtsleben befragen lassen und die Befunde in seinem berühmten Kinsey-Report ausgewertet. Nur mit besonderer Bewilligung durfte man sein Museum betreten. Was ich dort an pornographischem Material gesehen habe, darunter auch künstlerisch Wertvolles wie einige, der Öffentlichkeit nicht bekannte Illustrationen von Heinrich Zille, ließ sich nur schwer mit wissenschaftlicher Gemütsruhe betrachten. Wir waren ja alle noch Männer im besten Alter. Doch taten wir so, als ob es uns nicht anfechte. Der Gegensatz des hier reich ausgebreiteten Sexuallebens zu dem sonstigen Puritanismus der Amerikaner war für mich eine überraschende Erfahrung. In diesem Kontinent findet sich fast zu allem auch das

Gegenteil. Und wenn ich den »Idealismus« der »middle class« beschrieben habe, so muß ich hinzufügen, daß trotzdem der Dollar die nicht nur wirtschaftliche, sondern auch moralische Werteinheit für das amerikanische Leben blieb.
Deutsche Professoren verschweigen gern, was sie verdienen. Amerikanische hingegen erzählen mit Vorliebe von der Höhe ihrer Bezüge, weil sie sich damit als besonders tüchtig und darum als privilegiert ausweisen können. Auch darin steckt Naivität. Wer mehr verdient als andere, so nimmt man an, ist damit ein Mann von größerer Bedeutung. Armut ist mehr oder weniger eine Schande. Die Nachahmung solcher Maßstäbe in der späteren deutschen Wohlstandsgesellschaft gehört zu den fatalsten Anpassungen an die Vereinigten Staaten. Überträgt man Amerikanertum auf Europa, so gerät es sehr schnell in die Karikatur.
Als ich von Bloomington, diesmal mit dem Flugzeug, nach Münster zurückkehrte, hatte ich mich zwar nicht für den »American way of life« entschieden, wohl aber zur Liebe für diesen Kontinent mit seinen unbegrenzten Möglichkeiten. Noch ahnte ich nicht, welche Katastrophen ihm bevorstanden und wie sehr Vietnamkrieg, Arbeitslosigkeit, Inflation und Kriminalität das gute Gewissen der Amerikaner vor die schwersten Belastungsproben stellen würden.

Meine zweite Einladung in die USA erreichte mich nur ein Jahr später. Eigentlich war sie eine, wenn auch verklausulierte Berufung. Die Universität Princeton brauchte für die deutsche Abteilung einen neuen Ordinarius, da Werner Silz an die Columbia Universität in New York gewechselt hatte. In der Zwischenzeit unterstanden die Lehrkräfte für Deutsch in oberster Instanz dem Ordinarius für Französisch Professor Wade. Mich wollte man dort hinholen in der Erwartung, daß ich der künftige Leiter des neu zu errichtenden German Department sein würde. Erst sollte ich mich jedoch mit den dortigen Verhältnissen vertraut machen. So erhielt ich als Vorstufe für die endgültig geplante Berufung eine Gastprofessur für die Zeit von September 1955 bis Mitte Juni 1956.
Es lockte mich durchaus, so rasch wieder in die USA zu kommen, wenn ich auch nicht die Absicht hatte, für immer dorthin zu gehen. Doch diese Einschränkung mußte ich zunächst einmal verschweigen. Ich vertraute darauf, daß sich der Weg zur Rückkehr nach Deutschland schon irgendwie finden würde. Das geschah auch, aber ganz anders, als ich es mir vorgestellt hatte.
Bei meiner zweiten und später auch bei meiner dritten Amerikareise

mußten allerdings die Vertretungen für meine Münsteraner bzw. meine spätere Bonner Professur geregelt werden. So haben Hans Egon Hass aus Bonn, Ingrid Strohschneider-Kohrs aus Bochum und später Herman Meyer aus Amsterdam mich während meiner Auslandssemester ersetzt. Die Verbindung mit dem Ehepaar Meyer, das in unsere Bonner Wohnung gezogen war, hielt sich in höflich konventionellen Grenzen. In seiner kühlen Reserviertheit ist Meyer mir menschlich mehr oder weniger fremd geblieben. So liebenswürdig er sich zu geben wußte, er schien mir seine eigene Person bewußt dahinter zu verbergen. Doch habe ich seine Leistung für die Literaturwissenschaft immer bewundert. Sie ging über die differenzierte Beherrschung der deutschen Sprache weit hinaus. Seine Einfühlung in stilistische Phänomene, sein ästhetischer Spürsinn für den Vers, seine geradezu kriminalistische Begabung für versteckte Zitate haben Marksteine für die internationale Germanistik der Nachkriegsjahrzehnte gesetzt. Begonnen hat er mit einem originellen Buch über den Typus des Sonderlings in der deutschen Dichtung. Seine späteren Werke »Das Zitat in der Erzählkunst« und die Aufsatzsammlung »Zarte Empirie« gehen alle von der Einzelbeobachtung aus, um sich in sie mit solcher Lust und Liebe zu versenken, daß sich weitere Bezüge hinzugesellen und schließlich auf diese Weise theoretische Einsichten in die Struktur der Erzählkunst oder auch in die historische und artistische Eigenart von Vers und Strophe ergeben. Diese Bemühungen um eine neue, empirisch fundierte Poetik gehörten in die damals entstehende Tradition hinein, die von Günther Müller, Wolfgang Kayser, Emil Staiger, Käte Hamburger bis zu Eberhart Lämmert reicht.
Ich ging also für fast ein Jahr nach Princeton. Wieder wählten meine Frau und ich für die Hinfahrt die Schiffsreise, diesmal auf dem deutschen Schiff »Berlin«, zusammen mit meiner Tochter, die nach bestandenem Abitur eine Ausbildung in Graphik begonnen hatte und sie in Trenton in der Nähe von Princeton fortsetzen wollte. Auf dem Schiff hatte sie gleich Glück mit dem beliebten Spiel »Bingo« und war selig über die Dollars, die ihr auf so leichte Weise zufielen. Zu meiner größten Überraschung tauchte auf dem gleichen Schiff mein Kollege Wolfgang Kayser auf. Er ging als Gastprofessor nach Harvard, und wir haben uns während dieser Amerika-Zeit wechselseitig zu Vorträgen eingeladen. Harvard und Princeton galten als die vornehmsten amerikanischen Privatuniversitäten. Während der Schiffsreise spielten Kayser und ich zur Erholung Schach und führten mancherlei interessante Gespräche. Beide standen wir da-

mals in der Lebensmitte; jeder von uns hatte ein ausgeprägtes Selbstbewußtsein und glaubte an sein Können. Beide genossen wir das Wirken im anderen Kontinent als Gunst des Schicksals, und so gab es keinen Raum für Konkurrenzneid oder Intrige. Wir verstanden uns ausgezeichnet.

Doch sehr bald sollte ich in eine äußerst schwierige Situation geraten. Princeton war nicht Bloomington. Das gesellige Leben verlief weit frostiger und konventioneller. Wärme und Vertraulichkeit hielt man für unter seiner Würde. Princeton wollte mir wie der vergebliche Versuch der Amerikaner erscheinen, Engländer zu werden. Zwar lud die Nähe von New York zu häufigen Kurzbesuchen in dieser Stadt ein, die eigentlich in Amerika eine Welt für sich ist, die einzige wirkliche Großstadt, die ich kennengelernt habe, wohl noch über London hinaus. Auch war der Campus in Princeton, besonders in dem allzu kurzen Frühling, dem sehr rasch ein schwüler, heißer Sommer folgte, sehr reizvoll, ja sogar bezaubernd. Die großen Gebäude darin, nach englischem Stil erbaut, ließen sich mit Stolz vorzeigen, vor allem dann, wenn der Begleiter einen hie und da auf einen Stein hinweisen konnte, der direkt aus Oxford oder Cambridge importiert und dann in das neue Gebäude miteingemauert worden war. Auch überraschte die hervorragende Organisation der Universitätsbibliothek, die für stille wissenschaftliche Arbeit wie geschaffen war, zumal einem die gewünschten Bücher direkt in die eigene Kabine gebracht wurden und dort ohne weitere Umstände zurückgelassen werden durften. Der Weg von unserer Wohnung bis dorthin war nur ein kurzer Spaziergang, und so habe ich an dieser Stelle in aller Ruhe an meinen Interpretationen über die Novelle arbeiten können, da ich bei allen meinen Aufenthalten an amerikanischen Universitäten von zeitraubenden Fakultäts- und Verwaltungsgeschäften völlig befreit war.

Aber das alles entschädigte mich nicht für den Hochmut und die Heuchelei dieser von sich selbst so eingenommenen, bis ins Unnatürliche und ins Gespreizte hinaufstilisierten Universitätsgesellschaft. Ein böser Stern wollte, daß ich das sehr schmerzhaft zu spüren bekam. Von Anfang an machten wir alles falsch. Wir wohnten nicht »standesgemäß«, sondern in einer bescheidenen Straße, in der sonst nur die niederen Chargen der Universität zu wohnen pflegten. Uns genügte das kleine, aber behagliche Häuschen am Edwards Place, wenn wir uns auch mit Kohleheizung behelfen mußten. Wichtiger war uns, die kostbaren Dollars für andere Dinge zu verwenden. Ein solches Verhalten entsprach aber nicht dem vorgeschriebenen Kodex. Ebenso falsch war es, daß meine Frau einen Vortrag im English Club, der sie vom Thema her interessierte, besuchte. Dort verkehrten nämlich nur Männer. Das hatte uns niemand gesagt und sagte uns auch später niemand. Statt dessen bekamen wir mit süffisantem Lächeln von einer Amerikanerin zu hören, es sei doch sehr mutig von Frau von Wiese gewesen, daß sie sich in diesen Club hineingetraut habe.

Es kam aber noch schlimmer. Mit den meisten jüngeren Dozenten der deutschen Abteilung hatte ich zwar keine Schwierigkeiten. Im Gegenteil: sie versicherten mir immer wieder, wie sie sich freuen würden, wenn ich als »Head« eines selbständigen Departments bei ihnen bleiben würde. Auch mit dem Kurs für Fortgeschrittene (graduate course) entwickelte sich eine erfreuliche Zusammenarbeit, zumal die Teilnehmer strenger ausgewählt und auch begabter waren als die menschlich so erfreulichen in Bloomington.

Einer meiner Schüler war Wolfgang Taraba, der in Münster bereits bei mir mit einer Arbeit über das Zeiterlebnis bei Eduard Mörike promoviert hatte und nach den USA ausgewandert war. Damals stand er auf der untersten Sprosse der akademischen Laufbahn: er war »instructor« (eine Art Zwischenstufe zwischen Student und akademischem Lehrer mit geringer Besoldung) und rechnete mit seiner unmittelbar bevorstehenden Beförderung zum »assistant Professor«. In Princeton fand ich die Behandlung des jüngeren akademischen Nachwuchses unwürdig. Er war mehr oder weniger zur devoten Unterwürfigkeit gezwungen, da die jährliche Verlängerung oder auch Beförderung von der Gnade der Vorgesetzten abhängig war. Wer sich am besten an dieses Klima anpassen konnte, hatte auch die besten Chancen. Die Leistung spielte für die Beförderung nicht die erste Rolle, weit mehr jedoch das gesellschaftliche Wohlverhalten.

In der deutschen Abteilung gab es einen unverheirateten associated Professor, er hieß Bernhard Ulmer und regierte vorübergehend die nicht allzu große Gruppe der Germanisten, unterstand jedoch seinerseits Professor Wade. Er sollte für mich das große Aber zu den Vorzügen von Princeton werden. Eine Tee-Einladung bei ihm genügte, um mir zu zeigen, daß wir uns nur wenig zu sagen hatten. Ulmer pflegte den Kontakt mit dem liebenswürdigen, gut aussehenden, wenn auch etwas weichen Taraba und machte ihm sogar Geschenke. Die Beförderung zum nächsten akademischen Grad hatte er ihm mehr oder weniger zugesagt. Mit einem Mal, kurz nach der Verheiratung Tarabas mit einer jungen, reizenden Amerikanerin,

war es damit schlagartig vorbei. Taraba blieb nicht nur unbefördert, er wurde sogar entlassen. Das war in Amerika an sich keine Katastrophe, da sich in der Weite des Landes leicht eine neue Stelle finden ließ. Jedoch bedeutete es an diesem Ort einen erheblichen Prestigeverlust; denn zu Princeton zu gehören galt im ganzen Land als besondere Auszeichnung. Der Grund für Tarabas Entlassung sollte angeblich Nachlässigkeit im Dienst gewesen sein. Taraba konnte mir aber glaubhaft versichern, daß er sich nichts hatte zuschulden kommen lassen. Nur bei der Geburt seines ersten Kindes war er einmal etwas zu spät zu seinem Kurs erschienen. Als ich das hörte, war ich wütend. Ich fand es empörend, einen Schüler von mir hinter meinem Rücken zu entlassen, zumal man doch beabsichtigte, mich zum Head des Departments zu berufen.
Ich wollte bei Wade energischen Protest einlegen. Die Verständigung war schwierig; er sprach kein Wort Deutsch, ich nur wenig Englisch. Das Gespräch begann mit einer typisch konventionellen Frage von Wade: »Are you happy in Princeton?« Da tat ich etwas, was nach amerikanischen Vorstellungen einfach nicht geschehen durfte. Ich antwortete: »I am not happy.« Das glatte Gesicht von Wade erstarrte. Nur mühsam beherrschte er sich und wollte natürlich die Gründe wissen. Die verschwieg ich ihm nicht.
Ich ahnte nicht, was ich damit anrichtete. Ich entfesselte eine Lawine. Sämtliche Mitglieder der deutschen Abteilung wurden wiederholten Verhören unterworfen. Das galt auch von Ulmer. Diese peinlichen Untersuchungen zogen sich wochenlang hin. Am Ende errang ich einen Sieg. Doch war es ein Pyrrhussieg. Die Vorwürfe gegen Taraba brachen zusammen. Er wurde rehabilitiert und die Entlassung zurückgenommen, freilich wurde er auch nicht befördert. Ich riet ihm dringend, nach meinem Fortgehen sich sofort eine neue Stelle zu suchen; denn man würde nicht nur mir, sondern auch ihm diese Demütigung des stolzen Princeton nicht verzeihen. Er tat das auch und ist später zum full Professor aufgestiegen, natürlich nicht in Princeton.
Wir aber bekamen die Rache der Universität zu spüren. Nicht ein einziger Ordinarius, abgesehen von Wade, der als Abteilungsleiter dazu gezwungen war, hat uns in seine Wohnung eingeladen. Die einzige Ausnahme war der wiederholte gastliche Umgang mit Walter Silz und seiner Frau, die in Princeton noch ihr schönes Haus besaßen, aber nicht mehr zu dieser Universität gehörten. Als meine Zeit abgelaufen war, erwartete ich mit einer gewissen schadenfrohen Neugierde, wie die Universität sich jetzt verhalten werde. Es ge-

schah auf typische Weise. Ich erhielt ein Schreiben von der Verwaltung, einer sozusagen anonymen Instanz, in dem zu lesen stand, ich könne leider nicht berufen werden, »for not being familiar with american customs« (da ich nicht vertraut mit den amerikanischen Gewohnheiten sei). Dann gab die deutsche Abteilung mir ein prächtiges Abschiedsessen mit der Versicherung von Wade, wie sehr man sich freuen würde, wenn ich einmal wieder zu ihnen käme. Ein größerer Grad von konventioneller Heuchelei war kaum vorstellbar.

Blicke ich heute auf diese Geschehnisse zurück, so weiß ich, daß ich mich wie ein Michael Kohlhaas verhalten habe. Doch zwei Dinge reizen mein sonst so auf Harmonie bedachtes Temperament bis zur Weißglut: Erpressung und offensichtliche Ungerechtigkeit. Hier lag nur das zweite vor, aber das genügte, um mich in die Rolle des Einzelgängers hineinzuzwingen, der sich den Krieg mit dieser Gesellschaft nur leisten konnte, weil er wußte, daß er wieder in das rettende Europa zurückreisen würde. Wie wäre es mir wohl sonst ergangen?

Für das Unredliche dieser Gesellschaftsfassade ist noch eine andere kleine Geschichte bezeichnend. In meinem Kurs war ein aus Deutschland gekommener verheirateter Student Hans W. Weber. Er lernte und unterrichtete zugleich, ein sehr sympathischer, überdurchschnittlich begabter junger Mann. Als er einmal im nächtlichen Dunkel zu seiner Wohnung zurückkehrte, sah er auf der gegenüberliegenden Straßenseite zwei junge hübsche Damen, die sich in ihrem beleuchteten Zimmer entkleideten, ohne die Vorhänge vorgezogen zu haben. Wer will es Weber verübeln, daß er den unerwarteten Anblick ein wenig genoß und einen Augenblick lang zuschauend stehen blieb? Ein Nachbar sah das und zeigte ihn an. Gleich gab es einen Artikel im Universitätsblatt über den »peeping Tom«, dann folgte ein akademisches Verfahren, das zu seiner Entlassung führte. Da half es nicht das geringste, daß die beiden Damen dem jungen Mann nichts nachtrugen, sie seien ja selber schuld, weil sie die Vorhänge offengelassen hatten.

Diese verlogene puritanische Moral gehörte zum Gesamtbild dieser Gesellschaft. So gab es Feste im Princeton Inn, einem vornehmen Hotel, wo sich die jungen Männer dieser frauenlosen Universität an Sonntagen mit meist sehr aufreizend gekleideten jungen Freundinnen tummelten. Als besonderen Preis für gute Leistungen hatte die Universität eine Belohnung ausgesetzt: »a weekend for you and your date«. Ich erkundigte mich bei dem Ehepaar Hartle, beide waren gebürtige Amerikaner, ob die Universität sich nicht klar darüber sei, daß dieses von oben genehmigte »weekend« wahrscheinlich etwas anders verlaufen werde, als es offiziell geplant sei. Darauf antwortete der in erotischen Dingen bewanderte Romanist mit zweideutigem Lächeln, man erwarte selbstverständlich, daß das junge Paar die bewußte Grenze nicht überschreite.

Zu den Kontrasten, die Amerika für seine Besucher bereithält, gehört die Tatsache, daß es in Princeton nicht nur diese versnobte Universität gab, versnobt jedenfalls, soweit ich damals mit ihr in Berührung kam, sondern auch das von der Universität ganz unabhängige Institute of Advanced Studies, eine Einrichtung, die in der ganzen Welt so ziemlich einzigartig dastehen dürfte. Dort fanden sich berühmte Professoren, auch emigrierte, die für die Dauer hier leben durften, mit Gästen aus fremden Ländern zusammen, die vorübergehend für einige Monate eingeladen waren und dort völlig frei forschen sollten, ohne jede Verpflichtung, ja sogar ohne Rechenschaft über ihre Ergebnisse ablegen zu müssen. Bevorzugt waren die traditionellen Wissenschaften wie die Altphilologie, aber auch die Kunstgeschichte war vertreten. So hatte der emigrierte Kunsthistoriker Panofsky hier sein Refugium gefunden. Die Bezahlung hielt sich in Grenzen, war aber keineswegs dürftig. Einmal war ich zu einer Teestunde dorthin eingeladen und empfand wohltuend den Geist der Freiheit, der in diesem Hause gedeihen konnte. Diese großartige Stiftung wurde von der gleichen amerikanischen Gesellschaft finanziert, deren benachbarte Universität sich mir damals als ein unrühmliches Beispiel für Unfreiheit darbot.

Einige Vortragsreisen führten mich unter anderem nach Harvard, wo mir der bereits in seiner äußeren Erscheinung sehr imponierende Taylor Starck in einem Lokal das größte und saftigste Steak auftragen ließ, das ich jemals verspeist habe. Ferner besuchte ich wieder die Cornell Universität, in der Victor Lange mit einigen Kollegen auf sehr liberale Weise sein Department aufgebaut hatte. Dort konnte man sich nur wohl fühlen. Lange, ein Amerikaner deutscher Herkunft, mit einer wohlhabenden kultivierten Frau verheiratet, besaß die Gabe und das Glück, als Weltbürger in zwei Kontinenten zu Hause zu sein. Er hat sich wissenschaftlich nie überanstrengt, dazu war er zu sehr Lebenskünstler. Aber alles, was er als Germanist geschrieben hat, blieb gepflegt und durchdacht. In Princeton hat er später aus eigener Initiative eine Tagung der deutschen Gruppe 47 organisiert. Dorthin wurde er nämlich nach meinem Fortgang berufen. Zweifellos war er für diese Aufgabe sehr viel geeigneter als ich, und ich möchte eigentlich annehmen, daß dieser weltkundige und weltgewandte Mann in der Fakultät eine ganz neue Epoche eröffnet hat. Als ich in späteren Jahren bei meinem dritten amerikanischen Aufenthalt auf seine Einladung dort einen Vortrag über Büchner und Brecht hielt, nahm man mich freundlich auf. An die Vorgänge von einst erinnerte nichts mehr. Neue Germanisten gaben der Abteilung ein neues Gesicht. Damals lernte ich den jungen amerikanischen Germanisten Theodore Ziolkowski kennen, dem wir ein kluges Buch über den modernen deutschen Roman verdanken. Walter Hinderer war zu dieser Zeit noch nicht in Princeton; auch er gehört zum besten deutsch-amerikanischen Nachwuchs.

Besonders eindrucksvoll fand ich die Einladung an die Yale University in New Haven. Ich weiß nicht mehr sicher, ob damals schon Heinrich Henel dort war, ein ausgewanderter Deutscher und einer der repräsentativsten amerikanischen Germanisten, dessen Forschungen über Conrad Ferdinand Meyer und über die Epigonenpoesie des 19. Jahrhunderts viel Beachtung gefunden haben. Als er später als Gastprofessor nach Bonn eingeladen war, sind wir öfters zusammengekommen. Seine Frau hat sich intensiv mit Kafka beschäftigt, und sie wandte sich endlich wieder den religiösen Fragen bei Kafka zu, die von einer vorwiegend gesellschaftlich interessierten Forschung allzusehr zurückgedrängt wurden. Sehr großen Eindruck machte mir in Yale der Tscheche René Wellek, ein Gelehrter von Weltformat, der mit seiner überragenden Sprachbegabung die Geschichte der Literaturkritik seit 1750, nicht nur in den europäischen Ländern, sondern auch in Rußland und in den Vereinigten Staaten und anderswo durchforscht und dargestellt hat. Die Diskussion nach meinem Vortrag in Yale spielte sich auf einem Niveau ab, das in nichts hinter den besten deutschen Leistungen zurückblieb.

Die große Tagung der American Association of Teachers of German, die ich in Chicago mitgemacht habe und auf der ich ein kleines Referat über »Schillers Ballade ›Die Kraniche des Ibykus‹ und ihren Zusammenhang mit Schillers Auffassung vom Theater« gehalten habe, erschreckte mich durch ihre Massen und den Massenkonsum. Aus dem ganzen Land waren die Deutschlehrer dorthin geströmt, um in zahllosen Sektionen zahllose, meist dürftige Kurzreferate über sich ergehen zu lassen. Im Grunde war es nur ein großer Eitelkeits- und Sklavenmarkt, auf dem Deutschlehrer jeweils neu eingekauft und verschoben wurden. Für Geselligkeit blieb kaum Zeit übrig. Man sah sich nur flüchtig und fand sich in dem gigantischen Menschenstrom und in dem riesigen Hotel nicht mehr zurecht.

Da war mir mein kleiner graduate course in Princeton wesentlich lieber. Freilich gab es hier klaffende Gegensätze. Neben ausgewanderten klugen jüdischen Studenten hatte ich auch zwei geborene Amerikaner. Der eine hieß Kimberley Sparks; er beherrschte nicht nur das Englische und das Deutsche, sondern auch fließend das Russische. Sein Wesen strahlte Wohlwollen, Intelligenz und Optimismus aus. Er war durchaus imstande, über Kafka ein deutsches Referat mit eigenen Ideen zu halten. Ich hätte ihm eine beachtliche wissenschaftliche Laufbahn vorausgesagt. Doch dazu lebte er wohl zu gern. Seine erstaunliche amerikanische Naivität zeigte sich zum Beispiel darin, daß er eines Tages mit seinem Kombiwagen, in dem er, seine Frau und zwei noch ganz kleine Kinder saßen, unangemeldet vor unserem Haus in Bonn auftauchte und in aller freundschaftlichen Unschuld erklärte: »Here we are.« Er war damals auf der Durchreise nach Wien. Es war nicht ganz leicht, ihn und seine Familie bei uns unterzubringen.

Der andere Amerikaner war ein ehemaliger Colonel, ein pensionierter höherer amerikanischer Offizier, der in guten Verhältnissen lebte und uns auch einmal zu sich eingeladen hat. Merkwürdigerweise hatte dieser schon ältere amerikanische Bürger den etwas seltsamen Ehrgeiz, noch Germanistik studieren zu wollen. Dazu war er in keiner Weise geeignet. Doch fand ich seinen ungebrochenen Willen so rührend, daß ich nur versuchen konnte, ihn an den Kursnoten mit einigem Geschick nicht scheitern zu lassen. Diese beiden so verschiedenen Studenten hatten nur eines gemeinsam: ihre amerikanische Naivität.

Trotz der über uns stillschweigend verhängten Isolierung fehlte es uns nicht an Geselligkeit. Besonders anregend waren gemeinsame Abende mit Karl von Tolnay und seiner Frau. Er war ein geborener Ungar und hielt sich damals als Gastprofessor in Princeton auf. Ich erinnere mich an eindrucksvolle Gespräche mit ihm über Michelangelo, er arbeitete an dem letzten, fünften Band seines großen Werkes über dieses prometheische Kunstgenie. Sonst freilich blieben wir meist auf die Jüngeren angewiesen, mit denen wir jedoch schon immer lieber Umgang pflegten als mit den allzu professoralen, auf ihre Würde bedachten Arrivierten. Eine kleine Bridge-Runde ergab sich mit dem Ehepaar Sparks.

Einige von den führenden Germanisten Amerikas lernte ich bei anderen Gelegenheiten und manche erst bei meinem letzten Amerikaaufenthalt kennen. Die meisten waren Juden wie Erich Heller, Oskar Seidlin, Heinz Politzer und Bernhard Blume. Sie schrieben zwar keine gelehrten Kompendien oder historischen Darstellungen, sondern brillante wissenschaftliche Essays; doch in der Freiheit ihres Forschungsstils, in der Fülle geistreicher Einfälle und in der Fähigkeit, ihrem Schaffen den Stempel der eigenen Persönlichkeit zu geben, zeigten sie sich meiner Meinung nach vielen, vielleicht solideren Brotgelehrten aus unserer Zunft überlegen. Mit Dankbarkeit denke ich an die liebenswürdige Aufnahme zurück, die ich bei den beiden Österreichern, dem charmanten Erich Heller in Chicago und später bei dem in allen Tiefen und Untiefen der Seele bewanderten Grillparzer-Forscher Heinz Politzer in Berkeley, gefunden habe. Manches scheint mir anfechtbar, was diese so einfallsreichen Autoren behauptet haben. Jedoch gestehe ich, daß ich selbst falsche Einfälle immer noch jenen Produktionen vorziehe, in denen gar keine Einfälle mehr zu finden sind. Denn eben diese – sagen wir lieber – problematischen Einfälle verlocken dazu, auf ihren Spuren nach den neuen, vielleicht richtigeren zu suchen. Es sind Erich Heller und Oskar Seidlin gewesen, denen wir besonders viele geistvolle Einsichten in den »ironischen Deutschen« Thomas Mann verdanken!

Sehr enge Beziehungen hatte ich seit 1952 mit Wolfgang Liepe und seiner Frau, die beide als politische Flüchtlinge 1939 aus Deutschland ausgewandert waren, schwere Schicksale durchgemacht und erst 1947 in Chicago eine endgültige Zuflucht gefunden hatten. Der ebenso temperamentvolle wie gütige Mann ist mir als eine sehr eindrucksvolle Person in Erinnerung geblieben. Er trieb die Literaturwissenschaft mit leidenschaftlicher Besessenheit. Er paßte in Charakter und Lebensstil als ausgesprochener Individualist eigentlich weit mehr nach Deutschland als in die USA. Lange Jahre hat Liepe sich besonders mit Hebbel beschäftigt, und seine Entdeckungen über den Einfluß Schuberts, Feuerbachs und Schellings auf Hebbel haben das allzu starre Bild vom Hegelianer endgültig zerstört und auch die einseitige Formel vom »Pantragismus« auf ihr rechtes Maß zurückgeführt. Für Liepe war Hebbel der letzte große Ausläufer des deutschen Idealismus romantischer Prägung. Gleichzeitig sah er in seiner Dichtung auch das Erbe deutscher Mystik erneut Gestalt gewinnen. Das Ehepaar Liepe gehörte den Quäkern an und strahlte eine ebenso ungewöhnliche wie überzeugende Religiosität aus. Entschiedenheit im Glauben verband sich hier mit einem hohen Grad an Toleranz. Es gab zwar manche Gegensätze in seiner und meiner Auffassung von Hebbel; aber gerade dadurch blieb das Gespräch immer lebendig. Eine besondere Freude war es

für Liepe, als Trier und ich ihn zu der ersten Tagung des deutschen Germanistenverbandes in Münster vom 12. bis 16. September 1952 einladen konnten. Der bescheidene Mann wollte nicht besonders hervortreten, aber die eigenwillige Kraft seiner Persönlichkeit und die Leidenschaft seines Vortrages hinterließen einen nachhaltigen Eindruck.
Mitte Juni 1956 kehrte ich mit dem Flugzeug nach Deutschland zurück. Meine Zeit in Princeton war vorüber, und ich war diesmal froh, dem Abenteuer Amerika ohne Schaden entkommen zu sein.

Meine dritte amerikanische Einladung erfolgte erst mehr als zehn Jahre später. Trotzdem will ich sie bereits hier erzählen. Wolfgang Taraba, der inzwischen Ordinarius an der Universität von Minnesota in Minneapolis geworden war, hatte mich eingeladen, dort im Wintersemester 1967/68 eine Gastprofessur zu übernehmen. Anschließend sollte ich im Frühjahr für kurze Zeit an die Kalifornische Universität in Davis kommen. Diesmal benutzten wir auf dem Weg nach Minnesota gleich das Flugzeug und gerieten in eine riesenhafte Stadt, in der wir nur ein viel zu großes möbliertes Haus mieten konnten, das sehr weit weg vom Universitätscampus lag. Auf weiten Strecken war Minneapolis so öde und trostlos, als ob es noch aus dem wilden Westen stammte. Weiter draußen gab es freilich auch wieder sehr schöne Wohngegenden. Sehr bald überfiel uns die unvorstellbare Kälte des nordamerikanischen Winters. Ein Gegengewicht zu diesen Unbilden war jedoch die besonders große Freundlichkeit, mit der wir aufgenommen wurden. Wolfgang tat alles, was er nur konnte, um uns das Leben angenehm zu machen, und organisierte zahlreiche Vorträge für mich im ganzen Land. Der überaus hilfsbereite Gerhard Weiss, der in unserer Nähe wohnte, bemühte sich, mich möglichst oft in seinem Auto in das Stadtinnere zu bringen, wenn ich dort meine lectures zu halten hatte. Eigentlich war das Leben ohne Auto in dieser gewaltigen Wüste aus Holz und Stein unmöglich.
Meine Erfahrungen im Unterricht waren ähnlich wie die früheren, so daß ich sie hier nicht noch einmal zu schildern brauche. In Minnesota hatte man eine besondere Vorliebe für die amerikanischen Parties, die ich auch gern mochte, da ich bei den anspruchslosen Plaudereien besser mit meinem Englisch durchkam und mich zugleich in dieser Sprache üben konnte. Außerdem schätzte ich den Umtrunk im geselligen Kreis und das Zwanglose der an den Augenblick geknüpften Kontakte. Allerdings drohte dieser gemütliche Schlendrian die

wissenschaftliche Arbeit in den Hintergrund zu drängen. Selbst wenn man sich im Department aufhielt, war es sehr beliebt, sich gegenseitig zu stören, um den neuesten Klatsch – und an dem fehlte es nie – miteinander auszutauschen oder auch nur eine der vielen Kaffeepausen einzulegen. Wer ernsthaft »Wissenschaft« treiben wollte, mußte sich zurückziehen, wie es sehr konsequent der Dozent E. Theodor Voss tat, der sich dort nicht sehr wohl fühlte und Parties nicht ausstehen konnte. Man ließ zwar solche Flucht aus der Gesellschaft mit amerikanischer Toleranz gelten, aber sie verringerte das soziale Ansehen, das für das Weiterkommen unerläßlich blieb. Auch von den vielen Vorträgen kreuz und quer durch ganz Nordamerika (es waren, soweit ich mich erinnere, über zwanzig) will ich, abgesehen von einigen wichtigen Ausnahmen, nur pauschal berichten. Sie liefen alle nach dem gleichen Ritus ab. Erst das Vergnügen kurzer oder auch längerer Flugreisen, dann der Empfang am neuen Ort, zu dem immer ein Teil des Departments aufmarschierte, nachfolgend der Vortrag, mehr ein gesellschaftliches als ein wissenschaftliches Ereignis. Erst allmählich habe ich gelernt, daß man ihn in angelsächsischen Ländern nie zu ausführlich halten und möglichst mit einigen witzigen Einsprengseln versehen sollte. Dann folgte je nach der Bedeutung der Abteilung die kleinere oder größere Party, und der Gast konnte es, wenn er dafür eitel genug war, genießen, jedesmal die unangefochtene Hauptperson zu sein. Mir hat es damals viel Spaß gemacht, meine Vitalität war noch ungebrochen, feiern ließ ich mich auch gern.

Einige Ereignisse aus dieser Zeit hoben sich jedoch aus dem liebenswürdigen Gleichmaß der Vortragsreisen heraus. Eines davon war die Einladung nach Austin in Texas durch einen mit mir gleichaltrigen Studienkameraden von Heidelberg, Helmut Rehder, der wie ich bei Jaspers studiert und mit einer Arbeit über die Philosophie der Landschaft promoviert hatte. Die Weiträumigkeit von Texas ging über alles hinaus, was ich bisher in den Vereinigten Staaten schon erlebt hatte. Rehder besaß ein riesenhaftes Grundstück, in dem sich ausgedehnte Spaziergänge machen ließen, und mitten darin stand sein stattliches Haus. Die Party dort zeigte den gleichen imponierenden Lebensstil wie der ausgedehnte Land- und Waldbesitz und das Haus. Am Holzfeuer wurden beträchtliche Mengen Fleisch vor unseren Augen kulinarisch zubereitet. An stimulierenden Getränken aller Art fehlte es ebensowenig. Das auch im Winter warme Texas bildete einen wohltuenden Kontrast zum Norden mit seiner sibirischen Kälte, der ich erst wenige Stunden vorher entronnen war. Ich

muß gestehen, man konnte den angesehenen Kollegen Rehder, der dort wie ein Fürst präsidierte, um eine solche Sinekure nur beneiden.
Ein zweites Ereignis war ganz anderer Art. Ich meine damit den Besuch einer Negeruniversität in Minnesota. Der Präsident hatte mich eingeladen, dort meinen Vortrag über deutsche Ausblicke auf Shakespeare zu halten. Das mußte allerdings in englischer Sprache geschehen. Ich sagte trotzdem zu. Ich wollte einen Schwarzen, der mich abholte, unterwegs zum Essen einladen. Das war falsch; er reagierte sehr verlegen, und erst allmählich kam ich dahinter, daß in dem betreffenden Lokal, selbst in weißer Begleitung, Neger unerwünscht waren. Ich hatte eine derartige Rassendiskriminierung in den nördlichen USA für unmöglich gehalten.
Die Aufnahme an Ort und Stelle gehört zu dem Rührendsten, was ich in den USA erlebt habe. Die Farbigen sangen zu unseren Ehren sogar ein sentimentales Heine-Lied in deutscher Sprache. Allerdings klang das etwas komisch. Der Präsident, ein Gelehrter von arabischer Herkunft, mit einer sehr schönen Frau verheiratet, war kultiviert und beherrschte viele Sprachen. Nach dem Vortrag wurde meiner Frau ein besonders großer Blumenstrauß überreicht: »for the illustrious wife of the famous professor of Germany«. Dann erfolgte ein endlos ausgedehntes shake hands mit den Spalier stehenden Schwarzen. Sonst wird das Händeschütteln in den USA meist vermieden, hier war es offensichtlich wichtig und durchaus am Platz, weil es die Selbstachtung dieser immer noch nicht voll anerkannten Rasse zu heben vermochte. Die Negeruniversität war arm, das Honorar nicht sehr hoch. Jedoch war die unverhüllte Begeisterung über meinen Besuch so groß, daß der Präsident es bei seinem Abschied von sich aus verdoppelte.
Den Höhepunkt meines damaligen Aufenthaltes bedeutete die Verleihung des Ehrendoktors durch die Universität Chicago. Sie ereignete sich am 15. Dezember 1967. Lange verwickelte Verhandlungen müssen intern vorausgegangen sein. Aber der Altgermanist George J. Metcalf, ein ungemein bescheidener und liebenswerter Kollege, setzte gemeinsam mit seiner deutschen Abteilung diese ungewöhnliche Ehrung für mich durch. Warum tat er das? Sicher hat dabei eine Rolle gespielt, daß zwei meiner Schüler, beide damals noch junge Doktoren, als erfolgreiche und beliebte Gastdozenten in Chicago gewirkt hatten. Sogar die Aussicht auf eine Professur bot man ihnen nach ihrer Gastzeit an. Sie zogen es jedoch beide vor, ihren wissenschaftlichen Weg über die deutsche Habilitation zu

machen. Der eine hieß Peter Pütz, der 1963 bei mir über »Kunst und Künstlerexistenz bei Nietzsche und Thomas Mann« promoviert hat, der andere war Hartmut Steinecke, der 1966 eine Dissertation über »Hermann Broch und der polyhistorische Roman« vorgelegt hat. Pütz wurde nach seiner Habilitation sehr bald nach Gießen berufen und einige Jahre später mein Nachfolger in Bonn; Steinecke kam nach der seinigen bald als Ordinarius nach Paderborn. Zu den Geschenken, die mir das Leben gemacht hat, gehört nicht zuletzt, daß manche meiner Schüler später persönliche Freunde von mir geworden sind. Das gilt auch von Pütz und Steinecke.
Der Tag der Verleihung des Dr. h. c. of human letters war einer der glücklichsten meines Lebens. Trotz des kalten Winters hatten wir ein herrliches Sonnenwetter. Kaiserswaldau-Wetter nannte es scherzend in Anspielung auf meinen ganzen Nachnamen der sympathische englische Germanist Kenneth Northcott. Der Festakt fand in einer Kirche, gemeinsam mit zahlreichen amerikanischen Studenten, statt, die ihr Examen bestanden hatten und dort ihre Urkunden erhielten. Die einzelnen Gruppen zogen jeweils unter Anführung eines jüngeren Kommilitonen, der noch keinen akademischen Grad hatte, aber die besten Voraussetzungen mitbrachte, ihn im nächsten Jahr zu erwerben, stolz im Talar auf und genossen diesen feierlichen Augenblick ihres Lebens. Gruppe wechselte mit Gruppe. Erst danach erhielt ich, der notdürftig mit einem nicht gerade passenden Talar bekleidet worden war und abseits von den Studierenden auf der Empore saß, nach einer liebenswürdigen kleinen Rede durch den Dean meine Ehrenurkunde und die Insignien meiner neuen Würde. Das war etwa zur gleichen Zeit, als an den deutschen Universitäten bereits verkündet wurde, hinter den Talaren stecke der Muff von tausend Jahren. Hätte man in Deutschland wie in den angelsächsischen Ländern die Studenten auch ihrerseits mehr in die Universität miteinbezogen und sie ebenso zu Talarträgern gemacht wie die Professoren, so wäre derartiges vielleicht nicht möglich gewesen. In Chicago habe ich damals noch einen Vortrag gehalten. Das war mein bescheidener Dank für eine wissenschaftliche Auszeichnung im anderen Kontinent, über die ich mich noch heute freue.
Mein anschließender Aufenthalt in Davis war eigentlich nur eine kurze Visite. Er verlief völlig ungetrübt. Der Leiter der Abteilung, Clifford Bernd, überbot sich geradezu, um es mir und Richard Alewyn, der um die gleiche Zeit als Gastprofessor dort war, so angenehm wie möglich zu machen. Er fuhr uns in seinem Auto bis zu den Spielhöllen von Nevada, wo aber nur er, der geborene Glücks-

pilz, an den Spielautomaten gewann. Das benachbarte San Francisco haben wir natürlich auch mit ihm besucht. Über Richard Alewyn meinte er: jedes Wort sei Gold in seinem Munde; und dieser genoß die Bewunderung, die ihm hier entgegengebracht wurde, in vollen Zügen. Bernd und seine Mutter waren geradezu verliebt in alles Deutsche. Er sprach es ausgezeichnet und hatte sich auf Theodor Storm spezialisiert. Später heiratete er – wie konnte es anders sein! – ein flachsblondes norddeutsches Mädchen, das ich aber nicht mehr kennengelernt habe. In mancher Hinsicht war er noch naiver als die intelligenten Amerikaner, mit denen ich bisher zusammengekommen war. Er konnte es nicht begreifen, wieso sich der Selbstmörder Friedrich Mergel mitten in die Judenbuche hineinzuhängen vermochte. Das Denken auf zwei Ebenen, einer realistischen und einer »symbolischen«, war nicht seine Sache. Seine Abteilung wußte er zügig zu leiten, er war auch allgemein beliebt. Trotzdem gab es leichte Rivalitäten und der assistant Professor Wolfgang Bender paßte als engagierter Wissenschaftler nicht so recht hinein, so daß er später den erfolgreichen Rückzug nach Deutschland vorgezogen hat.
Die Verhältnisse in dem kleinen Davis waren leicht überschaubar, der Campus von unserer Wohnung aus in einem bequemen Spaziergang zu erreichen, der kalifornische Frühling beglückend. Viel zu tun brauchte ich nicht. Es war wie ein besonders schöner Ferienaufenthalt. Dabei ergab es sich, daß ich auch zu einem Vortrag nach der sehr angesehenen Universität Stanford in Kalifornien eingeladen wurde. Dort traf ich die trotz ihres Alters so bewegliche und geistig aufgeschlossene Käte Hamburger, sie hatte das Glück, ein Gastsemester dort verbringen zu dürfen. Wir bewunderten gemeinsam die uralten, riesenhaften Bäume in der benachbarten Landschaft. In dieser Urnatur unterzutauchen, erschien mir als die einzige Möglichkeit, die bereits spürbaren, sich für die Zukunft abzeichnenden Katastrophen unserer Zivilisation innerlich zu überstehen. In Stanford, hinter dem natürlich das bescheidenere Davis zurückstehen mußte, wirkte damals das ungleiche Paar Edgar Lohner und Walter A. Sokel. Sie konnten sich nicht recht vertragen, und Lohner ging wohl auch deshalb später nach Mainz. Sein etwas robustes, allzu demokratisches Verhalten stand im merkwürdigen Gegensatz zu seiner geistigen Vorliebe für das Dekadente und Verfeinerte. Die Direktheit in seinem Wesen ist wahrscheinlich dem eher vorsichtigen und gehemmten Sokel auf die Nerven gegangen, zumal Lohner aus seinem Herzen keine Mördergrube machte und nicht nur seine Zu-, sondern leider auch seine Abneigungen vor aller Welt ohne Hem-

mungen laut werden ließ. Ich bedauerte diesen akademischen Zwist; denn Lohner, der so einfallsreich über Gottfried Benn und die moderne Lyrik zu schreiben wußte, und Sokel, dem wir ein wertvolles Buch über Kafka verdanken, hätten eigentlich ein vorzügliches Gespann abgeben müssen. Ich mochte Lohners Offenheit und bin immer gut mit ihm ausgekommen. Er starb viel zu früh. Doch auch Sokel fand ich bei der leider nur kurzen Bekanntschaft angenehm und anregend.

Unruhiger, problematischer als Davis, das Idyll im Landesinnern, bot sich mir Berkeley dar, direkt am Meer gelegen. Dorthin hatte mich Politzer eingeladen. Ich fand die Studenten hier wilder, ausgefallener in der Kleidung. Vielleicht ist es auch nur das Wissen um die später an diesem Ort erfolgte Revolte, daß ich in meine Erinnerung an diese große Universität ein solches Bild hineinprojiziere. Die tumultuarischen Vorgänge, die sich an amerikanischen Universitäten ereignet haben, galten freilich nicht so sehr den Professoren, sondern weit mehr der anonymen Macht amerikanischer Universitätsverwaltung.

Einen Höhepunkt bedeutete auch die Einladung an die University of Washington in Seattle und von dort aus der anschließende kurze Vortragstrip nach der University of British Columbia in Vancouver in Kanada. Zwar hatte bereits die bezaubernde Landschaft am Meer eine einladende Kraft. Sie konkurrierte jedoch mit dem Zauber, der von dem Ehepaar Behler ausging. Er war mir bereits als Kollege aus Bonn bekannt. Sein weltaufgeschlossener Katholizismus verband sich mit einem hohen europäischen Bildungsgrad. Das riesenhafte Unternehmen der großen kritischen Friedrich Schlegel-Ausgabe hat Behler auf weiten Strecken allein bewältigt. Gemeinsam mit den anderen Germanisten, die sich dort in fruchtbarer Wechselwirkung zusammenfanden, hatte er eine deutsche Abteilung aufgebaut, die ich in ihrem Rang an die Seite von Yale stellen möchte, wenigstens habe ich das damals so empfunden. In Frau Diana Behler begegnete mir eine amerikanische Germanistin, die sich in den Problemen der romantischen Ironie gut auskannte. Nichts Eingleisiges konnte ich in ihrem Denken entdecken. Die Party in Seattle wurde auch durch ihren Charme und ihre Klugheit zu einem Ereignis besonderer Art. Leider ist es mir nicht gelungen, dieses geist- und lebensvolle Ehepaar für die deutsche Universität zurückzugewinnen. Auch eine für die Zukunft geplante Gastprofessur in Seattle und eine zweite in Davis waren mir nicht vergönnt. Eine schwere Erkrankung hat sie im letzten Augenblick verhindert.

Vancouver, landschaftlich ebenso schön wie Seattle, ließ sich als Department mit dem von Seattle nicht vergleichen. Dafür wohnte ich in prachtvollen Räumen, die angeblich bereits die englische Königin, deren Bild hier deutlich zu sehen war, beherbergt hatten. Als mich der Portier am vornehmen Eingang empfing, musterte er mich von oben bis unten und erklärte: »I know you«. Das sei unmöglich, gab ich ihm zur Antwort. Darauf schaffte er einen dicken Fotoband herbei und zeigte mir ein Bild von mir darin. Es war das mir wohlbekannte, von dem Fotografen Swiridoff herausgegebene Buch »Portraits aus dem geistigen Deutschland«, das mir hier, so weit von der Heimat entfernt, mit einem Mal wieder vor Augen kam. Ich muß zugeben, ich fühlte mich geschmeichelt. Rührend verhielt sich das deutsche Department. Es verpackte meine in Kanada erworbenen geliebten kubanischen Zigarren in leere amerikanische Zigarrenschachteln, damit ich sie durch den Zoll bringen konnte. Denn in den Vereinigten Staaten waren Zigarren aus Kuba verboten. Dem Zollbeamten fiel freilich diese etwas fragwürdige Verpackung sofort auf, und er erklärte mit leichtem Lächeln: »We have good cigars in the United States.« Ich glaube, er hat den Schwindel gemerkt. Er ließ mich aber trotzdem passieren. Sollte er seinen Satz etwa *ironisch* gemeint haben?

Als ich von Davis aus im Flugzeug nach Deutschland zurückkehrte, fand ich eine ganz andere Universität vor als jene, die ich vorher verlassen hatte. Davon werde ich noch zu erzählen haben.

XI
GROSSORDINARIUS ODER GROSSER ORDINARIUS? BONN SEIT 1957

Die philosophische Fakultät der Universität Bonn hatte mich keineswegs so einstimmig geholt wie vor Jahren die in Münster. Die Meinungen waren gespalten, ob man Wolfgang Kayser aus Göttingen oder mich als Nachfolger von Günther Müller auf die erste Stelle der Vorschlagsliste setzen sollte. Man konnte sich darüber nicht einigen, und so entschied man sich für die recht ungebräuchliche Lösung, beide Namen an erster Stelle zu nennen. Das aber bedeutete, die Fakultät überließ dem Kultusministerium des Landes Nordrhein-Westfalen die Entscheidung. Auch so war sie nicht leicht. Denn Kayser hatte vorher einen Ruf nach Köln erhalten, diesen aber abgelehnt. Offensichtlich hatte der Minister wenig Lust, ihm jetzt auch noch Bonn anzubieten, worauf Kayser wohl ein wenig spekuliert hatte. Bei mir bestand die Schwierigkeit der Berufung im eigenen Bundesland, die in der Regel damals verpönt war. Ausweichen auf die erst an zweiter oder an dritter Stelle vorgeschlagenen Professoren wollte das Ministerium auch nicht gern. So bekam ich schließlich doch den Ruf, wenn auch ohne jede Verbesserung meiner Bezüge.

In erster Linie war der Altgermanist Werner Richter für mich eingetreten. Er hatte während der Weimarer Republik eine einflußreiche Rolle beim Kultusministerium in Berlin gespielt, mußte aber dann als Halbjude in die USA emigrieren und kehrte nach dem Kriege an die Universität Bonn zurück. Dort hatte er sich, vorübergehend als Rektor, aber auch durch seinen Posten am akademischen Auslandsamt sehr viel Ansehen erworben. Allerdings galt er als autoritär und war in seiner entschiedenen und scharfen Haltung bei manchen Kollegen sehr gefürchtet, wenn nicht gar gehaßt. Sein eigentlicher Widersacher war der zweite Altgermanist, Werner Betz, der sich von ihm tyrannisiert glaubte und der Meinung war, daß die Fakultät, vor allem aber Werner Richter, ihm die Beförderung zum Ordinarius vorenthalten hätten. Als daher Richter vorschlug, mich nach Bonn zu berufen, war Betz schon aus Prinzip dagegen und organisierte mit seiner bemerkenswerten Begabung zur Intrige die Gegenkräfte in der Fakultät, die sich nicht auf wissenschaftliche, sondern auf politische Argumente beriefen. Richter, so erfuhr ich später von ihm selbst, lehnte das mit der Begründung ab: wenn man so in der politischen Vergangenheit von angesehenen Gelehrten herumschnüffle, könne man überhaupt keinen Professor mehr berufen, der in der NS-Zeit in Deutschland im Amt gewesen sei.

So kam ich also, ohne es zunächst auch nur zu ahnen, in ein Wespennest. Bereits an einem der ersten Bonner Tage begegnete mir Betz, den ich vor längerer Zeit einmal flüchtig kennengelernt hatte, im schönen Hof der Bonner Universität. Er reagierte mit zynischem Vergnügen, weil ich anfangs nicht recht wußte, wen ich vor mir hatte, und weil ich die Rasse seines Hundes, den er spazierenführte, nicht zu identifizieren vermochte. Es freute ihn, daß er mich in Verlegenheit gebracht hatte. Leider war diese Art für ihn typisch. Auch bei Prüfungen, die wir, wenn auch nur selten, gemeinsam abhielten, konnte ich sie beobachten. Er genoß es, vor allem bei Studentinnen, wenn sie bei seinen Prüfungsfragen in Verwirrung gerieten, und pflegte dann wiederholt zu sagen: »So, das wissen Sie nicht, das wissen Sie wirklich nicht.« Dieses Verhalten fand ich inhuman und bin auch heute der Meinung, der Prüfer soll in solchen Fällen zunächst einmal auf eine andere Frage ausweichen, nicht aber auf dem hohlen Zahn weiterbohren.

Der Dauerkonflikt zwischen Richter und Betz mußte sich gerade zu dem Zeitpunkt zuspitzen, an dem ich in Bonn neu begann, da Richter seiner drohenden Emeritierung nicht länger ausweichen konnte, auf keinen Fall aber Betz als Nachfolger haben wollte. Dieser hatte jedoch auch seine Freunde in der Fakultät. Manche davon wurden in dieser Sache recht aktiv, besonders der Romanist Harri Meier, der, selbst eine autoritäre Natur, mit dem Regime Richters, das in den vorausgegangenen Jahren die Fakultät sehr nachdrücklich beherrscht hatte, wenig einverstanden war. In diesem Streit mußte ich Partei ergreifen, ein Kompromiß war aussichtslos, und wer will es mir verübeln, daß ich mich mit Richter verbündete. Mit Schrecken bemerkte ich immer mehr, wie sehr der Geist der Bonner Fakultät von dem des freundschaftlichen Zusammenwirkens verschieden war, den ich aus Münster kannte.

Wie sollten zwei so unvereinbare Naturen wie Betz und Richter miteinander auskommen? Was ich an Richter schätzte, war sein überlegener Sarkasmus, der allerdings dort, wo er jemanden nicht ausstehen konnte, auch verletzende Formen annehmen konnte. Er blieb jedoch immer der Herr, dem alles Vulgäre und Knotige fremd war. Betz hingegen schien mir eine Mischung von Hinterhältigkeit und Kumpanei. In manchen Augenblicken hatte er durchaus seine menschliche Note, konnte sogar charmant sein, weit mehr als

Richter, der zu sehr auf seine Würde und seine Machtposition bedacht war. Wahrscheinlich wäre ich mit Betz besser ausgekommen, wenn wir uns unter anderen Bedingungen kennengelernt hätten. Sehr viel später, als er in München avanciert war und wir uns dort gelegentlich trafen, begegneten wir uns mit freundlichem Spott, aber eben doch freundlich. In den Jahren vor seiner Fortberufung von Bonn konnte davon keine Rede sein.

Als ich in Bonn begann, wirkten außer Betz am Germanistischen Seminar die außerplanmäßigen Professoren Günther Weydt und Wilhelm Grenzmann, die Dozenten Rudolf Haller und Hans Egon Hass und als wissenschaftlicher Assistent für die neuere Germanistik Eberhard Lämmert. Sie alle waren von Werner Richter streng und unerbittlich regiert worden. Seit Jahren vertrat er seinen eigenen Lehrstuhl, denn er war eigentlich schon seit 1955 emeritiert. Auch die Leitung des germanistischen Seminars lag ausschließlich in seinen Händen; Günther Müller brachte dafür kein Interesse auf und war aus Krankheitsgründen dazu auch nicht in der Lage. Grenzmann zog sich als Literaturhistoriker ganz auf seine popularisierende, betont katholische Produktion zurück, Haller hat bis zu seinem Tod immer nur eine dürftige, bescheidene Rolle gespielt und war froh, wenn man ihm diese Nebenrolle weiter gönnte. Günther Weydt, schon lange Jahre Dozent in Bonn, lag es nicht, sich vorzudrängen. Er war nicht gerade temperamentvoll, aber es ließ sich sehr gut mit ihm auskommen, und die Studenten haben ihn in Bonn und auch später in Münster stets gern gemocht. Die eigentlich aktiven und ehrgeizigen Naturen waren Hass und Lämmert. Beide hatten, ähnlich angehenden Reserveoffizieren, eine Art von Ordonnanz bei Richter gespielt. Dieser ins Zivile übertragene Stil führt allerdings leicht in die Unfreiheit. Am stärksten war das damals bei Lämmert spürbar, zumal er noch den Assistentenposten betreuen mußte. Ebenso wie Hass war er ein Schüler Günther Müllers gewesen, er führte aber dessen methodische Ansätze in seiner Doktorarbeit über »Bauformen des Erzählens« zu einer für die Forschung bahnbrechenden Leistung weiter. Durch meine Berufung nach Bonn glaubte er sich zunächst auf seinem Assistentenposten gefährdet; es dauerte eine kleine Zeit, bis er meinen von Richter völlig verschiedenen Stil der Seminarführung akzeptierte und mir beim Aufbau meines Oberseminars hilfreich zur Seite stand.

Richter hatte angeordnet, daß die Bücher aus der Seminarbibliothek nur indirekt zugänglich waren. Sie konnten jedesmal nur gegen Quittung entliehen werden. Damit wollte er der Gefahr von Diebstählen vorbeugen. Ich habe trotzdem diese Maßnahme sofort aufgehoben. Eine Seminarbibliothek ist nur dort lebendig, wo die Studenten die Bücher jederzeit aus den Regalen herausnehmen können. Verluste durch Diebstahl muß man dabei hinnehmen. Je mehr die Studenten ein solches Seminar als den ihnen gemeinsamen Arbeitsraum empfinden lernen, um so seltener werden die Diebstähle werden. Richter hatte so viele andere, lukrativere Ämter, vor allem seine beherrschende Stellung beim akademischen Auslandsamt, daß er das Seminar sofort mir überließ und eigentlich froh war, die langjährige Geschäftsführung loszuwerden.

Auch in das weitere Verbleiben von Lämmert redete er mir nicht hinein. Ich dachte keinen Augenblick daran, einem so begabten Assistenten die Stelle zu kündigen, zumal ich über zwei weitere Assistenten, Schrimpf und Rohrmoser, verfügte und damit guten Grund zu der Hoffnung hatte, den in Münster eingeschlagenen Weg des gemeinsamen Gesprächs auch in Bonn fortzusetzen. Als Schrimpf nach seiner Habilitation nach Münster berufen wurde, Rohrmoser an anderer Stelle, in Hamburg, endlich wieder »Philosoph« werden durfte, blieb trotzdem die Münsteraner Tradition zunächst erhalten; denn Achim Günther und Helmut Koopmann, meine nächsten Assistenten, waren von Münster nach Bonn gekommen. Erst Inge Schmidt, Hartmut Steinecke, Peter Pütz und Norbert Oellers stammten aus meinen Bonner Seminaren. Im ganzen verlief der weitere Aufbau des engeren Kreises, der Basis und Spitze für die immer mehr ins fast Unübersehbare anwachsende Hochschultätigkeit sein mußte, reibungslos und freundschaftlich, auch die wissenschaftlichen Hilfskräfte taten das ihre dazu. Außerdem hatte das Seminar seit 1961 in dem Kustos Joachim Krause einen Verwalter, der das Institut zu seiner Lebensaufgabe gemacht hatte und darüber wachte, daß nicht nur die praktische Organisation klappte, sondern auch der Geist der Liberalität in diesem Haus erhalten blieb. Selbst in den später nachfolgenden schwierigen Jahren ist uns das im gemeinsamen Wirken gelungen. Krause hatte seine Seele zwar nicht dem Teufel, wohl aber dem deutschen Seminar verkauft.

Sehr bald verband mich eine enge Freundschaft mit Hans Egon Hass. Als scharf profilierte Persönlichkeit hat er seine ausgesprochenen Freunde, aber auch bösartig gegen ihn intrigierende Feinde gefunden. Zur Unterordnung besaß er wenig Talent, dazu war er zu eigenwillig, zu sehr darauf bedacht, den Herren zu spielen. Er stammte aus wohlhabendem Haus und war nicht frei von Snobismus. Bis zum Exzeß liebte er das kostspielige und großzügige Leben und hat durch Maßlosigkeit seine Gesundheit frühzeitig ruiniert. Wie ein Spieler setzte er stets auf hohe, freilich auch ungewisse Karten.

Ursprünglich war er Jurist, machte nicht nur seinen Assessor, sondern auch den juristischen Doktor. Eine erfolgreiche Laufbahn schien ihm dort eindeutig vorgezeichnet. Trotzdem ließ er sich nicht darauf ein, sondern dichtete heimlich und trieb offen Literaturwissenschaft, fest entschlossen, einen neuen Bildungsweg als Literarhistoriker einzuschlagen, und ohne jede Skrupel davon überzeugt, es dabei bald zum Ordinarius zu bringen. Er war wohl der einzige, dem es in Günther Müllers Spätzeit gelang, dessen Schüler zu bleiben und dennoch aus dem Methodenzwang dieser Schule auszubrechen. Günther Müller erkannte seinen Rang und ließ ihn seinen selbständigen Weg gehen, der zu Hass' sehr origineller Beschäftigung mit dem Formprinzip der Ironie in Goethes Werken führte. Richter und Hass verstanden sich erstaunlich gut. Das lag wohl daran, daß Richter für das Anspruchsvolle im Auftreten von Hans Egon etwas übrig hatte und Hass wiederum sehr geschickt als »Ordonnanz« für Richters vielfältige öffentliche Aufgaben tätig zu sein verstand. Seine vorzüglichen Sprachkenntnisse – er sprach fließend Französisch und Englisch – und seine großbürgerlichen Umfangsformen kamen ihm dabei zu Hilfe. Die Arbeitsenergie, die er aufbrachte, war enorm. In der Tat hat er sein kühnes Ziel erreicht. Seine bald erfolgte Berufung nach Berlin verdankte er nicht zuletzt dem nachdrücklichen Eintreten von Richard Alewyn und mir. Wir sympathisierten mit diesem ungewöhnlichen Mann, der in seiner Bildung so intensiv war, so diszipliniert und trotzdem ein Bohémien, unberechenbar in seinem Lebensstil, der extreme Sonderfall eines der Jurisprudenz entflohenen Literarhistorikers, ein leidenschaftlicher Liebhaber Gerhart Hauptmanns, der später in Berlin die große Centenarausgabe von dessen Werken souverän zu organisieren und zu leiten verstand. Scherzhaft meinte er zu mir und Alewyn, wir müßten ihn gut behandeln, denn seine Generation sei es, die später einmal die Nachrufe für uns zu schreiben habe. Er konnte nicht ahnen, daß es in seinem Fall genau umgekehrt kommen sollte.

Noch früher als er, bereits vor dem fünfzigsten Lebensjahr, sollte mein Schüler Achim (eigentlich Joachim Vincent) Günther sterben, eine ebenso von der bürgerlichen Norm abweichende Existenz wie Hans Egon Hass und doch völlig anders als er. Gemeinsam war beiden eigentlich nur das hohe Ausmaß, mit dem sie Bildung zu einem unmittelbaren Besitz ihres Lebens gemacht haben. Aber bei

Hass geschah das eruptiv, fordernd, als Willenshandlung; bei Günther auf eine weit mehr verborgene naturhafte Art des stillen Wachsens. Seine Fähigkeit zur Begeisterung, wie er sie als junger Student aufbrachte, erinnerte mich an meine eigene Jugend, um so mehr, als sich auch Günthers Enthusiasmus damals auf Herder richtete. Erst allmählich entdeckte ich, wie kompliziert er war. Er liebte es, Rollen zu spielen und sich hinter ihnen zu verbergen. Seine spontane Freundlichkeit galt im Grunde jedem. Mit ihr täuschte er darüber hinweg, daß er sich der Freundschaft auch wieder entzog, weil er niemanden bevorzugen wollte. Er konnte manchmal narzißhaft wirken, aber er war nicht in sich selbst verliebt; er besaß – und das findet man nur selten – eine ganz konkrete allgemeine Menschenliebe, die sich mit heiterer Gelassenheit auf das skeptisch beurteilte Leben einließ, dabei aber die eigene Verletzbarkeit möglichst verbergen wollte. Auch sein schweres Asthma überspielte er ständig, als sei es gar nicht vorhanden. Ohne zu lügen, schloß er ständig Kompromisse, um ein heilsames Gleichgewicht zu seinen Mitmenschen herzustellen. Ehrgeiz schien er überhaupt keinen zu haben; vielleicht war er gerade deswegen so beliebt, so ganz ohne Feinde, daß sein Berufsweg gegen alle Wahrscheinlichkeit zur Habilitation und zur raschen Berufung nach Mainz geführt hat. Sein frühzeitiger Tod hat das alles jäh abgebrochen. Ich vermute, daß seine so verborgen gehaltene Verletzbarkeit mit schweren Jugenderinnerungen zusammenhing, da seine Schülerzeit in die Epoche des Nationalsozialismus fiel und er nicht rein arischer Herkunft war. Doch sprach er darüber ebensowenig wie über seine Konversion zum Katholizismus. Hinter der Maske des geselligen Lebensgenießers verbarg sich eine Individualität, die ihre Schwierigkeiten in einer ganz zum Erlebnis gewordenen persönlichen Bildungsgeschichte zu überwinden vermochte. So überzeugend er im freien Gespräch war, der Zwang zur Fixierung, wie ihn der schriftliche Ausdruck mit sich bringt, war ihm zuwider. Der legte fest, und Achim Günther wollte sich nicht festlegen. Es dauerte sehr lange, bis seine Dissertation über das symbolische Bild bei Fontane heranreifte, ich mußte sie ihm mehrere Male zurückgeben und ihn zur Arbeitsaskese geradezu zwingen, und mit seiner Habilitationsschrift über George und seinen Kreis wäre er beinahe noch gescheitert. Trotzdem bat ich ihn, den Goethe-Essay für meinen Sammelband über die deutsche Dichtung des 18. Jahrhunderts zu übernehmen. Ich wußte genau, er würde entweder ganz mißraten oder ganz ausgezeichnet werden. Ich ging das Risiko ein. Der Essay wurde ausgezeichnet. Aber Achim Günther starb, ehe diese Arbeit ganz abgeschlossen war. Er hätte vielleicht *die* Goethebiographie seiner Generation schreiben können.

Am 13. Juli 1957 fand die Beisetzung von Günther Müller auf dem Friedhof in Bonn statt. Für meine Generation war dieser bedeutende Literarhistoriker eine freiwillig anerkannte Autorität. Ich habe an seinem Grab einige Worte der dankbaren Erinnerung gesprochen. Auch Richard Alewyn, Wolfgang Kayser und Wilhelm Emrich waren damals zugegen. Als wir nachher bei mir zusammen waren, sprachen wir über Grenzen und Möglichkeiten unseres Wirkens angesichts der Lebensleistung des von uns allen respektierten und verehrten Toten. Ich glaube, es war Kayser, der meinte, wir seien eine »kokette« Literarhistoriker-Generation, allzu sehr in unsere Selbstdarstellung verliebt. Noch ahnte keiner von uns, daß uns kaum zehn Jahre später die Rechnung für unsere Eitelkeiten präsentiert werden würde. Auch unsere ironische Selbstkritik war noch Selbstbespiegelung und damit ein heimlicher Selbstgenuß.

Ich hatte am 8. Mai 1957 in Bonn meine Antrittsvorlesung »Karl Immermann als Kritiker seiner Zeit« gehalten. Dieser »Früh- und Spätling« unter den deutschen Schriftstellern hat mich seit den dreißiger Jahren beschäftigt, und ich bin ihm noch lange treu geblieben. Erst 1969 ist mein Buch über sein Werk und über sein Leben erschienen, und es hat von 1971–1977 gedauert, ehe meine fünfbändige Auswahl seiner Werke, die in der Zusammenarbeit mit einigen Schülern zustande kam, endgültig abgeschlossen werden konnte. Wenn das undankbare Unternehmen schließlich doch sein Ende fand, so habe ich dafür besonders meiner wissenschaftlichen Hilfskraft Helga-Maleen Gerresheim zu danken, die sich so in Immermann eingelebt hat, daß sie sogar nachts von ihm zu träumen begann. Trotzdem oder vielleicht gerade deswegen hielt sie durch.

Warum hat mich Immermann in meinem Leben stets von neuem angezogen? Ich halte ihn, unbeschadet der unübersehbaren Schwächen in seiner dichterischen Produktion, für den neben Lessing und Friedrich Schlegel klügsten Schriftsteller der Deutschen. Mochte es ihm auch an poetischer Anschauungskraft fehlen, als zeitkritischer Schriftsteller ist er bereits im 19. Jahrhundert Vorläufer und Bindeglied einer Entwicklung, die bis zu Thomas Mann reicht. Gerade in seiner Übergangsstellung zwischen den Zeiten, zwischen Romantik und Realismus, erschien er mir als eine in Zwei- und Vieldeutigkeiten verstrickte Persönlichkeit, was in merkwürdigem Widerspruch zu dem hohen Grad von moralischer Charakterstärke steht, die ihn auszeichnete. Die geschichtliche Situation zwischen Restauration

und Revolution fesselte mich durch ihre verborgenen Analogien zu unserem Zeitalter, das ich ja selbst in seiner ganzen Fragwürdigkeit durchlebt habe. Waren nicht auch wir »Epigonen«, die sich vom Fluch des geschichtlichen Erbes nie ganz befreien konnten? Immermanns Kritik am Despotismus, wie er sie in seinen Fragment gebliebenen Lebenserinnerungen, den »Memorabilien« ausgesprochen hat, behält bis heute ihre Gültigkeit. Gewaltherrschaft hat immer und immer wieder Weltverdüsterung zur Folge. Allzu gern verkleidet sich der Anspruch auf Totalität, den sie erhebt, als »Idee«. Daß die Deutschen bereit sind, »viel Not zu leiden«, »wenn sie sich nur mit einer kompakten Idee speisen können«, hat Immermann hellsichtig durchschaut. Die NS-Zeit hat dafür neue, weit furchtbarere Exempel geliefert als die Zeit Napoleons.
Vor allem waren mir Immermanns Romane »Die Epigonen« und »Münchhausen« wichtig. »Münchhausen« ist einer der wenigen bedeutenden humoristisch-satirischen Romane, die wir in deutscher Sprache besitzen. Sehr zum Schaden des Romans hat man die bäuerlichen Partien unter dem Titel »Der Oberhof« oft aus dem Ganzen herausgelöst. Nur wer auf die Wechselwirkung beider Teile eingeht, kann den Roman in seiner kunstvollen Komposition genießen. Der so ernste, vielleicht allzu ernste Immermann, der in den »Epigonen« bis an die tragische Grenze des Nihilismus gelangt ist, wußte zugleich um die Souveränität, die dem Menschen im Lachen und im Verlachen geschenkt ist. Er liebte das Lachen als den schlimmsten Feind des Furchtbaren. Noch war ihm die Grenze unbekannt, die dem Lachen gesetzt ist, wo es mit jenem Grauen konfrontiert wird, das erfunden zu haben die Schande unseres Jahrhunderts und nicht zuletzt der Deutschen bleiben wird.
In der Zeit meines Bonner Wirkens hatten sich die Verhältnisse an den deutschen Universitäten in wachsendem Maß geändert. Die Universität ist aus der intimen Bildungsanstalt von einst ein Masseninstitut geworden. Das galt besonders von Fächern wie der Germanistik und der Anglistik. Viel zu spät hatten die Ministerien gemerkt, daß sich dieser Anstrom von Studierenden mit den überlieferten Organisationsformen nicht auffangen ließ. Zwar wurde der Stellenplan allmählich vermehrt, wurden auch neue Räumlichkeiten geschaffen, aber das alles reichte nicht aus, um den gesellschaftlichen Prozeß aufzuhalten, der immer mehr ins Unpersönliche und Entfremdende führte. Die individuellen Beziehungen der Studenten zum Professor oder auch umgekehrt des Professors zu seinen Studenten lösten sich auf, und an ihre Stelle trat ein unübersehbares

Bündel von Vorschriften eines bürokratischen Apparates und, eng damit gekoppelt, der Leerlauf von endlosen Sitzungen, in denen die lebendigen pädagogischen Impulse erstickt wurden, weil statt des Wirkens von Mensch zu Mensch Abstraktionen und Ideologien die Diskussion beherrschten. Die Universität wurde zu einer »unmenschlichen« Institution, ohne Liebe, dafür aber voller Unruhe, gesteuert vom Willen zur Rationalisierung und zu einer sehr fragwürdigen »Perfektion«. In Münster hatte ich noch jedes Referat persönlich lesen und beurteilen können. Obgleich ich seit meiner Berufung nach Bonn nun drei Assistenten und zwei wissenschaftliche Hilfskräfte zur Verfügung hatte, ja, gerade deswegen geriet ich immer mehr in ungewollte Abhängigkeiten. Denn die mir anvertrauten Stellen bedeuteten auch ein Danaergeschenk. Sie mußten delegiert und kontrolliert werden. Die Assistenten waren es, die nunmehr die Flut von Seminararbeiten zuerst zu überprüfen hatten, und oft mußte ich es bei ihrem Urteil bewenden lassen, weil die Zeit nicht reichte, sich jedem Einzelfall zu widmen. Auf die Dauer rächt es sich, wenn man ständig fünf gerade sein läßt. Nur die Dissertationen, die naturgemäß auch mit der Zahl der Studenten wuchsen, behielt ich in meiner Regie. In diesen Jahren entstand der Typus des sogenannten »Großordinarius«. Auch mich hat man häufig so genannt. Diese Bezeichnung war nicht ganz ungerechtfertigt, denn das Feld meiner Tätigkeiten breitete sich immer mehr aus, sogar noch über den Bereich der Universität hinaus. Zudem wuchsen die germanistischen Seminare, besonders an den größeren Universitäten, zu immer größeren Instituten, die schwer zu überblicken, noch schwerer aber zu »regieren« waren. Dieser Umstand verlangte gebieterisch das unter den Ordinarien jährlich wechselnde Amt des »Seminardirektors«. Anfänglich war es als bescheidene Machtposition noch begehrt; bald aber war jeder froh, wenn er sich davor drücken konnte.

Die Ordinarien sind an dem Problematischen, ja Krankhaften dieser Entwicklung nicht ganz unschuldig. Manche duldeten nur ungern einen direkten Nachbarn, der ihre Alleinherrschaft gefährden konnte. Das verzögerte dann die dringend nötige Erweiterung des Lehrkörpers. Manche wiederum, und davon kann ich auch mich nicht freisprechen, liebten ihre überfüllten Hörsäle, manche spekulierten sogar auf die Höhe der Kolleggelder, die erst allmählich durch das viel bessere, stabile Verfahren der Kolleggeldgarantie ersetzt wurden. In den überfüllten Seminaren ging es ungemütlich zu. Wie will man die auf Wechselrede gestellten Seminare fruchtbar gestalten,

wenn diese bis zu hundert Teilnehmer und mehr aufnehmen mußten? Als dann die Zahl der Fachvertreter sich verdoppelte und verdreifachte, entstand eine neue Gefahr. Wer die überfüllten Seminare nicht haben wollte, wählte abgelegene, unpopuläre Themen. Darunter mußte der Nachbar leiden, besonders dann, wenn er der beliebtere Lehrer war und nun den viel zu großen Zulauf auffangen sollte. Als Ausweg bot sich an, die Aufnahmezahlen zu beschränken und die Studenten so zu zwingen, sich für andere Seminare anzumelden. Doch war dies ein sehr problematischer Weg, da er die Freiheit des Studiums gefährdete, auf die die Universität immer stolz gewesen war. Kurz gesagt: in allen diesen Nöten der Massenuniversität lauerte das Verhängnis der Verschulung, und die weit entfernten Instanzen der Universitätsbürokratie sahen nichts lieber als eine Beschleunigung dieses Vorganges. Keineswegs wollte man dort oben den Weg gehen, aus den größeren Gebilden kleinere zu machen; vielmehr propagierten das Ministerium und die Parteien das Umgekehrte, nämlich Institutionen wie die pädagogischen Akademien auch noch in die Universität zu integrieren, sogenannte »Gesamthochschulen« zu schaffen, damit alles unter einen Hut kam.
Solche Vorgänge bahnten sich am Ende der fünfziger Jahre erst an, sind aber eine der Voraussetzungen für die Studentenrevolte der sechziger Jahre gewesen. Ich war also – das ließ sich kaum vermeiden – ein »Großordinarius«. Doch war ich es nicht in der Weise, wie man es im Zerrspiegel eines Klischeebildes verfälscht hat. So gerne ich gewirkt habe, gewiß nicht frei von Eitelkeit, ich hatte von Natur aus keinen Machttrieb, und darum suchte ich nie von mir aus öffentliche Ämter, die ihm Nahrung geben. Die Vorstellung von meiner Person als einem Großordinarius, der möglichst viele Studenten beherrschen und in allen Gremien mitmischen wollte, ist ebenso unsinnig gewesen wie die von dem geheimen Imperator, der hinter den Kulissen für Jahrzehnte die Berufungen im Fach der neueren Germanistik geschickt gelenkt hat. Zwar ist es richtig, daß erstaunlich viele meiner Schüler Professoren an in- und ausländischen Universitäten geworden sind. Aber das verdanken sie in erster Linie sich selbst und ihrer Leistung. Wenn ich um ein Gutachten gebeten wurde, bin ich, so gerecht wie möglich, für sie eingetreten. Nach Kräften habe ich mich auch um ihre weitere Entwicklung gekümmert. Mit Machttrieb hatte das nicht das geringste zu tun; es war die freundschaftliche Basis, aus der heraus ich allein wirken konnte und immer gewirkt habe. Den Ehrgeiz, »Großordinarius« zu werden, der wie ein Klinikdirektor schalten und walten kann, habe ich nie

gehabt; eher schon den, ein »großer Ordinarius« zu werden, der durch produktives Schaffen in Schrift, Rede und Unterricht als Pädagoge mehr leistete, als ihm die bloße »Karriere« vorschrieb. Das »Halt«, sobald die Karriere abgeschlossen ist, ist mir immer ebenso unsympathisch gewesen wie die geschäftige Betriebsamkeit, in die sich manche Professoren flüchten, um ein Alibi für fehlende Produktivität zu haben.

Der Weg zum großen Ordinarius im positiven Sinn wird jedoch gerade durch die Formen des »Großordinariats« mehr verhindert als gefördert. Ich selbst sah mich in den zwei Bonner Jahrzehnten oft in die Tücken dieses Widerstreites verstrickt, und bis heute wage ich nicht zu entscheiden, ob ich ein Opfer dieses Zuviels an Betrieb, an fruchtlosen »Reformen«, auch an unproduktiven Rationalisierungsmaßnahmen geworden bin oder ob es mir gelungen ist, den eigenen Weg auch noch in Situationen zu bewahren, die als Massenschicksal unserer modernen Welt eben diesen eigenen Weg zu ruinieren drohten. So viel wage ich, nicht ohne Traurigkeit, zu behaupten: Der Weg, wie ich ihn gegangen bin, schlecht und recht, wie es mir möglich war, ist für eine später geborene Generation so nicht mehr möglich.

Die Bonner Philosophische Fakultät erinnerte mich nur in wenigen Professoren an die Zeit von früher. Der Historiker Max Braubach, ein allseits geschätzter Kollege, hat dort sein Leben lang großes Ansehen genossen. Walter Schirmer, dem ich so viel verdankte, war wieder nach Bonn zurückgekehrt, und unsere Beziehung blieb freundschaftlich ungestört. Auch mit seinem liebenswürdigen Nachfolger Arno Esch habe ich mich stets gut vertragen. Schirmer und Theodor Litt gehörten damals ebenso wie der Geograph Carl Troll, mit dem Günther Müller noch zusammengearbeitet hatte, zu den großen alten Männern unserer Fakultät. Auch Erich Rothacker, der mich einst mit habilitiert hatte, traf ich wieder, und ich harmonierte mit ihm wie eh und je, zumal ich seinen sprühenden Witz und seine auch im Geistigen spürbare Vitalität als Vorzüge empfand, die ihn erheblich von jenen Kollegen unterschieden, die sich hinter der Selbstgerechtigkeit ihres Bonner Hochmutes verschanzten. Rothacker ließ sich relativ früh emeritieren. Damit machte er einen Fehler. Denn er konnte ohne das gegenseitige Gespräch nicht existieren und vereinsamte. Ich suchte ihm zu helfen und fragte daher einige Kollegen, ob wir uns nicht gelegentlich mit ihm im Weinhaus Streng zu einem geselligen Abend treffen wollten. Das kam zwar für einige Zeit zustande, brachte mir aber nur Ärger. Manche von denen,

die ich nicht aufgefordert hatte, weil Rothacker sie nicht mochte, nahmen das übel. Sie werteten es als einen Prestigeverlust; für sie ging es hier um eine gesellschaftliche Kategorie, während ich nur Geselligkeit im Auge hatte. Bonn war nicht Münster. Das Klima war viel zu frostig, als daß es Rothacker aus der Isolierung hätte heraushelfen können. Leider mußte ich oft an den bösen Einfall denken, der angeblich von dem Erlanger Philosophen Hensel stammen soll, der aber ebensogut von Rothacker hätte erfunden werden können. Als Gott die Welt erschaffen hatte, kam der Teufel und sah zu seinem Ärger, daß alles vollkommen war. Da erschuf er den »Kollegen«.
Sehr freundlich hatte mich der damalige Dekan, der Arabist Otto Spies, empfangen; er kannte mich bereits aus seiner früheren Bonner Zeit. Wir holten nach, was wir damals versäumt hatten: wir befreundeten uns. Er und der Religionswissenschaftler Gustav Mensching blieben in den nächsten Jahrzehnten fast die einzigen, mit denen meine Frau und ich näher verkehrten. Allerdings hat auch die Freundschaft mit der Familie Prym die Zeiten überdauert. Spies, ein vorzüglicher Kenner der arabischen Welt, liebte die Gastereien. Er gehörte zum gemäßigt konservativen Flügel der Fakultät und wußte bei Streitigkeiten geschickt zu vermitteln. Als er allmählich älter wurde, interessierten ihn die Fakultätsangelegenheiten immer weniger, und er ging ganz in seiner wissenschaftlichen Arbeit auf, von der er anregend zu berichten wußte. Seine etwas robuste und direkte Art wirkte inmitten dieser so wenig durchschaubaren Fakultät wohltuend. Universitätsaffären wurden hier oft auf dem Weg zahlreicher, anonym bleibender Telefongespräche erledigt, deren »Ergebnisse« später vor dem Forum überraschend präsentiert wurden. Ich konnte diese Art von Geschäftigkeit nicht leiden. Sehr viel mehr als in Münster spielte der Gegensatz der Konfessionen eine Rolle. Doch wurde das nie offen ausgesprochen. Besonders die immer stärker anwachsende Zahl der Historiker war eine geschlossene, auch konfessionell gebundene katholische Front, gegen die die vorwiegend protestantische Germanistik, die aus lauter vereinzelten »Liberalen« bestand, nicht aufkommen konnte.
Als man mir in Bonn nahelegte, das Dekanat zu übernehmen, sagte ich nur zögernd zu, mußte aber dann erleben, daß ich bei der geheimen Wahl viel zu wenig Stimmen bekam. Daraufhin habe ich für die Zukunft auf jede weitere Kandidatur verzichtet. Gustav Mensching blieb in dieser Fakultät noch isolierter. Das lag freilich auch an ihm selbst, da er sich für öffentliche akademische Angelegenheiten überhaupt nicht interessierte, und daran, daß sein Fach,

die Religionswissenschaft, nicht gerade angesehen war. In erster Linie kam es ihm darauf an, erfolgreiche Bücher zu schreiben und sich selbst auf Vortragsreisen bewundern zu lassen. Sein betont egozentrisches Wesen machte den Umgang mit ihm nicht immer leicht, so gastfreundlich die Aufnahme in seinem Hause auch war. Mich interessierten die Gemeinsamkeiten und Unterschiede der verschiedenen Weltreligionen, und ich stimmte mit Mensching in seiner Auffassung von religiöser Toleranz überein, Toleranz nicht nur wie bei Lessing im formalen, sondern auch im inhaltlichen Sinn. So suchte Mensching einen unorthodoxen Standpunkt, von dem aus *alle* großen Religionen an einer gemeinsamen Wahrheit partizipieren können. Darüber und auch über die indische Inkarnationslehre, für die wir beide Sympathien aufbrachten, haben wir manche produktiven Gespräche geführt, abseits freilich von den materialistischen Ideologien dieser Jahre.
Ein merkwürdiges Gespann in der Fakultät bildeten die beiden Kunsthistoriker Heinrich Lützeler und Herbert von Einem. Lützeler gab es schon damals, als ich mich kurz vor ihm in Bonn habilitierte. Er bekam aber Schwierigkeiten mit den Nazis; später ist er ein sehr beliebter Ordinarius für Kunstgeschichte in Bonn geworden. Für den rheinischen Raum war er wie geschaffen. Er hatte Verbindungen nach allen Seiten, spielte gerne im Karneval mit, bei dem er selbst in die Bütt ging, und erwarb sich große Verdienste um den Wiederaufbau der Universität. Sein ausgesprochener Sinn für Humor gefiel mir, mochte er auch sehr stark lokal gefärbt sein. Bewundert habe ich seine entschiedene Schärfe und Klarheit, wenn er mit sanfter Stimme und exakter Präzision seinen jeweiligen, immer intelligenten Standpunkt in der Fakultät vertrat. Als Kunsthistoriker neigte er zum Popularisieren, beschäftigte sich gerne mit der Kunst Picassos, wollte aber vom Philosophischen und Geisteswissenschaftlichen nicht allzu viel wissen. Gelegentlich haben wir uns über die Gegensätze unserer Fächer auf freundliche Weise gestritten. Er schrieb eine repräsentative Universalgeschichte der Kunst, die ihm soviel Geld einbrachte, daß er dafür eine Weltreise machen konnte. Herbert von Einem hingegen war in erster Linie Gelehrter. Seine vornehme Denkart kannte keine Intrigen, deshalb blieb er in der Fakultät, wo ohne diese sich nichts erreichen ließ, immer unterlegen, z. B. bei der Rektorwahl. Da wurde er von der katholischen Gegenpartei mit dem »humanen« Hinweis auf seine nicht gerade gute Gesundheit geschickt hinausmanövriert. Sein überragender wissenschaftlicher Rang ließ sich nicht bestreiten. Ich harmonierte beson-

ders gut mit ihm, zumal uns gemeinsame Goethe-Interessen verbanden. Er hat die Kunstgeschichte nie isoliert betrieben, sondern sah sie stets in Verbindung mit anderen kulturellen Gebieten. Ebenso wie ich wurde er in die Rheinisch-westfälische Akademie der Wissenschaften gewählt, und seine geistvollen Vorträge über bedeutende Kunstwerke der Vergangenheit gehörten zu den besten, die uns dort geboten wurden. Leider mußte er den hohen Grad an sublimem Kunstverständnis und geschichtlicher Bildung mit vitaler Schwäche bezahlen. Auch seine zarte Frau war nicht viel besser dran, so daß sich beide im Alter in ein Göttinger Wohnstift zurückgezogen haben. Das ist und bleibt ein Verlust für die Bonner Universität, mir ist beider Weggang noch heute schmerzlich.

Ein Gelehrter von Rang war auch der Latinist Wolfgang Schmid. Allerdings hatte mich Richter vor ihm gewarnt, er sei »feuergefährlich«. Das war entschieden übertrieben. Richtig daran war, daß er den Klatsch liebte, er streute überall witzige Bosheiten aus, wußte jedoch seine Urheberschaft geschickt zu verbergen. In dem Streit um die Nachfolge von Richter hat er keine sehr glückliche Rolle gespielt. Langweilig war er nie, er besaß eine eigene originelle Kontur und verfügte über ein erstaunlich großes Bildungspotential. Mein Umgang mit ihm hielt sich allerdings in beiderseitig wohl erwogenen Grenzen.

So war es eine keineswegs homogene Fakultät, mit der ich es zu tun bekam, und im Laufe der sechziger und siebziger Jahre trat noch mancher Wechsel ein. Zunächst entwickelte sich das Problem, wer Nachfolger Richters werden sollte, zur geheimen und dann zur offenen Kampfsache. Richter und ich waren uns darüber einig, daß wir nicht Betz, sondern den Saarbrücker Ordinarius Hugo Moser haben wollten. Die Schlacht begann. Eine Dreiviertelstunde lang redete Harri Meier mit Engelszungen in der Fakultät, um diese Berufung zu verhindern, darin auch von Schmid unterstützt. Die Gründe, die er anführte, waren meiner Meinung nach sehr unsachlicher Art. Doch war die Starrheit seines Festhaltens an dem einmal eingeschlagenen Weg nicht zu überbieten. Der Freundeskreis um Betz wollte im Endziel mit allen Mitteln diesen durchsetzen, wenn auch sein Name zunächst nicht genannt wurde. Da man genau wußte, daß eigentlich nur Hugo Moser der ernstzunehmende Rivale war, der den Ruf auch annehmen würde, konzentrierte sich aller Widerstand gegen ihn. Schließlich kam ein Unikum von einer Vorschlagsliste mit sieben Namen zustande, die meisten davon hatten nur dekorative Bedeutung; es gab zusätzliche Sondervoten

gegen Moser, der an zweiter Stelle stand. Der ganze Aufwand blieb glücklicherweise vergeblich; nach der Absage von Hugo Kuhn, der an erster Stelle stand, wurde 1959 Hugo Moser berufen.
Er war nach Maurer, Stroh, Trier und Richter der fünfte Altgermanist, mit dem ich zusammengearbeitet habe. Keinen Augenblick habe ich bereuen müssen, so entschieden für ihn eingetreten zu sein. Mehr noch als ich brauchte er für sein Wirken die Öffentlichkeit. Seine ungemein konziliante Natur verschaffte ihm Verbindungen in der ganzen Welt. Wieder war es ein Schwabe, mit dem ich mich so gut verstand, weil er das Sowohl-Als-auch dem Entweder-Oder vorzog. Darin lag freilich auch eine Schwäche seines Wesens. Es fiel ihm schwer, nein zu sagen. Zum Radikalen oder Revolutionären hatte er in seiner stets freundlichen Toleranz kein Verhältnis. Er war immer ein Konservativer, aber mit liberalem Verständnis für andere. Sehr bald stand die Mehrheit der Fakultät auf seiner Seite. Damals wurde nicht ich, sondern er zum Dekan gewählt. Ich durchschaute nicht, daß hinter dieser Entscheidung bereits die Frage nach dem künftigen Rektor stand, den im nächsten Jahr die philosophische Fakultät zu stellen hatte. Diese Magnifizenz wurde Hugo Moser. Doch eben dieser mühelose Erfolg, der ihm im öffentlichen Leben zufiel, rief erneut seine Feinde auf den Kriegsschauplatz. Ohne zu intrigieren, verstand es Moser durch seine wohlwollende Urbanität, sich beliebt zu machen, nicht nur bei Kollegen, auch unter den Studenten. Eben das nahmen andere, weniger Erfolgreiche ihm übel. Sie reagierten mit häßlicher, nicht kontrollierbarer Nachrede. Kurz nach seiner Berufung erzählte mir verärgert sein Kölner Kollege Josef Quint – er war Mosers Vorgänger in Saarbrücken gewesen –, Moser habe nach seinem Weggang die Schüler Quints nicht in sein Oberseminar aufgenommen. Das fand ich unglaublich und nahm mir vor, Moser darüber direkt zu befragen. Bei einer Kaffeestunde tat ich das auch. Durchaus glaubhaft konnte er mir versichern, dieses Gerücht sei nichts als eine lügenhafte Erfindung. Darauf holte ich tief Atem und sagte: »Gott sei Dank! Jetzt bekommen Sie auch meine bessere Zigarre, die andere können Sie gleich beiseite legen.« Als Moser in unsere Fakultät hinüberwechselte, fand er bereits Richard Alewyn als Kollegen vor. Der war nach dem Kriege aus den USA zurückgekehrt, zunächst als Professor in Köln, dann in Berlin. Trotz seines Freundeskreises in Berlin fühlte er sich bei der ungewissen Lage der Stadt dort nicht mehr wohl. Besonders nahe stand ihm ein altgermanistischer Kollege, Rainer Gruenter, der mich dringend bat, Alewyn aus Berlin herauszuholen. Wir hatten damals eine zweite neugerma-

nistische Professur zu besetzen, allerdings ein Extraordinariat. Doch gelang es mir, die Fakultät zu überzeugen, die Berufung von Richard Alewyn sei ein so großer Gewinn, daß man die Aufstockung der Professur zum Ordinariat beim Ministerium erreichen müsse. Das Vorhaben gelang, und so wirkte seit Ende der fünfziger Jahre der Freund meiner Heidelberger Zeit direkt an meiner Seite.
Zunächst sei hier von meinen verschiedenen Tätigkeiten die Rede, die sich sehr bald auch auf Bereiche außerhalb der Universität erstreckten. Seit den zwanziger Jahren habe ich mich für die Entwicklung des Films interessiert. In Münster war es Theo Fürstenau gewesen, der dieses Hobby bei mir gefördert und dann dafür gesorgt hat, daß ich in den Jahren von 1958 bis 1960 bei der Filmbewertungsstelle in Wiesbaden mitgewirkt habe. Den Höhepunkt dieser Tätigkeit bedeutete meine öffentliche Ansprache in West-Berlin am 28. Juni 1959 bei der Verleihung des Bundesfilmpreises. Ich gehörte der Jury an, die über diesen Preis, unabhängig von jeder staatlichen Bevormundung, entscheiden sollte.
Die Tätigkeit bei der Prüfungsstelle darf man sich freilich nicht so lustvoll vorstellen, wie es ihr Gegenstand, der Film, zunächst vermuten läßt. Viele Stunden lang mußten wir Filme von niedriger und niedrigster Qualität ansehen und überdies noch möglichst genau über sie diskutieren. Zwar war man mit dem Vorschlag des Verbots noch sehr vorsichtig, und niemand, auch kein Vertreter der Kirchen, wollte sich dem Verdacht aussetzen, als Moral- und Bildungsphilister sein Urteil abzugeben. Die Freigabe des Sexuellen, wie sie heute von manchen Illustrierten und bequem erhältlichen Porno-Schriften im Gebiet der Bundesrepublik zuweilen hemmungslos ausgebeutet wird, gab es damals noch nicht in diesem Ausmaß. Inzwischen hat sich das geändert, und Einsprüche erfolgen eigentlich nur dort, wo sich die direkte oder auch versteckte Verherrlichung der Gewalt in den Medien ausbreitet. Ob man freilich Gewalt und Sexualität so simpel trennen kann, das will ich hier nicht erörtern. Damals fand ich das Verfahren primitiv, aus einzelnen Filmen einige allzu eindeutige Szenen herausschneiden zu lassen, während andere, die besonders geschmacklos waren, nicht angetastet wurden. Doch gab es weder ethische noch gesellschaftliche Maßstäbe, die hier »Verbote« gerechtfertigt hätten, zumal es höchst unklar blieb, was nun eigentlich Filmkunst und was nur Pornographie sein sollte. Gelegentlich wurde ich auch von staatlichen Stellen oder von Verlagen als Sachverständiger herangezogen, ob ein Buch unter den Unzuchtsparagraphen falle oder als künstlerisch wertvoll anzusehen

sei. Ich habe mich damit nur ungern beschäftigt. Die Verlage zahlten oft hohe Honorare und legten damit natürlich die Freisprechung nahe, die staatlichen Stellen, denen mehr am Verbot lag, zahlten weit geringer und rechneten nach sogenannten »Arbeitsstunden« ab. Schon dieses ungleiche Verfahren ist höchst bedenklich und kann den jeweiligen Begutachter, der theoretisch in seinem Urteil völlig frei sein soll, sogar gegen seinen Willen beeinflussen. Außerdem ist die ganze Konstruktion nicht haltbar. Literarische Kunstwerke enthalten in manchen Fällen eindeutig »sexuelle« Partien. Das Verbot des trivialen, aufreizenden Schrifttums wiederum hat wenig Sinn, solange man das Vorzeigen des Sexuellen an anderer Stelle im Schaugeschäft ungehindert betreiben darf.

Das Ganze schien mir mehr eine Frage des Geschmacks als der Ethik zu sein. Schlechter Geschmack aber läßt sich nicht verbieten. Leider! Wieviel Schaden er anrichten kann, darüber wurde in der Filmbewertungsstelle nicht diskutiert. Doch habe ich mich über manche Filme, die sich auf diesem Feld versündigt haben, weit mehr geärgert als über gelegentliche Auswüchse in sonst durchaus passablen Filmen. Vieles, was im Schafskleid des Kleinbürgerlichen und Philiströsen daherkommt, enthüllt in seiner Geschmacklosigkeit erst seine Indezenz und versteckte Unsittlichkeit, deren schädliche Wirkungen auf das Publikum oft unterschätzt werden. Wir haben es verlernt, ästhetische Fragen auch in ihren sittlichen Konsequenzen zu erörtern. Mit Verboten kommt man dabei nicht einen Schritt weiter.

Als ich 1959 meine Ansprache über die Verleihung des deutschen Filmpreises hielt, war es mit unserem Filmschaffen nicht gerade gut bestellt. Immerhin gab es einige erfreuliche Leistungen wie »Wir Wunderkinder«, den Stalingrad-Film »Hunde wollt ihr ewig leben?« und eine amüsante Verfilmung von Shaws Lustspiel »Helden«. Auch Lamorisses französischer Film »Der blaue Ballon«, zwar nur ein Kurzfilm, gab der Fantasie einen liebenswürdigen Spielraum. Den mit Routine gemachten Film »Das Mädchen Rosemarie«, der die damals aktuelle Ermordung einer Frankfurter Prostituierten als Stoff aufgriff, mochte ich nicht, da ich diese Vermischung von Sensationshascherei und angeblicher Zeit- und Gesellschaftskritik für recht fragwürdig hielt, von den Verstößen gegen den Geschmack ganz zu schweigen. Leistungen wie Marcel Carnés »Les enfants du paradis«, zu dem Jacques Prévert ein hinreißendes Drehbuch geschrieben hat – für mich bis heute der schönste Film, den ich je gesehen habe –, Cléments »Les jeux interdits«, Cocteaus »Orphée« und Fellinis »La strada« hatte der deutsche Film nicht zu bieten. So blieb auch meine Ansprache harmlos und ein wenig verlegen. Ich verteidigte das Bedürfnis nach Unterhaltungsfilmen, warnte vor der typisch deutschen Neigung zur Überfrachtung mit »Problemen«, bei denen das Schauen zu kurz kommen muß, und deutete die beiden extrem verschiedenen Möglichkeiten des Films, Realistik oder Phantastik zu geben, wenigstens an. Die Veranstaltung wurde damals im Fernsehen übertragen. Dabei spielte mir die Technik einen Streich, es konnte nur ein Bruchteil gesendet werden. Dann brach die Rede unvermittelt ab.

Trotzdem hatte ich einen ungeahnten Erfolg. Am nächsten Tag erschienen bei uns die Handwerker, die wir schon seit langem vergeblich erwartet hatten. Sie waren begeistert; nicht etwa von meiner Rede, sondern weil mir der große O. W. Fischer die Hand geschüttelt und lobende Worte zu mir gesprochen hatte. Um so vernichtender war die Reaktion in der DDR. Ich begriff nicht, warum in der Ostberliner »Zeitschrift für Theorie und Praxis des Filmschaffens« eine so wüste Denunziation meiner Person erfolgte. Zunächst wurde ich wieder einmal als ehemaliger Nazi abgestempelt, zugleich aber auch als kultureller Repräsentant der Bundesrepublik, der den »unpolitischen« Film nur darum propagierte, weil kritische Filme in Bonn nicht erwünscht seien. Zwar war ich nicht nur für Unterhaltungsfilme eingetreten, sondern ebenso für mehr Schärfe und Unbequemlichkeit in der Zeitkritik. Das sei ein Widerspruch, meinte der ostdeutsche Rezensent, und noch dazu der Höhepunkt der »Unaufrichtigkeit«. Wie hier meine überhaupt nicht bundespolitisch gedachten Meinungen in Standpunkte des »kalten Krieges« zwischen West und Ost umgefälscht werden konnten – das machte mir erschreckend klar, wie schwierig das Eintreten für eine individuelle Meinung ist, sobald man in das Räderwerk der Medien und ihrer gesellschaftlichen Auseinandersetzungen gerät.

Nach dem Spektakel des Bundesfilmpreises folgte das noch größere des Berliner Filmballs. Ich fühlte mich dort etwas sonderbar, in eine ganz fremde Welt versetzt. Der Aufmarsch internationaler Filmprominenz mit Glanz und Gloria zeigte mir, daß hier und nur hier die Götter unserer Zeit zu finden sind, wenn man von den Größen des Fußballs einmal absieht. Ein Germanist, mochte er auch aus der Bundeshauptstadt kommen, war auf diesem unfreiwillig komischen Jahrmarkt der Eitelkeit nur ein Nichts, zumal wenn er überhaupt nicht darauf aus war, in diesem merkwürdigen Milieu eine Rolle zu spielen. Die Berliner Bevölkerung hingegen war schon glücklich, wenn sie draußen den Einzug der Götter bejubeln konnte, ohne zur Festlichkeit selbst zugelassen zu werden.

Die Frage nach dem Wert des Films beschäftigte mich weiter, und so entstand ein Vortrag »Dichtung und Film«, den ich in Hamburg und andernorts gehalten habe. Dieser Vortrag, der ungedruckt geblieben ist, beschäftigt sich mit der Problematik des Begriffs »Traumfabrik«, der ein Widerspruch in sich selbst ist. Es hat mich stets fasziniert, daß mit den technischen, eigentlich entzaubernden Mitteln der modernen Zivilisation – und sei es auch nur in Ausnahmefällen – intime poetische Wirkungen erzielt werden können. In der Tat, der Film öffnet ein Reich unbegrenzter Möglichkeiten, sowohl nach der Seite dokumentarischer Wirklichkeitsdarstellung wie nach der an Magie grenzender Verzauberung. In meinem Vortrag vertrat ich die Ansicht, daß sich moderne Dichtungen, vor allem epische, weit besser verfilmen lassen als geschichtlich weiter zurückliegende. Denn die moderne Dichtung hat sich bereits dem Filmischen angenähert. Wenn Regisseure wie Charlie Chaplin und Carol Reed etwas von der Urpoesie der Menschheit in den Film, dieses altkluge Kind einer Spätzeit, hinübergerettet haben, eine Suggestion des Schwebens im Unbegrenzten und Irrealen, so hat umgekehrt der moderne Roman in Theorie und Praxis eine Annäherung an Ausdrucksmöglichkeiten des Films vollzogen, die auch diesem wieder zugute gekommen sind. So sehr die Verfilmung der großen Werke der Weltliteratur in ihrer stofflichen Vergröberung und in ihrer Unfähigkeit, sprachliche Raffinessen und gedankliche Reflexionen einzufangen, hinter den Dichtungen selbst zurückbleiben muß, man darf darüber nicht übersehen, wie in einer hochdifferenzierten reflektierten Spätphase manche Probleme im Visuellen elementarer, rücksichtsloser, oft auch erschreckender ihren Ausdruck finden, als es einer mehr mit Tradition belasteten Dichtung und Dichtungsgeschichte möglich war. Die Gleichzeitigkeit im zeitlichen Nacheinander, die optischen Wirkungen eines fließenden beweglichen Bühnenbildes, die Bildkraft eines mimischen Realismus, auch und gerade in der Sprachlosigkeit –, das alles sind epische wie dramatische Stilmittel moderner, zum Teil vom Film mitgeprägter Dichtung. Die Verfilmung literarischer Werke kann sogar über den künstlerischen Wert der Vorlage hinausgehen. Am ehesten wird das freilich bei mittelmäßigen Dichtungen der Fall sein.

Meine Mitwirkung bei der Filmbewertungsstelle war nur ein kurzes Zwischenspiel; weit länger dauerte die im Programmbeirat des Westdeutschen Rundfunks, dem ich von 1956 bis 1969 angehört habe. Dieses Gremium, das aus Angehörigen sehr verschiedener sozialer Bereiche bestand, der Kirchen, der Schulen, der politischen Parteien, selbst eine Hausfrau war dabei, hatte keinen direkten Einfluß auf das Rundfunkwesen, sondern nur beratende Funktion. Es war eine Art Stimme des Volkes, völlig ohne Macht, aber immerhin gehört. Ich fungierte dort als Vertreter der Universitäten, aber bezeichnenderweise war von diesen nur selten die Rede. So beteiligte ich mich denn munter an vielen Diskussionen, die sich aus der Praxis des Fernsehens und des Hörfunks ergaben. Anstrengend war diese Tätigkeit nicht. Man mußte sich nur die Zeit nehmen, das Programm der Medien zu Hause ein wenig zu verfolgen. Auf diese Weise kamen wir zum ersten Mal zu einem Fernsehapparat, der vom WDR gestellt wurde. Ursprünglich waren wir gegen die Verflachung, der wir uns durch den Flimmerkasten ausgesetzt sahen. Doch haben wir bald unsere Meinung geändert und halten heute das Fernsehen für ein in vieler Hinsicht unentbehrliches Medium. Damals kritisierte ich unter anderem das »Wort zum Sonntag«, weil es sich zu sehr vom biblischen Text entfernt hat und immer mehr Kompromisse mit dem ungläubigen Zeitgeist zu schließen sucht. Heute kann ich mich nicht mit der philiströsen und kleinbürgerlichen Langweiligkeit vieler sogenannter Zeitstücke befreunden, die sich sozialkritisch gebärden, aber fast immer hinter der sehr viel subtileren und psychologisch abgewogeneren Kunst der Engländer, auch der Franzosen zurückbleiben. Bei den Zusammenkünften im Programmbeirat wollte niemand in die Tiefe dringen. Aber gerade die Alltäglichkeit dieser Gespräche, die über die verschiedenen sozialen Gruppen hinweg ohne jede Feindseligkeit geführt wurden, habe ich in der besten Erinnerung. Wir alle wußten, daß man uns jederzeit auch entbehren konnte. Trotzdem hat der Intendant, zuletzt war es Herr von Bismarck, uns immer zugehört, fehlte nur selten bei den Sitzungen und hat wohl auch die eine oder andere Anregung aufgegriffen. Vielleicht boten sich gerade auf Grund der Machtlosigkeit dieser Instanz kritische Möglichkeiten, die innerhalb eines Machtkampfes nicht hätten aufkommen können. Es war eine Gesprächsgemeinschaft, die sonst wohl nie so möglich gewesen wäre, und nicht zuletzt war es auch eine Einübung in demokratische Rechte und Pflichten.

Zurückkommen muß ich noch einmal auf die Verleihung der Dichterpreise. Sehr glücklich fand ich die Entscheidung der Jury des Immermannpreises von 1959 für Marie Luise Kaschnitz und Wolfdietrich Schnurre. Das damals noch junge Ehepaar Schnurre, mit dem wir vergnügt zusammen gefrühstückt hatten, gefiel uns Älteren in seiner unbürgerlichen Naivität, seiner unbekümmerten Frische besonders gut, und niemals hätten wir vorausahnen können, daß diese junge, so in das Leben verliebte Frau eben dieses Leben aus Schwermut fortwerfen würde. Damals zog mich Schnurre besonders als Humorist an, der in seinem köstlichen Buch über den Pudel Ali gleich den passenden Autorennamen mitbrachte, so daß ich »Schnurre« anfangs für ein gutgewähltes Pseudonym hielt. Doch auch als Erzähler von Kurzgeschichten ist er ein Meister, wenn auch sonst diese Gattung in Deutschland hinter den Angelsachsen fast immer zurücksteht. Der Zugang zu Schnurres anderen, mehr mit Problematik belasteten Werken fiel mir schwerer. Das gilt in erster Linie von seiner spröden Lyrik. Trotzdem ist und bleibt er meiner Meinung nach einer der bedeutendsten lebenden deutschen Autoren, der den langen schwierigen Weg vom heiteren Spiel zur radikalen Auseinandersetzung mit dem Tod gegangen ist. So sehr er das Dichten als Vergnügen kennt, niemals hat er die Zeitkritik aus dem Auge verloren. Sein unbestechlicher Radikalismus auf diesem Feld imponiert mir.

Mit Marie Luise Kaschnitz habe ich einige Zeit in der Jury des Immermann-Preises zusammengesessen. Leider geriet ich meist mit ihr in einen Widerstreit, weil sie zu modernistischen Entscheidungen neigte, als brauchte sie ein Alibi für ihre eigene, mehr konservative Poesie. Wäre sie dabei nicht so hartnäckig und unduldsam gewesen, hätten wir uns weit besser verstehen können. Denn ich habe sie immer als Lyrikerin von überragendem Rang verehrt. Trotz ihrer in Antike und Christentum tief verwurzelten Humanität schien sie mir stets auf der Flucht vor sich selbst zu sein, vielleicht, weil die Dichterin spürte, wie sehr die von ihr durchlebten Ängste unseres Zeitalters sich nicht mehr oder wenigstens nicht nur mit den Mitteln eines klassischen Formgefühls gestalten ließen. In den Dichtungen ihrer Spätzeit hat sie fast verzweifelt nach neuen Ausdrucksformen gesucht und manchmal unerhört intensive gefunden.

Eine Entdeckung besonderer Art war für mich der junge Christoph Meckel. Ich habe damals in der Jury den Nachwuchspreis für seinen ersten Lyrikband »Nebelhörner« durchgesetzt und Meckel auch zu mir eingeladen. Von Anfang an war ich von seiner ungewöhnlichen dichterischen Begabung überzeugt. Inzwischen ist er erstaunlich selbständig und entschieden seinen dichterischen Weg gegangen, ohne sich um die wechselnden Moden der Zeit zu kümmern. Mit dem Kecken, Wagemutigen und Respektlosen in seinem Wesen steht er stellvertretend für viele der erst in den dreißiger Jahren Geborenen, die sich vom Erbe der Älteren befreien mußten. Das reiche Sprachregister, das Meckel als Lyriker und Erzähler zu Gebote steht, mag er mit anderen Begabungen teilen. Erstaunlich bleibt jedoch das Blühen und Sprudeln seiner Fantasie, die man im zeitgenössischen deutschen Schrifttum oft allzu sehr vermißt. Sein letztes Buch »Suchbild. Über meinen Vater« hat mich ebenso angezogen wie abgestoßen, angezogen durch den Radikalismus im Suchen nach der Wahrheit, abgestoßen in der allzu selbstgerechten und intoleranten Haltung, mit der hier eine jüngere Generation mit der älteren ins Gericht geht. Immerhin mag sich auch darin verletzte, zu kurz gekommene Liebe äußern.

Zu einem Eklat besonderer Art führte meine nur vorübergehende Mitwirkung am Bremer Rudolf Alexander Schröder-Preis. Der alte Mann, den ich noch kennenlernen durfte, gehörte zu den eindrucksvollsten Persönlichkeiten, die mir in meinem Leben begegnet sind. Schon der äußere Eindruck war überwältigend: die imponierende Figur, immer das schwarze Käppchen auf dem kahlen Hinterkopf, immer auch die von ihm so geliebte Brasil bei der Hand, die er nicht nur für sich in Brand setzte, sondern zugleich ritterlich seinem Gesprächspartner anbot. Sein ganzes Wesen strahlte Gemessenheit und Urbanität aus. Niemals wurde er stürmisch oder ungeduldig. Keine seiner oft mit Scherzen und Zitaten gewürzten Reden empfand man als eitel oder selbstgefällig. Die humanistische Bildung war ihm zur zweiten Natur geworden. Er war fest im evangelischen Christentum verankert, wirkte aber nicht bigott oder pharisäerhaft. Er war ein Meister des geselligen Gespräches, ein Genießer mit Kultur, dabei verwurzelt in der Tradition seines Großbürgertums und in der Güte und Weisheit seines Alters. Man konnte ihn nur verehren.

In Bremen erhielt auch die österreichische Lyrikerin Ingeborg Bachmann den nach ihm benannten Preis. Bei einer Vortragsreise in Rom hat sie mich in ihrem Schweizer Wagen, den ihr, wie sie mit leichter Befangenheit erzählte, ihr Freund Max Frisch geschenkt hatte, die malerischen Hügel hinauf und hinab und auch noch aus der Stadt hinaus auf die ehrwürdige Via Appia gefahren. Inzwischen ist das Werk dieser Dichterin unbestrittenes Allgemeingut unserer Gegenwartsdichtung geworden. Persönlich wirkte sie eher gehemmt als aufgeschlossen, als verschanze sie ihr Wesen hinter einem Drahtverhau. Sie sprach leise und zögernd, als wolle sie das Gesagte sogleich zurücknehmen. Doch unvermutet brach eine ganz unkonventionelle

Fröhlichkeit durch, zumal dann, wenn sie von sich selbst zu erzählen anfing. Ich höre noch heute den Tonfall, mit dem sie von ihrer Reise in die USA berichtete: erst das vergebliche Herumirren bei den Behörden in Rom, um den letzten fehlenden Stempel für ihren Paß zu bekommen, dann ihr weinendes Herumstehen auf der Straße, weil sie keinen Ausweg für ihr Reisedilemma mehr wußte. Plötzlich taucht ein liebenswürdiger Italiener auf, der nicht zulassen kann, daß sie so weinen muß, und ihre Tränen trocknen möchte. Er nimmt sie bei der Hand und setzt sogleich den Stempel bei der Behörde für sie durch. Dann fährt sie nach Übersee, der Paß geht auf rätselhafte Weise verloren, um erst sehr viel später auf einem anderen Schiff ebenso rätselhaft wiedergefunden zu werden. Doch Ingeborg Bachmann gelingt etwas, das im Grunde unmöglich war und wohl nur ihr gelingen konnte. Man ließ sie ohne Paß mit einer improvisierten Bescheinigung in die USA hinein. Die ganze Geschichte wirkt wie ein fantastisches Märchen in einer unmärchenhaften Welt, aber sie hat sich wirklich so ereignet. Zu bestimmten Menschen scheinen bestimmte Geschehnisse zu gehören, die nur ihnen und nicht anderen zustoßen. Leider gilt das wohl auch vom bis heute rätselhaft gebliebenen Sterben dieser Dichterin. Heil und Unheil scheint ihr so verrätseltes Wesen in gleicher Stärke angezogen zu haben.
Im Jahre 1959 erschien der inzwischen weltberühmt gewordene Roman von Günter Grass »Die Blechtrommel«. Die Mitglieder der Bremer Jury hatten ein Vorausexemplar; das Buch konkurrierte damals mit dem Roman »Mutmaßungen über Jakob« von Uwe Johnson. Vor allem der sehr kultivierte, sensible, aber auch empfindliche Rudolf Hirsch, einer der besten Hofmannsthal-Kenner, der sich inzwischen als einer der Hauptherausgeber der großen Hofmannsthal-Ausgabe einen bedeutenden Namen gemacht hat, trat gemeinsam mit mir für »Die Blechtrommel« ein. Beide hatten wir sofort den Rang dieses Buches erkannt. Es gelang uns, die ganze Jury zu überzeugen. Nur der Vertreter der Stadt Bremen, der aber kein eigenes Stimmrecht besaß, hatte Bedenken. Trotz unseres einstimmigen Votums versagte der Senat seine Zustimmung. Dieser sozialdemokratische Stadtstaat konnte ein solches Buch damals nicht ertragen: wahrscheinlich war das Zuviel an Obszönität und an religiöser Blasphemie der Grund dafür. Man kennt dergleichen aus der Geschichte der europäischen Literatur, ich brauche nur an Molières »Tartuffe«, Flauberts »Madame Bovary« und an Arthur Schnitzlers »Reigen« zu erinnern. Der Senat wollte uns zwingen, unsere Entscheidung zurückzunehmen. Jedoch Hirsch und ich, die

auswärtigen Mitglieder der Jury, beantworteten das mit unserem Austritt. Hirsch war sogar noch empörter als ich und gab das zunächst geheimgehaltene Geschehen an die Presse weiter. Der Skandal war damit unvermeidlich und hat auch erhebliche Wellen geschlagen. Doch durften wir uns eine solche Einmischung staatlicher Stellen in die freie Entscheidung einer Literaturpreis-Jury nicht gefallen lassen. Die Ironie des Geschehens wollte es, daß bereits wenige Jahre später in Bremen Abitur-Aufsätze über die »Blechtrommel« geschrieben wurden. Zwar halte auch ich die Obszönitäten in diesem Buch nicht für seine eigentliche Stärke. Als ich Grass später bei einem allgemeinen Empfang persönlich kennenlernte, zog ich ihn etwas damit auf. Sein Buch sei großartig, aber noch großartiger würde ich es finden, wenn er auch ohne solche sexuellen Extratouren schreiben könne. Er antwortete mit entwaffnendem Zynismus, offensichtlich ironisch, das sei nun einmal nötig, das Publikum brauche das, sonst verkauften sich die Bücher schlechter. Seine späteren Werke haben zwar durchweg Eindruck auf mich gemacht, aber nicht so starken wie »Die Blechtrommel«. Ausnehmen möchte ich die novellistische Erzählung »Das Treffen in Telgte«. Ich halte sie für ein kleines Meisterwerk. Voll genießen kann sie freilich nur, wer mit den Gestalten unserer Barockliteratur etwas vertrauter ist. Wie Grass hier seine vorzüglichen Kenntnisse dieser Epoche mit den Erinnerungen an die Gruppe 47 zu einem geschichtlich-übergeschichtlichen Ganzen verwoben hat – das macht ihm heute so leicht keiner nach. Es wird noch einige Zeit dauern, bis dieser vitale, sich allen Widersprüchen des Zeitalters stellende Autor, der zugleich über ein hohes Maß an Gescheitheit und an praktischem politischen Verstand verfügt, in seiner vollen Bedeutung erkannt wird: Ich halte ihn weder für einen bloßen Bürgerschreck noch für einen bloßen guten Staatsbürger, sondern für einen genialen, deftigen Erzähler, der die nicht allzu üppige Tradition der deutschen humoristischen Prosa in einer späten Geschichtsstunde fortgesetzt hat, einer Stunde, die in ihrem Erzählen bereits von Vertrocknung, Konstruktivismus und einem Allzuviel an intellektuellen Experimenten bedroht ist.
Die Jury mußte damals neu berufen werden und entschied sich dann für Siegfried Lenz. Die Entscheidung für ihn war gewiß nicht falsch. Trotzdem rechtfertigte sie nicht die Ablehnung der »Blechtrommel«. Beide Autoren sind später noch wiederholt ausgezeichnet worden. Lenz bekam für seinen Roman »Deutschstunde« den großen Landespreis von Nordrhein-Westfalen. Beim Festessen lernte ich ihn flüchtig kennen. Der Dichter der so glänzend erzählten masurischen

Geschichten »So zärtlich war Suleyken« war nicht nur als Autor liebenswert, sondern auch als Person.
Mehrfach preisgekrönt wurde, gewiß mit Recht, auch der jüdische Lyriker Paul Celan. Seine hermetisch verschlossene Lyrik ist bis heute für sehr viele rätselhaft geblieben. Zweifellos stößt sie bis an jene Grenze vor, wo die Sprache sich dem Dichter zu entziehen beginnt und er trotzdem ihre »Gitter« aufzubrechen versucht. Ich hatte das Glück, mit ihm näher bekannt zu werden. Einmal hat er mich in Bonn besucht, ein anderes Mal war ich Gast in seiner Behausung in Paris. Am 18. November 1958 schrieb er in unser Gästebuch sein Gedicht »Eine Hand« aus seinem im gleichen Jahr erschienenen Gedichtband »Sprachgitter«. Dort lautet es so:

Der Tisch, aus Stundenholz, mit
dem Reisgericht und dem Wein.
Es wird
geschwiegen, gegessen, getrunken.

Eine Hand, die ich küßte,
leuchtet den Mündern.

Das »ich« fehlt in der sonst sorgfältig durchgeführten Eintragung. Wahrscheinlich war das nur ein bloßer Flüchtigkeitsfehler. Bei Celan konnte es aber sogar ein Handeln aus dem Unbewußten sein, das ihn nötigte, jeden Bezug auf sich selbst zu unterdrücken. Der Poet sah aus wie ein Prinz aus dem Morgenland, sein Wesen strahlte etwas Mondscheinhaftes aus, die samtnen Augen hatten eine bezwingende Kraft, und alles, was er sagte, wirkte wie ein Zeichen seiner Verletzbarkeit, die jedoch spontan in aggressive Heftigkeit umschlagen konnte. Ich spürte, daß man schonend mit ihm umgehen mußte. Beide Eltern waren im Konzentrationslager umgekommen, er selbst war nur durch ein unbemerktes Hinüberwechseln von einem zum Abtransport bestimmten Waggon zu einem anderen, dessen Insassen aus irgendwelchen Gründen noch geschont werden sollten, dem sicheren Tod entronnen.
Celan berichtete davon ganz unbefangen, so daß der Zuhörer mehr das Ungewöhnliche als das Schreckliche heraushörte. Hingegen erregte er sich heftig, sobald er auf seinen literarischen Streit mit dem Ehepaar Goll zu sprechen kam. Claire Goll hatte Celan des Plagiats am Werk ihres Mannes beschuldigt. Ich begriff nicht, warum ihn diese bereits zurückliegende literarische Fehde jetzt noch so mit-

nahm, während er die furchtbaren Erlebnisse seiner Jugend fast beiläufig, ohne erkennbare Affekte, erzählte. Ebenso merkwürdig blieb es mir, daß er auf sein damals bereits berühmtes Gedicht »Todesfuge« nur wenig Wert legte, während er sich bei anderen, sehr viel schwerer zugänglichen Versen nicht nur verkannt, sondern geradezu mißachtet glaubte.
Mit literarischer Eitelkeit hatte das nichts zu tun. Trotz seiner Seltsamkeiten wirkte er nicht gestelzt oder verstellt. Doch so liebenswürdig, ja sogar sanft er im Umgang war, er blieb dabei ebenso in sich verschlossen wie seine Gedichte. Nur von Zeit zu Zeit geriet er ohne ersichtlichen Grund in Zorn. Mir kam er vor wie ein Mensch, der sich nicht nur der Welt entzieht, sondern auch vor seinem eigenen Ich flüchtet. Im Grunde war er immer nur scheinbar anwesend, er wirkte wie einer, der von einem anderen Stern kommt, sich hier wie ein ungeduldiger Gast aufhält und schließlich ins Unbekannte weiterwandert. Seine zornige Sanftmut und seine unzugängliche Schwermut brauchten Hilfe und ließen sie trotzdem nicht zu. Als ich später von seinem Freitod in der Seine hörte, war ich tief bestürzt, aber nicht überrascht.
Celan war zu einmalig, als daß man ihn einen Literaten hätte nennen können. Mehr zur literarischen Bühne gehörten Heinrich Böll und besonders Dieter Wellershoff. Bölls Weg zum Weltruhm hat ihn wohl selbst erstaunt. Die Rolle des praeceptor Germaniae der Nachkriegszeit, die Walter Jens später mit unverkennbarem Vergnügen gespielt hat und noch spielt, lag seiner an sich mehr bescheidenen und hilfsbereiten Natur durchaus nicht. Trotzdem war er es, der für eine jüngere Generation die neuen sittlichen Maßstäbe gesetzt hat. Bei einer seiner vielen Preiskrönungen lernte ich ihn etwas kennen. Er nahm mich auf dem Rückweg von Düsseldorf in seinem Wagen mit und erzählte auf der Fahrt begeistert von seiner Liebe zu Irland und von einem kleinen Häuschen, das er sich in abgelegener Landschaft erworben hatte. Sein sittliches und politisches Engagement traten damals schon unverkennbar hervor. Ich fand ihn allerdings auch zu wehleidig und als Schriftsteller zu sehr in die Welt der kleinen Leute verliebt. Am meisten schätze ich seine frühen satirischen Erzählungen. Seine erstaunliche Erzählgabe, die sich mit soviel rheinischem Humor verbindet, könnte ich bewundern, wenn es ihr nicht an der überlegenen Klugheit fehlte, wie sie seinen Nobelpreiskollegen Thomas Mann ausgezeichnet hat. Allzu sehr schienen mir Bölls Überzeugungen von Emotionen gesteuert. Nur seine integre Menschlichkeit bildete dazu ein Gegengewicht. Als

temperamentvoller Kritiker unserer bundesdeutschen Wirklichkeit wird er weiter seine Verehrer und seine Feinde finden. Ich selbst gehöre in keine dieser Kategorien hinein.
Zu einem Oberseminar, das sich mit der Prosadichtung der deutschen Gegenwart beschäftigte, hatte ich den Schriftsteller Dieter Wellershoff eingeladen, den Initiator der sogenannten »Kölner Schule«, einer Gruppe von jungen, experimentierfreudigen Autoren. Sein Buch »Ein schöner Tag«, das 1966 erschienen war, führte zu lebhaften Diskussionen in der Seminarrunde. Es war sein erster Roman; er versuchte, eine gesellschaftlich alltägliche Wirklichkeit vom Detail her genau in ihrem oft gestörten Ablauf zu beschreiben. Bereits der Titel sollte ironisch verstanden werden. Der Autor, mit dem ich öfters zusammengekommen bin, ein stets anregender und kluger Gesprächspartner, verkörpert für mich den Typus eines mehr denkenden als dichtenden Schriftstellers. Sein Interesse gilt den Abnormitäten unserer fragwürdigen Gegenwart; er sucht sie nicht nur psychologisch, sondern auch soziologisch zu analysieren, ohne dabei von marxistischen Vorurteilen bestimmt zu sein. Das Übergewicht an Theorie, das völlige Fehlen von Naivität erschwert seine Produktion. Ich verdanke ihm den nachdrücklichen Hinweis auf Ödön von Horváth, dem ich später eine ausführliche Studie gewidmet habe. Was mich an Horváth bis heute angezogen hat und anzieht, war seine widerspruchsvolle Situation zwischen den Zeiten. Darin erinnerte er an Heine. Aber bei dem 1901 geborenen Horváth war es bereits meine eigene Zeitsituation, die sich in seinem Werk widerspiegelte. Ebenso anziehend fand ich seinen desillusionierenden Stil mit der dann doch immer wieder durchbrechenden Neigung zu Romantik und Mystizismus. Wellershoff spürte wohl das Intellektuelle und Impressionistische als ihm wahlverwandte Elemente in Horváths Schaffen heraus. Wie dieser hatte er eine Witterung für alles Neue. Er zeigte mir in seiner Kölner Wohnung seine witzigen Collagen; er liebte die vorurteilsfreie, im besten Sinne des Wortes »progressive« Auseinandersetzung mit den komplexen Phänomenen moderner und modernster Literatur. Allerdings wagte er sich mit seiner »Kölner Schule« vielleicht allzu sehr auf obskure Pfade. So ist sie denn auch nur eine Übergangserscheinung geblieben, wenn man von dem früh verstorbenen eigenwilligen Lyriker Rolf Dieter Brinkmann einmal absieht.
Auch mit Martin Walser kam ich wiederholt zusammen. Der Zugang zu seiner katarakthaften, sich überstürzenden Prosa ist mir immer schwer gefallen. Seine auf den Materialismus gegründete Absage an

alle Formen des Idealismus fand ich ebenso problematisch wie seine vertrackte Art, mit der deutschen Klassik, besonders mit Schiller umzugehen. Unsere Meinungen gingen hier diametral auseinander. Dennoch erlebte ich ihn im persönlichen Umgang als originell, einfallsreich und zeitnah, eine imponierende Persönlichkeit, die unbeirrbar in sich selbst ruht, zugleich aber mit einer paradoxen freundschaftlichen Aggressivität sich gegen jedermann zu wehren weiß. Als die Natur ihn erschuf, legte sie ihm den Widerspruch in die Wiege.

Immer, wenn ich mit ihm zusammen bin, komme ich mir etwas antiquiert vor. Das ist wohl auch ein Generationsproblem. Walsers reichhaltige Produktion finde ich von erstaunlich ungleichem Wert. Vieles wirkt auf mich konstruiert, von der Blässe des Gedankens angekränkelt. Gelingt ihm aber eine novellistische Erzählung wie »Ein fliehendes Pferd«, so überzeugt er mich weit mehr als in seinen langatmigen, sprachlich sich überschlagenden Romanen. Seine kleinen satirischen Ausfälle können ebenso witzig und schlagkräftig sein wie verbissen und maßlos übertrieben. Offenbar legt er es bewußt darauf an, als enfant terrible seinen literarischen Weg zu machen. Damit hat er sich auch durchgesetzt, besonders bei der jüngeren Generation.

Ganz anderer Art war meine Beziehung zu einem erst vor kurzem verstorbenen Autor meines Jahrgangs: Josef Breitbach. Ich lernte ihn in Paris kennen, als ich an der Sorbonne einen Vortrag hielt. Dort hat er meine Frau und mich nicht nur zu Champagner, sondern auch zu einer hinreißenden russischen Tanzoper eingeladen. Er konnte sich diesen Stil leisten, weil er durch Erbschaft zu einem sehr wohlhabenden Mann geworden war. Mit der Germanistik stand er damals auf Kriegsfuß, weil er sich nicht genügend von den Germanisten beachtet glaubte. So war in seinem Verhalten zu mir wohl auch etwas Werbung für sich selbst dabei, aber nie auf aufdringliche oder vulgäre Weise, Breitbach blieb stets ein Gentleman.

In der Tat hat man diesen katholischen Juden, der aus dem Elsaß stammte und Franzose und Deutscher zugleich war, lange Zeit unterschätzt. Zum mindesten hätte er mehr Anerkennung verdient für sein unermüdliches Bemühen, Kommunikationen zwischen Frankreich und Deutschland zu schaffen. Auch seine journalistische Tätigkeit hat er in den Dienst dieser Aufgabe gestellt. Sein schon früh entstandenes Romanfragment »Clemens« – er konnte es nicht zu Ende führen, weil die Gestapo in den Nazijahren die noch unveröffentlichten Teile des Romans beschlagnahmt und vernichtet hatte –

halte ich für ein Meisterstück deutscher Prosa, genau abgewogen und mit erstaunlicher Präzision durchgeführt. Es ist Breitbach nicht gelungen, die verlorenen Teile aus der Erinnerung wiederherzustellen. Darunter hat er sein Leben lang gelitten. An literarischen Moden hat er sich nie orientiert, eher schon an nüchternen Tatsachen des politischen und wirtschaftlichen Lebens. Dazu gehört auch seine genaue, aus eigener Lebenserfahrung erwachsene Kenntnis des Warenhauses. Das Überschaubare und Durchsichtige in seiner Erzählweise, seine Abneigung gegen artifizielle Kunststücke, sollte jedoch nicht dazu verführen, ihn als »Rationalisten« abzustempeln und ihm die Fantasie abzusprechen. Hinter diesem auf Abkühlung bedachten Stil schwelen die Emotionen und die möglichen Explosionen weiter. Breitbachs Darstellungsweise ist entlarvend und skeptisch; sie will weder dämonisieren noch idealisieren; sie ist mißtrauisch gegen die optimistischen Prophezeiungen des Marxismus. Im »Bericht über Bruno« erreicht sie in der klugen Analyse des menschlichen Umgangs mit der Macht ihren Höhepunkt. Vorzüge und Schwächen des Menschen werden behutsam gegeneinander abgewogen. Dieser Blick für die menschlichen Schwächen kommt auch Breitbachs Komödien zugute; hier wie auch in seiner Prosa ist die Nähe zum Romanischen unverkennbar. Doch ist er mir auf diesem Felde zu schwerfällig und nicht komödiantisch genug, und ich glaube nicht, daß seine Komödien sich auf die Dauer die Bühne erobern werden.

Ich beabsichtige nicht, in diesem Buch einen Querschnitt durch die deutsche Gegenwartsdichtung zu geben. Ich schildere in der Regel nur die Autoren, mit denen ich in nähere persönliche Beziehung gekommen bin. Darunter sind auch einige, die ich nicht direkt kennengelernt habe, die aber trotzdem mit meinem Leben so stark verknüpft waren, daß ich wenigstens in Umrissen ihre Bedeutung für mich charakterisieren muß. Einer davon ist Wolfgang Koeppen, ein anderer Thomas Bernhard.

Bei der Verleihung des Immermann-Preises an Koeppen war ich aktiv beteiligt und hielt die Laudatio. Koeppens Bücher hatten meist das Mißgeschick, zu früh oder zu spät zu kommen. Als er in den fünfziger Jahren nach einer langen Zeit des Schweigens mit seinen drei großen Zeitromanen »Tauben im Gras«, »Das Treibhaus« und »Der Tod in Rom« erneut an die Öffentlichkeit trat, war die damalige Epoche dieser bohrenden, unerbittlichen Rückerinnerung an die nazistische Vergangenheit und an die Nachkriegszeit noch nicht gewachsen. Dieser Dichter, Expressionist und Realist zugleich, brach unerbittlich in die Wehleidigkeit der Trümmerliteratur ein. Koeppens aufrichtiges Leiden an Deutschland und an der Bundesrepublik verwechselte man mit Zynismus. Die gequälte, im Kern humane Wehrlosigkeit seiner Figuren wurde als mangelnde Kraft zur Entscheidung ausgelegt.

Was mich an diesem Autor bis heute so anzieht, ist das Hineinnehmen des Mythos in die verfinsterte, kontaktlos gewordene moderne Welt bei gleichzeitiger Desillusionierung dieses Mythos. Natürlich hat Koeppen dafür seine großen, auch ausländischen Vorbilder gehabt. Doch eben diese Zwischenstellung zwischen einem gegenwartsnahen Realismus, der gesellschaftliche Bedingungen untersucht, und der Nähe zur Schicksalswelt des Mythos, ist wahrscheinlich einer der Gründe dafür, daß Koeppen seine Verehrer sowohl bei der alten wie bei der jungen Generation findet. Allerdings ist diese oft verrätselte und vieldeutige Prosa so schwierig, daß ihr bisher der große Erfolg, wie ihn Frisch, Böll und Grass gehabt haben, versagt geblieben ist. Ich sehe trotzdem in Koeppen einen der wichtigsten Zeugen unserer Zeit; er ist Zeuge und Zuschauer zugleich, er registriert das Chaotische, er zeigt die von Angst gepackten flatternden Einzelfiguren, die, wie Tauben im Gras, als aufgeschreckte Vögel durcheinanderschwirren. Doch er bietet noch mehr. Ohne sich auf Wunschträume und Ideologien einzulassen, verzichtet er keineswegs auf moralische Maßstäbe. Nirgends wird das hohe Maß an Schuld verdrängt, mit dem die deutsche Vergangenheit belastet ist. Aber der Moralist Koeppen wird nicht zum Doktrinär, er bleibt Poet. Und eben der Poet ist es, der sich mit der Sphäre des Mythos einläßt. Das geschieht nicht ohne Pathos, aber doch so, daß die Fragwürdigkeit des Mythos immer noch mitgewußt wird. Koeppen ist ein Dichter der deutschen Gegenwart, den ich ohne jeden Vorbehalt bejahe.

Soweit würde ich bei Thomas Bernhard nicht gehen. Als sein Roman »Frost« 1963 erschien, war der Dichter noch kaum bekannt. Es gelang mir nicht, ihn bei der Verleihung des Immermann-Preises durchzusetzen. Jedoch bekam er schon 1965 den Bremer Literaturpreis. Später schrieb ich selbst einen Essay über ihn für meinen Sammelband »Deutsche Dichter der Gegenwart«. Er zog mich an durch die erbarmungslose Konsequenz, mit der hier die Position des Nihilismus bis zum Extrem zugespitzt wird. Manches mag daran übertreibende Manier sein, und Bernhards weitere Entwicklung hat gezeigt, wie er vor allem im Feld des Dramatischen allzu sehr einer zur Wiederholung neigenden Monomanie erliegt. Die dramatische

Form löst sich dort auf, wo sie in Monologe der Nicht-Identität zerfällt. Die Personen Bernhards, sei es im Drama, sei es in der Prosa, umkreisen ständig in ihren Reflexionen den Sinn und Unsinn ihres Existierens. Das führt in der Konsequenz zu einer Kette von Akten der vorweggenommenen Selbstvernichtung. Dabei sind die sozialen Beschädigungen, die die Menschen erleiden müssen, bloßer Vordergrund. Von Reformen und Revolutionen erwartet Bernhard keine Besserung und schon gar nicht eine Heilung. Für ihn wird der Wahnsinn zur metaphysischen Chiffre für die Sinnlosigkeit des Existierens an sich.

Was mich an Bernhards Prosa, mehr noch als an seiner Dramatik, fasziniert, ist die Suggestion, mit der er die Thematik der Sinnlosigkeit bis ins Komische einzuhämmern versteht. Hier ist ein Endpunkt erreicht, der kaum zu überbieten sein dürfte. Die große Wirkung, die dieser Autor heute in Deutschland hat, erinnert an Kafka, hinter dem er freilich zurücksteht. Die Maßlosigkeit von Bernhards Subjektivismus reicht nirgends an die unheimliche Objektivität Kafkas heran. Bernhards fanatisches Übertreiben und Monologisieren will mit den Mitteln der Poesie eine der Poesie beraubte Welt in ihrer total gewordenen Absurdität vorführen, so daß sich der alleingelassene, vor die Hoffnungslosigkeit gestellte Mensch unserer Zeit mit ihr identifizieren kann und muß. Selbst diejenigen, die sich mit Utopien aus der mit der Atombombe konfrontierten Wirklichkeit zu retten suchen, werden kaum bestreiten können, daß Bernhard mit dieser totalen Absurdität einen Nerv unseres Zeitalters trifft. Für mich ist Bernhard eine aufregende Weiterführung der Existenzphilosophie bis zu dem Punkt, wo die Frage nach der Existenz sich selbst zu annullieren beginnt. So sehr bei Bernhard jede Transzendenz geleugnet wird, die Negativität dieser im »Frost« erstarrten Position zwingt die Gegenfrage herbei. Totale Sinnlosigkeit kann weit eher in Sinn umschlagen als jene Weltansicht, die sich in der Mittelmäßigkeit einrichtet, dort ihre dürftigen Zelte aufschlägt und uns solche Langeweile als gesellschaftliches Paradies anbietet. Verglichen mit dieser Art säuerlicher Familien- und Gesellschaftsliteratur ist mir Bernhards existenzieller Radikalismus weit lieber. Doch habe ich mich immer wieder gefragt, wie man mit solcher Weltsicht überhaupt leben kann. Es ist mir nicht gelungen, diesen merkwürdigen Autor persönlich kennenzulernen. Leidet er wirklich so furchtbar an der Welt wie seine Figuren? Oder ist das Leiden nur ein Vorwand für Literatur?

In den fünfziger Jahren entstand meine umfangreiche Monographie: Friedrich Schiller. Ich hatte mit dem Verleger Hermann Leins den Vertrag abgeschlossen, daß sie im Verlag Metzler rechtzeitig zum Jahr 1959, in das das Jubiläum von Schillers 200. Geburtstag fiel, herauskommen sollte. Es wurde ein Wettrennen mit der Zeit, aber ich schaffte es. Schiller hat mich mein Leben lang begleitet. Doch im Jahr 1959 konnte ich die Früchte vieler Arbeiten ernten. Warum war er mir so wichtig? Warum habe ich nicht Goethe als Gegenstand einer Lebensarbeit gewählt? Ein wenig erinnert mich diese Frage an die schon im 19. Jahrhundert so beliebte naive Diskussion: Wer ist der größere Dichter, Goethe oder Schiller? Am Wechsel der verschiedenen Meinungen darüber läßt sich der Wechsel epochaler Strömungen ablesen. Auch ein amüsanter Witz über die beiden Geistesheroen sei hier noch einmal erzählt. In einer gemischten internationalen Gesellschaft streitet man sich längere Zeit, ob Goethe der größte Dichter der Deutschen gewesen sei. Darauf ertönt die Stimme eines Amerikaners: »We call him Schiller in the United States.«

Was mich an Schiller anzog, war zunächst einmal ein Phänomen, das heute eher abschrecken würde: das Phänomen der Größe. »Das Große feiert sich selbst«, schrieb Hofmannsthal über ihn nieder. Eben darin war er mir so rätselhaft, zumal diese Größe nicht nur im dichterischen Rang, sondern auch in der sittlichen Substanz bestand. Doch eben diese Sittlichkeit war von geheimer Fragwürdigkeit. War Schiller nicht eher ein Verschwörer, ein Rebell, ein Cherub mit dem Keim des Abfalls, wie ihn Jean Paul, ohne ihn damals persönlich zu kennen, nur nach seinem Bildnis, divinatorisch gedeutet hatte?

Bei Goethe stand ich einem kaum mehr überschaubaren Universum gegenüber, bei Schiller dem Rätsel seiner Person. Aus welchen Wurzeln hatte ein solches Genie gelebt? Wie sah die geschichtliche Welt aus, in der er herangewachsen war? Gegen was rebellierte er, warum rebellierte er? Es war ja nicht nur der Herzog Karl Eugen, dieser ihm vom Schicksal aufgezwungene zweite Vater, der ihn durch sein Verbot, weiter »Komödien« zu schreiben, in die waghalsige Flucht aus Schwaben getrieben hat. Oder war es doch in erster Linie der autoritäre Zwang, gegen den er sich auflehnen mußte? Diese Fragen ließen mich nicht los, und sie waren nur durch gründliche wissenschaftliche Forschungen zu beantworten. Wohl gab es über Schiller schon viele, vielleicht allzu viele Bücher. Aber mich störte an den meisten, daß sie so schulmeisterlich, so von oben herab geschrieben waren. Mich störte die fatale Art, mit der die

Autoren seinen rhetorischen Schwung nachahmten und dabei nur in Tiraden und Predigten gerieten. Ich wollte über Schiller nicht pathetisch schreiben; denn jedes Pathos und jede Rhetorik des Interpreten muß hinter dem seinen kläglich zurückstehen. Ich wollte ihn als Person in seinem geschichtlichen Raum sichtbar machen.

So entstand das Buch, das ich – mag es nun stimmen oder nicht – für mein bestes halte. Ich suchte mich vor den beiden Extremen zu schützen, in denen Schiller entweder nur als politischer Dichter aufgefaßt oder umgekehrt als »Idealist« so gründlich entpolitisiert wird, daß von seiner bitteren Auseinandersetzung mit der Wirklichkeit der Geschichte nichts übrig bleibt. Schillers politische Wurzeln liegen im Zeitalter der Aufklärung. Ohne genauere Beschäftigung mit den sogenannten »Schwabenvätern« und der für sie charakteristischen Verquickung von Politik und Pietismus läßt er sich nicht angemessen verstehen.

Die heute üblichen Versuche, die Religion aus Schillers Weltbild zugunsten einer rein gesellschaftlichen Interpretation auszumerzen, sind allein auf der Basis einer ausschließlich nur auf die Gegenwart bezogenen und damit ungeschichtlichen Betrachtungsweise möglich. Es sind Verfälschungen Schillers, die die Distanz zwischen ihm und unserer Zeit nicht wahrhaben wollen und ihn darum zugunsten heutiger Modeströmungen umdeuten. Mit Schiller haben sie ebensowenig zu tun wie viele kühne Theateraufführungen, in denen verwegene Regisseure sich etwas einfallen lassen, leider nur nichts zu Schiller. Wer freilich umgekehrt (was heute selten ist) Schiller nur theologisieren und verchristlichen will, geht ebenso in die Irre. Er verkennt das prometheisch Herausfordernde in seiner Existenz, die mit den Mitteln der Dichtung die Leute immer auch »inkommodieren«, es ihnen unbequem machen wollte.

Nie losgekommen bin ich auch von Schillers Ästhetik. Ich fand, daß das heute so viel diskutierte Problem des Verhältnisses von Utopie und Dichtung hier bereits seine tiefsinnigste Antwort gefunden hat. Die mit viel Aufwand durchgeführten Nachweise über begriffliche Unklarheiten und Widersprüche im Denken Schillers ändern nichts an der geistigen Leidenschaft, mit der hier Begriffe in eine dramatische Bewegung gebracht werden, die auch heute noch an uns appelliert, das Atemberaubende dieses Prozesses mitzuvollziehen. Wer sich auf eine Kritik der Schillerschen Ästhetik einläßt, muß dieser standhalten können und darf sich nicht mit billigen Scheingefechten zwischen einem sogenannten »Realismus« und einem sogenannten »Idealismus« begnügen. Trotz aller Versuche dazu ist eine solche Kritik noch eine Aufgabe der Zukunft. Auch meine eigenen Studien können dafür nur Vorstufe sein. Wohl hat Schiller, besonders im Alter, sich wiederholt als »Idealisten« bezeichnet. Doch war er klug genug, diese Position in ihrer Einseitigkeit zu durchschauen, zumal er in Goethe stets das große Gegenbild zu sich selbst vor Augen hatte. Der utopische Entwurf seines Denkens zielt darauf ab, dem Kreatürlichen eines von Krankheit und Schmerz bedrohten irdischen Daseins mit der Kraft des Willens eine Sinngebung abzutrotzen, die selbst dem Tod noch standzuhalten vermag. Mein letzter Vortrag über Schiller: »Der Tod kann kein Übel sein ...«, den ich am 9. Mai 1980 zu Schillers 175. Todestag in Marbach gehalten habe, behandelt diese durch sein ganzes Leben hindurchgehende Auseinandersetzung mit dem Tod, die ihm bereits durch ein schweres, vierzehn Jahre lang dauerndes Leiden aufgezwungen war. Gegenspielerin dieser sowohl physischen wie geistigen Auseinandersetzung mit dem Tod wurde für Schiller die Kunst, und niemals hat er sein Philosophieren und Moralisieren von seiner öffentlichen Existenz als Dichter loslösen wollen. Das gehört zum großartigen Stil seines Lebens, wie ihn bereits Goethe und Wilhelm von Humboldt bewundert haben.

Kontraste und ihre Überwindungen waren es, die mich an Schillers Leben und Werk angezogen haben. Eigentlich hätte mir der relativierende Bereich der Komödie näher gelegen. Von Anlage und Temperament her habe ich die Skepsis Fontanes oder auch den Epikureismus Heines als mir verwandter empfunden. Das Phänomen des Tragischen und die darin enthaltene Auseinandersetzung mit dem Absoluten interessierte mich aus dem Gegensatz, weil ich selbst gerade kein Talent zu einem tragischen Charakter oder einem tragischen Leben hatte. Idealistische Kernsprüche oder moralisch überspannte Forderungen sind mir immer verdächtig gewesen. Schiller überzeugte mich trotzdem. Ich fand ihn in jeder Zeile glaubhaft, und das nötigte mich, von dem Ungeheuren, ja sogar Anmaßenden, das von ihm ausging, nicht nur Notiz zu nehmen, sondern es als Herausforderung an mich selbst zu akzeptieren. Je mehr ich mich darauf einließ, um so mehr wurde ein großer Teil meiner Lebensarbeit zu einem Dienst an einem Dichter und Philosophen, den ich nie erreichen konnte, aber den zu verstehen mir als eines meiner Lebensziele genügte.

In Schillers Ästhetik empfand ich nicht so sehr den Gegensatz zu mir selbst, sondern auch eine wohltuende Nähe. Denn Schillers oft mißverstandene Auffassung vom Schönen geht von der Überzeugung aus, daß sich das Schöne und das Sittliche nicht trennen lassen. Damit ist eine Position erreicht, die weder konservativ noch revolutionär ist. Schiller hat nicht nur vorgedacht, sondern auch vorgelebt, wie die Spannung zwischen dem Schönen und dem Sittlichen durchzuhalten ist, und er hat zugleich die Vereinigung dieser beiden Pole als utopisches Ziel erstrebt. Das konnte er nur, weil er sowohl Dichter als auch Philosoph war und seine Existenz in den erstaunlichen geistigen Wandlungen seines Lebens für eine Utopie aufs Spiel setzte, die er nie voll verwirklichen konnte und die dennoch das Leit- und Sinnbild für alles Fortschreiten nicht bloß seiner selbst, sondern der ganzen Menschheit bleiben sollte.

Auf der Suche nach einem Sinn folgte ich der Schillerschen Synthese von Ernst und Spiel, und je mehr ich in sein Schaffen eindrang, um so mehr fand ich auch zu meiner eigenen Lebensgeschichte, wie ich sie hier erzähle. Ein Leben ohne das Schöne hätte ich nicht ertragen können. Doch hatte ich dabei zu lernen, daß die Verantwortung für das Schöne immer auch eine sittliche Aufgabe bleibt. Gewiß ist vieles an Schiller heute unzeitgemäß. Aber wahrscheinlich wird auch unsere Zeit sich fragen müssen, wie sie vor *seinem* Richterstuhl bestehen kann.

In meiner Bemühung um Schiller bin ich nicht allein geblieben. Ein glücklicher Stern hat mich nach Marbach geführt und damit zu Bernhard Zeller, dem Leiter des Schiller-Nationalmuseums und des später ausgebauten Literaturarchivs. Ihm und seinen unermüdlichen Helfern und Mitarbeitern, deren Namen und Verdienste ich hier nicht aufzählen will, verdanke ich viel.

Marbach, der Geburtsort Schillers, ist schwäbische deutsche Provinz. Doch oft ist in der Provinz das Beste für die deutsche Kultur geleistet worden. Bernhard Zeller verstand sein Museum und das allmählich heranwachsende Literaturarchiv nicht als eine tote Bildungsstätte, sondern als einen Schauplatz des unmittelbaren Wirkens. Nie abreißende geistige Gespräche waren dort an der Tagesordnung. Zeller brachte nicht nur eine ungewöhnliche organisatorische Begabung mit, sondern auch die Fähigkeit zur Vermittlung, die selbst bei schwierigen Kontroversen, zum Beispiel im deutschen West-Ost-Verhältnis, stets noch Auswege gefunden hat.

Der Zauber des kleinen, abgelegenen Marbach geht nicht nur von der süddeutschen Landschaft aus, in der man so vorzügliche schwäbische Weine zu trinken bekommt. Zu ihm gehört auch die Selbstverständlichkeit, mit der die einfachen Bürger dieser Stadt, meist Bauern und Handwerker, sich mit *ihrem* Schiller verbunden wissen. Bei den

Jubiläen fanden am Schiller-Denkmal vor dem Nationalmuseum volkstümliche, das Herz bewegende Feierlichkeiten statt, an denen das ganze Städtchen beteiligt war, auch die Kinder. Solche schlichten Ereignisse sind Kontrast und Ergänzung zu Marbach als Mittelpunkt eines hochdifferenzierten geistigen Lebens, an dem Gelehrte des In- und Auslandes teilnehmen und das sich langsam weit über Schiller hinaus auf weite Gebiete der im Literaturarchiv gesammelten deutschen Literatur und auf viele angekaufte Nachlässe von Dichtern erstreckt hat. Das Material reicht weit über den Expressionismus bis in die Gegenwart hinein. Die Kataloge zu den sorgfältig vorbereiteten Ausstellungen, sei es über Stefan George, Gerhart Hauptmann, Rainer Maria Rilke, Hermann Hesse, die Expressionisten und viele andere erwiesen sich als Fundgruben für das literarische Erbe der Deutschen und sein weiteres Fortleben. Viele junge, noch unbekannte oder auch längst berühmte Gelehrte gaben sich in Marbach ein Stelldichein und verrichteten hier ihre stille wissenschaftliche Arbeit. Der Strom der Besucher aus aller Welt riß niemals ab. Der Geist des Hauses, wie ihn der bescheidene, dabei intensiv in die Breite wirkende Bernhard Zeller repräsentierte, ließ keinen nationalen Dünkel, keinen Hochmut zu, wohl aber die Liebe zur Dichtung und ein kulturelles, sich ohne Gewaltsamkeit entfaltendes Wachstum. Zuerst hatte ich meine Bedenken gegen Zellers Geschäftigkeit, die überall am Werke schien und sich in zahlreichen Verbindungen und Reisen niederschlug, er war mir im Gegensatz zu dem sich mehr in Büchern vergrabenden Bibliothekar Paul Raabe, der später Direktor in Wolfenbüttel wurde, zu wenig Wissenschaftler. Aber immer mehr mußte ich Bernhard Zeller bewundern und lieben, der keineswegs bloßen »Betrieb« in Szene setzte, sondern aus seiner schwäbischen Vertrautheit mit deutschen Traditionen lebte, die ihm ebenso selbstverständlich zugewachsen waren wie die souveräne Leitung von Museum und Archiv mit ihren immer weniger überschaubaren, immer komplizierteren Aufgaben. Zeller hat es verhindert, daß hier eine verwaltete abstrakte Welt entstand. Auch im Stil seiner Gastfreundschaft und in der Pflege der persönlichen Kontakte zeigt sich seine Begabung für das sinnlich Anschaubare. So groß sein Herrschaftsbereich auch ist, er tritt nie autoritär auf, sondern versteckt seine Person lieber hinter dem liebenswürdigen Geltenlassen anderer und der freundlich hilfsbereiten Zuwendung zu ihnen. Das wird ihm freilich erleichtert durch das gesellige und aufgeschlossene Temperament seiner Frau, die an allen Marbacher Vorgängen einen unmittelbaren, gefühlsbetonten Anteil nimmt.

Von den gemeinsamen Arbeiten in Marbach mit meinem Schüler Günter Rohrmoser habe ich schon berichtet. Ende 1960 saß ich mehrere Wochen lang am gemeinsamen Schreibtisch im Schiller-Nationalmuseum mit Helmut Koopmann, um die Herausgabe der philosophischen Schriften vorzubereiten, die als die Bände 20 und 21 der Nationalausgabe erschienen sind. Koopmann hatte kurz vorher bei mir über »Die Entwicklung des ›intellektualen Romans‹ bei Thomas Mann« promoviert. In dieser Arbeit ist er besonders dem Begriff der »doppelten Optik« nachgegangen und hat ihre Funktion für Thomas Mann nachgewiesen. Von Edition wußte er damals so gut wie nichts, und auch meine eigenen Erfahrungen, wie ich sie vor Jahrzehnten mit Lieselotte Blumenthal für »Maria Stuart« und »Die Jungfrau von Orleans« ein wenig eingeübt hatte, waren noch recht dürftig. Wir legten uns eine eiserne Arbeitsdisziplin auf und eroberten uns gemeinsam die Technik der Edition. Im Gegensatz zu Rohrmoser war Koopmann ein philologisches Naturtalent. Die Beobachtungen zu einzelnen Textentscheidungen, so sehr sie auch ins Genaue und Einzelne gehen mußten, waren für uns keine Last, sondern reizvolle Entdeckungsreisen. An den Abenden saßen wir im Gasthaus Zum goldenen Löwen, dem Geburtshaus von Schillers Mutter. Der württembergische Wein tat seine Wirkung, und der damals noch sehr junge Koopmann legte seine Schüchternheit immer mehr ab und bekannte, fast wie ein Mädchen errötend, seine Fasziniertheit durch alles Ambivalente, Zweideutige und Anarchische. Bezeichnend dafür war seine Vorliebe für den problematischen Film »Hiroshima mon amour«. Das kontrastierte merkwürdig zu dem norddeutsch Friesischen seiner gradlinigen und rechtschaffenen, aber auch eigensinnigen Natur. Noch in seiner späteren erfolgreichen Entwicklung sind diese zwei Seelen in seinem Wesen lebendig geblieben: der exakte, ungemein fleißige Philologe Koopmann hat später den Band der historisch-kritischen Heine-Ausgabe herausgegeben und kommentiert, der eine der umstrittensten Schriften Heines enthält, nämlich die über Börne. Seine Habilitationsschrift über das junge Deutschland wie auch so manche Studien zu Heine verraten auch den anderen Koopmann, den experimentierfreudigen, der in der Literatur durch das Unerwartete, Ausgefallene angezogen wird, das er vielleicht als Gegenmedizin für seine liebenswürdige Bürgerlichkeit braucht. »Doppelte Optik« war nicht nur zufällig das von ihm selbst gewählte Thema. Gewiß, er ist ein konservativer Geist, aber mit dem geheimen Wunsch, aus Ordnungen auszubrechen und den Autoren auf die Spur zu kommen, die das bereits früher einmal getan haben. Das Ungleichgewicht zwischen Bürgertum und Abenteuer wird wohl auch weiter sein Problem bleiben. Manchmal befürchte ich, er gleiche ein wenig jenen Romantikern, von denen gilt: Dort, wo ich nicht bin, ist das Glück.

Wie viele Literarhistoriker sich unter dem Zeichen Schiller zusammenfanden, wurde besonders deutlich in dem großen wissenschaftlichen Kolloquium, das Bernhard Zeller und ich im Schillerjahr gemeinsam organisiert hatten. Ich selbst hielt dort keinen Vortrag, sondern übernahm die Leitung der meisten Diskussionen. Etwa dreißig Literarhistoriker aus dem In- und Ausland kamen in Marbach zusammen, um ihre Forschungsergebnisse über Schiller miteinander auszutauschen. Das Gesellige kam dabei nicht zu kurz. Dafür sorgte schon Zeller. Bevor wir zum Besuch der schwäbischen Schlösser aus der Zeit des Absolutismus aufbrachen, lud ich in einer kleinen humoristischen Rede dazu ein, sich jetzt an jenen Plätzen zu amüsieren, über die wir uns noch kurz vorher als Wissenschaftler so zornig entrüstet hatten.

Vorträge über Schiller habe ich im Jahre 1959 an den verschiedensten Orten gehalten, auch in Paris, in London und in Rom. Die Einladung durch den Kollegen Bonaventura Tecchi nach Rom in die schön gelegene Villa Sciarra-Wurts am 30. November 1959 verlief nicht ohne Komik. Als ich dort ankam und eine sehr kleine Hörerschar vorfand, war weit und breit kein Tecchi zu sehen. Ohne ihn ließ man mich aber nicht anfangen. Endlich kam er, über eine halbe Stunde verspätet. Ich war wütend. Er ließ sich dadurch nicht stören, überschüttete mich statt dessen in seiner italienischen Einführungsrede mit so vielen blumigen Komplimenten, daß sogar ich sie, trotz sehr geringer italienischer Sprachkenntnisse, verstehen mußte. Nachher führte er einen kleinen Kreis in eines jener italienischen Feinschmeckerlokale, in denen man so vorzüglich essen und trinken kann. Zum Abschluß des Abendessens gab es eine hinreißende Eistorte. Eigentlich mußte ich mich als Diabetiker zum Verzicht durchringen. Tecchi sah meine Qual und zog lächelnd aus seiner Tasche das gleiche Medikament, das auch ich damals gegen mein Übel zu nehmen pflegte. Eine Pille mehr nehmen! meinte er zu unserem gemeinsamen Mißgeschick. Dann könnten wir uns die Torte leisten. Da war ich endgültig mit ihm versöhnt.

In London fand im Juli 1959 ein eigener Schillerkongreß statt, auf dem ich in deutscher Sprache ein Referat über Schiller als Historiker gehalten habe, das später ins Englische übersetzt wurde. Die Begabung der Briten, Gelehrsamkeit im gemeinsamen Umgang herunterzuspielen, damit das Menschliche nicht zu kurz kommt, entfaltete sich dort, wo Elizabeth Wilkinson den Ton angab, zur schönsten Blüte. Es waren freundschaftliche Verbindungen wie die zu Paul Böckmann, Wolfdietrich Rasch, Fritz Martini, Gerhard Storz, Walter Müller-Seidel, Friedrich Sengle, Käte Hamburger, die dem gemeinsamen Bemühen um Schiller wie bereits in Marbach seine Würze gaben. Mit eingeschlossen in diesen geselligen Kreis waren auch englische und amerikanische Schillerexperten, darunter Leonard Forster, William Ross, Henry Hatfield und Edna Purdie. Besonders der so überaus kontaktfreudige Walter Höllerer sei hier noch genannt, der uns alle in das ebenso pompöse wie gruselige Wachsfigurenkabinett der Madame Tussaud geführt hat, in dem die Großen der Weltgeschichte neben den berüchtigten Verbrechern stehen, so daß man nicht mehr genau weiß, wer zu der einen und wer zu der anderen Rubrik gehört, mögen sie auch noch so getrennt aufgestellt sein. Mit Charme und Witz betätigte sich Höllerer als der geborene Manager und Vermittler in allen Sparten des Geistes, manchmal auch des Ungeistes, ein maître de plaisir, der nicht nur in der zeitgenössischen Lyrik Bescheid weiß, sondern sich auch auf das Lachen und Weinen in der deutschen Literatur versteht und darüber nicht vergißt, sogar selbst zu dichten. Auf Schiller freilich hat er sich als Editor von »Kabale und Liebe« in der Nationalausgabe mit weit weniger Glück eingelassen.

»Die Jahre fliehen pfeilgeschwind.« Mit diesem Zitat beginnt die Danksagung an Lieselotte Blumenthal und mich im Rückblick auf die zwei Jahrzehnte, in denen wir beide die Herausgeber der historisch-kritischen Schillerausgabe gewesen sind. Mein Schüler Norbert Oellers hat sie für das Jahrbuch der Deutschen Schillergesellschaft 1979 verfaßt. Er hat nach seiner Promotion über die Geschichte von Schillers Wirkung bis zu Goethes Tod und nach zwei Respekt gebietenden dokumentarischen Bänden »Schiller. Zeitgenosse aller Epochen« sich immer mehr zum Schillerforscher entwikkelt und ist inzwischen Professor in Bonn geworden. Nun soll er auch die Weiterführung der großen Ausgabe gemeinsam mit Siegfried Seidel übernehmen und damit an das unvollendet gebliebene Erbe seines Lehrers anknüpfen. Als Frau Blumenthal die Last zu schwer wurde und sie aus Altersgründen freiwillig ausschied, war auch ich nach zwanzigjähriger Herausgeberehe mit ihr nicht bereit, das monumentale Unternehmen mit einem anderen Mitherausgeber weiterzuführen.

In der Geschichte dieser Ausgabe spiegelt sich am Einzelfall ein ganzes Stück Zeitgeschichte. Julius Petersen hatte sie noch während des Krieges geplant und organisiert. Nach seinem Tod stand sie weiter unter der Protektion des Naziregimes, und Gerhard Fricke, für Edition wenig geeignet, aber politisch genehm, sollte sie weiterführen. Nach dem Krieg kam er aber als Herausgeber nicht mehr in Frage und wurde durch Hermann Schneider, einen angesehenen, bereits älteren Altgermanisten aus Tübingen, abgelöst. Das war nur von kurzer Dauer, da Schneider aus Gesundheits- und Altersgründen zurücktreten mußte. Inzwischen war die politische Situation eine andere geworden. Die große Schillerausgabe brauchte zu ihrer Verwirklichung beide Schiller-Gedächtnisstätten, sowohl Marbach wie Weimar. Aber die eine Stadt lag im Westen, die andere im Osten. Redete man in der Bundesrepublik anfangs noch von Ostzone, dann von der sogenannten DDR, schließlich von »DDR« in Anführungsstrichen, so war umgekehrt der Osten nicht bereit, seinen eigenen staatlichen Anspruch aufzugeben. Die Schillerausgabe mußte die Zerreißprobe aller Spannungen bestehen, die sich aus dem Verhältnis der beiden deutschen Staaten ergaben, vom »kalten Krieg« bis zu den hart umkämpften Bemühungen um »Entspannung«. Weder das eine noch das andere Deutschland wollte auf die Pflege dieses kulturellen Erbes verzichten. Doch war diese nur gemeinsam möglich, und so mußte eine Basis gefunden werden, von der aus sie sich verwirklichen ließ.

Zuerst meldete der Osten sein Recht auf einen gleichberechtigten Mitherausgeber an. Doch auch der Westen brauchte einen neuen Herausgeber. Unter welchen Voraussetzungen ließ sich das durchführen? Waren die Deutschen nach dem zweiten Weltkrieg noch eine Nation oder waren es zwei? Gab es noch ein gemeinsames Vaterland, und wenn nicht, gab es noch eine gemeinsame Sprache und Literatur? An der Realität der beiden Staaten zweifelt heute wohl niemand mehr. Doch die anderen Fragen sind nach wie vor umstritten.

Diese ideologischen Kämpfe traten damals zunächst zurück vor der dringenden Herausgeberfrage. Wer sollte hier und drüben diese gewiß nicht leichte Aufgabe übernehmen? Friedrich Beißner wäre als Editor sicher der beste Mann gewesen. Aber mit ihm hatte es bereits Konflikte wegen der von ihm vorgelegten, allzu kritischen Einleitung in Schillers Gedichte gegeben. Er mußte sie zurückziehen und blieb daraufhin für lange Jahre verärgert. Seine unvollendete Edition der Gedichte soll erst jetzt, viele Jahrzehnte später, durch Norbert Oellers zu Ende geführt werden. Beißner hat damals seine ganze

Kraft in sein Lebenswerk, die große Stuttgarter Hölderlinausgabe, gesteckt. In Frage kamen als Schillerforscher sowohl Paul Böckmann wie ich. Beide waren jedoch mehr als Geisteswissenschaftler und nicht so sehr als Editoren hervorgetreten. Man einigte sich auf mich. Wer aber sollte der geeignete und beste Partner von drüben sein? Von Anfang an stand fest: Die politischen Gegensätze mußten auf ein Minimum reduziert werden. Der Vorschlag des Ostens, der von uns akzeptiert wurde, hieß: Lieselotte Blumenthal. Das erwies sich als die klügste und zukunftträchtigste Lösung. Denn Frau Blumenthal brachte nicht den ideologischen Fanatismus mit, der für jeden westlichen Mitherausgeber das gemeinsame Wirken unmöglich gemacht hätte. Statt dessen erfreute sie sich als hervorragende Philologin der vollen wissenschaftlichen Anerkennung, sowohl im Osten wie im Westen. Ich kannte sie bereits aus der früheren Zusammenarbeit, als wir 1948 den Band »Maria Stuart« und »Die Jungfrau von Orleans«, der von dem 1941 gestorbenen Petersen auf uns gekommen war, herausgegeben hatten. Ich wußte, daß sie in der Kunst der Edition mir überlegen war. Es war für mich ein Risiko, eine Partnerschaft auf diesem Gebiet zu wagen und mich für lange Jahre gemeinsam mit ihr zu profilieren. Trotzdem sagte ich zu. Ich sah voraus, daß die Probleme, die sich dabei ergeben würden, nur wissenschaftlicher, nicht ideologischer Natur sein würden. Hinzu kam, daß die Weimarer Verwaltungsstelle, wenigstens unter der damaligen Leitung von Professor Helmut Holtzhauer, klug genug war, keine direkte Politisierung der Ausgabe zu wünschen, allerdings auch keine von westlicher Seite. Worauf man sich einigte, das war eine etwas altmodische positivistische Versachlichung. Der Osten hoffte, daß eine solche gemeinsame Ausgabe auch zum Ruhm der DDR und ihres kulturellen Ansehens beitragen werde. Das alles verlangte Zugeständnisse, die mir nicht leicht gefallen sind. Auch für die von mir selbst herausgegebenen Bände »Philosophische Schriften« forderten die neu entworfenen Editionsprinzipien, geistesgeschichtliche Betrachtungsweise soweit wie möglich zurücktreten zu lassen. Alle Bandbearbeiter sollten in Zukunft auf die allzu subjektiven Einleitungen verzichten; es galt die Texte zu kommentieren, nicht aber zu interpretieren. Das war leichter gesagt als getan. Wo lagen hier die Grenzen? Das gemeinsame West-Ost-Unternehmen ließ sich nur verwirklichen, wenn beide Seiten den Willen zu diesem Verzicht aufbrachten. Die Herausgeber hatten gemeinsam darüber zu wachen. Soweit sie verschiedene Auffassungen vertraten, mußte das zuerst intern ausdiskutiert werden. Erst dann konnten sie als ein gemeinsames Paar, das sich gegen alle Eingriffe zu wehren wußte, geschlossen vor dem Verwaltungsausschuß und den Mitarbeitern auftreten. Gegnerschaft kam dann keineswegs immer von der jeweils anderen Landesseite, sondern oft von der eigenen, wie ich es besonders in meinen hartnäckigen Kämpfen mit Paul Böckmann erlebt habe, der für seinen »Don Carlos« die einst von Petersen beschlossenen Grundsätze nicht opfern wollte und nach wie vor für eine interpretierende und geistesgeschichtliche Ausgabe kämpfte. So ist die Geschichte der Schillerausgabe nicht, wie man vielleicht hätte erwarten können, eine Geschichte des Ost-West-Gegensatzes geworden, auch nicht ein ideologischer Tummelplatz verschiedener politischer Meinungen, sondern weit eher ein ständiges Bemühen um Verständnis nach allen Seiten, ein Prozeß der »Entspannung«, die sich im Kulturellen weit eher erreichen ließ als an den immer wieder sich verhärtenden politischen Fronten.

Daß dies möglich gewesen ist, verdankt die Ausgabe nicht nur ihren beiden Herausgebern, die unerbittlich über ihren wissenschaftlichen Charakter gewacht haben, sondern ebenso dem aus West und Ost zusammengesetzten Verwaltungsausschuß, der im wechselnden Turnus einmal im Jahr entweder in Weimar oder in Marbach zusammenkam. Von Bernhard Zellers Geschick nicht nur zur geselligen, sondern auch diplomatischen Menschenbehandlung war schon die Rede. Er verstand es, diese Treffen in Marbach immer wieder zu entschärfen. Die Gäste aus der DDR sollten und konnten sich an diesem Ort wohlfühlen. Vielleicht war es nur eine Prestigefrage, daß Holtzhauer und nach seinem Tod sein Nachfolger Walter Dietze dies in Weimar ähnlich beantworteten. Doch wäre es ungerecht, die geselligen Stunden und die Ausflüge in die thüringische Umgebung herabzusetzen, wie sie uns dort wiederholt geboten wurden. Außerdem hatten ich und die anderen, die aus dem Westen herbeigereist waren, dort eine Art Narrenfreiheit, da wir ja zu diesem Staat nicht gehörten und darum von uns kein Wohlverhalten erwartet wurde. Es war durchaus möglich, mit Holtzhauer und Dietze relativ offene politische Gespräche auf privater Basis zu führen, wenn auch keine Seite dabei die andere zu überzeugen vermochte. Die Entscheidung, welches von den beiden politischen Systemen den Vorzug verdient, muß jeder Deutsche nach bestem Wissen und Gewissen treffen. Ich führe hier nur eine negative Beobachtung an, die ich bei meinen Besuchen in Weimar gemacht habe. Ich fand die Ängstlichkeit unerträglich, mit der der Einzelne in Gegenwart anderer seine eigentliche Meinung nicht zu sagen wagte. Er schielt

immer zu dem Nachbarn hinüber, der mithören und ihn vielleicht als »Abweichler« denunzieren könnte. Für die alles verschlingende gemeinsame Parteilinie fehlt mir nach den bitteren Erfahrungen der Nazijahre jedes Organ.
Das schließt freilich nicht aus: manche Entwicklung in Westdeutschland erfreut mich keineswegs, und manche drüben finde ich gesünder und erfreulicher. Ich greife dafür nur ein Beispiel heraus. Im Westen setzte mit der sogenannten Stunde Null ein Bruch mit Traditionen ein, weit über die Zeit des Nationalsozialismus hinaus. Das hat uns bis heute um jede Anknüpfung an das klassisch-romantische Zeitalter und auch an spätere Epochen betrogen. Besonders auf dem Feld des Theaters, aber nicht nur dort, mußten wir das mit einer hemmungslosen Experimentierwut und einem chaotischen Wirrwarr bezahlen. Im Osten ist das Bewußtsein nationaler Traditionen nie verlorengegangen. Allerdings wurden Überlieferungen von früher in das gemeinsame sozialistische Schema hineingezwungen.
Aus den Erfahrungen mit der Schiller-Nationalausgabe habe ich manches gelernt. Ich verdanke ihr nicht nur die Konfrontation mit einer stets labilen, aber mit etwas Takt und Geschick dennoch zu bewältigenden politischen Situation; ich verdanke ihr vor allem die freundschaftliche Belehrung durch Lieselotte Blumenthal. Sie ist auch noch für einige meiner Schüler, vor allem für Oellers und Koopmann, zur erzieherischen philologischen Instanz geworden. Ihre Stärke war äußerste Behutsamkeit im Umgang mit Texten, genaues Beobachten im Detail, eine Subtilität, die auch auf Entlegenes einzugehen wußte, ohne den Überblick über das Ganze zu verlieren. Sie dominierte gern und setzte dafür auch ihre Waffen als Frau ein, persönlichen Charme und weibliche Einfühlung. Wo sie Widerstand spürte, reagierte sie empfindlich, oft allzu empfindlich. Doch ihre Klugheit wußte bei Streitfällen im richtigen Augenblick einzulenken und jedes Abbrechen von Brücken zu vermeiden. Sie kannte die Grenzen ihrer Begabung und ließ sich daher auf Geistesgeschichte und Philosophie nur am Rande ein. Doch kannte auch ich meine Grenzen, und so haben wir uns im Laufe der Jahre auf Gesprächsformen eingespielt, die immer mehr aus vorsichtig abwägenden zu freundschaftlichen geworden sind.
Einen Rechenschaftsbericht, was in den beiden Jahrzehnten für die Ausgabe geleistet wurde, kann und will ich hier nicht geben. Da muß der Hinweis genügen, daß in dieser Zeit immerhin fünfzehn Werk- und Briefbände mit Kommentar und Lesarten erschienen sind. So klein diese Zahl für eine so lange Zeitspanne erscheinen mag, sie ist

groß, wenn man die Schwierigkeiten bedenkt, die in unserem turbulenten Jahrhundert dabei überwunden werden mußten. Es war auch eine Anerkennung für dieses viel Geduld und Kraft erfordernde Wirken, wenn mir vom Bundespräsidenten Walter Scheel ein Jahr nach meinem 75. Geburtstag das große Bundesverdienstkreuz verliehen wurde. Es ist mir eine Genugtuung, daß die jugendliche Tatkraft von Norbert Oellers auf dem bisher gelegten Fundament dieser Ausgabe weiter aufbauen wird. Vielleicht ist es ihm vergönnt, das schon vor über vierzig Jahren begonnene Unternehmen endgültig zu vollenden.

Meine editorischen Erfahrungen waren wohl einer der Gründe, daß ich 1959 auch in das Editionskomitee der westdeutschen Heine-Ausgabe berufen wurde. Der Herausgeber, Manfred Windfuhr, war eine kurze Zeit Kollege von mir in Bonn, dann Ordinarius in Düsseldorf, ein Schüler von Friedrich Sengle, zum damaligen Zeitpunkt noch sehr jung. Er sollte von einigen ältereren, erfahrenen Kollegen, darunter auch Hans Egon Hass, beraten werden. Sein Eigensinn, den man schon Starrsinn nennen kann, ließ es jedoch nicht zu, sich wirklich beraten zu lassen. Unser Komitee hatte keinerlei Machtbefugnisse. Ich verzichte darauf, über die Krisen und Schwierigkeiten dieses rein westdeutschen Unternehmens zu berichten. Denn mit dem Osten, der ebenfalls eine historisch-kritische Heine-Ausgabe schaffen wollte, kam es zu keiner Einigung über ein gemeinsames Wirken, und so bereitete er im Wettlauf mit dem Westen seine eigene, von Düsseldorf unabhängige Ausgabe vor. Das Ganze ist ein erschreckendes Beispiel, zu welchen Absurditäten der Ost-West-Gegensatz auch im kulturellen Bereich führen kann. Windfuhr war gewiß ein guter Philologe, aber zur Leitung eines solchen Unternehmens gehört ebenso Menschenbehandlung und Verständnis für andere. Daran fehlte es ihm, und das hat den zügigen Fortschritt dieser Ausgabe sehr erschwert. Trotz der Trennung von dem Osten hatte die kostspielige und sich zu langsam fortentwikkelnde Düsseldorfer Heine-Edition mit noch mehr Schwierigkeiten zu kämpfen als die Schiller-Nationalausgabe. Offensichtlich können diese auch ohne den politischen Gegensatz zwischen den beiden Staaten entstehen. Sie begannen bereits im erbitterten Kampf um die Editionsprinzipien. Der Herausgeber befand sich hier im Widerspruch zu seinen Beratern. Er wollte den erst mit Hilfe eines Computers hergestellten Text; wir anderen waren der Meinung, daß sich der Editor immer mit kritischer Begründung für einen bereits überlieferten Text entscheiden muß, nicht aber einen Text herstellen darf, den es in dieser Weise noch nicht gegeben hat. Auch personale Querelen und häufiger Wechsel unter den Bearbeitern erschwerten die Zusammenarbeit. Trotzdem hatten für mich diese Besuche und die Diskussionen in Düsseldorf auch wieder ihren wissenschaftlichen und geselligen Reiz, den sie nicht zuletzt der liebenswürdigen Gastfreundschaft einer liebenswerten Stadt verdankten.

Noch von einem ganz anderen, bereits über zwanzig Jahre sich hinziehenden Unternehmen muß hier berichtet werden. Seit dem Jahr 1961 habe ich gemeinsam mit Hugo Moser die »Zeitschrift für deutsche Philologie« herausgegeben. Im Frühsommer des vorausgegangenen Jahres hatte ich Frau Dr. Ellinor Kahleyss in Berlin im Erich Schmidt Verlag kennengelernt. Im Laufe der Jahre ist daraus eine Freundschaft geworden. Zunächst empfand ich zwar das unermüdliche Werben für ihren Verlag beinahe als lästig, zumal es meine langjährige Verbindung mit dem Bagel Verlag störte. Jedoch Erkelenz trat um diese Zeit in den Ruhestand, und so ging Ellinor Kahleyss als mein neuer Stern am Verlagshorizont auf. Diese Dame mit den Röntgenaugen, die mit ihrem Blick alle Schwächen und Vorzüge ihres Gesprächspartners zu durchschauen weiß, ist mir in ihrer Zuverlässigkeit und in ihrem unermüdlichen Eingehen auf verlegerische Probleme ein vorbildliches Beispiel für ein über das rein Kommerzielle hinausreichendes Verlagswirken geworden, zumal sie sich von modischen Strömungen frei gehalten und mit viel Geschick eine sowohl liberale wie konservative Position bewahrt hat, die so ganz meiner eigenen Wesensart entspricht.

In der »Zeitschrift für deutsche Philologie« hatten die früheren Herausgeber Stammler und Peuckert die neuere Literaturwissenschaft bislang sträflich vernachlässigt. Sie fanden wohl, daß diese durch das »Euphorion« und durch die »Deutsche Vierteljahrsschrift für Literaturwissenschaft und Geistesgeschichte« genügend vertreten sei. Mit diesen beiden Organen zu konkurrieren sollte in der Tat nicht leicht sein. Ich suchte und fand jedoch genügend Autoren, die sich auf die allzu theoretisierenden Irrwege der zeitgenössischen Germanistik nicht einließen, sondern weiterhin Literaturwissenschaft als eine geschichtliche Disziplin verstanden. Um das allzu Ungeordnete und rein Zufällige vieler wissenschaftlicher Zeitschriften zu vermeiden, erstrebte ich in den meisten Heften eine Schwerpunktsbildung, die durch Sonderhefte unterstützt wurde, wie die über Friedrich Schlegel, über Heine und seine Zeit, über E. T. A. Hoffmann und über die deutsche Dichtung der Gegenwart. Ein Zeitschriftenherausgeber braucht Toleranz für verschiedene Auffassungen und darf niemals eine bestimmte Schule bevorzugen. Trotzdem hat er über die Grenzlinie zu wachen, die das wissenschaftliche Bemühen vor ideologischer und politischer Indoktrinierung schützt. Darin hatte ich Frau Kahleyss stets auf meiner Seite, auch bei den großen Sammelwerken, die ich seit 1965 in ihrem Verlag herausgab und die ich schon mehrfach erwähnt habe. Inzwischen ist dieser Bogen über mehrere Bände hinweg vom Barock bis zur Gegenwart gespannt. Im Gegensatz zu jener zeitgenössischen Tendenz, Literaturgeschichte in Sozialgeschichte aufzulösen, suchen diese Bände von bedeutenden dichterischen Individualitäten auszugehen, die ein Zeitalter mitgeprägt haben, aber gleichzeitig durch ihre Epoche mitgeformt wurden. Dieses Wechselspiel von Personen und Geschichte sollte durch Literarhistoriker des In- und Auslandes, ältere und jüngere, in knapper, essayhafter Darstellungsform nachgezeichnet werden. Das Unternehmen war erfolgreich, fand aber zugleich den kritischen Widerspruch von einigen, die in diesen Bänden als Autoren nicht vertreten waren. Das ist verständlich, brauchte uns aber nicht zu stören.

Bereits am Anfang der sechziger Jahre fand alles, was aus der DDR kam, ein größeres Interesse als vorher. Hier muß ich von Hans Mayer erzählen, der damals noch in Leipzig wirkte und das Privileg hatte, nach Westdeutschland herüber zu kommen und hier Vorträge zu halten. Wir vereinbarten gemeinsame Podiumsdiskussionen; zuerst in Kassel am 30. Oktober 1959 ein Gespräch über Schiller und seine Nachwirkung, dann Mitte Februar 1961 Diskussionen in Hamburg, Bremen und Hameln über die deutsche Dichtung von der Moderne bis zur Gegenwart. Später hat Mayer die DDR verlassen, ist in die Bundesrepublik übergesiedelt und Ordinarius in Hannover geworden. Der Zustrom zu unserem öffentlichen Schauspiel war enorm. Die Journalisten erwarteten eine Sensation. Würden hier nicht westliche und östliche Germanisten ein erbittertes Streitgespräch führen? Hatte nicht Benno von Wiese den Geist der Freiheit gegen die Unfreiheiten des Marxismus zu verteidigen? Aber so lief das keineswegs ab. Enttäuscht schrieb die Presse, wir seien wie »Diplomaten« miteinander umgegangen. In der Tat divergierten wir nur im Gegensatz einer mehr linksliberalen und einer mehr rechtsliberalen Auffassung. Doch der redegewandte und kluge Hans Mayer dachte gar nicht daran, als Propagandist der sozialistischen DDR aufzutreten. Dazu war er schon damals zu europäisch orientiert. Mir wiederum lag in keiner Weise die Rolle des Freiheitsapostels, in der man mich sehen wollte. Im Grunde verstanden Mayer und ich uns ausgezeichnet, und wir mußten die Kampfsituation fast vortäuschen, damit die Zuhörer auf ihre Kosten kamen. Beide waren wir ursprünglich nicht Germanisten; ich kam von der Philosophie, er von der Soziologie. Doch liebten wir beide die lebendige Diskussion als Literaturkundige, denen die Literaturwissenschaft und der Umgang mit dem literarischen Schrifttum einen Weg zur kritischen Ästhetik und zur gesellschaftlichen Analyse bedeutete. Gewiß, ich trat damals besonders für Kafka ein, von dem man in der DDR nicht viel hören wollte, Mayer mit Nachdruck für Brecht, von dessen marxistischer Theorie ich nicht allzuviel hielt. Aber das war nur ein Scheingefecht. Denn Mayer verschloß sich Kafka in keiner Weise, und ich konnte so manches über Brecht von ihm lernen, auch, wo ich ihm widersprach. In seiner Kenntnis des ostdeutschen Schrifttums, das mir damals schwer zugänglich war und mich auch zu diesem Zeitpunkt nicht sonderlich interessierte, hatte Mayer eine imponierende Überlegenheit, und seine rhetorische Begabung war so außerordentlich, daß ich mich nur mühsam neben ihm behaupten konnte. Bei den westlichen Fachgelehrten war er damals ziemlich unbeliebt, weil er gleichsam extra muros publizierte und sie seinen überlegenen Rang nicht gern zugeben wollten. Mayer war weniger Brotgelehrter, sondern in erster Linie Literaturkritiker, ein homme de lettres, ein glänzender Stilist und Essayist, nicht etwa ein abseitiger, strenger Wissenschaftler. Er war eng verbunden mit der Gruppe 47, bereits als Jude ein Outsider; es ist bezeichnend für ihn, daß er im Jahr 1975 ein Buch über »Außenseiter« veröffentlicht hat. Es war mir eine besondere Freude, daß er in der Festschrift zu meinem 70. Geburtstag, »Untersuchungen zur Literatur als Geschichte«, die von meinen Schülern Vincent J. Günther, Helmut Koopmann, Peter Pütz und Hans Joachim Schrimpf herausgegeben wurde, einen Beitrag »Don Juans Höllenfahrt. Don Juan und Faust« beigesteuert hat. Bei unseren Podiumsgesprächen in den Jahren vorher hatten wir viel Vergnügen und nicht den geringsten Ärger.

Nicht weniger des Wortes mächtig und nicht weniger von sich selbst überzeugt erlebte ich in den sechziger Jahren und später den Kritiker Marcel Reich-Ranicki. Einmal haben sogar wir drei, Mayer, Reich-Ranicki und ich gemeinsam im Rundfunk über Probleme der deutschen Literatur diskutiert. Ein anderes Mal wirkte ich mit Reich-Ranicki zusammen, als wir in der gleichen Jury saßen (auch Erich Kästner gehörte dazu), die für die Illustrierte »Stern« den besten Unterhaltungsroman aus einem Wettbewerb prämiieren sollte. Heute gilt Reich-Ranicki als »Kritiker-Papst«, unter dessen Leitung das angesehene Feuilleton der Frankfurter Allgemeinen Zeitung steht. Früher stand er mit der Germanistik auf Kriegsfuß und rebellierte temperamentvoll gegen die spannungslose Langeweile dieses Faches und gegen die Mediokrität seiner Vertreter. Darüber haben wir heiße Debatten geführt. Doch die von ihm mit Verachtung beiseite geschobene Universität belohnte seine Leistungen mit dem Ehrendoktor und dem Titel eines Professors und erstickte damit sein Rebellentum im Keim. Er weiß zwischen anspruchsvollem Journalismus und geistesgeschichtlichen Leistungen Brücken zu schlagen. Sein streitbares Temperament ist glücklicherweise dabei nicht verlorengegangen. Er hat den Mut, in der zeitgenössischen Dichtung Maßstäbe zu setzen, und er verwaltet sein Amt als Kritiker im Geist jener Tradition, die bei Lessing, den Brüdern Schlegel und bei Börne und Heine begonnen hat. Natürlich schafft er sich damit auch viele Feinde, zumal nichts schwerer sein dürfte, als gerechte Kritik an zeitgenössischen Publikationen zu üben. Reich-Ranicki sieht oft mit bösen Augen und ist vielleicht dort sogar stärker, als wo er bewundert. Er liebt die Paradoxien und die Übertreibungen, aber er ist niemals langweilig und trifft meist den kritischen Nagel genau auf den Kopf. Ich kann es zwar verstehen, daß manche diesen Mann, bei dem so vieles zusammenläuft, fürchten, manche sogar seine Eigenwilligkeiten entschieden ablehnen, aber ich mag ihn gerade in seinen Eitelkeiten und Schwächen, aus denen er nicht den geringsten Hehl macht.

Im Jahre 1962 wurde Horst Rüdiger auf den neu errichteten dritten Lehrstuhl für neuere Germanistik berufen. Später wechselte er dann auf ein Ordinariat für vergleichende Literaturwissenschaft, die er schon in Mainz vertreten hatte.

Diese Berufung war zunächst umstritten. Alewyn trat mit Nachdruck für ihn ein; ich kannte Rüdiger damals noch nicht persönlich und neigte stärker dazu, Fritz Martini aus Stuttgart zu uns herüberzuholen. Ich gestehe, ich hatte Vorurteile gegen Rüdiger, weil dieser einen Aufsatz von mir über die Romantik nicht gerade freundlich besprochen hatte. Zu einer Einigung kam es nicht, und daher wurde der problematische Kompromiß gemacht, beide Namen an die erste Stelle der Vorschlagsliste zu setzen. Das Ministerium entschied sich für Rüdiger.

Martinis aufgeschlossene, elastische und weltgewandte Wesensart hatte alle Vorzüge der geselligen Begabung, des liebenswürdigen Eingehens auf andere und einer liberal humanen, stets zur Toleranz bereiten Gesinnung. Das war freilich mit dem Nachteil verbunden, vielleicht allzu sehr allen Einflüssen offen zu stehen und sie geschickt zu assimilieren. Seine virtuose Fähigkeit, geistesgeschichtliche Zusammenhänge zu durchdringen und zu interpretieren, ließ ihn manchmal sehr wortreich werden, führte aber ebenso zu einem anregenden und facettenreichen Spektrum des Geistes, wie es sich in seinen vielen Veröffentlichungen (besonders zur deutschen Literatur des 19. Jahrhunderts) widerspiegelt. Ich habe mich immer besonders gut mit ihm vertragen, da er nie intrigierte, stets den Kollegen gelten ließ und ein ganzes Füllhorn von Anregungen zu verschenken hatte. Besondere Verdienste hat er sich dadurch erworben, daß er die jüdische Emigrantin Käte Hamburger von Schweden nach Stuttgart zurückgeholt hat.

Rüdiger war aus anderem Holz geschnitzt. Bereits sein Lebensweg war der eines Außenseiters. Er hat zunächst auf Wunsch seines Vaters eine Lehre als Exportkaufmann absolviert, wurde dann sogar von Gundolf als Doktorand zugelassen, mußte aber nach dessen Tod beim Freiherrn von Waldberg promovieren. Nach einem kurzen Assistentenstadium schlug er sich einige Jahre als freier Schriftsteller durch, fand dann jedoch zur Universität zurück, aber nicht nach Deutschland, sondern nach Italien, wo er lange Jahre als Lektor in Bologna und Mailand gewirkt hat. In der Nachkriegszeit wechselte er bis zum Ende der vierziger Jahre als Gymnasiallehrer, Vertreter (Pharma) und als Schauspieler am Meraner Theater, wurde dann aber 1950 von den Italienern erneut als Lektor geholt, bis er nach diesen vielen Umwegen zu den deutschen Universitäten zurückkehrte und in Bonn endete. Ein Wanderer zwischen Italien und Deutschland blieb er bis heute. Das Schwergewicht seiner Interessen lag im Bereich des Humanismus und der Nachwirkung der römisch-griechischen Antike. Seine Gelehrsamkeit auf diesem Felde war erstaunlich. Als ich ihn kennenlernte, fiel mir seine entschiedene Haltung auf, mit der er alle die ablehnte, bei denen er noch Bazillen der NS-Vergangenheit zu wittern glaubte. Er selbst muß mit viel geschickter Diplomatie über die Zeitläufte hinweggekommen sein. An sich hätte es nahegelegen, daß er sich besonders mit Alewyn zusammenschloß, zumal ihn dieser vorher protegiert hatte.

Das geschah auch bis zu einem gewissen Grad. Doch in mancher Hinsicht lag seiner selbstbewußten, ichbetonten und vitalen Persönlichkeit eine Partnerschaft mit mir näher. So konnte es zu einem ausgewogenen erfreulichen Verhältnis zwischen uns dreien kommen, das der Bonner Germanistik in diesen Jahren Respekt und

Anerkennung gebracht hat. Rüdiger ließ die latent schwelenden Konflikte zwischen Richard und mir nicht recht aufkommen. Er brauchte nicht zu vermitteln, er stand wie ein rocher de bronce dazwischen; alles, was ihm nicht genehm war, prallte an ihm ab. Niemals hat er an seinem eigenen Rang gezweifelt und kannte daher auch kein Konkurrenzgefühl, weder in seinem Verhältnis zu Alewyn noch in dem zu mir. So sehr er Forscher war, paradoxerweise war er ebenso Causeur und homme de lettres, überaus gesellig und stets zum fröhlichen Spott geneigt. Das Gesellige, die Freude am Theater und am Witz brachten uns sehr bald einander näher. Rüdiger kultivierte seine etwas nach links tendierende Liberalität. Als der Umgang mit den Studenten später fataler wurde, ist er erstaunlich gut damit fertig geworden, wenn er auch gelegentlich in akute Konflikte geriet. Dann wich er nicht aus, sondern vertrat mit Nachdruck seinen Standpunkt. Sonst freilich war er fast in der Lage, wenn es ihm nötig schien, auch Wasser auf zwei Schultern zu tragen. Charakterlos war das nicht, es war mehr eine Art sächsischer Schläue, die sich auch in kritischen Zeiten nicht unterkriegen ließ.

Ich war wohl offener gegen ihn, als er gegen mich, aber das Vergnügen am geistigen Florettgefecht war uns gemeinsam. Obwohl er sich viel mit griechischer und italienischer Lyrik beschäftigt hat und ein Spezialist für Übersetzungen und Übersetzungsprobleme war, lag ihm die Lyrik nur in begrenztem Maß. Er griff sich stets das heraus, was ihn besonders anzog, so zum Beispiel Heine und Leopardi, und ließ das andere beiseite. Seine eigentliche Begabung lag darin, mit genießender Gelehrsamkeit besonders im romanischen Bildungsraum herumzuschnuppern und dabei erstaunliche Funde zu machen. Eigentlich war er ein Europäer aus Überzeugung und Leidenschaft. Das Ausgefallene seines Lebenslaufes und die Originalität seiner Person schützten ihn davor, bloßer »Fachidiot« zu werden. Von seinen akademischen Kollegen hielt er meist sehr wenig und ging statt dessen lieber, besonders in Italien, mit Handwerkern und Bauern um. Ohne jeden Skrupel wertete er die literarische Tradition. Jean Paul und vor allem Stifter fand er langweilig, darum wurden sie pauschal abgelehnt, bei Goethe wiederum kannte er sich noch in jedem versteckten Epigramm aus. Beinahe hätten wir zusammen eine lyrische Anthologie erotischer Poesie herausgebracht, aber mir fehlte schließlich dazu die Courage.

Europäerin ist auch seine gesellig gastfreundliche Frau Lisa. Sie sammelt gern und übersetzt aus dem Italienischen. Wie ihr Mann hat sie ihre genau umrissenen Urteile über Menschen. Beide halten sich

für vorzügliche Psychologen und merken dann nicht, wie sehr sie ihre Vorurteile kultivieren. Es sind spontane Sympathien und Antipathien, nach denen sie urteilen. Bei Frau Lisa geschieht das mit einer so entwaffnenden Naivität, daß man es widerspruchslos hinnimmt, zumal das Naive bei ihr sich mit einem hohen Grad von Klugheit und Bildung verträgt. Er ist eigensinniger, herrscherlicher, reizt mich mehr zum Widerspruch, aber unser mit Spott und Pointen geführtes Gespräch wird niemals bösartig. Da wir uns beide eigentlich als Outsider in der rein akademischen Welt empfinden, können wir uns auch immer wieder zusammen über sie amüsieren. Das geht dann freilich nicht ohne gegenseitige Nadelstiche ab.
Als Richard Alewyn am 24. Februar 1967 fünfundsechzig Jahre alt wurde, beendete er zum frühesten Termin seine Tätigkeit als akademischer Lehrer. Freude am Unterrichten hat er immer nur wenig gehabt, und in den unruhig gewordenen Zeiten verging ihm die Lust daran noch mehr. In seiner Abschiedsvorlesung erklärte er fast zynisch über die Universität: »Die Ratten verlassen das sinkende Schiff. Ich bin eine Ratte!« Obgleich er seine Tätigkeit immer auf ein extremes Minimum beschränkt hatte, bedeutete das Fortgehen dieses ungewöhnlichen Germanisten einen großen Verlust. Er blieb nicht in Bonn, sondern zog nach München. Mit seinem Schüler Herbert Singer gab ich gemeinsam eine Festschrift für ihn heraus. Den für meinen Geschmack überstilisierten Vorspruch ließ ich freilich Herbert Singer allein unterschreiben. An wertvollen Beiträgen aus dem In- und Ausland fehlte es nicht. Ich selbst habe eine Abhandlung dazu beigesteuert: »Goethe und Schiller im wechselseitigen Vor-Urteil«. Vor Alewyns letzter Vorlesung hielt ich im Beisein der Kollegen, die geschlossen erschienen waren, eine kleine Rede auf den Jubilar, in der ich seinen Lebenslauf und sein Lebenswerk zu würdigen suchte. Das nachfolgende Festessen, das in gelassener Fröhlichkeit verlief, rundete den Abschied harmonisch ab.
Um so bitterer sind die Erfahrungen gewesen, die ich später machen mußte. Da sie in die Zeit kurz nach meiner Emeritierung fallen, will ich sie hier nur andeuten. Das muß jedoch geschehen, weil sonst nicht verständlich wird, warum ich nach Alewyns Tod jede Aufforderung abgelehnt habe, einen Nachruf zu sprechen oder zu schreiben. Wenn unsere Freundschaft wirklich durchgehalten hätte, so wäre das ein schönes Zeichen der Versöhnung über sehr verschiedene politische Schicksale hinweg gewesen. Aber Richard hat mein Wesen offenbar zu sehr als eine Herausforderung erfahren, mit der er nicht fertig zu werden schien. An sich wäre das gar nicht nötig

gewesen. Denn gerade ich habe seine freie Geistigkeit immer bewundert und mich ihm oft unterlegen gefühlt. Doch Richard litt an der schweren inneren Verwundung, das Produktionsversprechen seiner Jugend nicht eingelöst zu haben. Er wollte sich nicht mit den kleinen literarischen Kostbarkeiten begnügen, die er hinterlassen hat. Meine weit umfangreichere Produktion, deren Schwächen und Grenzen ich genau kenne, war ihm ein Dorn im Auge. Plötzlich schlug die Freundschaft in Neid und Haß um. Heute frage ich mich manchmal, ob nicht diese ganze Freundschaft ein tragisches Mißverständnis gewesen ist. Doch konnte Richard im persönlichen Gespräch eine ebenso liebenswürdige wie boshafte Ironie entfalten. Auf meine Frage, warum er sich nicht entschlösse, mehr Bücher zu publizieren, antwortete er schlagfertig: »Ja, *du* schreibst, und *ich* denke.« Die komplexen Widersprüche in Richard Alewyns Wesen waren sehr schwer zu verstehen. Sie wirkten sich auch in seinem Verhältnis zu seinen Schülern aus. Sie liebten ihn alle, und er wollte auch von ihnen geliebt werden. Trotzdem stieß er sie immer wieder zurück und trat nur ungern für sie ein. Am liebsten verbannte er sie ins Ausland, indem er sie dorthin empfahl. Selbst das Verhältnis zu Herbert Singer, der wohl sein Lieblingsschüler gewesen ist, ging durch schwere Krisen hindurch. Im Zusammenhang mit mir mußte Richard erfahren, daß ich auf sehr viel natürlichere Weise mit meinen Schülern auskam, ja daß sogar einige seiner Schüler, meist etwas weich und ästhetisch angelegte Naturen, bei mir Trost und Hilfe suchten. Es war ein Verhängnis, daß Schrimpf an Alewyns großem Abschiedstag ihm zuredete, die bereits geplante Festschrift zu meinem siebzigsten Geburtstag mit ihm gemeinsam herauszugeben. Alewyn fühlte sich verpflichtet und sagte zu. Ich hätte Schrimpf damals voraussagen können, daß Richard, wie es in ähnlichen Fällen bereits geschehen war, seine Zusage später wieder zurücknehmen würde. So geschah es denn auch. Das wäre nicht weiter schlimm gewesen; denn ich kannte ihn und hätte auch von mir aus ihn von jeder Teilnahme entbunden. Doch wollte er sein schlechtes Gewissen nicht zugeben und schrieb statt dessen an Schrimpf und an mich böse, ironische, ja zynische Briefe. Statt freimütig einzugestehen, daß er nicht mitmachen wollte, ging er zum Angriff über und beschuldigte mich, ich hätte meine eigene Festschrift organisiert und solle sie gefälligst dann auch selbst herausgeben. Diese Vorwürfe – so hat es ihm Schrimpf auch mitgeteilt – waren frei erfunden und damit gegenstandslos. Aber es sprachen so viel aufgestaute Aggressionen aus ihnen, daß sie mir jeden weiteren Umgang mit ihm unmöglich

machten. Erst Jahre später haben wir uns notdürftig versöhnt; doch mehr als ein Scheinfrieden war es nicht. Wir hatten uns nichts mehr zu sagen.
Der Bericht über diese Vorgänge fällt mir schwer. Wären sie rein privater Natur, so gehörten sie nicht hierher. Wären sie das bloße Ergebnis verschiedener politischer Lebenswege, so müßte man das als Zeitschicksal hinnehmen. Doch die politische Versöhnung war längst erfolgt. So ist für mich das Scheitern dieser Freundschaft eine Art Anklage an die Generation geworden, der Richard und ich gemeinsam angehörten. Ich untersuche hier nicht, wer daran Schuld hat. Ich stelle nur fest, daß dieses menschliche Versagen, das sich zwischen uns beiden ereignet hat, zu dem Schlimmsten gehört, das mir in meinem Leben begegnet ist. Bis heute bin ich nicht darüber hinweggekommen, selbst nicht nach Richards Tod.
Alewyns Nachfolger wurde Beda Allemann. Er war Schweizer und Schüler Emil Staigers. Es war die beste Wahl, die wir treffen konnten. Die wenigen Jahre, in denen wir noch zusammengewirkt haben, verliefen trotz des Altersunterschiedes und trotz der Verschiedenheit unserer Naturen in voller Harmonie. Im Gegensatz zu mir wirkte Allemann Schule machend. Er hat sicher bei Staiger manches gelernt, sich aber dann völlig selbständig entwickelt. Er vertrat bereits die Richtung des modernen Strukturalismus, die im Umgang mit der Dichtung einen möglichst hohen Grad von Exaktheit erreichen will. Mir ist das immer etwas fremd geblieben, weil ich finde, daß dabei die Gefahr besteht, mit viel Scharfsinn mehr oder weniger Selbstverständliches zu beweisen. Allemann spürt das auch und sucht darüber hinauszugelangen. Sein Interesse gilt besonders poetologischen Problemen, die den spezifischen Voraussetzungen von Dichtung in einem anstrengenden Reflexionsgang auf die Spur zu kommen suchen. Dazu braucht er die Mitarbeit seines Schülerkreises, in dem sich ungewöhnliche Begabungen zusammengefunden haben. Eine Art Schachspiel, wie es der Allemannschüler Eckart Oehlenschläger im wörtlichen wie im metaphorischen Sinn so glänzend beherrscht, ist genau das, was die Allemannschule unter der Führung ihres Lehrers betreibt. So demokratisch er denkt, sein Wesen ist, vielleicht gegen seinen Willen, autoritär. Aber die Autorität, die von ihm ausgeht, erweckt Respekt, nicht nur bei seinen Schülern, auch bei mir. Sie schließt Humor und Ironie keineswegs aus. Als ich ihn beim Würzburger Germanistentag kennenlernte, während bereits seine Berufung nach Bonn schwebte, suchte er mich mitten in der Nacht mit stürmischem Elan und mit Schweizer Hartnäckigkeit zu über-

rennen. Ich sollte doch – nach reichlich genossenem Alkohol – mit ihm in ein Wellenbad gehen, das angeblich die ganze Nacht offen war; dann würde er mir versprechen, den Ruf nach Bonn anzunehmen. Die Verlockung war groß, die Prämie hoch. Doch ich ließ mich nicht erpressen. Ich war älter als er und daher müde und zog es vor, schlafen zu gehen. Beda Allemann ist trotzdem von Würzburg nach Bonn gekommen. Seine Forschungen über das Wesen der literarischen Ironie, über Rilke und sein intensives Eintreten für den ihm persönlich bekannten Paul Celan kann ich hier nur erwähnen, nicht aber würdigen.

Meinen sechzigsten Geburtstag konnte ich im eigenen Haus mit meinen Freunden und Schülern noch ungetrübt feiern. Die von Hans Joachim Schrimpf herausgegebene Festgabe »Literatur und Gesellschaft. Vom neunzehnten zum zwanzigsten Jahrhundert« mit Beiträgen früherer, inzwischen arrivierter Münsteraner Schüler und von Eberhard Lämmert als einzigem Bonner erfreute mich durch das Niveau ihrer Aufsätze. Mein Leben schien seinen Höhepunkt erreicht zu haben. Das Wirken als Universitätsprofessor hatte Dank und Bestätigung erhalten. Sehr bald jedoch sollte es bis zum Ende der sechziger Jahre mit erheblichen Belastungsproben konfrontiert werden.

XII
KRISEN UND KÄMPFE
DIE SECHZIGER JAHRE

In den sechziger Jahren geriet nicht nur die Germanistik, sondern die ganze deutsche Universität in eine Krise. Diese Krise hat ihre Spuren hinterlassen, und die deutsche Universität ist ein ganz anderes Gebilde geworden, als sie es seit ihrer Gründung durch Wilhelm von Humboldt gewesen ist. Für mich begann die Krise offensichtlich zu werden mit den tumultuösen Vorgängen anläßlich der Wahl von Hugo Moser zum Rektor der Universität Bonn im Herbst 1964. Kurz vor seiner Amtseinführung hatte der Redakteur der Hamburger Wochenzeitung »Die Zeit« Rudolf Walter Leonhardt mit mir telefoniert und mir mitgeteilt, er habe schlimmes politisches Material gegen den neugewählten Bonner Rektor, das ihm anonym zugeschickt worden sei, und er wisse nicht recht, ob und wie er es verwenden solle. Meine dringende Bitte, Schritte in dieser Richtung zu vermeiden, zumal man auf anonyme Mitteilungen nicht zu reagieren brauche, hatte keinen Erfolg. Am 23. Oktober 1964 erschien in der »Zeit« ein längerer Artikel von Walter Boehlich, der Moser so bloßzustellen versuchte, daß er damit indirekt zum Rücktritt vom Amt des Rektors gezwungen schien. Dafür gab es bereits Präzedenzfälle. Im Sommer hatte der Germanist Heinz Otto Burger auf das Rektoramt in Frankfurt verzichtet, da ähnliche politische Vorwürfe gegen ihn erhoben wurden. Boehlich, von jeher ein zur bösen Satire begabter Widersacher, der bereits früher Böckmann und Rehm, wenn auch nicht mit politischen Argumenten, aufs Korn genommen hatte, verstand es, aus Mücken Elefanten zu machen und diese dann mit eleganter Bravour so nebenbei zu erledigen. Als Journalist stand er außerhalb der Universität. Einst war er der hochbegabte Schüler von Ernst Robert Curtius gewesen, jedoch der Weg in die akademische Laufbahn glückte ihm nicht. Diesmal war er offensichtlich angestachelt worden, den Vernichtungsfeldzug gegen Moser zu führen. Aber von wem? Wer hatte das anonyme Material zugesandt? Bis heute ließ sich das nicht zuverlässig ermitteln. Es lag nahe, an Werner Betz zu denken, der ja, wie bereits berichtet, sich mit Moser als dem erfolgreicheren Konkurrenten für die Bonner Professur abfinden mußte. Nach anderen Berichten soll jedoch Alewyns Schüler Herbert Singer, der damals bereits Professor in Hamburg war, der Schuldige gewesen sein. Er war gekränkt, weil er eine neu geschaffene Professur für die neuere Germanistik in Bonn nicht bekommen hatte, obwohl er für sie vorgeschlagen war. Dafür machte er Moser verantwortlich und hat dann vielleicht das »Material« aus Rache weitergeleitet. Angeblich hat er sich selbst zu dieser Untat bekannt. Da beide heute tot sind, sowohl Betz wie Singer, wird das wohl für immer im Dunkel bleiben.

So obskur die Sache anfing, so obskur ging sie weiter. »Die Zeit« führte eine gezielte Kampagne nicht nur gegen Moser, sondern gegen die Universität Bonn überhaupt. Der Blätterwald rauschte von Erklärungen und Gegenerklärungen. Auch Alewyn und ich veröffentlichten Artikel in der »Zeit«: Alewyn aus der Sicht des früheren Emigranten, der erneuten Schaden für die deutsche Universität befürchtete, ich wiederum aus der Sicht des Daheimgebliebenen, der nur allzu genau die Schwierigkeiten kannte, denen die ältere Generation in den Nazijahren ausgesetzt war. Die Atmosphäre war »politisiert« und damit auch vergiftet. Alewyns Artikel wurde als gegen Moser gerichtet verstanden, meiner, der zu seiner Verteidigung geschrieben war, galt als Rechtfertigung der Zugeständnisse an das Nazi-Regime. Der Senat der Universität veröffentlichte eine überstürzte Erklärung, in der Moser das volle Vertrauen ausgesprochen wurde. Das war berechtigt, doch enthielt sie die ungeschickte Wendung von dem »damals Üblichen«. Das wiederum rief in der »Zeit« die »Erklärung der Sieben« auf den Plan, die von jüngeren und daher politisch unbelasteten Professoren unterschrieben war: Karl Heinz Borck, Karl Otto Conrady, Arthur Henkel, Eberhard Lämmert, Karl Ludwig Schneider, Herbert Singer und Peter Wapnewski. Mit etwas selbstgerechtem moralischen Pathos traten sie dafür ein, die Universität müsse »ihre Verstrickungen und Verfehlungen« selbst erforschen und habe auch der »dunklen Jahre ... ohne Scheu, frei von ängstlicher Beschönigung wie von moralischer Überheblichkeit zu gedenken«. Eigentlich war das ja mehr oder weniger selbstverständlich, aber in unruhigen Zeitläuften lieben es die Professoren – und nicht nur sie –, mit kollektiven Unterschriften an die Öffentlichkeit zu gehen, in dem rührend naiven Glauben, sie könnten die Welt damit verbessern. Überdies legte die Überschrift »Erklärung der Sieben« die Assoziation an die berühmten sieben Göttinger Professoren nahe, die Kopf und Kragen riskierten, als sie im Jahre 1837 den König Ernst August des Verfassungsbruches beschuldigten und daraufhin aus dem Dienst entlassen wurden. Von solchem Risiko konnte diesmal keine Rede sein.

Die Angriffe auf Moser in der »Zeit« waren darum so perfide, weil

sie mit einem ganz anderen, lange Zeit vorher ebenfalls in Bonn erfolgten Vorgang gekoppelt wurden. Sie galten nämlich auch der im Jahre 1936 durchgeführten Aberkennung der Ehrendoktorwürde von Thomas Mann durch die gleiche Universität, die sie ihm 1919 verliehen hatte. Wer die Zeitung nur flüchtig las, mußte annehmen, es sei der gleiche Hugo Moser, der diesen skandalösen Vorgang mitverschuldet hatte und jetzt sogar Magnifizenz werden sollte. Das war völlig unsinnig; denn Moser hatte damals gar nicht in Bonn gelehrt und war überdies noch viel zu jung gewesen. Erst 1947 hat er sich in Tübingen für germanische Philologie habilitiert.
Moser trat nicht zurück, obgleich ihm das viel Ärger erspart hätte. Boehlich hatte sich offensichtlich den falschen Mann für seine Attacke ausgesucht. Moser gehörte früher der katholischen Jugendbewegung an, er war auch jetzt kein »Linker«, sondern ein liberal-konservativer Katholik. Die Beschuldigungen gegen ihn, mühsam zusammengetragen, waren aufgebauscht, einiges daran war fehlerhaft. Heute lohnt es sich nicht mehr, sie zu wiederholen. Als Material für die sensationelle Entlarvung eines ehemaligen Nazis waren sie gänzlich ungeeignet. Vermutlich brauchte »Die Zeit« deshalb zur Unterstützung ihres Feldzuges den »Fall Thomas Mann«. Aber eben mit diesem hatte Moser nicht das geringste zu tun. Trotzdem mußte längere Zeit vergehen, ehe der angerichtete Schaden wiedergutgemacht war und Moser sein wissenschaftliches und moralisches Ansehen im In- und Ausland voll wiedergewonnen hatte.
Was damals in Bonn geschah, darf man nicht isoliert sehen. Schon vorher war die Germanistik immer wieder zur Zielscheibe von heftigen Angriffen in der Presse geworden, und es machte die Sache nicht besser, daß mehr und mehr die Germanisten selbst zu Journalisten wurden, um sich ihrerseits an diesen Kämpfen gegen ihr Fach zu beteiligen. Interne Streitigkeiten wurden mit beträchtlicher Lautstärke vor das Forum der breiten Öffentlichkeit gebracht. Es war unvermeidlich, daß sich bald nicht mehr unterscheiden ließ, wo gegen lang übersehene Versäumnisse angegangen wurde und wo nur schmutzige Wäsche noch schmutziger gewaschen wurde. Soweit nicht persönliche Gehässigkeiten im Spiel waren, liefen die Vorwürfe darauf hinaus, die Germanistik habe sich in den elfenbeinernen Turm einer unpolitischen und daher wirkungslosen Interpretation zurückgezogen und darüber versäumt, die gesellschaftlichen Voraussetzungen ihres Faches zu reflektieren. Das eigene Verschulden an den Katastrophen der Hitlerzeit habe sie einfach verdrängt. Als betont

nationale Wissenschaft sei sie jedoch schon seit ihren Anfängen bei den Brüdern Grimm und in der Romantik mit einem Denken belastet, das die verhängnisvolle Entwicklung ins »Faschistische« nicht nur begünstigt, sondern direkt gefördert habe. Daher sei eine kritische Überprüfung ihres Standortes im »Dritten Reich« und eine genaue Durchleuchtung ihrer Wissenschaftsgeschichte endlich dringend erforderlich. Solche Vorwürfe wurden vor allem von der jüngeren Generation erhoben, die inzwischen herangewachsen und durch die Vermehrung der Planstellen schnell arriviert war, während viele Ältere sich nur ungern an ihre Vergangenheit erinnert sahen und daher oft gereizt auf solche Feststellungen reagierten, hinter denen sie eine Art zweiter Entnazifizierungswelle zu spüren glaubten.

Seit dem »Fall Moser« verschärfte sich dieser Generationsgegensatz. Er mußte auch auf den Germanistenverband übergreifen. Für die Jahre 1965 und 1966 hatte man mich zum ersten Vorsitzenden, Moser zum zweiten gewählt, und die Vorbereitung der großen gemeinsamen Tagung mit den Schulgermanisten im Oktober 1966 in München stand unter meiner Verantwortung. Die politischen Streitigkeiten nahmen damals immer mehr zu, und daher entschloß ich mich, die Hochschulgermanisten, soweit sie bereits Ordinarien waren, zu einer vorbereitenden internen Tagung Anfang Mai 1965 in Mainz zusammenzurufen, in der unter Ausschluß von Presse und Öffentlichkeit die schwierige Situation des Faches gemeinsam diskutiert und geklärt werden sollte. Auch Empfehlungen für das Tagungsprogramm in München galt es dabei vorzubereiten. In Mainz kam es zum Eklat. Eine Gruppe der Jüngeren, die sich als Rebellen »die Jungtürken« nannten oder so genannt wurden, hatte sich zusammengeschlossen. Ihr vor dem gemeinsamen Forum mit Nachdruck vorgetragenes Ziel hieß: Erneuerung der Germanistik durch politische und gesellschaftliche Selbstprüfung. Daneben gab es freilich noch ein zweites, nicht so offen zugegebenes Ziel. Der Vorstand des Germanistenverbandes, also Moser und ich, sollten zum Rücktritt ermuntert werden. Das war zwar, juristisch gesehen, ein sehr zweifelhaftes Anliegen. Denn dieses von mir zur freien Diskussion eingeladene Gremium hatte keinerlei Vollmacht, den gewählten Vorstand vorzeitig aus seinem Amt zu drängen. Es wurde trotzdem versucht. Das alles spielte sich zunächst mit mancherlei feingesponnenen Intrigen hinter den Kulissen ab. Besonders Herbert Singer war die graue Eminenz, die es vorzüglich verstand, vom Hintergrund aus zu wirken. Da hatte es private Zusammenkünfte eines kleinen Kreises mit Richard Alewyn gegeben, der als einstiger Emigrant eine freiwillig anerkannte Autorität war und sich gerne von den Jüngeren verehren ließ, aber nicht bereit war, selbst bei den Rebellen mitzumachen. Durch dieses zweideutige Spiel hinter den Kulissen, von dem ich nur indirekt erfahren habe, hat unsere Freundschaft die ersten Risse bekommen, die später zu offenen Wunden geworden sind.

Wahrscheinlich ging es den Jüngeren in erster Linie um die Entmachtung von Moser, der nach den vorausgegangenen turbulenten Vorgängen in Bonn nun einmal der Stein des Anstoßes war. Doch wir beide gehörten zusammen, und keiner von uns dachte daran zurückzutreten. Zu den Rebellen zählten auch Schüler von mir wie Schöne und Conrady; Schrimpf, der wahrscheinlich auch mit ihnen sympathisiert hätte, war damals im Ausland. Doch hielten diese sich zwar nicht in der Sachfrage, wohl aber in der Personalfrage zurück. Andere, wie Killy und Singer, brauchten solche Rücksicht nicht zu nehmen. Auch Hans Egon Hass, der in seiner Selbstherrlichkeit eigentlich gar nicht dahin paßte, gesellte sich zu den Frondeuren. Er begriff nicht, warum ich, gleich dem berühmten Schweizer Winkelried, wie er zu mir sagte, so tollkühn alle Pfeile auf meine Brust zu lenken suchte. Am schärfsten wurde Alewyns Freund, der Berliner Altgermanist Rainer Gruenter, der eigentlich mehr ein Snob als ein Rebell war und lieber elegante Journalistik als altgermanistische Forschung trieb. Später ist er der Gründungsrektor der Universität Wuppertal geworden. Damals trat er mir in offener Feldschlacht vor dem Forum entgegen und kreuzte in hochstilisierten Formulierungen mit mir die geistigen Waffen, so daß der Münchener Germanist Hugo Kuhn, der neben mir saß, mir zuflüsterte: »Das läuft ja geradezu auf die Aufforderung zum Rücktritt hinaus.« Ich antwortete Gruenter mit unmißverständlicher Deutlichkeit und stellte vor der Versammlung die Vertrauensfrage. Das war sehr gewagt, zumal sie in geheimer Abstimmung durchgeführt wurde. Jedoch gab es eine geschlossene Münchner Gruppe mit Hugo Kuhn, Walter Müller-Seidel und Hans Fromm, die sich in ihren Diskussionen sehr kritisch gegen die »Jungtürken« verhalten hat. Mit knapper Mehrheit, aber immerhin mit Mehrheit, wurden Moser und ich als Vorsitzende des Germanistenverbandes bestätigt.

Was jedoch das andere, sachliche Ziel der Rebellen betraf, eine Germanistentagung mit politisch-gesellschaftlicher Fragestellung – es wurde erreicht. Zwar sollte das Thema »Nationalismus in Germanistik und Dichtung« nicht bloß in der damals sehr aktuellen

Begrenzung auf die NS-Zeit behandelt werden, aber diese Epoche wurde nicht etwa ausgeklammert.
Die Münchner Tagung vom 17. bis 22. Oktober 1966 verlief äußerst unruhig. Die Studentenrevolte kündigte sich bereits deutlich an. Meine Eröffnungsansprache ging nicht ohne Zischen von der Galerie vorüber. Man war wohl damit einverstanden, daß ich für Strukturveränderungen im Fach der Germanistik eintrat, auch eine Kritik und Überprüfung ihrer nationalen oder gar nationalistischen Traditionen für nötig hielt, wollte es aber nicht gerne hören, wenn ich die politisierende Geschichtslosigkeit der Gegenwart kritisierte und es beschämend fand, daß man bei dem Wort »national« bereits errötete. Auch war es ein unzeitgemäßer Gedanke, vor der damals sich immer stärker ausbreitenden Verketzerung des Irrationalen zu warnen.
Die eigentlich brisanten Vorträge hielten Eberhard Lämmert (»Germanistik – eine deutsche Wissenschaft«) und Karl Otto Conrady (»Deutsche Literaturwissenschaft und Drittes Reich«). Die anderen Vorträge enthielten weit weniger Sprengstoff und dienten mehr der historischen Orientierung von Walther von der Vogelweide bis zu Klopstock, Goethe und Fontane. Doch auch Lämmert und Conrady bemühten sich, persönliche Angriffe gegen die ältere Generation, zumal gegen Anwesende, zu vermeiden. Sie blieben sachlich, aber das vorgetragene Material, besonders bei Conrady, enthielt manche erschreckende Feststellungen, so daß gelegentlich ältere Studienräte oder Universitätsprofessoren in der Diskussion erregt und empfindlich reagierten. Das Zischen blieb an der Tagesordnung. Beim Schlußwort von Rudolf Henß, dem sehr konservativen Vorsitzenden der Schulgermanisten, verließen manche bereits mit geräuschvollem Türenschlagen den Saal. Im letzten Augenblick rettete die als Gast eingeladene unvergleichliche Elizabeth Wilkinson mit ihren ausgewogenen herzlichen Dankesworten der ausländischen Germanisten die Situation. Das Gespräch mit den Jüngeren und Jüngsten sei zwar erhitzt, manchmal sogar schroff verlaufen. Das habe aber auch erleichternd und heilend gewirkt. In der freien und offenen Rede, selbst über die »heißen Eisen«, hatte auch ich den Sinn dieser Tagung gesehen. Ganz so schwierig hatte ich mir das freilich nicht vorgestellt. Am fatalsten war am Schluß das Gespräch mit den Journalisten, die natürlich alles noch mehr aktualisieren, noch mehr übertreiben wollten. Selbst die Frankfurter Allgemeine Zeitung hat in ihrem Bericht nachher bedauert, daß die Germanisten sich nicht ausschließlich mit dem Sündenfall der NS-Zeit auseinandergesetzt

hätten. Nach der Münchner Tagung konnte ich turnusmäßig mein Amt abgeben. Neu gewählt wurde der Hamburger Altgermanist Karl Heinz Borck, ein ehemaliger Schüler von Jost Trier.

Nach diesen Tagen von München trat die Studentenrevolte in eine neue Phase. Es ist nicht ohne Ironie, daß sie sich besonders gegen jene Generation richtete, die sich in Mainz noch als »Jungtürken« gegen Moser und mich aufgelehnt hatte. Sie waren jetzt die »Scheißliberalen«, mit denen man in erbitterter Fehde lag. Je mehr Versuche zum Kompromiß gemacht wurden, um so mehr mißglückten sie. Zum Radikalismus der Jüngsten gehörte das Unverständnis für jede Art von Kompromiß. Gelehrte wie Schöne, Lämmert, Killy waren schon darum Feinde, weil sie inzwischen arriviert waren. So linksliberal zum Beispiel Killy eingestellt war, als Gründungsrektor der Reformuniversität Bremen mußte er schließlich aufgeben und ließ sich lieber in die stillere Schweiz berufen. Spruchbänder wie: »Schlagt die Germanistik tot / Färbt die blaue Blume rot« proklamierten ebenso eine Zertrümmerung des ganzen Faches wie jene programmatischen Erklärungen radikaler Literaten, die in ihren Tendenzschriften eine Abschaffung nicht nur der Dichtung, sondern darüber hinaus der Literatur zugunsten politischer Heils- und Massenbotschaften anpriesen.

Auch in der Zeit der Krisen und Kämpfe ist die Zahl meiner Schüler immer größer geworden. Die Kontinuität in meiner Lehrtätigkeit blieb also bis zur Emeritierung, ja noch darüber hinaus erhalten, aber das Verhältnis zu meinem Oberseminar und den letzten Doktoranden hatte doch ein neues Gesicht bekommen. Es war unvermeidlich, daß die Jüngeren mehr vom Geist der Zeit beeinflußt waren, als es bei mir der Fall sein konnte. Keiner von ihnen freilich ist ein aktiver Angehöriger der Apo gewesen. Aber »linke« Studenten waren fast alle; zu den konservativen Positionen der Adenauer-Zeit hatten sie kein Verhältnis mehr. Die Studenten-Revolte der sechziger Jahre ist kein Naturereignis gewesen, auch kein bloßer Spuk, der unerwartet begann und unerwartet aufhörte. Sie hat ihre geschichtlichen Voraussetzungen gehabt, vor allem in dem Monstrum der Massenuniversität, und sie hat manches hinweggefegt, was erstarrt oder brüchig war. Es liegt mir fern, diesen geschichtlichen Zusammenhang zu verkennen. Die Trauer, mit der ich trotzdem die Auflösung der alten Universität erlebte, durfte ich bei meinen letzten Schülern weder erwarten noch gar fordern. Für sie war vieles nur Übergang, was ich, sehr viel pessimistischer, bereits mit dem Mene-Tekel des Untergangs gezeichnet sah. Es ist das Recht der Nachfolgenden, niemals

aufzugeben und auch unter veränderten Bedingungen mit der Hoffnung auf Zukunft zu reagieren.
Natürlich haben sich daraus auch Spannungen zwischen mir und der letzten Schülergeneration ergeben. Doch gehörte die Koketterie mit linken politischen Strömungen bis hart an die Grenze der Apo damals zum guten Ton der Intellektuellen. Die Zeiten des Respektes und der Verehrung waren vorüber. Manches wurde dadurch ehrlicher und freier. Die schmeichelnde Kammerdienerhaltung zu Vorgesetzten habe ich immer als unwürdig empfunden, lieber die Toleranzgrenze möglichst weit gesteckt. Sie hörte freilich dort für mich auf, wo die Gewalt begann, nicht nur gegen Menschen, sondern auch gegen Sachen. Keiner meiner Schüler hat diesen Weg eingeschlagen, und so konnte das gute, wenn auch spannungsreicher gewordene Verhältnis zwischen uns weiter bestehen.
Ohne Krisen ging das freilich nicht ab. Als ich nach meiner letzten Reise in die USA im Sommer 1969 in Bonn mich wieder einfand, stand die Euphorie der Studentenrevolte in voller Blüte. Zuerst lud ich mein Oberseminar zu einer gemeinsamen Diskussion über die neue Situation an den deutschen Hochschulen ein. Ich stand allein gegen nahezu alle. Sie glaubten an einen radikalen, positiven Neubeginn an den Universitäten. Ich wiederum sah die Gefahren voraus, die nachher auch eingetreten sind. Aber das Seminar bestand die Zerreißprobe. Das zeigte sich, als ich die Studenten, so wie früher, zur gemeinsamen Geselligkeit in mein Haus einlud, aber die Bedingung daran knüpfte, es könne nur der dort aufgenommen werden, der sich nicht an Gewalttaten an der Universität (sie gehörten damals beinahe schon zum Alltag) beteiligt hatte. Sie sollten sich ohne meine Anwesenheit darüber einigen, ob sie eine solche Einladung annehmen wollten. Alle wußten, daß dieser Appell eigentlich nur an einen Studenten meines Oberseminars gerichtet war, Hannes Heer, der bereits an der ganzen Universität als Apo-Rebell verschrieen war. Er stand auf dem linkesten Flügel, war ein fanatischer und intoleranter, trotzdem durchaus intelligenter Ideologe. Ein Intrigant oder ein Bösewicht war er nicht. Manche aus meinem Seminar mochten ihn sogar gern, ohne sich an seinen Aktivitäten zu beteiligen. Wie weit würden sie sich jetzt mit ihm solidarisieren? Heer selbst erleichterte es seinen Kameraden, da er sofort seine Untaten zugab, die für ihn ja eher Heldentaten waren. Er trat freiwillig von der Einladung zurück; einer schloß sich ihm noch an und verzichtete ebenfalls.
So hat mein Oberseminar und das Verhältnis zu den Assistenten und

Hilfskräften die Krise überdauert. Allerdings geriet ich zunehmend bei der sehr konservativen Bonner Fakultät ins Zwielicht. Mein Kollege Polheim hatte viel zu konservative Ansichten, als daß er bereit gewesen wäre, mit rebellischen Studenten zu reden; da waren Rüdiger und ich ganz anderer Meinung. Solange man noch miteinander redet, bringt man sich noch nicht gegenseitig um. Alewyn ging allen Konflikten möglichst aus dem Wege. Die Bonner Historiker lehnten es ab, sich mit »kriminellen Subjekten« wie Hannes Heer auch nur an einen Tisch zu setzen. Sie nahmen es mir übel, daß ich ihn nach einem mit gut bestandenen Staatsexamen sogar als Doktoranden zugelassen hatte (mit einer Arbeit über Lukács' Auffassung vom Realismus). Allerdings war ich listig genug, daran die Bedingung zu knüpfen, daß Heer während dieser Zeit auf Gewalttaten gegen das deutsche Seminar und auf öffentliche Diffamierungen meiner Person verzichtete. Er sagte es zu und hielt auch sein Versprechen. Als er aber einmal verreist war, wurde das Seminar trotzdem von einer Apo-Gruppe besetzt, in Mao-Tse-Tung-Institut umgetauft und mit tendenziösen Sprüchen beschmiert. Das geschah ausgerechnet, als ich Seminarvorstand war und mich dem sensationellen Vorgang persönlich stellen mußte. Ich behielt die Ruhe. Die Gruppe der Besetzer war viel zu klein, um etwas ausrichten zu können. Polizei wurde deshalb nicht gerufen. Das war auch richtig; es kam zu keinen Schlägereien. Mit dem Einbruch der Dunkelheit zogen die Studenten von selbst wieder ab. Heer hat übrigens nicht bei mir promoviert. Er ging an die sogenannte Reformuniversität Bremen. Ich will nicht verhehlen, daß ich deswegen erleichtert war.

Was wollten die rebellierenden Studenten erreichen? Ihre Proteste richteten sich in erster Linie gegen den angeblich undemokratischen und autoritären Stil der »Ordinarien-Universität«. Sie verlangten die totale Demokratisierung der Universitäten. Das hieß für sie Sitz und Stimme in den Universitätsgremien. Da sie damals mit den Assistenten oft gemeinsame Sache machten, bedeutete dieser »Proporz« praktisch ein katastrophales Übergewicht des gesamten Unterbaus über die weitgehend entmachteten planmäßigen Professoren. Der Unterschied von Lehrenden und Lernenden sollte nicht mehr gelten. Wiederum war es die Wochenzeitung »Die Zeit«, die damals solche Bestrebungen begrüßte und begünstigte. Als 1968 im recht fortgeschrittenen Stadium dieser umkämpften Universitätsreform das Marburger Manifest erschien und von immerhin 1300 Ordinarien und Nichtordinarien unterschrieben wurde, ein Dokument, das vor dem Schaden zu warnen suchte, der durch die simple Übertragung parlamentarischer Verfahrensweisen auf die hierarchische Struktur der Hochschule entstehen mußte, da wurden in der »Zeit« vom 28. Juni 1968 diese Professoren als hoffnungslos regressiv und konservativ angeprangert. Einigen, die als besonders prominent galten, erwies man die Unehre, sie mit ihrem Foto vorzustellen. Darunter waren mein Freund Hugo Friedrich, Bild an Bild mit mir, ferner Arnold Gehlen, Pasqual Jordan, Hans W. Eppelsheimer und Paul Mikat. Kurz vorher hatte mir Hugo Friedrich von seinen Querelen mit Studenten geschrieben. Sie liefen etwa so ab: »Herr Professor Friedrich«, erklärte einer der Rebellen, »wir geben ja zu, daß Sie viel wissen. Aber Wissen ist Macht, und Macht bekämpfen wir.« Durfte man wirklich solchem Schwachsinn des Geistes, selbst wenn er nicht die Regel war, die Verantwortung für den Aufbau der Universität anvertrauen?

Ich habe diese Kämpfe zwischen Professoren und Studenten immer bedauert, zumal als sie sich bis zur hemmungslosen Beschimpfung und sogar zum tätlichen Angriff auf die Lehrer ausweiteten. Das Verhältnis von Lehrenden und Lernenden konnte ich nur als ein gegenseitiges Geben und Nehmen auffassen. Daher blieb ich solange wie möglich zum Gespräch auch mit den Widerspenstigen bereit, warnte allerdings die Studenten, sich nicht den falschen Gegner auszusuchen. Professor und Student gehörten zusammen, und von ihrer Entzweiung werde nur die Ministerialbürokratie profitieren, die weitab vom Schuß in Düsseldorf saß. Sie werde erworbene Vorrechte abzubauen und eine Verschulung der Universitäten einzuleiten suchen, deren Opfer beide Seiten, die Professoren ebenso wie die Assistenten und Studenten, sein würden. Genau das ist in der ernüchternden Folgezeit der siebziger Jahre geschehen. Erstaunlich bleibt es, wie ein solches, manchmal sogar imponierendes Rebellentum der Studenten in jene Sanftmut und resignierende Bravheit umschlagen konnte, mit der die nächste Generation reagierte, nämlich so, als ob nichts, geradezu gar nichts geschehen wäre. Das hat wohl niemand vorausgeahnt.

Obgleich ich aus meiner keineswegs linken Haltung keinen Hehl machte, kam ich in Bonn mit den Studenten weit besser aus als mancher andere. Für manche war ich bereits der »Opa«, dem man seine Kritik nicht so übel nahm wie den verhaßten Vätern, den »Scheiß-Liberalen«. Allerdings vermochte ich auch niemals so böse auf die Studenten zu sein wie manche Kollegen meiner Fakultät, die beleidigt und tief getroffen reagierten. Zwar ärgerte auch ich mich über Ungezogenheiten und über die Selbstgerechtigkeit dieser Generation und hatte wenig Sinn für die Auflösung aller gesellschaftlichen Formen. Aber ich spürte ebenso, daß die Studenten im Grunde den Widerstand brauchten, der ihnen von den Linksliberalen allzu wenig entgegengesetzt wurde. Nur durfte dieser nicht in der Berufung auf autoritäre Ansprüche erfolgen. Erstaunlicherweise sind meine Vorlesungen und Seminare in Bonn kein einziges Mal gestört oder gar niedergeschrieen worden.

Dennoch erfolgten massive Angriffe gegen mich, die aber von außerhalb kamen. Das begann bereits während meiner Abwesenheit in den USA. Als im Wintersemester 1967/68 der sogenannte »dies« stattfand, an dem an der Universität Vorlesungen für Jedermann gehalten werden, hatten die rebellierenden Studenten einen »antidies« aufgemacht, der in den Gängen und in den Wandelhallen der Universität stattfand. Dort war im Gefolge von Rudi Dutschke ein gewisser Peter Schütt erschienen, der einen Vernichtungsfeldzug gegen mich zu führen suchte. Er sparte nicht mit Verleumdungen und Beschimpfungen. Da ist in meiner Abwesenheit mein Schüler Peter Pütz in die Bresche gesprungen. Er stieg auf einen Tisch und antwortete dem Aggressor. Es sei erbärmlich, einen Professor in dieser Weise anzugreifen, der sich nicht wehren könne, weil er weit fort im Ausland sei. Ich habe Pütz seine spontane Verteidigung sehr hoch angerechnet. Denn an sich ist er keine Kampfnatur, sondern weit eher ein stiller Gelehrter, dabei mit der Gabe zur brillanten Formulierung und mit einem ausgesprochenen Sinn für das Schöne. Zu viel Trubel und Öffentlichkeit mag er nicht. Aber trotz seiner leisen und verhaltenen Art fehlt es ihm nicht an präziser Schärfe. Wo Ungerechtes geschieht, sieht er sich persönlich herausgefordert und kann sogar, wie es bei anderen Gelegenheiten sich herausgestellt hat, fast wie ein Michael Kohlhaas gegen die Macht öffentlicher Instanzen sich auflehnen.

Schütt begnügte sich keineswegs mit der in Bonn geführten Attacke. Er verfolgte mich, wo er nur konnte, mit Haß. Vielleicht hat er auch noch den ganzen Widerstand organisiert, der von Berlin gegen mich ausgegangen ist. Dort konnte man nicht nur mein Bild mit einigen diffamierenden, angeblichen »Zitaten« besichtigen; man konnte es auch für 2 DM kaufen, was ich entschieden zu billig fand. Schütt hatte mich zur Symbolfigur für die Germanistik der Adenauerzeit gemacht.

Warum haßte dieser Mann mich so? Ich habe ihn nur einmal bei der Pressekonferenz nach der Münchner Germanistentagung ganz kurz kennengelernt. Damals fand ich seine vorlauten Bemerkungen albern und habe spöttisch darauf reagiert. Angeblich soll er wütend gewesen sein, weil ich als Vorsitzender des Germanistenverbandes den Antrag auf seine Mitgliedschaft abgewiesen hätte. Wie er zu dieser falschen Vorstellung gekommen ist, weiß ich nicht. Seine Angriffe in der Presse waren Schütt noch zu wenig. 1968 erschien im Limes Verlag ein von Karlheinz Deschner herausgegebener Band »Wer lehrt an deutschen Universitäten?«, in dem es Peter Schütt unter dem Titel »Benno von Wiese: Portrait eines Doyens« unternommen hatte, mich abzuschießen. Andere Autoren hatten die gleiche Aufgabe für den Startheologen Helmut Thielicke, für Golo Mann und für Walter Jens durchzuführen. Ich befand mich also in bester Gesellschaft.

Auf ein Pamphlet wie das von Schütt kann man nicht antworten. Ungewollt stilisierte er meine Person in eine nebulöse Höhenlage, wenn er mich als allgewaltigen Ordinarius für Germanistik in der von ihm so bekämpften Adenauer-Epoche abstempelte. Außerdem sollte ich aber auch noch ehemaliger Nazi und eifriger frommer Christ gewesen sein, also ein geschickter Anpasser an allen Fronten der Zeit. Über ein solches Zerrbild hätte ich mich eigentlich amüsieren sollen. Aber verlogene Behauptungen wie die, daß die inzwischen erwachten Bonner Studenten »gegenwärtig ein Gegenseminar zu Benno von Wieses Andachtsübungen vorbereiten«, ärgerten mich leider doch.

Peter Schütt sollte mir noch einmal begegnen. Gegen Ende meiner Tätigkeiten war ich nach Münster zu zwei Vorträgen eingeladen. Vor den Germanisten sollte ich über das Selbstverständnis des deutschen Autors um 1900 und heute sprechen; vor dem Forum der Droste-Gesellschaft über Karl Immermann. Inzwischen wollte aber die dortige Rebellengruppe sich wieder einmal öffentlich bemerkbar machen und zog es vor, statt ihrer eigenen Lehrer den auswärtigen Gast aufs Korn zu nehmen. Ich wurde zwar von den Kollegen Rasch und Weydt gewarnt, daß etwas gegen mich im Gange sei. Sie waren beide nicht sehr mutig und hätten es vorgezogen, wenn ich auf die Vorträge verzichtet hätte. Dazu war ich nicht bereit. Als ich vor dem restlos besetzten Hörsaal erschien, saß ein junger Student am Pult und las aus dem Aufsatz von Schütt vor. Hinten stand die Rebellengruppe mit sogenannten Flüstertüten, um den Vortrag zu stören. Es gelang mir zwar, ihn beiseite zu schieben und dem Forum zu erklären, in diesem Pamphlet stünden doch nur Lügen. Aber dann setzte ein Höllenspektakel ein, so daß ich nicht einmal den ersten

Satz meines Vortrages: »Als Klopstock zu Grabe getragen wurde ...« zu Ende sprechen konnte. Zwischenrufe wie »Großgrundbesitzer« zeigten mir, zu was ich es inzwischen gebracht haben sollte. Ich erklärte mich bereit, mit den Studenten nach dem Vortrag zu diskutieren; ich ging sogar noch weiter. Wenn das jetzt nicht möglich sei, würde ich auf eigene Kosten noch einmal nach Münster kommen. Es nützte nichts. Selbst die demokratische Abstimmung, in der eine große Mehrheit entschied, daß sie den Vortrag hören wollte, wurde mißachtet. Kurz entschlossen nahm ich mein Manuskript und verschwand. Der andere Vortrag über Immermann hat zwar stattgefunden, aber auf beschämende Weise. Er wurde in letzter Stunde an einen ganz anderen Ort verlegt. Auf Schleichwegen wurde ich dorthin gebracht, sprach hinter verschlossener Tür nur vor einem kleinen, eiligst benachrichtigten Kreis, und viele Studenten, die gern gekommen wären, wußten nichts davon. Ich gestehe, daß dieser einzige Fall, wo ich als Lehrer desavouiert wurde, mich tief getroffen hat, zumal er sich an jener Universität ereignete, an der ich meine schönsten Jahre verlebt hatte.

Blicke ich heute zu Beginn der achtziger Jahre auf die Zeit der Krisen und Kämpfe zurück, so ist der Abstand noch nicht groß genug, um gelassen über sie urteilen zu können. Und doch ist sie bereits historisch geworden. Auch mir hat sie ihre Wunden geschlagen. Doch weiß ich auch, daß sie für meine letzten Schüler den Durchbruch zu neuer Produktivität gebracht hat. Eben darum mußten sie sich von alledem befreien, was für sie zu sehr konservative Position des Alters war. Gewiß, manches in dieser Studentenrevolte mag nur ein Wahn gewesen sein, und es gab dabei nicht nur kritisches Bewußtsein, sondern auch kritiklose Selbstüberheblichkeit. Jede Versklavung an Ideologien bringt die Gefahr mit sich, daß die konkrete Humanität darüber verloren geht. Doch möchte ich auch umgekehrt sagen, daß der ins Mechanische hineingeratene Prozeß der perfektionierten modernen Massengesellschaft junge Menschen geradezu zwingt, mit revolutionärer Leidenschaft dagegen anzurennen oder, wenn das zu keinem Erfolg führt, verzweifelt aus den gesellschaftlichen Anpassungen auszusteigen. Keine Jugend kann ohne Zukunftsträume leben. Auch Ideologien mögen manchmal Träume sein. Dann nähern sie sich den Utopien, und es fragt sich, was vorzuziehen ist: eine total ernüchterte Gesellschaft, völlig zweckhaft und trocken, die nur noch funktioniert beziehungsweise auch nicht funktioniert, oder eine, die auf das utopische Element nicht verzichtet, weil nur dieses neue Kräfte freisetzt, deren Realisierung nicht mehr abgestorbene Vergangenheit, sondern eine heute noch nicht voraussagbare Zukunft bedeutet. Ich würde mich für das zweite entscheiden, darin auf der Seite der Jugend, wenn ich auch nicht mehr zu denen gehören werde, die eine solche Zukunft erleben werden.

Die Schwierigkeiten mit sich selbst, in die manche Germanisten gerieten, die durch die Studentenrevolte hindurchgegangen und von ihr mitgeprägt worden sind, haben diese letzte Generation meiner Schüler auch wieder zu neuen Problemen und neuen methodischen Möglichkeiten vordringen lassen. Junge, erfolgreiche Gelehrte wie Ulrich Profitlich, Norbert Oellers, Helmut Schneider und Klaus Müller-Salget sind aus ihr hervorgegangen. Sie waren weniger enthusiastisch als frühere Generationen, meist mehr zur kühlen Skepsis und zur kritischen Aufklärung geneigt. Fast alle zogen die politisch-gesellschaftliche oder auch die rezeptionsgeschichtliche der geisteswissenschaftlichen Fragestellung vor. Ideologische Doktrinäre waren sie nicht, eher hin- und hergerissen zwischen ideologischer Infiltration und radikaler Ablehnung der Ideologien. Sie stellten hohe Ansprüche an sich selbst, auch und gerade als zur Exaktheit verpflichtete Philologen. Keiner von ihnen hätte die wissenschaftliche Forschung zugunsten einer politischen Tendenz geopfert.

Bei aller Ablehnung von Autoritäten waren sie trotzdem zur persönlichen Treue fähig. Manchmal schien es mir sogar, als sehnten sie sich heimlich nach Bindung. Selbst eine verschwiegene Romantik war ihnen nicht fremd, die nicht so recht zu ihrer Neigung zu revolutionärer Entzauberung und zur Absage an alles Konservative passen wollte. Solche Widersprüche machten diese Generation zeitnah und zeitfern zugleich. Wenn sie sich auch vom Traditionellen lösen wollte, es gelang ihr nicht immer. Manche mögen das negativ beurteilen, ich fand es eher positiv. Auch wo sie sich als Gruppe verstanden, blieben sie Individualisten.

Es war ihr gutes Recht, auch ihrem alten Lehrer kritisch gegenüberzustehen. Ich habe das gern akzeptiert, und vielleicht ist es darum zu keinen akuten Konflikten, sondern zu freundschaftlichen Verbindungen gekommen. Das war keineswegs selbstverständlich in einer Zeit, in der das Rebellieren an der Tagesordnung war.

Nur am Rande lernte ich als bereits emeritierter Professor im Wintersemester 1979/80 in einem kleinen Oberseminar (über den barocken Lyriker Johann Christian Günther) noch die nächste Generation kennen. Sie war bereits anders. Ich kam ohne Schwierigkeiten mit ihr aus und war erstaunt über den Respekt, den sie ihren

Lehrern wieder entgegenbrachte. Dabei vertraten sie trotz aller Bescheidenheit gelassen ihre eigene Meinung. Ein Sich-Einschmeicheln bei »Autoritäten« lag ihnen fern. Statt dessen war eine gewisse resignierende Melancholie unverkennbar. Sie spielten sich nicht auf, aber unter sich waren sie stets solidarisch.
Als ich am 10. Juli 1970 in Bonn meine Abschiedsvorlesung hielt, geschah es noch mitten in der Zeit der Studentenrevolte. Ich hatte mich ein Jahr früher als nötig von der mir fremd gewordenen deutschen Universität zurückgezogen. Allmählich habe ich Abstand zu den Vorgängen von damals gewonnen. Zur Zeit dieser letzten Vorlesung konnte ich ihn noch nicht haben. Ich focht gleichsam auf verlorenem Posten mit dem Rücken zur Wand. Erstaunlicherweise wurde die Vorlesung nicht gestört. Denn es waren unzeitgemäße Gedanken, die ich zum Abschied vortrug. Mit ihnen möchte ich diesen Band beschließen.

Es ist über vierzig Jahre her, seit ich Ende Oktober 1929 als junger Dozent von gerade sechsundzwanzig Jahren meine Antrittsvorlesung über die Idee des Schönen in Schillers ästhetischen Schriften gehalten habe. Damals wollte ich am Beispiel Schillers das philosophierende Selbstverständnis eines Dichters gegen den Anspruch der systematischen Philosophie Kants verteidigen. Heute, an dem Tage, an dem ich meine offizielle Lehrtätigkeit beschließe, soll es wiederum mit einem Plädoyer geschehen: einem Plädoyer für die neuere Germanistik, die als Literaturwissenschaft Sprache und Literatur zu ihrem Gegenstand hat, gerichtet an die Gebildeten und Ungebildeten unter ihren Verächtern. Es gehört zu den Paradoxien unserer zeitgenössischen Situation, daß man dieser Wissenschaft immer häufiger ihren legitimen Gegenstand bestreitet und sie statt dessen in eine Unterdisziplin der Gesellschaftswissenschaften »umfunktionieren« will. Mit Vorliebe wird dieser Prozeß dann »kritische« Germanistik genannt und zugleich die Forderung erhoben, daß diese kritische Germanistik auf kollektiver Grundlage betrieben werden müsse.
Nun ist für mich das Adjektiv »kritisch« vor dem Hauptwort Wissenschaft eine Tautologie. Eine Wissenschaft ohne kritisches Bewußtsein hört auf, eine Wissenschaft zu sein. Alle von den Einzelwissenschaften gegebenen Antworten müssen ständig neu kontrolliert werden; jede Methode hat ihre Brauchbarkeit zu erweisen, und ohne diesen nie aufhörenden Konsens müßte das wissenschaftliche Tun erstarren und unfruchtbar werden. Wechselseitige Kritik ist das belebende Element, innerhalb dessen sich Wissenschaft allein entfal-

ten kann. Das war mir stets selbstverständlich, und in der Praxis bedeutete es, daß in einem wissenschaftlichen Seminar nicht nur der Professor den Studenten, sondern der Student auch den Professor kritisieren darf und soll. Allerdings müssen beide für diese Kritik ein bereits erworbenes Wissen und einsehbare Gründe mitbringen. Ohne solche Voraussetzungen stößt jede Kritik ins Leere und hält sich höchstens an die Personen, nicht an die Sachen.

Aber die sogenannte »kritische« Germanistik scheint etwas ganz anderes zu meinen. Sie stellt das Fach selbst in Frage, und zwar meist auf eine sehr intolerante Weise, so daß das Adjektiv kritisch geradezu in sein Gegenteil verkehrt wird. Man kann über die Subjektivität oder die Objektivität der Literaturwissenschaft sehr verschiedener Meinung sein. Aber zu ihrer Diskussion als Wissenschaft gehört eine selbstverständliche Voraussetzung, nämlich die Bereitschaft, andere Standpunkte anzuhören und daher auch einen Pluralismus möglicher Wege gelten zu lassen. Überall, wo Wissenschaft unter bereits vorher festgelegten, unduldsamen Vorzeichen, seien sie politischer oder religiöser Art, getrieben werden soll, beraubt man sie jedes Spielraums der Freiheit, ohne den sie verdorren muß. Glaubwürdig bleibt sie nur so lange, als sie nach wie vor bereit ist, sich der Frage nach einer möglichen Wahrheit zu stellen. Der Einwand, das Eintreten für eine objektive Wahrheitsidee und für einen Pluralismus verschiedener Wege zu ihr sei selbst nur eine gesellschaftlich festgelegte Position, und zwar die eines bürgerlich kapitalistischen Denkens, das ins Unverbindliche ausweicht und damit den Interessen der Herrschenden dient, dieser Einwand ist nicht viel mehr als ein Scheinargument. Es besteht ein wesentlicher Unterschied, ob ich Wissenschaft bewußt unter außerwissenschaftlichen Vorzeichen treibe und damit ihren Charakter als Wissenschaft von vornherein leugne oder ob ich den eigenen, selbständigen Bereich der Wissenschaft akzeptiere und mir jeweils nur über die Voraussetzungen klar werden muß, unter denen das geschieht. Jede Wissenschaft läßt sich auch unter gesellschaftlichen Aspekten sehen, aber es ist ein Taschenspielerkunststück, sie daraufhin in politische Gesellschaftswissenschaft schlechthin umzufälschen.

Nun ist der Gegenstandsschwund der Literaturwissenschaft nicht von ungefähr gekommen, und diesen Vorgang möchte ich heute meinerseits kritisch erörtern. Der Gegenstand der neueren Germanistik kann nur *Sprache* und *Literatur* sein, und zwar beide in ihrer wechselseitigen Beziehung gesehen. Allerdings kann man zu Sprache und Literatur ein sehr verschiedenes Verhältnis haben, und die

Perspektiven, die sich dafür anbieten, sind zahlreich. Im Gegenstand selbst liegt noch keinerlei Bewertung dieses Gegenstandes. Aber dennoch hat ein bereits mitgebrachtes, persönliches Verhältnis zur Dichtung jüngere Menschen oft zum näheren, auch wissenschaftlichen Umgang mit der Dichtung verlockt. Heute wird eben dies mit Vorliebe verketzert. Sogar die Schriftsteller selbst versuchen in vielen Fällen, sich so kaltschnäuzig und gesellschaftskritisch wie möglich zu geben, damit man gar nicht auf den Gedanken kommen kann, sie etwa für erbaulich, festtäglich oder gar »poetisch« zu halten. In der Zeit kurz nach dem letzten Kriege wurde genau umgekehrt Dichtung oft als Lebenshilfe apostrophiert, sie fungierte geradezu als Religionsersatz, und das ergab dann in der Tat manchmal ein feierliches Verhältnis zu ihr: Dichtung als eine Art Tempelraum mit verklärten Dichterfürsten, in den man mit Ehrfurcht einzutreten habe. Der Wissenschaft von der Dichtung ist dies nicht allzu gut bekommen. Raunende Verkündigung und gepflegter Bildungskultus hatten denn auch bald abgewirtschaftet.

Heute ist man hingegen dabei, am liebsten mit dem Blick auf den Computer und mit dem Kopf voll von mathematischen Formeln und abstrakten Prinzipien an die Dichtung heranzugehen. Trotzdem möchte ich mir die Liebe zur Dichtung nicht gern ausreden lassen. Ich besaß sie schon als Schüler, und selbst den positivistischen Professoren von damals ist es nicht gelungen, sie mir auszutreiben. Zwar hört man oft, Liebe mache blind. Ich halte das Gegenteil für richtiger: Liebe macht sehend. Mit Liebe ist hier ein positives Verhältnis zu bestimmten Gegenständen gemeint, ein Gefühl für ihren Wert, ein sympathisierendes Aufgeschlossensein. Gewiß: wir wissen heute sehr genau, was falsche Begeisterung, falsches Pathos jeder Art an Unheil anrichten können und angerichtet haben. Nicht immer ist die Begeisterung eine »Himmelstochter«, wie Schiller sie im »Don Carlos« genannt hat. Aber wie steht es mit der entgegengesetzten Tendenz, alles Überlieferte vor dem Forum einer angeblich so überlegenen Gegenwart entweder lächerlich zu machen oder in modernistische Absurditäten und Manierismen umzudeuten? Es geht um das angemessene Verhältnis zum Gegenstand. Sobald dies verloren ist, löst der Gegenstand sich auf. Die Liebe zu einer Sache kann zum mindesten einen Zugang zu dieser Sache schaffen. Die Kritik hingegen entfernt sich wieder von ihr und schafft so die nötige Distanz. Der Germanist sollte das Dialektische in diesem Verhältnis sich zu eigen machen. Persönliche Liebe in diesem Sinne kann sehr wohl zur Vorstufe einer Kritik werden, die den Gegenstand nicht nur von innen ergreift, sondern von außen der Analyse unterwirft. Es gibt heute junge Studenten, die als Voraussetzung für das Studium der Germanistik eine radikale Zerstörung des subjektiven Verhältnisses zur Dichtung verlangen. Als in einem Proseminar ein Assistent von mir darauf hinwies, daß die Liebe zur Dichtung ihn zum Studium der Wissenschaft von der Dichtung gebracht hat, da hielt ihm ein keineswegs unbegabter Student entgegen, das sei für ihn nur der Ausdruck verdrängter Sexualkomplexe. Der monströse Unsinn dieser Behauptung verrät erschreckend, in welchem Ausmaß das Verhältnis zur Dichtung abstrakt geworden ist und, besonders im Felde des Lyrischen, das sich der gesellschaftlichen Betrachtungsweise am stärksten entzieht, eine stupide Gleichgültigkeit eingetreten ist. Darin vermag ich nur ein Symptom der Verarmung zu sehen.

Jedoch hat der Gegenstandsschwund in der Literaturwissenschaft noch weit gewichtigere Ursachen als die fehlende Liebe zu diesem Gegenstand. Eine weitere ist der zunehmende Zweifel an den überlieferten Methoden. Seit den zwanziger und dreißiger Jahren bis heute wechseln sie in bunter Folge: Dichtungswissenschaft als Geistesgeschichte, als Problemgeschichte, als Ideengeschichte, als biologische Literaturbetrachtung, als Stil- und Existenzanalyse usw. Neuerdings werden besonders Strukturanalyse und Linguistik angeboten, um die so verdächtig gewordene Literaturwissenschaft mit neuem, objektivem Glanz aufzupolieren. Die Ermüdung an diesem Zuviel an Methodenlehren führte zunächst zu den Anleihen aus den Nachbargebieten und schließlich bis zu dem Punkt, wo man das Kind mit dem Bade ausschüttete: Literaturwissenschaft gäbe es nicht mehr, sondern nur noch Gesellschaftslehre. Dabei wurde zunächst einmal übersehen, daß die gesellschaftliche Betrachtung von Literatur im weiteren und von Dichtung im engeren Sinne ihrerseits nur *eine* methodische Möglichkeit für Literaturwissenschaft ist, aber gewiß nicht die einzige und allein seligmachende. Selbstverständlich kann und soll man z. B. die Zusammenhänge zwischen Autor und Publikum, das Verhältnis des Autors zum Leser, oder auch die gesellschaftlichen Voraussetzungen der Buchproduktion untersuchen bzw. das bisher lange Zeit vernachlässigte Gebiet der Trivialliteratur. Jedoch ist es unberechtigt, diesem Feld ein Alleinvertretungsrecht zuzugestehen und entsprechend umgekehrt jede Beschäftigung mit einzelnen Dichtern von Rang als einen überlebten Heroenkult zu diffamieren.

Nur ein Gemeinplatz ist es, wenn ich feststelle, daß es keine

Wissenschaft ohne Methoden geben kann. Jedoch setzt die Überschätzung der Methodenlehre dort ein, wo im Programmieren von Methoden der Gegenstand selbst sich verflüchtigt. Nicht die jeweils angebotenen Methoden überleben, zumal sich oft nur vergängliche modische Strömungen in ihnen widerspiegeln, sondern die Einzelleistungen von Rang wie Rudolf Ungers Buch über Hamann und die deutsche Aufklärung, Gundolfs über Shakespeare und den deutschen Geist und Korffs über den Geist der Goethezeit. Sie überleben, wenn auch manches in ihrer Seh- und Darstellungsweise durch spätere Forschung überholt wurde. Aber das ist das Schicksal aller wissenschaftlichen Arbeiten.

Als gerade promovierter junger Gelehrter schrieb ich einen etwas anspruchsvollen methodologischen Aufsatz zur Kritik des geistesgeschichtlichen Epochenbegriffs und übersandte ihn nach der Drucklegung meinem Heidelberger Lehrer Friedrich Gundolf. Er antwortete mir freundlich und aufmunternd, verschwieg aber nicht, daß er von Methodenstreitigkeiten nicht viel Gutes erwarte, sondern es mit jenem alten Bauern halte, der zu seinem in die Stadt ziehenden Sohn sagte: »Mach' Geld, mach' Geld, Hauptsache: Mach's.«

Heute würde ich Friedrich Gundolf zustimmen. Die langwierigen und polemischen Erörterungen über die Aufgaben einer neuen Germanistik stehen oft auf tönernen Füßen. Die gehässige Polemik gegen alles Frühere schafft noch keine neuen wissenschaftlichen Leistungen. Was nützt das Gerede über Literaturwissenschaft und Soziologie – das gab es schon in den zwanziger Jahren –, solange nicht beispielhaft und auf der Basis ausgedehnter Forschungen ganz konkret Literaturwerke zu sozialen Prozessen in direkte oder indirekte Verbindung gebracht werden. Hauptsache: Mach's.

Aber das Machen ist eben das Schwere, das Programmieren und Diffamieren ist damit verglichen weit leichter. Ein neues, aktuell gefärbtes Programm kann als Sensation begrüßt werden, eine wissenschaftliche Leistung im Gebiet der Literaturwissenschaft wie Mautners Buch über Lichtenberg oder Kreuzers über die literarische Bohème braucht sehr viel mehr Zeit, um gelesen und gewürdigt zu werden. Darum erübrigt sich auch das laute Geschrei über die angeblich überholte *Interpretation*, die die westdeutschen Gelehrten aus Blindheit gegen ihr Zeitalter im elfenbeinernen Turm der Wissenschaft betrieben haben sollen. Interpretation gehörte von jeher zum Handwerk jeder Philologie, und ohne die Kunst der Hermeneutik verliert sie ihre Gegenstände. Das richtige und behutsame Lesen will gelernt sein, und die Nähe zum Text wiegt weit schwerer als das zahlreiche Angebot neuer kollektiver Methodenschwärme mit oft unverständlicher, auf Stelzen gehender Terminologie. Es gibt und gab gute und schlechte Interpreten, so wie es gute und schlechte Studenten, gute und schlechte Professoren gibt. Was aber den elfenbeinernen Turm betrifft, so ist Wissenschaft ohne eine gewisse Abgeschlossenheit nicht möglich. Die Germanistik war gerade umgekehrt eh und je besonders anfällig für von außen eindringende Strömungen, denen sie sich dann eilfertig als dienstbeflissene Magd anbot. Die Fragestellungen dürfen, sollen und müssen wechseln. Und das geschieht nicht zuletzt durch den Einfluß der geschichtlichen Situationen, in denen Literaturwissenschaft getrieben wird. Auch das Interesse an bestimmten Epochen und an bestimmten Gestalten bleibt fluktuierend. Der sogenannte elfenbeinerne Turm ist in Wahrheit eine Unmöglichkeit. Weit eher können besonders die Geisteswissenschaften allzu schnell in ein vom Zeitgeist begünstigtes Fahrwasser geraten und bringen dann nicht mehr jenen Mut zum Unzeitgemäßen auf, wie ihn Nietzsche und Thomas Mann so eindrucksvoll besessen haben. Es soll nicht geleugnet werden, daß auch die in der Nachkriegszeit vorherrschende interpretierende Methode von der Mode begünstigt war. Immerhin blieb es verdienstvoll, daß nach allzu vielen geistesgeschichtlichen Spekulationen erneut durch Staiger und Kayser die Frage nach dem *sprachlichen Kunstwerk* gestellt wurde und Mittel und Wege zu seinem Verständnis gesucht und gefunden wurden. Hier war das Bewußtsein vom Gegenstand der Literaturwissenschaft noch ganz gegenwärtig, wenngleich die Verengung auf Dichtung notwendig zu einer Gegenbewegung führen mußte, die das Feld der Literatur wieder in breiteren Zusammenhängen erforschen wollte. Ein solcher wechselnder Rhythmus spricht weit eher für als gegen eine Wissenschaft, aber auch hier darf man nicht den Gegenstand selbst aufgeben und der Wissenschaft von Sprache und Dichtung ihr legitimes Recht auf Sprache und Dichtung absprechen. Wo die Liebe zu diesem Gegenstand verlorenging, wo Methoden die Sachen wie Spinngewebe überlagerten und damit unkenntlich machten, wo mit der überflüssig gewordenen Mode der Interpretation zugleich das unentbehrliche Handwerk der Interpretation über Bord geworfen wurde, da waren Ursachen genug gegeben, um in jenen verhängnisvollen Gegenstandsschwund zu geraten, der zur Zeit reißende Fortschritte macht und sich dabei »progressiv« gebärdet. Denn – um es nochmals deutlich zu sagen – es gibt verschiedene Wege der Interpretation, zum Beispiel die immanente oder die nicht-immanente usw., über deren Berechtigung sich endlos streiten läßt, aber das Verfahren der Interpretation selbst ist für jede Literaturwissenschaft ein unentbehrlicher Bestandteil. Auch eine gesellschaftliche Analyse von Schriftwerken wird ohne eine genaue Auslegung der Texte nicht auskommen können. Und was wäre Interpretation anderes als Auslegung? Richtig lesen zu lernen ist eine fundamentale Aufgabe für jeden Germanisten. Wer etwa behauptet, Goethes Gedicht »Prometheus« sei als revolutionäre Auflehnung gegen die Feudalherrschaft gemeint, wird nicht umhin können, eine solche gesellschaftliche These am Text zu erhärten bzw. durch weitere hinzugezogene Zeugnisse glaubhaft zu machen. Wird ihm etwa Goethes »Ganymed« als Gegenbeispiel genannt, das in das Schema vom antifeudalen jungen Goethe nicht recht hineinpaßt, so darf der Germanist nicht zu der simplen Ausflucht greifen, dieses Gedicht interessiere ihn eben nicht. Es gehört zu einem wissenschaftlichen Verhalten, daß es sich *allen* angebotenen Phänomenen zu stellen wagt.

Der Gegenstandsschwund der Literaturwissenschaft hat aber noch weitere Gründe. Offensichtlich eignete sich besonders die Germanistik und damit auch die Literaturwissenschaft vorzüglich zum Prügelknaben, auf dem sich sehr verklemmte Affekte abladen ließen. Fast im monatlichen Abstand wird uns in der journalistischen Öffentlichkeit mit Vorliebe eine neue, neueste und allerneueste Germanistik angeboten, und je anmaßender, je herunterreißender sich diese gebärdet, um so höher steht sie im Kurs. Freilich, diese Kurse sind kurzlebiger als die der Börse. Es scheint ein besonderer Genuß zu sein, wenn man als agiler, avantgardistischer Germanist oder als hadernder Antigermanist – beides ist oft schwer zu unterscheiden – Goethe und Schiller, Hölderlin und Hofmannsthal und inzwischen sogar Brecht eins auswischen kann, getragen von dem unerschütterlichen Selbstvertrauen, daß wir den ganzen Bildungsplunder von einst endlich losgeworden sind. Nunmehr müssen sich die alten oder jungen Herren von damals vor unserem, zum Götzen gewordenen Zeitalter rechtfertigen. Erst dann kann entschieden werden, ob sie in irgendeiner Ecke, natürlich »verfremdet«, noch zugelassen werden können. Der Chor solcher zeitgemäßen Stimmen erstreckt sich von den Journalisten über die Dramaturgen und Regisseure bis zu jenen germanistischen »Fachidioten«, die nicht hinter den anderen Gruppen zurückstehen wollen. Goethe verlangte noch, daß man von dreitausend Jahren sich Rechenschaft zu geben weiß. Ich gestehe, ich bin inzwischen bescheidener geworden und wäre schon recht froh, wenn der Literaturwissenschaftler wenigstens von zwei bis drei *Jahrhunderten* »sich weiß Rechenschaft zu geben«. Denn – und hiermit lege ich ein unzeitgemäßes Bekenntnis ab, dem ich mich während meiner ganzen akademischen Lehrtätigkeit verpflichtet wußte – die Wissenschaft von der Literatur mag zur Not ohne musische Begabung betrieben werden können, sie ist jedoch auf keinen Fall möglich ohne geschichtlichen Sinn und ohne geschichtliches Bewußtsein. Wenn sie heute dazu neigt, ihren Gegenstand preiszugeben, dann liegt es nicht zuletzt daran, daß sie sowohl den musischen wie den geschichtlichen Zugang zu ihm verloren hat und daß damit nur ein leer gewordener Gegenstand zurückbleibt, der sich freilich vorzüglich in etwas ganz anderes »umfunktionieren« läßt. Der Haupteinwand gegen literarische Werke von früher ist der, sie hätten uns nichts mehr zu sagen, sie paßten nicht mehr in eine moderne demokratische Gesellschaft, mit einem Wort, sie seien museal und unzeitgemäß. Dem Literaturwissenschaftler ist aber zum mindesten im Prinzip aufgegeben, ein Zeitgenosse *aller* Zeiten zu sein. Gerade die Verschiedenheit der Epochen war für mich immer ein ununterbrochener Anreiz, mich mit den literarischen Werken der Vergangenheit zu beschäftigen. Aber diese Neugierde, wie es damals eigentlich gewesen ist, diese Faszination, hinter andere Denk-, Seelen- und Lebensformen als die unsrigen zu kommen, soweit sie sich in sprachlichen und dichterischen Zeugnissen niederschlugen, sind für alle die verdächtig geworden, denen ihr kritischer Hochmut besser zu bekommen scheint als geschichtliche Studien. Dabei setzt jede produktive Kritik zunächst ein Verstehen ihrer Gegenstände voraus. Sonst verliert sie jede Richtung und jedes Ziel. Dann wird Lessings Emilia, die sich von ihrem Vater ermorden läßt, um nicht in Schande zu geraten, im Zeitalter der Pille zu einer lächerlichen Figur; die vom Gefühl getragene und noch dazu meist reimende musikalische Lyrik der Romantik wird entwertet, sobald man nur die Kursbücher, Kombinationen usw. der Lyriker von heute gelten läßt. Die erzählende Prosa wiederum gilt als hoffnungslos antiquiert angesichts eines experimentellen Stils, dessen Autoren stolz darauf sind, daß sie *nicht* mehr erzählen können. Das Ungeschichtliche dieser Betrachtungsweise verrät sich darin, daß sie nur die eigene Epoche als Maßstab kennt, von dem aus sie ihre kritischen Noten austeilt. In Wahrheit ist dies ein unkritisches Verfahren, da die Historie ein unentbehrlicher Bestandteil jeder innerhalb der Geisteswissenschaften geübten Kritik sein muß, das wußten bereits August Wilhelm Schlegel und sein Bruder Friedrich. Wir sind dabei, es zu vergessen, und gefallen uns statt dessen darin, mit hämischem

Unterton nachzuweisen, was vor dem Forum dieser, unserer Zeit alles *nicht* mehr bestehen kann.

Historische Kritik heißt, einen literarischen Gegenstand aus den Voraussetzungen unserer eigenen Epoche verstehen und beurteilen zu können. Das bedeutet keine Abwendung von der Gegenwart; denn gerade der Vergleich mit unserer eigenen Epoche und ihren Werken gibt wichtige Hilfen für das Verständnis des Vergangenen. Jedoch verfehlt man den Zugang zu diesem Vergangenen, wenn man in allem Früheren nur die Rumpelkammer eines verstaubten Museums sieht und statt dessen die Werke von heute zum alleinigen Bezugspunkt macht. Diese Haltung führt in ihrer Konsequenz zur Gleichgültigkeit gegen die Literatur früherer Epochen. Wozu soll man noch Goethe und Schiller lesen, wenn sie doch schon überlebt sind und vor den Maßstäben der modernen Gesellschaft nicht bestehen können? Bequemer ist es überdies, sich lieber dilettantisch auf dem Jahrmarkt des eigenen Zeitalters zu amüsieren. Die oft erhobene Forderung, die Literatur der Gegenwart aus der Literaturwissenschaft *nicht* auszuklammern, ist an sich berechtigt. Manchmal dient sie aber nur als Vorwand, sich mit dem sehr viel ausgedehnteren und daher schwerer zugänglichen Umkreis vergangener Epochen nicht beschäftigen zu müssen.

Wenn die auf Interpretation eingeengte Literaturwissenschaft sehr viel von ihrem bisherigen Ansehen eingebüßt hat, so liegt das nicht zuletzt daran, daß sich das Interpretieren mehr und mehr aus geschichtlichen Zusammenhängen herausgelöst hat und damit ins allzu Subjektive und daher Unverbindliche geriet. Dann legte der eine dieses, der andere jenes in den Text hinein, man las ihn oft so, als ob er ein Werk der Gegenwart wäre und sich nur vor dieser Gegenwart auszuweisen hätte. Dem Beliebigen dieses Verfahrens ist nur entgegenzuwirken, wenn sich Interpretation mit geschichtlicher Analyse und Kritik verbindet. Die Verständlichkeit eines literarischen Textes aus sich selbst heraus bleibt beschränkt. Das »Interpretieren« kann nur in sehr bescheidenem Ausmaß den Text künstlich isolieren und ihn befragen, als ob er allein in der Welt stünde. Das behält stets den Charakter des Experimentes. Will ich den Text wirklich verstehen, will ich ihn wissenschaftlich analysieren, muß ich ihn aufsuchen, *wo* er entstand, und die Bedingungen untersuchen, *unter denen* er entstand, das heißt ich muß mich in der Zeit und in dem Raum umsehen, aus denen er hervorging, ich muß mich für seine geschichtliche Genese interessieren.

Ein Beispiel mag das verdeutlichen. Natürlich kann und darf man

Goethes Roman »Die Leiden des jungen Werthers« als ein sprachliches Kunstwerk lesen, das sich in einer bestimmten Weise aufbaut und sich bestimmter künstlerischer Mittel bedient. Aber sehr vieles in diesem Roman läßt sich nur begreifen, wenn man sich im nicht nur aufgeklärten, sondern auch empfindsamen Zeitalter des 18. Jahrhunderts auskennt. Das gilt bereits von der Sprache des »Werther«, die ja selbst erst geschichtlich entstanden ist. Aber auch die Formen des Empfindens, der Stil zu leben, die Darbietungsformen der Menschen, die Funktion des Briefe-Schreibens, der Kultus der Freundschaft, die verweltlichte Frömmigkeit, die Auffassung von der Natur und noch manches andere sind nur dann adäquat zu analysieren, wenn der Interpret in diesem empfindsamen Jahrhundert Bescheid weiß. Das Vorgehen der textimmanenten Auslegung braucht dem anderen der geschichtlichen Deutung nicht zu widersprechen. Ein kritisches Verständnis des Textes ist jedoch ohne die Einbeziehung des geschichtlichen Horizontes nicht möglich. Denn die Menschen haben zwar über die Zeiten hinweg manches gemeinsam, aber dennoch denken, fühlen und schreiben sie in verschiedenen Epochen verschieden. Unterschlage ich im Falle von Goethes »Werther« das Spezifische und Andersartige der geschichtlichen Bedingungen, so wird die moderne Pseudokritik am Text nur darauf hinauslaufen, daß wir heute weniger weinerlich sind als damals und daß es eigentlich völlig unsinnig ist, sich aus unglücklicher Liebe selbst umzubringen. Dies jedoch ist eine so inadäquate Kritik am Text, daß sie gewiß nicht verdient, wissenschaftlich ernst genommen zu werden. Ich habe schon hervorgehoben: das Verhältnis zum Vergangenen schließt das zur eigenen Epoche keineswegs aus. Im Gegenteil: ich kann als Zeitgenosse Gegenwärtiges schärfer, genauer und aufmerksamer sehen und beobachten, wenn ich nicht nur in meiner Zeit, sondern auch in fremden, zu Ende gelebten Zeitaltern beheimatet bin. Ich brauche mit Absicht das etwas romantisch klingende Wort »beheimatet«. Denn unter geschichtlichem Bewußtsein verstehe ich nicht ein Kompendienwissen, das sich im lexikalisch Erfaßbaren vorzüglich auskennt. Ich verstehe darunter aber auch nicht ein von ideologischen Voraussetzungen bestimmtes Abfragen der Geschichte als Beweismaterial für ein weltanschaulich programmiertes Endziel der Geschichte. Mit geschichtlichem Bewußtsein meine ich das Verstehen geschichtlicher Epochen und bereits früherer Literaturwerke und ihrer Autoren aus den Voraussetzungen, unter denen sie damals gestanden haben. Das gilt auch für solche Fälle, in denen sich Autoren von damals gegen eben diese Voraussetzungen zur Wehr gesetzt haben. Denn keiner entkommt der Zeit, in der er leben muß. Es gilt einzusehen, warum Stifter und Gotthelf, aber auch Büchner und Heine nicht wie Grass und Böll fühlen und schreiben konnten. Und hier ist der Zeitabstand ja noch relativ gering! Je weiter man zurückgeht, um so schwieriger wird die Frage nach den geschichtlichen Voraussetzungen, obgleich die Nähe und Ferne der Epochen zu- und untereinander sich keineswegs nur aus der Chronologie ablesen läßt. Heute haben wir zum Beispiel zum 18. Jahrhundert in mancher Hinsicht einen leichteren Zugang als zum 19. Jahrhundert. Aber eben diese wechselnden Spannungsverhältnisse, diese eigentümlichen Mischungen von einst und jetzt geben der Literaturwissenschaft immer wieder neue Aufgaben, und das Absterben des geschichtlichen Sinns nimmt dieser Wissenschaft einen großen Teil ihrer möglichen Produktivität.

Dazu freilich braucht man kritische Analyse und Einfühlung zugleich. Diesem zweiten Begriff, Einfühlung, dem in Herders geschichtlichem Bewußtsein noch eine entscheidende Bedeutung zukam, steht man heute oft ablehnend gegenüber. Er ist dem Verdacht des Irrationalen ausgesetzt und soll daher ebenso verabschiedet werden wie die Liebe zur Dichtung. Nur was sich zählen und messen läßt, gilt dann als wissenschaftlich legitim. Je nüchterner und langweiliger, desto besser! Ich werde freilich den Zweifel nicht los, daß diese kühlen rationalen Köpfe, die die Einfühlung als romantischen Subjektivismus verketzern, es nur darum tun, weil sie selbst dazu nicht mehr fähig sind. Einfühlung freilich verlangt die Spontaneität des Subjektes, die Durchdringung des Objektiven, des geschichtlich Vorausgegebenen mit *allen* geistigen Kräften, die der jeweilige Forscher aufbieten kann. Wissenschaft ist keine bloße Angelegenheit der Quantität. Es gibt sehr verschiedene Grade wissenschaftlicher Leistung, die nicht mit dem jeweiligen Grad der Stoffbewältigung abgetan werden können. Vielleicht werden einige von Ihnen mir vorwerfen, das seien nur die Reste eines Personenkultus, den man heute abbauen müsse. Aber ich unterscheide nach wie vor zwischen bedeutenden und mittelmäßigen Gelehrten, wenngleich das Urteil über diese Rangfrage besser nicht in die Hände des betreffenden Gelehrten selbst gelegt wird. Denn dann ist es in der Tat vom Erhabenen zum Lächerlichen oft nur ein Schritt.

Es gibt in jeder Wissenschaft Gebiete, die sich von der bloßen Kollektivarbeit nicht bewältigen lassen. Wer den Anteil von Fantasie, Intuition und Einfühlung aus den natur- und geisteswissenschaftlichen Disziplinen verbannen will – und dieser Anteil ist nun einmal an das einzelne Subjekt gebunden –, der trägt zu einer Verödung in den Wissenschaften bei, die schließlich dazu führen wird, daß die bis zum Extrem rationalisierte Literaturwissenschaft sich ihres Gegenstandes endgültig entledigt. Nur ein Narr könnte verkennen, was rationale Kontrolle und die Arbeit des Computers im Dienst der Wissenschaft heute zu leisten vermögen, auch im Feld der Germanistik und Literaturwissenschaft. Nur ein Ahnungsloser würde die Technik der modernen Textedition mit der bloßen Einfühlung betreiben wollen. Aber niemals wird der Computer die forschende Einzelpersönlichkeit ersetzen können. Einer demokratischen Gesellschaft mag die Idee der Elite fremd sein. Für die Wissenschaft bleibt sie unentbehrlich, sofern man darunter nicht soziale Vorrechte einer bestimmten Gruppe, sondern Gipfelpunkte der wissenschaftlichen Leistung versteht, die immer nur an wenige Träger gebunden sein werden.

So sehr ich die Neigung zur Kritik bei der jungen Generation begrüße, weil sie vor der Einnebelung durch große Worte und Gesten schützt, die vorgeben, mehr zu sein, als sie sind, so sehr sollte auf der anderen Seite der Respekt vor wirklicher Leistung bewahrt bleiben. Goethe vermerkt in seinen Maximen, es sei keine Kunst, geistreich zu sein, wenn man vor nichts mehr Respekt hat. Ich möchte hinzufügen, es ist keine Kunst, mit viel Aufwand an routinierter Terminologie oder gar mit persönlicher Diffamierung jede Leistung zu verkleinern, wenn man keine Ahnung hat, was Leistung ist und wie sie zustande kommt, sei es nun dichterische oder wissenschaftliche Leistung. Respekt vor der Leistung sollte in erster Linie der Sache selbst und nur in zweiter den Personen gelten, denen wir das Geleistete verdanken.

Ich bin mir, was meine eigene Person betrifft, durchaus darüber im klaren, daß alles, was ich in vier Jahrzehnten auf dem Felde der Forschung und der Lehre zu tun versuchte, weit hinter dem zurückbleibt, was ich eigentlich tun wollte. Wenn ich mich heute von Ihnen verabschiede, so geschieht es in dem Bewußtsein, nach wie vor ein Lernender zu sein. Aber Lernen und Lehren sollten sich ständig wechselseitig ergänzen. Ich glaubte, das Richtige zu tun, wenn ich in dieser Abschiedsstunde Ihnen einige, im Augenblick vielleicht unzeitgemäße Gedanken zu unserem gemeinsamen Arbeitsgebiet entwickelt habe. Immerhin enthalten diese Gedanken eine Art Quintessenz meiner bisherigen wissenschaftlichen Erfahrungen, und es genügt mir, daß ich Ihnen diese Quintessenz zu eigenem kritischen Nachdenken vortragen durfte!